Éditorial

W0320473

Hervé BENOIT
Rédacteur en chef

C'est de la représentation d'une identité compacte des élèves (Giust-Desprairies, 2003, p. 14), évoquée dans l'éditorial du tout récent numéro 91[1], que procède en grande partie la construction subjective par les acteurs de l'école de la figure de l'élève *différent*. Une figure qui repose moins sur des différences interindividuelles tolérées (l'élève Dupont et l'élève Dupond sont deux élèves différents qui ont des notes différentes), que sur le redoublement de la différence (Benoit, 2021, p. 5) concernant des élèves considérés comme *différemment différents*, c'est-à-dire comme relevant, de même que chacun de nous, de différences par rapport à leurs pairs, mais de surcroît de l'essentialisation de leur non-conformité à la norme majoritaire. Une telle situation faite à un élève, comporte le risque de générer à la fois de la précarité scolaire (Benoit, 2014, p. 188) et de l'importunité scolaire (Ebersold et Dupont, 2019), qui se concrétisent dans les situations d'apprentissage par l'impossibilité de « *donner une place à l'Élève reconnu institutionnellement handicapé (ERIH)* » (Suau, 2019, p. 99) et par l'enrayement consécutif du processus topogénétique, aussi bien celui qui concerne le topos d'élève, qui relève du pédagogique, que celui qui est relatif au topos d'apprenant, qui renvoie au didactique (Benoit, 2019, p. 4).

L'antidote du *pharmakon* que constitue la *différence* pourrait résider dans une conception de l'altérité – de l'être autrement – comme *continuum* ouvert et sans rupture des personnes humaines, sous l'égide de la diversité et de la singularité, et par conséquent sans catégorisation de *populations*. Une altérité *heureuse*, si l'on peut dire, qui se prémunirait contre de toute dérive de radicalisation prenant une forme que l'on pourrait désigner par le terme d'*aliénité*.

La question qui se pose alors est celle du traitement *alternatif* de cette diversité reconnue et acceptée dans son principe, qui s'oppose donc à la pratique institutionnelle de reconnaissance de handicap visant une personne. Trois formes de traitement peuvent être recensées. Les deux premières sont décrites par Magdalena Kohout-Diaz (2018) :

1. Une approche individuelle qui vise à sensibiliser les enseignants aux besoins éducatifs particuliers des élèves en situation de handicap, ce qui les conduit à analyser les difficultés rencontrées comme la répercussion d'un trouble et à rechercher les moyens de compenser le déficit qui en résulte. Cette approche apparaît transitionnelle entre *différence* et *diversité*, car elle fait précéder le topos d'élève de celui de handicap, qui est ainsi institué comme déterminant de la possibilité de lui faire place dans l'école et dans la classe.
2. Une approche socio-environnementale qui élargit les besoins particuliers à tous les enfants – et non plus à une catégorie considérée comme vulnérable – et qui

1. Numéro 91 de juillet 2021, paru en septembre, dont le dossier est intitulé « Les enseignants et l'altérité ».

les analyse comme des difficultés rencontrées dans le cadre de la relation et de la situation pédagogiques en vue d'un enseignement rendu accessible à tous et à chacun par la différenciation et l'adaptation des pratiques.

3. Une troisième approche enfin plus aboutie, que l'on pourrait qualifier d'éco-didactique, consiste à ne jamais transiger sur les enjeux épistémiques, à écarter tout « *surajustement* » aux difficultés de l'élève (Bautier et Goigoux, 2004), tout en balisant le cheminement de l'accès aux savoirs dans l'écosystème de la situation d'apprentissage, en anticipant les irrégularités du terrain susceptibles de faire trébucher les apprenants et en *noyant* dans le sol didactique les médiations conçues en réponse au repérage *a priori* d'un ensemble hiérarchisé de besoins-obstacles (Benoit, 2020, p. 77). Dans cette approche post normative de la diversité, l'individuel et le collectif, loin de s'opposer, s'articulent en devenant dialectiquement incubateurs l'un de l'autre.

Bonne lecture

Références

Bautier, É., et Goigoux, R. (2004). Difficulté d'apprentissage, processus de secondarisation et pratiques enseignantes : une hypothèse relationnelle. *Revue française de pédagogie*, 148, 89-100.

Benoit, H. (2021). Éditorial. *La nouvelle revue - Éducation et société inclusives, 91*, 3-5.

Benoit, H. (2020). Les besoins éducatifs particuliers sont-ils un frein ou un levier dans la lutte contre les discriminations scolaires ? *Les cahiers de la lutte contre les discriminations, 11*, 61-82.

Benoit, H. (2019). Éditorial. *La nouvelle revue - Éducation et société inclusives, 86*, 3-4.

Benoit, H. (2014). Politiques publiques, professionnalités et langages : Les maillons faibles de la chaîne inclusive. In S. Canat et H. Benoit (dir.), dossier « Les dispositifs Itep en devenir » (pp. 181-191), *La nouvelle revue de l'adaptation et de la scolarisation, 67*.

Ebersold, S., et Dupont, H. (2019). Évaluation des besoins, importunité scolaire et réinvention de l'inéducable. In J.-M. Perez, H. Benoit et G. Suau (dir.), « Recherche en éducation et pratiques inclusives » (pp. 65-78), *La nouvelle revue - Éducation et société inclusives, 86*.

Giust-Desprairie, F. (2003). *La figure de l'autre dans l'école républicaine*. Paris : PUF.

Kohout-Diaz, M. (2018). *L'éducation inclusive. Un processus en cours.* Érès.

Suau, G. (2019). La notion d'organisation praxéologique de la TAD pour analyser le développement professionnel. *La nouvelle revue - Éducation et société inclusives, 86*, 93-106.

École inclusive et innovation ordinaire Quel *autrement capable* de l'école ?

Présentation du dossier

Serge EBERSOLD
CNAM Paris, chaire accessibilité
LISE (UMR, 3320)

Roland EMERY
Université de Genève, FPSE
Équipe PACES

Sylviane FEUILLADIEU
Aix-Marseille Université
ADEF (UR 4671)

Ce dossier regroupe les contributions discutées par un collectif de chercheurs lors du symposium *L'Éducation inclusive face à l'innovation ordinaire*, aux rencontres internationales du réseau de Recherche en éducation et en formation (REF) en 2019 à l'université Jean Jaurès de Toulouse. Ce groupe interdisciplinaire de chercheurs, provenant des sciences de l'éducation, de la sociologie, de la psychologie, se penche depuis 2011 sur la question des mutations induites par les politiques inclusives. Au fil des rencontres, les travaux du groupe ont invité à se distancier de l'approche traditionnelle défectologique en questionnant diverses problématiques relatives aux politiques inclusives sous un angle mettant en regard les contextes socio-politique, institutionnel, professionnel, éducatif : les liens entre les politiques inclusives et les modalités de désignation des difficultés scolaires et de catégorisation des élèves (REF 2011), l'examen des politiques, des pratiques et des conceptions dites inclusives, se proposant de lier les politiques inclusives à une (ré)invention de l'école (REF 2013), les liens entre l'éducation inclusive et les communautés éducatives pour tous (REF 2015), l'examen des multiples déclinaisons de ce qui fait accessibilité dans les contextes dits inclusifs (REF 2017). Dans les travaux de 2019 faisant l'objet de ce dossier, le collectif s'est attaché à identifier et analyser comment les acteurs scolaires font face à la complexité induite par les politiques inclusives, comment ils s'organisent au fil de leur quotidien pour y répondre en faisant preuve d'innovation ordinaire au sens où l'entend Alter (2000).

Si la grande majorité des États européens se sont emparés de l'idéal inclusif, il est néanmoins communément admis que l'exigence d'innovation qui caractérise une éducation inclusive, plaçant la quête d'accessibilité au cœur de ses préoccupations, est une source d'inconfort voire de difficultés pour les acteurs de l'école. Cet inconfort n'est pas sans engendrer une certaine frilosité et même des résistances à l'égard des principes revendiqués par l'éducation inclusive. Les enquêtes européennes et plus spécifiquement françaises montrent que ces résistances trouvent leur source dans la complexité à laquelle les différents acteurs scolaires ont à faire face. Dans nombre de pays, les enseignants se disent désarmés vis-à-vis des élèves à besoins éducatifs particuliers (OCDE, 2019). Selon la DEPP, les enseignants français jugent majoritairement difficile, bien que positive, la présence d'élèves à besoins éducatifs. En effet, celle-ci est dans plus de six cas sur dix associée à une charge croissante de travail, la présence de ces élèves demandant aux enseignants plus d'attention, de capacité d'adaptation et d'échanges collaboratifs (Le Laidier, 2018). Les enseignants se jugent ainsi majoritairement peu à même d'enseigner dans des classes comprenant des profils diversifiés et ceux accueillant des élèves en situation de handicap dans leur classe se disent peu satisfaits des opportunités de formation qui leur sont données. Cet inconfort est accentué par le sentiment d'isolement que peuvent ressentir les enseignants quand ils se sentent livrés à eux-mêmes, notamment par manque de soutien des collègues ou de leurs supérieurs hiérarchiques (OCDE, 2014). Il incite notamment à privilégier des mesures compensatoires supposant la stigmatisation des élèves comme l'atteste l'augmentation du nombre d'élèves à besoins éducatifs particuliers observables dans nombre de pays (European Agency for special needs and inclusive education, 2016).

Cet inconfort ne saurait cependant méconnaitre la place qu'occupe l'innovation ordinaire (Alter, 2000) dans le quotidien d'acteurs de l'école de plus en plus confrontés à des routines incertaines (Barrère, 2002). Les articles de ce numéro soulignent l'importance de l'agir créatif des acteurs de l'école dans les règles d'auto-organisation et d'auto-régulation qui régissent le fonctionnement d'un établissement ou l'organisation d'une classe. Cet agir créatif renvoie à la normativité des acteurs de l'école et à la réorchestration de l'activité enseignante qu'elle implique : les stratégies développées pour contourner les obstacles rencontrés, solutionner les difficultés rencontrées, assurer l'engagement de tous les élèves, assurer la coopération des collègues ou des parents, etc. constituent des *savoir y faire* en contexte qui, en faisant face à l'imprévu, instituent dans les faits de nouvelles normes et règles en remplacement de celles existantes. Cette normativité opère en cela un véritable travail de transformation sociale que matérialisent d'autres manières de faire et d'être, de nouvelles formes d'organisation pédagogique, de relations interindividuelles et interinstitutionnelles qui participent de l'accessibilisation des environnements scolaires.

Cet agir créatif est au principe d'un *autrement capable* des acteurs de l'école à travers lequel s'opérationnalisent les principes présidant à l'accessibilité de l'école à la diversité des profils éducatifs et sociaux. Cet *autrement capable* donne corps au souci d'innovation et à l'exigence de contextualisation qui leur est faite en vue de rendre l'environnement scolaire accessible au plus grand nombre et adapté à chacun. Il consiste à traduire en modalités opératoires les principes revendiqués par l'éducation inclusive au regard des spécificités des contextes et des enjeux qui traversent l'établissement et la classe. Ce travail de traduction est source de création et par conséquent d'innovation, lorsqu'il participe du sens pris par l'ouverture à la diversité scolaire et à l'accessibilité des environnements scolaires, lorsqu'il ouvre et enrichit les modes de sociabilité existants ou recompose les positions entre les parties en présence (Akirch, Callon et Latour, 2006). Il s'organise, ainsi que le montrent certains textes de ce dossier, autour de la mise en sens organisationnelle et fonctionnelle d'autres manières de faire et d'être qu'autorisent la pratique du co-enseignement, les stratégies de management des chefs d'établissement, le travail de co-planification mené par les différents acteurs impliqués dans le processus éducatif ainsi que les formes de réflexivité qu'autorisent la formalisation et la capitalisation des preuves de l'expérience (engagement des élèves, atteintes des objectifs, etc.) Mais l'ingéniosité et la créativité individuelle qui participe de cet autrement capable découle aussi et peut être surtout, de la force novatrice des communs (Laval, 2016) institués par les acteurs concernés pour être en position, ainsi qu'y invitent les textes, de personnaliser les pratiques, travailler collaborativement ou encore faire de l'amélioration continue des pratiques une ressource collective permettant à l'établissement de conjuguer performance et équité. Ces communs résultent de l'espace formalisé des possibles élaboré par les acteurs pour qualifier collectivement ce qui fait accessibilité d'un point de vue territorial, organisationnel et fonctionnel, pour construire le sens et la légitimité des pratiques innovantes. L'élaboration collective de cet espace permet de co-produire des conventions qui transcendent les intérêts personnels pour obliger collectivement les parties prenantes et participent de la consécration de règles d'auto-organisation et d'auto-régulation propres au fonctionnement d'un établissement, à l'organisation d'une classe ou au travail collaboratif.

Cet *autrement capable* consiste en des savoirs transformationnels, c'est-à-dire des savoirs, compétences, attitudes et valeurs soutenant la transformation des contextes d'apprentissage et, corrélativement, l'accessibilité de l'environnement scolaire (OCDE, 2019). Elle s'organise par exemple, ainsi que le montrent **Serge Ebersold** et **Sylviane Feuilladieu**, autour de conventions conduisant les parties prenantes à transformer le travail collectif en collectifs de travail dont l'activité est inscrite dans des « *tiers lieux* ». Ceux-ci consistent en « *micro-collectifs* » de travail qui ont des modes de fonctionnement plus souples et plus affinitaires que ceux régis par les modes d'organisation du travail des établissements et qui sont propices à l'engagement des parties prenantes en affaiblissant l'isolement des acteurs, en les réunissant autour d'objectifs et de valeurs communs. En assouplissant les contours du statut de chaque partie prenante, en relativisant le poids des logiques disciplinaires, ces « *tiers lieux* » ancrent la personnalisation des pratiques, et plus généralement l'accessibilisation de l'environnement scolaire, dans une « *arène d'habiletés techniques* » spécifiques aux enjeux de l'action commune poursuivie par les acteurs. Ce texte déplie l'agir créatif qui est au principe d'un *autrement capable* des acteurs de l'école à partir de l'articulation du travail de traduction, de la production de communs et de la création de tiers lieux, permettant de le faire advenir dans les différents espaces liés à l'accessibilisation des environnements

notamment scolaires (la classe, l'établissement, les espaces de décisions au niveau des autorités scolaires, les familles).
L'ensemble des autres textes témoignent tous de situations où s'ancrent de tels agirs créatifs et se développent un *autrement capable* observable dans les différents espaces structurant l'ordre scolaire : la classe, l'établissement, l'extérieur de l'école. Au niveau de la classe, deux textes portent particulièrement sur la transformation des postures et pratiques enseignantes à l'œuvre dans l'accessibilisation pédagogique et didactique. L'article de **Philippe Tremblay** relie *l'autrement capable* des enseignants aux stratégies de co-enseignement lorsque celles-ci encouragent un partage des enseignements/apprentissages, des tâches des élèves et des responsabilités entre les enseignants concernés. Soutenant une dynamique de co-construction des stratégies d'enseignement plutôt qu'une division des tâches, les co-enseignants développent des pratiques nouvelles, car différentes de leurs pratiques habituelles. Ainsi, la pratique du co-enseignement soutient non seulement l'innovation ordinaire du fait même de la présence d'un tiers soutenant l'enseignant dans la différenciation de sa pratique pédagogique, mais aussi du fait du transfert de compétences qui s'opère. Ce transfert de compétences élargit la zone proximale de développement des co-enseignants et crée de nouvelles routines capables de soutenir des situations pédagogiques innovantes/différenciées/actives qui engagent les élèves. L'article de **Greta Pelgrims, Coralie Delorme** et **Michaela Chlostova Muñoz** met l'accent sur *l'autrement capable* des enseignants autour duquel se joue *l'autrement capable* des élèves. Les auteures argumentent et illustrent comment, dans les dispositifs d'enseignement spécialisé et de soutien à l'intégration scolaire, certaines pratiques d'aide, partant sans doutes d'intentions louables, font obstacle à l'autorégulation socio-affective des élèves. Or ces pratiques susceptibles de faire obstacle relèvent d'ajustements à des contingences situationnelles dont ils n'ont pas nécessairement conscience. Les auteures présentent et discutent un ensemble de principes pédagogiques et didactiques qui constituent des apports clés dans certaines démarches de formation des enseignants spécialisés. Saisir et déjouer ce qui fait obstacle sur la base de ces principes contribue ainsi à la mise en place de pratiques d'enseignement et conditions d'apprentissages mieux à même de rendre les élèves autrement capables de s'autoréguler.

Trois textes relient *l'autrement capable* des acteurs de l'école à l'existence d'espaces professionnels interstitiels soutenant et permettant l'innovation ordinaire, soit dans les stratégies d'accessibilisation pédagogique et didactique, soit dans la mise en œuvre des collaborations entre acteurs. L'article de **Jeannette Tambone, Teresa Assude, Karine Millon-Fauré** et **Sylviane Feuilladieu** montre notamment comment cet *autrement capable* se construit au cœur de la dynamique topogénétique présidant aux relations entre les « *traducteurs* » en Langue des signes française (LSF) et l'enseignant. Il montre que les parties prenantes peuvent prendre position dans plusieurs topos assignés par l'institution (par exemple, le coordonnateur peut prendre aussi la place de traducteur), en assumant des rôles différents en fonction des besoins, des conditions et des contraintes du fonctionnement des différents systèmes didactiques. Ces prises de position combinent le travail linguistique de traduction en LSF à un travail de traduction des situations d'enseignement, qui constitue autant une aide aux apprentissages des élèves qu'à l'enseignement des enseignants, concourant à la qualité du travail d'accessibilisation de l'environnement scolaire. L'article de **Florence Masse** interroge l'innovation ordinaire qui émerge de la fonction de personne ressource des coordonnateurs des Unités localisées pour l'inclusion scolaire en école primaire (Ulis école) et rapporte *l'autrement capable* de ces acteurs à leur nécessaire repositionnement. Dans leurs pratiques quotidiennes de travail avec leurs collègues enseignants, les coordonnateurs se repositionnent, non plus comme enseignants d'élèves à besoins éducatifs particuliers, mais comme personnes ressource de l'école inclusive. Ils se montrent ici autrement capables de s'ajuster autour de trois tensions qui nécessitent l'élaboration de conventions partagées : expert *vs* non expert, temps en classe *vs* temps en dispositif, forcer le travail collectif *vs* préserver la relation professionnelle avec les enseignants. L'article de **Marco Allenbach, Basma Frangieh, Corinne Mérini** et **Serge Thomazet** quant à lui, analyse l'intermétier comme un espace professionnel spécifique permettant l'émergence d'innovations nécessaires à la mise en place de l'école inclusive à travers le passage du travail collectif au collectif de travail. Certes, cet espace professionnel n'est pas sans dilemmes ni tensions et demande une attention aux multiples négociations pour y faire face. Mais il inaugure un *autrement capable* des acteurs de l'école, transformant une activité interstitielle en une activité principielle tournée vers l'accessibilisation des environnements scolaires, qui implique une reconfiguration des frontières respectives des métiers représentés.

Au niveau des espaces extérieurs à l'école où se joue institutionnellement l'accessibilisation des trajectoires, deux textes mettent en évidence les stratégies des parents et professionnels pour se positionner réciproquement comme autrement capables dans leurs collaborations. L'article de **Roland Emery, Vanessa Bacquelé** et **Greta Pelgrims** rapporte comment les parents peuvent se montrer autrement capables pour faire face et s'ajuster à la complexité des réseaux multiprofessionnels avec lesquels ils ont à faire. Certes, les parents interrogés relèvent les difficultés rencontrées dans le partenariat avec les professionnels de la scolarité de leur enfant et restent critiques sur la place qui leur est accordée. Ils rapportent néanmoins les conditions et les différents points d'appui dont ils disposent et qu'ils s'emploient à cultiver et développer. Ce faisant, ils se montrent autrement capables d'assumer une parole experte face aux professionnels, voire d'épouser une forme de professionnalisme. Développant différentes connaissances et compétences, cette transformation qui fait de l'acquisition de connaissances une valeur de réassurance, leur permet de gagner une forme de reconnaissance face aux professionnels. Enfin, l'article de **Corinne Mérini, Julie Pironom, Jean Bélanger** et **Serge Thomazet** décrit l'importance du travail collectif et des compétences requises pour exercer le nouveau métier d'assistant au projet de vie accompagnant les personnes en situation de handicap et leurs familles. Pour pouvoir répondre aux besoins de leur activité spécifique, ces assistants doivent concevoir des outils, des procédures de travail, ainsi que construire leur environnement et ses partenariats, inaugurant par cette innovation ordinaire en acte un *autrement capable* de l'accompagnement. Ce faisant, ils augmentent leurs répertoires permettant à l'autre, personnes en situation de handicap et leurs familles, d'ouvrir les possibles pour construire leur projet de vie, correspondant à leurs attentes et leurs besoins.

Les articles de ce dossier ne méconnaissent bien sûr pas les contraintes, voire les injonctions paradoxales, auxquelles les confrontent une exigence de personnalisation des pratiques. Ils essaient d'entrouvrir les portes du quotidien des acteurs de l'éducation inclusive pour y observer et comprendre comment, pour faire face à la complexité de la mise en œuvre des principes revendiqués par l'école inclusive, ils font preuve d'innovation ordinaire. Certes, s'il semble toujours peser autour de l'idéal inclusif le poids de multiples obstacles, les contributions de ce dossier engagent à reconnaître *l'autrement capable* des acteurs qui, dans le fil du quotidien, incarnent cet idéal et le font vivre par leur engagement. Pour dépasser ces obstacles, ils ne s'acharnent pas uniquement à dénoncer ou à lutter contre, mais ils font avec, s'ajustant là où les marges de manœuvre restent possibles. Ce faisant, ils font preuve d'ingéniosité dans leurs pratiques et se tournent vers leurs partenaires, convaincus que seule la force du collectif permettra de faire advenir l'idéal inclusif. Dans ce quotidien de l'innovation ordinaire, les acteurs de l'éducation inclusive savent donc non seulement se montrer autrement capables dans leur professionnalité. Ils peuvent également contribuer à reconnaitre, cultiver et élever en l'autre, élèves, professionnels et parents, leur propre part d'*autrement capable*.

Références

Akirch, M., Callon, M., et Latour, B. (2006). *Sociologie de la traduction*. Mines.

Alter, N. (2000). *L'innovation ordinaire*. PUF.

Barrère, A. (2002). *Les enseignants au travail. Routines incertaines*. L'Harmattan.

European Agency for special needs and inclusive education. Ebersold. S. (Ed.). (2016). *Financing inclusive education. Mapping systems for inclusive education*. Odensee, Denmark

Laval, C. (2016). « Commun » et « communauté » : un essai de clarification sociologique. *SociologieS* [En ligne], Dossiers, Des communs au commun : un nouvel horizon sociologique ? Consulté le 8 octobre 2021. <http://journals.openedition.org/sociologies/5677>

Le Laidier, S. (2018). Les enseignants accueillant des élèves en situation de handicap à l'école. *Note d'information, 18-26*. Ministère de l'Éducation nationale, de l'Enseignement supérieur et de la Recherche. La documentation française.

OCDE. (2014). *Résultats de TALIS 2013 : Une perspective internationale sur l'enseignement et l'apprentissage*. OCDE.

OCDE. (2019). *Teachers and school leaders as lifelong learners*. OECD.

OCDE. (2019). *Transformative competences for 2030, conceptual learning framework*. Consulté le 8 octobre 2021. <https://www.oecd.org/education/2030-project/teaching-and-learning/learning/transformative-competencies/Transformative_Competencies_for_2030_concept_note.pdf>

Pratiques inclusives, innovation ordinaire et l'*autrement capable* de l'École

Serge EBERSOLD
CNAM Paris, chaire accessibilité,
LISE (UMR, 3320)

Sylviane FEUILLADIEU
Aix-Marseille Université
ADEF (UR 4671)

Résumé : L'article s'appuie sur un ensemble de recherches réalisées pour mettre en perspective l'exigence d'innovation qui spécifie l'ambition inclusive, au regard de l'*autrement capable* qu'elle implique pour les acteurs de l'école. Cette exigence d'innovation ancre l'accessibilisation des environnements scolaires dans un *autrement capable* à travers lequel les acteurs de l'école reconfigurent leurs routines, connaissances, compétences et instituent de nouvelles pratiques. Cet *autrement capable* suppose un travail de traduction apprivoisant les principes revendiqués par l'ambition inclusive ainsi que le cadre et les procédures proposés par les référentiels, pour les mettre en sens et les faire vivre au regard des enjeux propres aux territoires, aux organisations et aux parties prenantes. Il se rapporte également au *commun* élaboré par les acteurs de l'école pour instituer un espace formalisé des possibles qui qualifie collectivement ce qui fait accessibilité et explicite les finalités poursuivies, ainsi que les conditions fondant l'obligation réciproque des parties prenantes. Enfin, il est corrélé à l'instauration de *tiers lieux* transformant le travail collectif en collectifs de travail, offrant la stabilité et la souplesse nécessaires à la contextualisation des pratiques et à l'engagement des parties prenantes.

Mots-clés : Accessibilité - Arène des habiletés techniques - Autrement capable - Communs - Innovation ordinaire - Pratiques inclusives - Tiers lieux - Traduction.

Inclusive practices, ordinary innovation and the otherwise capable of school's stakeholders

Summary: The article draws on a body of research carried out to put into perspective the innovation requirement that specifies the inclusive ambition with regard to the otherwise capable that it implies for school actors. This innovation requirement anchors the accessibility of school environments in an 'otherwise capable' through which school actors reconfigure their routines, knowledge, skills and institute new practices. This 'otherwise capable' presupposes a work of translation taming the principles claimed by the inclusive ambition as well as the framework and procedures proposed by the reference systems, in order to make sense of them and bring them to life with regard to the issues specific to the territories, the organisations and the stakeholders. It also refers to the "common" developed by the school's stakeholders to establish a formalised space of possibilities which collectively qualifies what makes accessibility and makes explicit the aims pursued, as well as the conditions founding the reciprocal obligation of the stakeholders. Finally, it is correlated with the establishment of third places that transform collective work into work collectives, offering the stability and flexibility necessary for the contextualisation of practices and the commitment of the stakeholders.

Keywords: Accessibility - Arena of technical skills - Commons - Inclusive practices - Ordinary innovation - Otherwise capable - Third places - Translation.

L'ambition inclusive vise une égalité réelle permettant aux individus d'avoir un accès effectif aux biens sociaux et de contribuer activement au bien-être économique et social (Roman, 2010 ; Conseil d'État, 2013). Sa mise en œuvre est assujettie aux formes de contextualisation et de personnalisation des pratiques qu'autorise l'innovation, notamment dans le secteur éducatif. Le CNIRE (2014) fait ainsi de l'innovation une composante de la démocratisation scolaire prenant appui sur la créativité des personnels, des élèves et des familles. Elle permet de porter une attention soutenue aux élèves, de veiller à la qualité de leurs apprentissages, de leur bien-être et d'ancrer les pratiques dans une méthodologie du changement. Cette exigence d'innovation est consubstantielle de l'impératif d'accessibilité autour duquel s'est instituée une école post-disciplinaire, soucieuse de la prise en compte de la diversité des profils éducatifs pour maitriser les inégalités scolaires et sociales (Ebersold, 2019). Elle participe d'approches différenciées soutenant une pédagogie de l'invention qui créé « *des modèles et des outils pour résoudre des problèmes qui émergent dans une ambition éducative* » (Meirieu, 2021). Elle préside à la mise en œuvre de démarches collaboratives supposant la définition d'une logique d'action commune mettant en synergie des cultures professionnelles différentes, ainsi que des intérêts différents voire divergents (Ebersold, 2003, 2012 ; Benoit, 2012).
Elle est également au principe de politiques d'établissements devant promouvoir un « *ethos inclusif* » incitant les membres de la communauté éducative à voir dans la diversité des profils cognitifs, une ressource profitable à chacun et à s'attacher à réduire les obstacles aux apprentissages de tout élève pour prévenir l'échec scolaire (Downes *et al.*, 2017). Cette exigence d'innovation met l'accent sur la force novatrice des acteurs de l'école qu'autorise leur aptitude à se saisir des ressources et des opportunités s'offrant à eux, afin de donner de la valeur et de l'utilité aux prescriptions didactiques et pédagogiques des programmes institutionnels qui fondent la forme scolaire. La discipline de travail qui en découle, exige des acteurs de l'école de recombiner les connaissances, routines et compétences existantes pour construire l'univers symbolique et pratique légitimant la présence scolaire d'élèves dérogeant aux normes scolaires. Elle demande également de redéfinir le sens que peut prendre organisationnellement, fonctionnellement et pratiquement l'accessibilité de l'environnement scolaire (Taddei, 2010 ; Ebersold, 2018). Elle s'incarne, notamment, dans la figure du bricoleur dont Claude Lévi-Strauss dit qu'il exécute « *un grand nombre de tâches diversifiées* » dans un « *univers instrumental clos* » lui demandant de s'arranger avec les « *moyens du bord* ». Cet univers instrumental comprend un ensemble d'outils et de matériaux hétéroclites, dont la composition est « *le résultat contingent d'occasions qui se présentent et se sont présentées de renouveler le stock, de l'enrichir ou de l'entretenir, en s'appuyant sur les constructions et destructions antérieures* » (Lévi-Strauss, 1962).
L'exigence d'innovation fait ainsi de l'initiative personnelle le principe organisateur de l'organisation scolaire et, plus généralement, de l'organisation sociale. Elle assujettit la concrétisation de l'impératif d'accessibilité à l'univers symbolique et pratique créé par les acteurs de l'école pour matérialiser un « *faire école* » qui déroge de la forme scolaire traditionnelle ; un « *faire école* » centré sur la prise en compte de la diversité des profils éducatifs, le développement du pouvoir d'agir et de la liberté

décisionnelle des élèves (Ebersold, 2018). Cet univers symbolique et pratique résulte de la manière dont les acteurs de l'école réorchestrent leur activité et réinventent les conditions de leur engagement en situation, pour mettre en sens les principes qui fondent l'ambition inclusive. Cette réorchestration vise à aligner leur pratique d'usage avec un projet collectif, une équipe, une mission, etc. et à rendre les glissements de perspective demandés réalistes, effectifs, efficients, aux yeux des intéressés (Thévenot, 2006). Elle porte par exemple sur la manière dont l'enseignant évalue et modifie en contexte ses gestes d'enseignement, pour se forger les repères requis par la différenciation des pratiques pédagogiques et s'en approprier les composantes. Elle renvoie aussi aux stratégies qu'il déploie pour évaluer et modifier son activité au regard des conceptions de la diversité, de l'excellence, de l'accessibilité explicitées par le projet d'établissement et de la pratique éducative afférente. Elle concerne enfin les stratégies déployées pour accorder leurs pratiques à la mission d'égalité d'éducation pour tous de l'institution scolaire (Feuilladieu, 2020).
Cette réorchestration de l'activité enseignante est constitutive d'une « *innovation ordinaire* » (Alter, 2000) conduisant les acteurs de l'école à se penser et à agir simultanément en tant que membres d'instances instituées et en tant qu'agents de transformation sociale. Elle consacre un « *autrement capable* » propice à l'émergence et au développement d'autres formes d'organisation pédagogique, de pratiques pédagogiques, de relations interindividuelles et interinstitutionnelles qui participent de l'accessibilisation des environnements scolaires et sociaux. Cet « *autrement capable* » renvoie à l'activité normative des acteurs de l'école à travers laquelle s'opérationnalisent les principes présidant à l'accessibilité de l'école à la diversité des profils éducatifs (Ebersold, 2020 ; Plaisance, 2009). Cette activité normative renvoie à un agir créateur en contexte, à travers lequel se contournent les obstacles, s'inventent d'autres manières de faire et d'être et se créent de nouvelles normes (Canguilhem, 1999). Aussi ce texte s'appuie-t-il notamment sur la sociologie pragmatique pour relier la concrétisation de l'éducation inclusive à l'activité normative qui entoure *l'autrement capable* mobilisé pat les acteurs de l'école pour bâtir des environnements scolaires accessibles au plus grand nombre et adaptés à chacun. Il repose sur un ensemble de recherches relatives, entre autres, à la mise en scène de la diversité scolaire à partir des principes revendiqués par l'éducation inclusive (Ebersold, 2003), aux modalités de coopération entre les acteurs du système scolaire et ceux du milieu spécialisé (Ebersold, 2008), ainsi que sur des recherches relatives à la concrétisation de la scolarisation d'élèves désignés « *à besoins éducatifs particuliers* » (Feuilladieu, Dunand, 2019 ; Feuilladieu, 2020). Ce texte relie en premier lieu *l'autrement capable* au travail de traduction sociale mené par les acteurs pour élaborer des *communs* posant des normes partagées entre les parties prenantes, de telle sorte que chacune d'entre elle soit en position de prendre place et de trouver sa place dans des contextes incertains. Il l'associe en second lieu aux investissements de forme associés à ce travail de traduction pour instituer un espace formalisé des possibles susceptibles de mobiliser collectivement les acteurs de l'école. Il l'associe en troisième lieu à la force novatrice des *tiers lieux* institués par les acteurs de l'école pour transformer le travail collectif recommandé par les

textes en des micro-collectifs de travail, soutenant la co-implication de dynamiques interindividuelles et interinstitutionnelles.

UN *AUTREMENT CAPABLE* ANCRÉ DANS UN TRAVAIL DE TRADUCTION SOCIALE

L'*autrement capable* autour duquel se matérialise l'impératif d'accessibilité est consubstantiel du travail de traduction mené pour opérationnaliser les principes revendiqués (Akirch *et al.*, 2006). Ce travail de traduction est au principe du faire avec : il apprivoise le cadre et les procédures proposés par les référentiels pour les mettre en sens et les faire vivre au regard des enjeux propres aux territoires, aux organisations et aux parties prenantes. Il réunit les conditions de l'interpénétration des facteurs légaux, organisationnels, symboliques et pratiques, autour desquels il est possible de faire environnement, en agissant conjointement sur les dimensions individuelles et collectives pour mettre en adéquation l'accès potentiel (planifié et explicité par les normes) avec l'accès réel (tel qu'expérimenté par les intéressés et les acteurs locaux) (Aslaksen *et al.*, 1997). Ce travail de traduction est essentiel à la transformation d'idées ou de principes apparaissant abstraits au regard des contextes, en un ensemble de pratiques intégrant les enjeux institutionnels, organisationnels et identitaires autour desquels se matérialisent l'engagement des individus ainsi que les logiques d'intéressement. Il ritualise le lien entre l'univers des institutions, celui des techniques et le monde de l'expérience sensible des individus, pour traduire les principes revendiqués par l'impératif d'accessibilité en modalités pratiques. Permettant de donner priorité aux contextes et aux situations, il est une composante essentielle de l'innovation ordinaire en conférant à l'impératif d'accessibilité sa légitimation dans des pratiques courantes.

Ce travail de traduction s'organise autour de la mise en sens organisationnelle et fonctionnelle de l'accessibilité effectuée par les projets d'établissement, les démarches administratives, les procédures d'évaluation des besoins (Ebersold et Armagnague, 2017). Comme toute activité génératrice de sens, ces techniques de gestion ont un caractère rituel (Douglas, 1992) à travers lequel s'instituent et se légitiment des manières de faire, de dire, de voir et de se comporter. La manière dont est prise en compte la question de l'accessibilité dans les projets d'établissement homologue collectivement le sens qui lui est donné. Elle incite, ou non, les agents à être réceptifs à la diversité et à faire de l'accessibilité une composante de leur pratique professionnelle. Elle conditionne le climat scolaire au sein de l'établissement, les attentes des membres de la communauté scolaire vis-à-vis des élèves et la propension des enseignants à ambitionner la réussite du plus grand nombre tout en combinant des attentes et des exigences élevées à l'égard des élèves (Duru-Bellat, 2002). Elle préside aussi aux conceptions entourant la relation enseignant-enseigné et à l'aptitude des acteurs à se distancier de la logique d'aide liée à une déficience (un besoin de service ou de compensation), au profit d'une logique de mise en compétence tournée vers la concrétisation de droits individuels. C'est le cas, par exemple, lorsqu'un projet d'établissement en collège évoque l'unité localisée pour l'inclusion scolaire scolarisant des jeunes sourds uniquement dans l'axe « *assurer la réussite du parcours de tous les élèves grâce à l'acquisition du socle commun de connaissances, de compétences et de culture* ». L'objectif de « *permettre à tous les élèves de réussir leur scolarité en renforçant des stratégies pédagogiques et éducatives en phase avec leurs difficultés et leurs points forts* », donne ainsi priorité aux apprentissages pour les élèves sourds au même titre que les autres élèves, reconnaissant de façon première leur droit d'être élève à travers l'accès aux savoirs (Feuilladieu, 2020).

Ce travail de traduction s'organise également autour des modalités de contextualisation des pratiques à travers lesquelles s'invente le quotidien (De Certeau, 1990). Cette invention du quotidien est assujettie aux *métis* (Vernant et Detienne, 1993) et aux ruses développées par les parties en présence pour contourner les routines et les règles formelles, afin de mettre en adéquation l'accès planifié avec les usages et l'expérience qu'en font les individus. Ces ruses constituent un véritable art de faire permettant de pallier l'ambiguïté, le vide ou le caractère paradoxal des directives et orientations des textes ou des politiques d'établissements. Elles confèrent aux acteurs en présence un sens des situations essentiel à l'adaptation des pratiques à la variété des contextes rencontrés, à la prise en compte de la diversité des usages et, ainsi qu'y invitent les textes, à l'élaboration de solutions spécifiques à des situations spécifiques. Elles sont au principe de l'activité auto-normative déployée par les individus pour mettre en intrigue le sens de la pratique au regard d'un passé, d'un présent et d'un avenir, inventer des routines et acquérir des possibilités d'action alternatives à celles existantes (Bessy et Chateauraynaud, 1995). La mobilisation ajustée des aides pédagogiques par des enseignants de classe ordinaire en école élémentaire, auprès d'élèves à besoins éducatifs particuliers, illustre le propos. La capacité d'appréciation et de coordination en contexte des acteurs de leur propre action, permet ici un double ajustement dans l'usage des gestes d'aide à l'étude, adaptatif (déclinaison différentielle de gestes déjà là) et créatif (manières de faire inédites). L'enseignant actionne les gestes d'usage courant de façon plus ou moins générique ou plus ou moins spécifique auprès des élèves à besoins éducatifs particuliers, selon le degré de généricité-spécificité des gestes (Feuilladieu et Dunand, 2016; Feuilladieu et Dunand, 2019). Ce rapport dialectique entre routines et innovation s'actualise aussi dans la circulation des pratiques entre les élèves. L'enseignant utilise les aides spécifiques conçues pour les élèves à besoins éducatifs particuliers avec les élèves ordinaires et les aides génériques conçues pour ceux-ci avec les élèves à besoins éducatifs particuliers.

Ce travail de traduction repose en outre sur les formes de décentrement permises par la mise en récit biographique de l'élève ainsi que son implication dans les processus éducatifs. Celles-ci inscrivent la personnalisation des pratiques dans la continuité des expériences professionnelles et de vie, et permettent de prendre en considération l'ensemble des dimensions conditionnant l'accessibilisation des environnements (Folcher et Lompré, 2012). La mise en récit de l'élève lui donne une épaisseur sociale essentielle à la légitimation de la prétention scolaire (Ebersold et Dupont, 2019). L'implication des intéressés dans les processus à l'œuvre permet d'inférer l'effet capacitant des pratiques aux subjectivités individuelles et au sens pratique entourant les usages. Ce sens pratique est traversé par des règles, des us et des coutumes qui président à la contextualisation des manières de faire et d'être, et engendrent des styles d'usage ayant leur inventivité propre et ne pouvant que déroger à ceux prévus ou explicités par les textes, les référentiels, les guides de bonnes pratiques.

L'autrement capable présidant aux formes d'innovation soutenant l'accessibilisation des environnements scolaires s'organise autour de la production de *communs*, c'est-à-dire d'un ensemble de pratiques instituantes et instituées selon des règles d'auto-organisation et d'auto-régulation propres au fonctionnement d'un établissement ou à l'organisation d'une classe (Laval, 2016). Cette production de communs participe d'une mise en scène de l'élève, de son environnement familial, de l'environnement scolaire et, corrélativement, du sens que prend l'accessibilisation de l'environnement scolaire et sa réceptivité à la diversité des profils éducatifs. Elle conditionne le sens donné aux formes d'engagement demandées aux acteurs de l'école (familles et élèves compris), ainsi que leur volonté et leur capacité d'engagement. En incorporant dans le raisonnement ce qu'il est possible de faire et ce qu'il convient de faire, le travail de traduction fournit aux acteurs de l'école les pôles de certitude sur lesquels s'appuyer, pour orienter leur action en fonction des situations et construire des projets adaptés aux contextes particuliers par-delà les conditions statutaires ou organisationnels.

UN *AUTREMENT CAPABLE* COUPLÉ À LA FORCE NOVATRICE DE *COMMUNS*

Ce travail de traduction participe de l'élaboration d'un espace formalisé des possibles qui qualifie collectivement ce qui fait accessibilité, qui explicite les finalités poursuivies ainsi que les conditions fondant l'obligation réciproque de ceux qui s'y engagent sur la co-participation et la co-décision (Dardot et Laval, 2014). L'élaboration d'un tel espace surmonte les apories auxquelles confronte toute acception prédéfinie d'une bonne ou d'une mauvaise accessibilité, pour expliciter collectivement le sens qu'elle prend d'un point de vue territorial, organisationnel et fonctionnel. Cette mise en sens collective de l'impératif d'accessibilité participe de la co-production de conventions par un collectif qui est amené à délibérer, à décider des règles conditionnant les pratiques. Ces conventions transcendent les intérêts personnels, explicitent les éléments symboliques et pratiques communs qui obligent collectivement les membres de ce collectif, de l'intérieur et par l'intérieur. Elles président par exemple au développement des unités d'enseignements externalisées en école : au-delà de la proximité géographique entre les établissements, de l'adaptation des locaux, des relations institutionnelles instaurées par les agences régionales de santé ou les collectivités territoriales, la mise en place de ces unités relève bien plus du travail de légitimation résultant des formes de collaborations mises en œuvre par le directeur et les enseignants de l'établissement scolaire, ainsi que le directeur et les personnels du secteur social et médico-social (CNSA, 2015). Selon le CNIRE (2014), les innovations sont au premier chef le produit d'un travail collectif centré sur la concrétisation d'une réalisation commune, explicité dans des projets d'équipe, porté par des équipes et mis en œuvre par des équipes. Cette

qualification collective, notamment lorsqu'elle mobilise des acteurs extérieurs aux établissements, peut inscrire les modalités participant de la différentiation pédagogique dans un réseau d'alliés partageant la même logique susceptible de contourner les contraintes de la verticalité au profit d'une hétérarchie. Celle-ci est propice à des interactions plus horizontales et transversales, susceptibles de modifier les cadres pédagogiques ou organisationnels et de promouvoir des compétences autres, notamment celles requises par la construction de partenariats.
Cette mise en sens collective de l'impératif d'accessibilité est consubstantielle d'un *autrement capable* s'organisant autour des formes d'entendement instaurées par les acteurs pour transcender les intérêts personnels. Ces formes d'entendement sont des actes d'institution qui mettent en scène les conditions et les modalités d'accessibilisation des environnements scolaires et les rendent ainsi socialement signifiantes aux yeux des parties prenantes. Les significations sociales ainsi que les façons d'appréhender le monde qu'elles font advenir, permettent d'agir sur les désajustements durables et les phénomènes de décohérence entre institutions et pratiques. Ces formes d'entendement président à la constitution d'espaces publics où les interprétations et les aspirations individuelles se manifestent et acquièrent consistance, s'interpénètrent, entrent en synergie ou en conflit. Ainsi, les individus acquièrent la possibilité de se comprendre à la fois dans ce qu'ils sont et dans ce qu'ils veulent être (Habermas, 1988). Elles font système en explicitant les éléments symboliques et pratiques communs aux acteurs, en spécifiant les niveaux de complémentarité, définissent les normes et les conduites à respecter etc. Elles ancrent les interactions interindividuelles dans un rapport d'interdépendance institutionnel, organisationnel et fonctionnel, conférant aux liens sociaux un caractère suffisamment organique pour promouvoir des modes de solidarisation des rapports sociaux fondés sur l'interpénétration des expériences et des actions individuelles d'une part, et l'interdépendance du social d'autre part. Elles permettent l'interpénétration des facteurs légaux, organisationnels, symboliques et pratiques, autour desquels il est possible de faire environnement en agissant conjointement sur les dimensions individuelles et collectives (Ebersold, 2008).
Ces conventions résultent des « *régimes de justification* » (Boltanski et Thévenot, 1991) développés par les parties prenantes pour mettre conjointement en scène les finalités et les valeurs qui régissent leurs rapports, de manière à construire l'espace de relations à même d'ancrer les échanges et les liens dans un rapport d'interdépendance. Ainsi, les régimes de justification mobilisés pour mettre biographiquement en récit l'élève lors de l'évaluation des besoins varient-ils selon les acteurs : les parents mobilisent un registre anthropologique insistant sur les dimensions renvoyant au bien-être de l'enfant dans la classe, aux formes de reconnaissance qu'il expérimente ; les acteurs du système éducatif privilégient un registre scolaire insistant sur les composantes scolaires du métier d'élève (maitrise des savoirs scolaires, rapport aux règles) intervenant dans la relation enseignant/enseigné et participant de la normalisation de l'élève ; les assistants d'éducation mobilisent un registre socio-éducatif portant le regard sur l'étayage social nécessité par l'élève pour entrer dans les apprentissages, s'intégrer dans le groupe classe et se faire accepter par les autres ; les élèves, quant à eux,

mobilisent un registre identitaire mettant l'accent sur le rôle émancipateur et intégrateur de l'institution scolaire.

UN *AUTREMENT CAPABLE* COUPLÉ À LA FORCE NOVATRICE DES *TIERS LIEUX* INSTITUÉS

Ces conventions participent de la création de *tiers lieux* qui transforment le travail collectif en des collectifs de travail. Ceux-ci ont des règles de fonctionnement internes propices à l'innovation, en contribuant à accomplir ce qui semble devoir être fait *in situ* (Bureau *et al.*, 2020). Les conventions instaurées par les acteurs mobilisés autour de l'accessibilisation des environnements scolaires, consacrent des formes de « *contractualité* » interindividuelle et interinstitutionnelle (Bidet, 1999). Elles soutiennent une organisation informelle, régulatrice de l'action collective, grâce à laquelle les membres du groupe génèrent une « *culture* » spécifique se singularisant de celle que produit l'organisation formelle. Elles créent des « *micro-collectifs* » de travail définissant des modes de fonctionnement plus souples et plus affinitaires que ceux régis par les modes d'organisation du travail des établissements, tout en veillant à la complémentarité des actions des uns et des autres susceptibles d'assurer l'engagement des parties prenantes. Ces collectifs affaiblissent ainsi l'isolement des acteurs que peuvent induire les séparations et les rigidités liées aux modes d'organisation pédagogique et aux cultures professionnelles (Alter, 2000). Ils assouplissent les contours du statut et jouent un rôle essentiel dans la redéfinition de l'identité de l'enseignant, quand elles cassent les séparations disciplinaires et les logiques strictes de programmes au profit des formes d'interdépendance collectives et individuelles présidant à l'action commune. Par exemple, la scolarisation de jeunes sourds en classe ordinaire de collège, appuyée sur une unité localisée pour l'inclusion scolaire, instaure un micro-collectif de travail entre l'enseignant, le coordonnateur du dispositif spécialisé, le traducteur en langue des signes française intervenant en classe et les élèves. Ce micro-collectif ouvre des conditions d'engagement de ces acteurs aux trois niveaux définis par Thévenot (2006) de coordination et d'accomplissement des actions en contexte. Au niveau individuel, il permet d'ajuster le travail de chacun en classe. Au niveau collectif, il permet d'ajuster le travail d'équipe au projet pédagogique du dispositif et de l'établissement. Au niveau public, il permet d'ajuster les pratiques au cadre de la politique académique de scolarisation des élèves en situation de handicap. Il offre à chacun et à tous, ainsi qu'à l'institution, de fonctionner de manière inclusive, en permettant à l'activité de se déployer, de se coordonner et de se maintenir. Sans cet espace de travail, une application stricte de procédures qui seraient les *bonnes pratiques* pourrait déboucher sur une résistance ou une critique virulente, ou encore une mise en place non efficiente car non intégrée, incarnée, réelle. À l'inverse ici, ce micro-collectif combine et organise trois espaces de mise en accessibilité pédagogique et didactique (Feuilladieu et Tambone, 2021 ; Tambone *et al.* 2021) : un espace interne à la classe entre les élèves et les traducteurs, un deuxième espace interne à la classe autour des traducteurs à l'interface des élèves et de l'enseignant, un troisième espace semi externe à la classe entre ces enseignants et le coordonnateur.

Les *tiers lieux* co-impliquent des mécanismes qui spécifient les systèmes d'action sociétaire rationnels en finalité, et ceux qui caractérisent les systèmes d'action communautaire rationnels en valeurs et en croyance (Weber, 1971). Cette co-implication combine, de façon souple, des éléments disparates préexistants et fonde des cadres de références culturelles adaptés à un contexte donné. Elle participe de l'émergence d'un public, c'est-à-dire d'un collectif se sentant affecté par un même problème et entreprenant de chercher collectivement une solution. Elle permet à des acteurs de culture professionnelle et/ou d'appartenance institutionnelle différente, de constituer un groupe primaire à durée déterminée et non un simple agrégat d'individus (Bureau *et al.*, 2019). Ainsi institués, ces *tiers lieux* permettent à des individus aux capitaux variés mais inscrits dans un même espace, de travailler ensemble, à condition qu'ils partagent des valeurs, des expériences et des projets communs. Ils instaurent une « *arène des habiletés techniques* » spécifiques aux enjeux de l'action commune poursuivie par les acteurs.

Ces *tiers lieux* peuvent être formellement ancrés dans les moments et les lieux consacrés à la définition et à l'évaluation des projets ou à l'identification des besoins. Citons par exemple la diversité de fonctionnement de ces micro-collectifs selon la manière dont les enseignants référents animent les équipes de suivi de scolarisation des élèves en situation de handicap : lorsque les enseignants référents occupent un rôle de transcripteur s'attachant à aiguiller à minima les échanges pour recueillir les informations nécessaires, ou permettre aux parents et aux professionnels de se mettre d'accord, les échanges entre les membres de l'équipe de suivi peuvent se centrer sur le projet de la personne, ses résultats scolaires et son épanouissement ; lorsqu'ils s'attachent à jouer un rôle de médiateur veillant à orienter la discussion et à trouver un consensus, les échanges peuvent se centrer sur les facteurs sources d'incertitude ; lorsqu'ils adoptent une posture d'initié et/ou d'expert de la scolarisation des élèves présentant une déficience, la scolarisation peut se concrétiser au regard des exigences et des attendus des textes au détriment des préoccupations des enseignants. Ces *tiers lieux* peuvent aussi prendre la forme de dispositifs pédagogiques : la classe inversée demande aux parties prenantes de trouver leur rôle et leur place au regard de compétences apportées au groupe et ayant pu émerger au cours d'échanges, de débats, de négociations, propices à l'autonomisation de l'élève et à la stimulation du travail personnel ; elle contribue également à réduire la discontinuité didactique qui existe entre la classe et la maison, en créant un continuum entre différents temps et différents lieux de l'apprentissage propice à l'implication des parents dans le processus éducatif, mais aussi à une modulation des pratiques susceptible de répondre à la diversité des profils éducatifs (Bechetti-Guizot, 2017). Ces *tiers lieux* peuvent s'instituer dans le cadre d'échanges informels au cours desquels il est possible d'acter des décisions, de préciser des objectifs ou des échéances sur lesquels tout le monde s'accorde, nécessaires à l'action requise par le cadre formel (Thomazet *et al.*, 2014). Ces échanges informels s'organisent autour de stratégies relationnelles donnant l'occasion de soutenir une continuité des expériences lorsqu'ils permettent aux enseignants ou aux parents d'avoir une vision globale de la situation de l'élève. De telles stratégies participent aussi de la co-implication des dimensions interindividuelles et interinstitutionnelles, lorsqu'elles participent de la construction d'un sentiment d'appartenance à un même ensemble, fondée sur une division des tâches et une distribution des rôles : il revient par exemple aux parents de créer des liens entre les institutions alors qu'il appartient aux enseignants de se tourner vers leurs collègues.

ÉLÉMENTS DE CONCLUSION

Ce texte n'entend pas appréhender l'innovation ordinaire inhérente à l'impératif d'accessibilité dans sa complexité. Il la réfère à un *autrement capable* que matérialise notamment le travail de traduction opéré pour mettre en sens et faire vivre cet impératif au regard des enjeux propres aux territoires, aux organisations et aux parties prenantes. Ce travail de traduction produit un ensemble de pratiques instituantes et instituées selon des règles d'auto-organisation et d'auto-régulation propres au fonctionnement d'un établissement ou à l'organisation d'une classe. Il préside au sens donné à l'exigence de contextualisation, au souci d'innovation des acteurs de l'école ainsi qu'à leur capacité de capitaliser les initiatives prises pour accessibiliser l'environnement scolaire. Cet *autrement capable* ne saurait être résumé à l'ingéniosité des acteurs ou à leurs talents. Il suppose l'élaboration d'un espace formalisé des possibles qui qualifie collectivement ce qui fait accessibilité d'un point de vue territorial, organisationnel et fonctionnel et qui légitime ce faisant les pratiques innovantes. Il repose également sur la création de *tiers lieux* inscrivant l'action individuelle dans des collectifs de travail ayant des règles de fonctionnement internes propices à l'innovation. Ces *tiers lieux* sont des cadres référentiels qui offrent à la fois la stabilité et la souplesse nécessaires pour assurer l'engagement des parties prenantes aux différents niveaux de leur rapport au monde, permettant d'incarner l'ambition inclusive. Ainsi les pratiques inclusives, par l'innovation ordinaire qu'elles supposent, autorisent et instaurent, reposent sur un *autrement capable* qui met en jeu des savoirs académiques, des expériences de vie et des croyances personnelles à travers lesquels se forgent des savoirs expérientiels et se configurent les identités sociales et professionnelles des acteurs de l'École.

Références

Aslaksen, F., Bergh, S., Olav Rand Bringa, O.R., Heggem, E. K. (1997). *Design Planning and Design for All.* The Norwegian State Council on Disability.

Alter, N. (2000). *L'innovation ordinaire.* PUF.

Akirch, M., Callon, M., Latour, B. (2006). *Sociologie de la traduction.* Mines.

Bechetti-Bizot, C., (2017). *Repenser la forme scolaire à l'heure du numérique. Vers de nouvelles manières d'apprendre et d'enseigner.* Rapport au ministère de l'Éducation nationale, de l'Enseignement supérieur et de la Recherche, Inspection générale de l'Éducation nationale.

Benoit, H. (2012). Pluralité des acteurs et pratiques inclusives : les paradoxes d'une collaboration. *La nouvelle revue de l'adaptation et de la scolarisation, 57.*

Bessy, C., Chateauraynaud, F. (1995). *Experts et faussaires.* Métailié.

Bidet, J. (1999). *Théorie générale.* PUF.

Boltanski, L., Thévenot, L. (1991). *De la justification.* Gallimard.

Bureau, M.-C., Corsani, A., Giraud, O, Rey, F. (dir.) (2019). *Les zones grises des relations de travail et d'emploi : un dictionnaire sociologique.* Teseo.

Canguilhem, G. (1999). *Le normal et le pathologique.* PUF (1re édition 1966).

CNIRE (2014). *Innover pour une école plus juste.* Ministère de l'Éducation nationale, de l'Enseignement supérieur et de la Recherche. Paris, vie publique.

CNSA - DGCS - DGESCO (2015). *Les unités d'enseignement externalisées des établissements et services médico-sociaux, rapport.* https://www.cnsa.fr/

Conseil d'État. (2013). *Le droit souple.* La documentation française.

Dardot, P., Laval, C. (2014). *Commun. Essai sur la révolution au XXIe siècle.* Paris : La Découverte.

De Certeau, M. (1990). *L'invention du quotidien.* Gallimard.

Douglas, M., (1992). *De la souillure. Essai sur les notions de pollution et de tabou* (traduit de l'anglais par Anne Guérin). La Découverte (œuvre originale éditée en 1966).

Downes, P., Nairz-Wirth, E., Rusinaite, V. (2017). *Structural Indicators for Inclusive Systems in and around Schools,* NESET II report, Luxembourg: Publications Office of the European Union. Doi: 10.2766/200506.

Duru-bellat, M. (2002). *Les inégalités scolaires à l'école : genèse et mythe.* PUF.

Ebersold, S., Dupont, H. (2019). Évaluation des besoins, importunité scolaire et réinvention de l'inéducable. *La nouvelle revue - Éducation et société inclusives, 86*(2), 65-78.

Ebersold, S., (2018). L'école inclusive face à l'impératif d'accessibilité. *Éducation et sociétés, 40,* 89-103.

Ebersold, E., Armagnague, M. (2017). Importunité scolaire, orchestration de l'accessibilité et inégalités. *Éducations et sociétés, 39.*

Ebersold, E. (2012). Scolarisation en milieu ordinaire, espaces de coopération et dynamiques coopératives. *Alter.*

Ebersold, E. (2003). L'intégration scolaire. Un système équitable de coopération à construire. *Revue handicaps.*

Feuilladieu, S., Dunand, C. (2016). Des situations d'enseignement « spécifiques » au service de tous ? In Pelgrims, G. et Pérez, J.-M. (dir.), *Réinventer l'école ? Politiques, conceptions et pratiques dites inclusives.* Suresnes : INSHEA.

Feuilladieu, S., Dunand, C. (2019). Gestes d'aide à l'étude en école élémentaire : comparaison entre des classes scolarisant des élèves désignés en situation de handicap et des classes scolarisant des élèves désignés avec des difficultés. *Les sciences de l'éducation - Pour l'Ère nouvelle, 52*(3), 35-52.

Feuilladieu, S. (2020). De l'accessibilité comme traduction : les acteurs à l'épreuve d'un dispositif inclusif. *Éducation et sociétés, 44,* 49-63.

Feuilladieu, S., Tambone, J. (2021). Scolariser des jeunes sourds, à l'épreuve de la transformation des routines d'enseignement. In G. Pelgrims, T. Assude et J.-M. Perez (dir.), *Transitions et transformations sur les chemins de l'éducation inclusive.*

Tambone, J., Assude, T., Millon-Fauré, K., Feuilladieu, S. (2021). La place des *traducteurs* dans la mise en œuvre d'une Unité localisée pour l'inclusion scolaire

(Ulis) accueillant des jeunes sourds au collège. *La nouvelle revue - Éducation et société inclusives, 92.*

Folcher, V., Lompré, N. (2012). Accessibilité pour et dans l'usage : concevoir des situations d'activité adaptées à tous et à chacun. *Le travail humain, 75*(1), 89-120.

Habermas, J., (1988). *L'espace public : archéologie de la publicité comme dimension constitutive de la société bourgeoise.* Payot.

Laval, C. (2016). « Commun » et « communauté » : un essai de clarification sociologique. *SociologieS* [En ligne], Dossiers, Des communs au commun : un nouvel horizon sociologique ? Consulté le 2 mai 2019. <http://journals.openedition.org/sociologies/5677>

Lévi-Strauss, C. (1962). *La pensée sauvage.* Plon.

Meirieu, P. (2021). *Dictionnaire de pédagogie, article Innovation.* [En ligne] Consulté le 8 octobre 2021. https://www.meirieu.com/DICTIONNAIRE/innovation.htm

Plaisance, É. (2009). *Autrement capables, école, emploi, société : pour l'inclusion des personnes handicapées.* Autrement.

Roman, D. (2010). *Droits des pauvres, pauvres droits. Recherche sur la justiciabilité des droits sociaux.* Université Paris-Ouest Nanterre - La Défense, EHESP, document ronéoté.

Taddei, (2010). Maïeutique pour apprendre à apprendre. *Cahiers pédagogiques, 478.*

Thévenot, L. (2006). *L'action au pluriel. Sociologie des régimes d'engagement.* La Découverte.

Thomazet, S., Mérini, C., Gaime, E. (2014). Travailler ensemble au service de tous les élèves. *La nouvelle revue de l'adaptation et de la scolarisation, 65*, 69-80.

Vernant, J.-P., Detienne, M. (1993). *Les ruses de l'intelligence : la métis des Grecs.* Flammarion.

Weber, M. (1971). *Économie et société.* Plon.

Le coenseignement en contexte inclusif : Le *plus* et le *différent*

Philippe TREMBLAY
Département d'études sur l'enseignement et l'apprentissage
Faculté des sciences de l'éducation
Université Laval

Résumé : Dans cet article, la question des transformations des pratiques dans le cadre d'un coenseignement intensif en enseignement secondaire de 1er cycle est posée. Pour ce faire, des entretiens semi-directifs ont été menés auprès de cinq binômes et trinômes de coenseignants, soit douze enseignants. Suite à l'analyse de contenu, on observe que les pratiques induites par le coenseignement se divisent en deux grandes catégories : ce qui constitue un *plus* de l'enseignement solitaire et ce qui en est *différent*. Celles-ci se déclinent ensuite en sous-catégories de pratiques. Pour le *plus*, on peut observer le soutien, la rétroaction, les outils technologiques, la gestion de classe, etc. Pour le *différent*, les pratiques déclarées concernent cinq sous-catégories (re-médiation successive ou simultanée, un deuxième regard, des pratiques d'évaluation et, enfin, des activités nouvelles).

Mots-clés : Coenseignement - Différentiation - Enseignement secondaire - Innovations - Lecture et écriture - Mathématiques.

Co-teaching in an Inclusive Context: the Plus and the Different

Summary: In this article, the question of the transformations of practices within the framework of intensive co-teaching in lower secondary education is raised. To do this, semi-structured interviews were conducted with five pairs and trinomials of co-teachers, ie twelve teachers. Following the content analysis, we observe that the practices induced by co-teaching fall into two main categories: what constitutes a plus of solitary teaching and what is different from it. These broad categories are broken down into sub-categories of practices. For the most, one can observe support, feedback, technological tools, classroom management, etc. For the different, the declared practices concern five sub-categories (successive or simultaneous re-explanation, a second look, evaluation practices and finally, new activities).

Keywords: Co-teaching - Differentiation - Innovations - Mathematics - Reading and Writing - Secondary education.

L'introduction du coenseignement au sein des classes ordinaires est relativement récente et n'est pas sans lien avec les mutations amenées par l'adoption d'approches plus inclusives (Hallahan, Pullen et Ward, 2013; Tremblay, 2012, 2017). En effet, le coenseignement est considéré comme le modèle de service le plus cohérent avec l'inclusion scolaire (Arguelles, Hugues et Schumm, 2000; Friend et Cook, 2007; Tremblay, 2012; Tremblay et Toullec, 2020). Dans nos travaux portant sur le coenseignement et ses effets sur les pratiques enseignantes (Tremblay, 2012, 2013, 2015, 2017), un accent a été mis sur les réponses pédagogiques à l'école par les coenseignants et sur l'accessibilité des pratiques (Ebersold et Armagnague, 2017). Selon les coenseignants, ce modèle de service permettrait de *mieux faire* (Tremblay et Toullec, 2020).

Les travaux de Friend et Cook ont servi de fondement à la plupart des modèles et des approches de coenseignement que l'on trouve dans la littérature contemporaine (Ashton, 2015; Tremblay, 2020). Dans un texte fondateur, les auteurs expliquent comment le coenseignement se différencie du *team teaching* en insistant sur quatre composantes fondamentales (Cook et Friend, 1995):

- Le coenseignement implique au moins deux *professionnels*, qui sont généralement un enseignant ordinaire et un enseignant spécialisé[1] ou spécialiste d'une matière[2]. Le coenseignement permettrait des possibilités nouvelles en rassemblant deux professionnels aux perspectives différentes, mais complémentaires.
- Le coenseignement nécessite une participation active de la part des deux professionnels dans l'enseignement, même si la contribution exacte de chacun d'eux peut varier.
- La population qui est visée par le coenseignement à orientation inclusive représente également un élément important de ces définitions où le coenseignement est défini aussi par rapport à un groupe diversifié d'élèves, y compris à des élèves à besoins particuliers, scolarisés en enseignement ordinaire.
- En lien direct avec la troisième composante, ce groupe hétérogène doit partager un même espace classe. Cela n'exclut pas la possibilité de séparer occasionnellement des groupes d'élèves, par exemple, pour un enseignement qui implique une activité avec des niveaux élevés de bruit et de distraction.

Outre ces composantes structurelles, on peut également ajouter une préoccupation qualitative avec la flexibilité pédagogique. Ainsi, la situation d'apprentissage créée par les deux professionnels ne peut pas être produite par un enseignant seul (Friend, 2008). Le coenseignement représente ainsi tant une forme d'innovation en lui-même qu'un socle sur lequel les innovations en termes de pratiques enseignantes peuvent s'appuyer. En effet, le coenseignement, souvent associé à l'image du *mariage* entre enseignants (Murawski, 2010), implique d'une part une transformation fondamentale du contexte d'enseignement et des pratiques des enseignants, ceux-ci étant le plus souvent habitués à travailler seuls.

---

1. Dans le cadre de cet article, un enseignant spécialisé est celui qui a une formation spécifique et/ou dont la tâche est d'intervenir spécifiquement pour les élèves à besoins particuliers.
2. En primaire, les enseignants spécialistes donnent les cours d'éducation physique, de musique, de langue seconde, etc. En secondaire, les enseignants spécialistes enseignent tous les cours du programme (français, mathématiques, sciences, etc.) selon leur spécialité.

Par ailleurs, l'analyse de la littérature montre que les premières définitions limitaient l'utilisation du terme de coenseignement à celui induisant une baisse de ratio enseignant/élèves en classe et une collaboration entre enseignant ordinaire et spécialisé (Tremblay, 2020). Cependant, cette définition, dans les usages, s'est graduellement élargie pour toucher d'autres formes de collaboration entre enseignants. Tout d'abord, le terme de coenseignement s'est appliqué, en langue française, à la fusion de deux classes en une seule. Dans ce cas, le ratio moyen reste le même et les deux enseignants n'ont pas de différence de titres (c'est-à-dire deux enseignants réguliers). Ce type de coenseignement trouve alors principalement sa justification dans la bonne entente entre enseignants et dans l'innovation pédagogique que permet le travail commun de deux enseignants. Dans le cadre de la formation des futurs enseignants, le coenseignement est apparu également comme un modèle pertinent. Ainsi, le coenseignement de deux stagiaires auprès du même groupe d'élèves ou d'un stagiaire et de la titulaire de classe sont des formes de collaborations utilisées (Murphy, Scantlebury et Milne, 2015 ; Bacharach, Heck et Dahlberg, 2010 ; Heck et Bacharach, 2016). Enfin, dans le cadre de l'apprentissage d'une langue seconde (L2) pour tous les élèves d'une classe ou encore l'apprentissage de la langue d'enseignement (L1) pour une partie des élèves du groupe (ex. : élèves migrants), le coenseignement entre un enseignant ordinaire et un enseignant spécialiste en langue est également de plus en plus favorisé (Honigsfeld et Dove, 2008, 2012).

Cet article a pour objectif d'identifier, de catégoriser et d'analyser le type d'innovations pédagogiques qu'apporte le coenseignement intensif au 1er cycle de l'enseignement secondaire sur la base des pratiques déclarées des enseignants. Dans le présent texte, la question du *plus* et du *différent* dans un contexte de coenseignement sera analysée sous l'angle des pratiques déclarées des enseignants.

LES DÉFINITIONS DU COENSEIGNEMENT

Le coenseignement est défini comme un travail pédagogique commun, dans un même groupe et espace/temps, d'au moins deux enseignants qui partagent les responsabilités pédagogiques pour atteindre des objectifs et des compétences spécifiques (Friend et Cook, 2007 ; Tremblay, 2012). Six grandes configurations sont généralement utilisées pour décrire ce coenseignement (Friend et Cook, 2017 ; Tremblay, 2012). Chacune de ces configurations présente des avantages et des inconvénients qu'il faut prendre en compte selon les besoins des élèves de la classe, mais également selon le degré de maturité de la relation professionnelle et personnelle entre coenseignants (Tremblay, 2015).

Cette collaboration peut être utilisée à temps partiel ou à temps complet, en primaire comme en secondaire. Ce type de coenseignement offre l'avantage de réduire le ratio enseignant/élèves afin de favoriser les interactions et de fournir un enseignement plus différencié et intensif (Friend et Cook, 2007), tout en étant moins stigmatisant pour les élèves à besoins particuliers (Murawski et Hughes, 2009).

Toutefois, les chercheurs s'entendent pour affirmer que le coenseignement s'applique à des degrés divers dans les différents milieux scolaires. Plusieurs recherches soulignent que c'est la configuration *l'un enseigne/l'autre observe ou aide* qui est le plus souvent utilisée par les coenseignants et dans des classes caractérisées par un enseignement traditionnel (Scruggs, Mastropieri et McDuffie, 2007) et tendent à démontrer que cette configuration correspondrait à une faible réalisation de son potentiel pédagogique. De plus, l'enseignant spécialisé œuvrant au sein d'une classe ordinaire a été souvent réduit à un rôle de subordonné. Les stratégies recommandées ont été rarement observées. Toutefois, Scruggs *et al.* (2007) relèvent que le coenseignement possède un important potentiel, sous-utilisé, de développement des pratiques enseignantes. Les enseignants apprécient l'utilisation du coenseignement, mais sous différentes conditions, identifiées par Scruggs *et al.* (2007). Par contre, l'analyse des travaux de recherche qualitative montrant des difficultés rencontrées par les coenseignants sont le plus souvent l'apanage de dispositifs peu intensifs contrairement aux travaux de recherches quantitatifs sur son efficacité qui sont, quant à eux, intensifs, c'est-à-dire qu'ils traitent d'un coenseignement occupant plus de 50 % du temps de classe/cours. Austin (2001) observe que les enseignants spécialisés disent avoir bénéficié d'une augmentation de connaissances concernant le contenu à enseigner en enseignement ordinaire tandis que les enseignants ordinaires admettent avoir profité des compétences de leurs collègues dans la gestion de classe et dans l'adaptation curriculaire. Les enseignants ordinaires estiment améliorer leur capacité à différencier et à adapter leur enseignement afin de répondre aux besoins de tous les élèves (Murawski et Hugues, 2009). Pour les enseignants spécialisés, le coenseignement leur permettrait d'enseigner dans leur zone d'expertise tout en connaissant les attentes et exigences d'une classe d'enseignement ordinaire (Tremblay, 2010, 2011).

Tremblay (2020), dans une analyse des définitions du coenseignement les plus utilisées en recherche, montre qu'en ce qui concerne les actions prescrites dans les définitions, on observe que si plusieurs définitions se limitent à parler d'enseigner ensemble (ex. Murawski et Dieker, 2008), d'autres auteurs précisent que le coenseignement ne concerne pas seulement la prestation d'enseignement en classe, mais également explicitement la coplanification et la coévaluation (Friend et Cook, 1992 ; Bacharach, Heck et Dahlberg, 2008 ; Bacharach, Heck et Dank, 2004 ; Murawski, 2003 ; Murawski, 2010 ; Villa, Thousand et Nevin, 2013) ou plus globalement le partage des responsabilités (Bauwens, Hourcade et Friend, 1989 ; Ploessi, Rock, Schoenfeld et Blanks, 2010 ; Gately et Gately, 2001). Cette action n'est donc pas seulement accomplie ensemble, mais également planifiée en commun. En somme, il y aurait consensus sur le fait qu'il n'y aurait pas de coenseignement à proprement parler sans coplanification et sans coévaluation.

Pour certains auteurs, ces actions auprès des élèves se doivent également d'être, explicitement différentes de celles qu'on aurait ou qu'on peut mener en enseignement solitaire (Bauwens, Hourcade et Friend, 1989 ; Ploessi, Rock, Schoenfeld et Blanks, 2010 ; Wenzlaff, Berak, Wiesemean, Monroe-Baillargeon, Bacharach et Bradfield-Kreider, 2002) ou différenciées (Murawski et Lochner, 2011) ou flexibles (Friend, 2008 ; Friend, Cook, Hurley-Charberlain et Shamberger, 2010). Comme vu plus haut, ces actions constituent en soi également un objectif du coenseignement. Wenzlaff, Berak, Wiesemean, Monroe-Baillargeon, Bacharach et Bradfield-Kreider (2002) définissent ainsi le coenseignement comme : « *Deux personnes ou plus qui se réunissent dans une relation de collaboration dans le but d'un travail partagé... pour le résultat de ce que personne n'aurait pu faire seul.* » Ainsi, plus qu'une simple action conjointe coplanifiée et délibérée, le coenseignement impliquerait également un changement pédagogique et une différenciation des pratiques de coenseignement par rapport aux pratiques d'un seul enseignant. Ainsi, la situation d'apprentissage créée par les deux professionnels ne peut pas être produite par un enseignant seul (Friend, 2008). Tobin (2014) observe cependant que : « *La partie centrale du coenseignement est l'enseignement ensemble – de manière coordonnée, pour le bien commun de tous les élèves* » (p. 191). Tant les fondements que les définitions, *in fine*, comprennent le coenseignement comme une rupture non seulement pour faire *plus* qu'en enseignement ordinaire, mais aussi pour faire *différemment* (Tremblay, 2020). Le *différent* est constitué des situations pédagogiques innovantes/différenciées/actives qui engagent les élèves et que seul le coenseignement permet d'implémenter. Ce *différent* consiste essentiellement à se donner des capacités, pas seulement d'améliorations, mais plutôt d'innovations pédagogiques. Les élèves qui ont (tous) des besoins *différents* demandent un autre enseignement que celui habituellement dispensé, un enseignement qui est *différent*. C'est ainsi tant ce que le coenseignement *est* et ce qu'il *peut faire* qui le définit pleinement.

Bien que le coenseignement constitue en soi une innovation, celle-ci se situe au niveau *méso*, celui du dispositif. L'enjeu réside plutôt dans le comment il peut influencer les pratiques des enseignants. Ainsi, plus que la simple coprésence en classe, le coenseignement implique une différenciation pédagogique dans une recherche d'accessibilité des apprentissages. Il s'agit de sa justification première (Tremblay, 2020). Le coenseignement constituerait ainsi une condition essentielle, mais non suffisante, à elle seule, de cette différenciation.

MÉTHODOLOGIE

Cet article a pour objectif d'identifier, de catégoriser et d'analyser le type d'innovations pédagogiques qu'apporte le coenseignement intensif au 1er cycle de l'enseignement secondaire sur la base des pratiques déclarées des enseignants.

Participants

Les participants à cette recherche sont constitués d'un échantillon de 12 enseignants travaillant en binôme ou en trinôme de coenseignement. Chaque membre d'un binôme ou d'un trinôme a été interrogé individuellement. Leurs entretiens ont ensuite été mis en relation. Il s'agit d'enseignants de 1re et de 2e secondaires inscrits dans une recherche-action portant sur le développement du coenseignement dans leur école. Chaque binôme est composé d'un enseignant spécialiste d'une matière scolaire (français ou mathématiques) et d'un enseignant-ressource[3]. Cette assignation permet à ce dernier d'être présent de 50 % à 100 % du temps avec un enseignant titulaire spécialiste. Ces enseignants participent ainsi à des projets de coenseignement intensif en français et en mathématiques (50 % ou plus d'une matière).

3. Un enseignant-ressource est un enseignant du secondaire dont une partie de l'horaire (maximum 50 %) doit être consacré à l'aide aux élèves en difficultés et à leurs enseignants.

Tableau 1 : Les caractéristiques des enseignants

Codes	Matière et intensité	Expérience en coenseignement intensif	Collègues	Sexe	École
A	Français 75 % et 67 %	1 an	B - E	F	1
B	Français 75 %	1 an	A	M	1
C	Français 100 %	2 ans	D	F	1
D	Adaptation scolaire 100 %	2 ans	C	F	1
E	Mathématiques 67 %	1 an	A	F	1
F	Français 100 %	1 an	G	F	1
G	Français 100 %	1 an	F	F	2
H	Histoire 50 %	2 ans	I	F	2
I	Mathématiques 50 %	½ an	H	F	2
J	Français et mathématiques 100 %	2 ans	K - L	M	3
K	Français 75 %	2 ans	J	F	3
L	Mathématiques 100 %	2 ans	J	F	3

Collecte et analyse des données

Des entretiens semi-directifs individuels ont été réalisés durant les mois de mai et juin 2020. Chaque entretien comportait 13 questions, les questions 1-6-7 abordaient cette thématique. La durée moyenne des entretiens était de 50 minutes. Ceux-ci ont ensuite été retranscrits intégralement. Par ailleurs, des observations ont été menées dans l'ensemble de ces classes à au moins trois reprises. Bien que ces observations ne fassent pas parties du présent corpus de données, elles permettent toutefois de s'assurer de la validité de pratiques déclarées des enseignants interrogés.

L'analyse de données s'inscrit dans une approche qualitative pour laquelle l'analyse de contenu est privilégiée. L'analyse de contenu s'inspire de la démarche qualitative de Miles et Huberman (2003). Cette démarche, par le biais d'une codification, d'une catégorisation et de la mise en relation des résultats recueillis, permet de répondre aux objectifs de la présente recherche. Le codage des pratiques se fait en deux grandes catégories : le *plus* et le *différent*. Le plus correspond à des pratiques que l'enseignant faisait ou fait quand il est seul, mais qui à deux paraissent plus rapides, plus efficaces, etc. Le différent, quant à lui, correspond à des pratiques que l'enseignant ne peut faire seul ou n'a jamais fait seul. Le logiciel QDA Miner a été utilisé pour effectuer l'analyse de contenu sur les deux grandes catégories. Par la suite, des sous-catégories ont été identifiées après un classement des différents extraits.

RÉSULTATS

Deux grandes catégories ont été identifiées : le *plus* et le *différent*. À l'intérieur de chaque catégorie, l'analyse de contenu des verbatims des entretiens a permis d'identifier des sous-catégories. Il importe de noter que dans l'ensemble des entretiens réalisés, tous les coenseignants interrogés appuient ce type de dispositif. En ce qui concerne les extraits de verbatims, ceux-ci ont été retravaillés pour convenir à une forme écrite plutôt qu'orale en retirant certains répétitions ou tics de langage, en complétant les élisions et les négations, etc.

Le plus

Un premier groupe d'énoncés portent sur ce que permet le coenseignement en termes de *plus*. Il s'agit de pratiques que l'enseignant faisait ou fait quand il est seul, mais qui à deux, paraissent plus rapides, plus efficaces, plus faciles à mettre en œuvre, etc.

Dans cette catégorie, l'analyse des verbatims montre que ce plus se décline sur différents plans. Tout d'abord, on retrouve une aide plus rapide apportée à tous les élèves, mais également une aide plus longue aux élèves en difficulté. Par exemple, « *Les interventions pour les élèves plus faibles, parce tu es deux, tu peux te dédoubler* » « *Donc si je prends, par exemple, mon groupe. Je suis toute seule avec eux en secondaire 3. Si j'ai 6-7 élèves plus faibles qui sont perdus, je n'aurai pas le choix d'un peu ralentir la masse pour essayer d'aller les réchapper, pour essayer de les ramener. Donc, je trouve que ça permet de continuer à avancer avec les autres, ça permet de ne pas ralentir les autres et ça permet aux élèves plus faibles de ne pas non plus prendre trop de retard* » (cas 1). Le coenseignement offrirait donc la possibilité d'accorder plus de soutien aux élèves plus faibles, plus de rétroaction. Il en va de même, dans certains cas, pour les élèves plus forts de la classe. « *Donc le coenseignement nous permettait à la fois d'aller réchapper les plus faibles, d'aller leur faire un petit peu plus individuel, mais aussi parfois prendre les plus forts, aller les pousser un peu plus loin. On avait ces deux côtés-là qui étaient intéressants pour ce type de groupes-là qui sont très clivés* » (cas 10). Dans un autre ordre d'idées, une coenseignante moins à l'aise dans le soutien individuel, la proximité physique avec les élèves apprécie que sa collègue puisse plus *naturellement* le faire (cas 5).

Ensuite, le soutien pour les outils d'aides technologiques destinés aux élèves en difficulté (ex. : ordinateur, logiciel de synthèse vocale) constitue également un apport important du coenseignement. En effet, dans ces classes de coenseignement intensif, le nombre d'élèves en difficulté était plus important, et cela se marquait, entre autres, par un plus grand nombre d'élèves nécessitant des adaptations technologiques, surtout en lecture et écriture. Le 2e enseignant (non-titulaire) était le plus souvent chargé de cette tâche. « *Tu sais, ils aimaient que je vienne les aider, ils aimaient ça que je leur montre les trucs avec les outils d'aide. Je pense que pour ça c'était un bon atout* » (cas 1).

Il en va de même avec la gestion des comportements et/ou de l'attention/concentration des élèves. « *Bien, quand j'anime le groupe, c'est sûr qu'elle circule dans les rangées. Elle regarde si tout le monde est à son affaire. Si jamais il y en a qui lèvent la main et qu'elle peut. Elle peut éteindre le feu sans que...* » (cas 6). La simple présence active de deux enseignants dans la classe induit ainsi une gestion des comportements plus facile, une attention plus grande des élèves. Par ailleurs, il est ainsi plus facile de les remettre à la tâche ou à l'écoute, d'éviter les décrochages trop fréquents ou trop longs, etc.

La gestion administrative est également allégée tout comme les corrections. Par exemple, la gestion des plans d'intervention des élèves en difficulté, plus nombreux dans ces classes, est souvent ici prise en charge par le 2e enseignant (non-titulaire), bien que les deux y participent. « *Au niveau aussi des plans d'intervention, j'ai travaillé beaucoup avec les élèves pour leur expliquer leur plan, leurs outils. Ils ont droit à quoi, qu'est-ce que ça peut leur servir* » (cas 1). Pour les corrections, le scénario inverse est observé. Le coenseignement permettrait, en somme, d'assurer un meilleur suivi. « *Là on s'est vraiment attardées sur la difficulté de notre groupe. OK, on va bâtir des activités là-dessus ! Le suivi des élèves* » (cas 11).

Il en va de même avec des activités parfois menées en solo, en demi-groupe, qui peuvent être plus riches pédagogiquement et plus facile à gérer. Par exemple, des discussions avec le groupe qui peuvent être conduites en demi-groupe paraissent plus faciles à mener, plus dynamiques, plus participatives.

Les enseignants soulignent ainsi, unanimement, cet aspect du coenseignement qui implique *de facto* ce *plus* (plus de bras, plus de tête, etc.) Il s'agit d'un *allant de soi*. Toutefois, ce *plus* n'implique pas que l'enseignement est différent ; il peut rester globalement le même que celui offert en enseignement solitaire. Il peut aussi pallier les inconvénients d'un enseignement magistral traditionnel. « *Il y en a qui me l'ont même verbalisé. Quand tu fais des interventions en grand groupe, ils ne suivent pas, ils ne sont pas capables, ça marche pas du tout. Donc ceux-là, obligatoirement, si on veut qu'ils viennent avec nous, on est obligés de leur donner de l'individuel* » (cas 10).

Le différent

Un deuxième groupe d'énoncés portent sur ce que le coenseignement permet de faire différemment, c'est-à-dire ce que l'on n'aurait pas fait seul. Par exemple, cet extrait exprime bien ce *différent*: « *Mais c'était différent parce qu'on n'enseignait pas la même chose. On l'enseignait différemment. On revenait avec ce qu'on avait fait les années passées, parce qu'on ne pouvait pas le faire comme avec notre groupe de coenseignement parce qu'on n'était pas deux* » (cas 7). Sa collègue ajoute : « *On l'a fait vraiment beaucoup avec ce groupe-là cette année. On a vraiment bâti des affaires nouvelles, différentes, qu'on n'avait jamais faites et qu'on n'a pas faites avec les autres groupes non plus* » (cas 8).

Les premières pratiques traitent de que l'on peut appeler la re-médiation (ex. : reformulation, bonification, exemplification, etc.). Dans ce cadre, le 2e enseignant intervient pour apporter une autre façon d'expliquer, ajouter un exemple, prendre un matériel pour démontrer. Ces interventions s'effectuent dans un mode successif et sont destinés à tous les élèves. « *Puis souvent moi mes interventions souvent c'était d'arrêter X quand je me rendais compte qu'il y en avait deux-trois qui étaient out. Donc arrêter X pour : prenons une pause, essayons de faire un petit retour, il y en a quelques-uns qui sont un peu perdus, essayer de comprendre* » (cas 1). Ces interventions ne sont pas ou peu planifiées le plus souvent ; il s'agit d'une improvisation. Dans le même ordre d'idées, il peut également s'agir de dispenser un enseignement alternatif à un petit groupe d'élèves sur les mêmes contenus. Ces interventions s'effectuent dans un mode simultané et sont destinées à certains élèves. « *Parce que moi j'explique une chose, puis des fois, les élèves n'avaient pas compris, pis elle, elle allait rajouter une séance d'information supplémentaire, mais différemment, donc l'élève pouvait avoir plus compris avec elle, ou vice versa, ça dépendait* » (cas 7). Ces interventions sont planifiées et/ou routinières et les rôles ont été, le plus souvent, préalablement distribués entre les enseignants.

Une troisième sous-catégorie concerne le deuxième regard, neuf, sur les difficultés des élèves qu'apporte une enseignante-ressource ayant une grande expérience du travail auprès des élèves à besoins particuliers. « *Tu sais, le jugement professionnel au niveau des élèves en difficulté, au niveau des besoins, au niveau de comment venir en aide, c'est X qui l'a* » (cas 3). Dans le cas d'une enseignante-ressource qui n'est pas spécialiste de la matière (ex. : une enseignante-ressource spécialiste en histoire qui intervient en coenseignement dans un cours de français), le regard se porte quant à lui plus sur la matière enseignée. Elle peut voir cette dernière avec un regard d'élèves. Elle peut plus aisément cerner les points d'achoppement et donner ainsi d'autres clés de compréhension des erreurs, des obstacles, etc. Cela illustre la complémentarité des coenseignants sur les besoins des élèves.

Un quatrième groupe de pratiques concerne les activités planifiées à deux et nouvelles. Il s'agit de *cuisiner la matière* autrement pour la rendre intéressante pour les élèves, susciter une plus grande participation et motivation. « *Amener les mathématiques de manière différente parce que, de prime abord, je déteste les mathématiques ! Réussir à faire des jeux, des activités, essayer de rendre finalement les mathématiques plus chouettes pour les élèves. Par le fait même, pour nous deux, parce que finalement, on avait du plaisir à le faire comme ça* » (cas 1). Dans certains cas, les idées peuvent venir d'un autre collègue et le coenseignement permet de l'appliquer alors qu'on ne l'aurait pas fait seul. « *Les choses que j'ai essayées, j'aurais peut-être été plus réticente à le faire, seule, mais c'est le genre de chose que j'aime essayer aussi. Le fait qu'on soit deux, c'est sûr, c'est plus sécurisant* » (cas 6).

Dans de nombreuses situations, il s'agit de rendre plus ludiques certaines activités, d'ajouter de la compétition partant d'activités simples, mais considérées comme ennuyeuses comme le calcul. « *C'est différent, mais ça, ils ont aimé ça beaucoup. À chaque fois où ce que c'étaient des jeux, où ce que ça sortait du cadre rigide de j'enseigne une notion, vous faites des exercices, ils aimaient ça. Ils aimaient ça quand ce n'est comme pas ce qu'on fait habituellement dans une école* » (cas 7).

L'utilisation d'ateliers revient fréquemment dans le discours des coenseignants. « *On avait fait deux ateliers totalement différents ! A. prenait un groupe qui était plus... pour leur apprendre une théorie qu'elle jugeait plus difficile. C'était elle qui gardait la moitié du groupe. Moi, je partais avec l'autre groupe pour davantage travailler la manipulation, parce qu'on était dans les solides, pour qu'ils comprennent de quoi est composé un solide. On les fabriquait, on les coupait, on les rouvrait. Les élèves, ils bricolaient, ils étaient heureux. Puis en même temps, ils se rendaient compte qu'ils apprenaient* » (cas 9). Le groupement et la gestion des équipes sont plus faciles, donc les enseignants osent plus l'essai de pratiques différentes. « *À deux ça se fait beaucoup mieux, parce que c'est là qu'on séparait, justement, en petits groupes, la classe en petits groupes* » (cas 2). Ces ateliers et travaux d'équipe mettent également en évidence l'importance de la manipulation d'outils, de matériel, de maquette. Il en va de même avec l'utilisation des nouvelles technologies pour l'ensemble des élèves de la classe (ex. : vlog, Antidote) dans le cadre de projets comme en mathématiques avec des logiciels spécialisés (géométrie, programmation, etc.).

Cette innovation se marque aussi par le matériel. Le fait d'être à deux permet de mieux planifier, de préparer le matériel qui accompagne cette nouvelle activité, mais également de pouvoir préparer avant l'arrivée des élèves en classe et de s'assurer, pendant l'activité, d'une bonne gestion du groupe. « *Je ne suis pas allée à certains cours pour planifier ce qui s'en venait la semaine d'après, qu'on n'a jamais fait. Il y a des périodes où je ne suis pas allée parce que je préparais des affaires pour le groupe* » (cas 4). Un autre exemple simple est celui de l'utilisation de languettes pour les faire manipuler la phrase en grammaire. Cette simple modification a permis une plus grande motivation chez les élèves. « *On avait fait des activités avec des petits papiers à manipuler. Puis, on s'est rendues compte qu'étonnamment les élèves adoraient ça. Pour eux, c'était comme d'être en action, alors que ça l'air banal comme ça, mais les élèves ont vraiment embarqué là-dedans* » (cas 8).

Enfin, concernant plus spécifiquement les pratiques évaluatives, on observe des modifications permettant de réduire le stress des élèves et de favoriser leur réussite. Par exemple, la division du groupe en deux lors des évaluations en mathématiques ; les élèves choisissant l'enseignant avec lequel réaliser l'évaluation. Le coenseignement permet également de partager dans le temps certaines évaluations. Ainsi, un groupe d'élèves peut réaliser son évaluation un jeudi alors que l'autre moitié sera évaluée le vendredi. Cela permet d'accorder une séance supplémentaire de re-enseignement à ce dernier demi-groupe. Un autre binôme cite également la possibilité de réaliser des exposés oraux des jours différents dans des groupes plus petits avec l'un des enseignants tandis que l'autre fait des activités avec le reste du groupe. « *Lors des exposés oraux de pouvoir scinder le groupe en deux et de dire : Au lieu de présenter ton exposé oral devant 26 élèves… Puis on sait que l'anxiété monte assez rapidement parce que c'est des élèves qui ne sont juste pas capables. Bien à ce moment-là, de partir avec une moitié de groupe, ça nous a permis à chacun de dire : On va faire des techniques, je vais dire comme ça, de respiration, de relaxation, avant de commencer les exposés oraux, juste pour que les élèves sentent que, ok, ils sont un peu plus en contrôle, un, de leur respiration, ça je trouvais ça super bien* » (cas 11).

DISCUSSION

Le coenseignement renvoie ainsi à deux niveaux d'innovation. D'une part, une innovation sur la forme, à la marge de l'enseignement donné (le *plus*) et d'autre part, une mise en capacité d'innovations que permet ce format (le *différent*). L'enseignement solitaire, quasi hégémonique, dans les classes, est remis fondamentalement en question par le coenseignement. L'enseignement solitaire s'accompagne, selon les ressources disponibles, d'un ajout de dispositifs divers et externalisés (ex. : co-intervention externe ou différenciation institutionnelle). Le principe de base est que l'enseignement solitaire convient habituellement à tous, mais que certains élèves à certains moments nécessitent *plus*. Par contre, dans ce cadre, la différenciation pédagogique serait l'apanage de l'enseignant titulaire et non une tâche enseignante partagée (plutôt que divisée). De plus, dans cette optique, la difficulté se retrouve chez l'élève dans une vision déficitaire. Il s'agit d'une approche qui s'apparente à une logique intégrative. Il y a peu de différences dans l'enseignement en classe par rapport à la situation précédente. Le constat selon lequel l'élève est mis en situation de difficulté par une forme d'enseignement n'entraîne aucun changement pédagogique. L'utilisation du coenseignement implique une transformation de la classe dite ordinaire (forme) et de l'enseignement qui y est donné (contenu). Il s'agit, en effet, de pouvoir faire à deux ce qu'on ne peut faire seul. Ou encore, de pouvoir faire à deux ce qu'on n'a jamais fait avant.

Le coenseignement est d'abord perçu comme un moyen d'améliorer les pratiques existantes, de faire *mieux,* et ce, en faisant *plus* bien entendu, mais également en faisant *différemment* de ce que l'on fait déjà, dans une perspective inclusive d'une plus grande accessibilité, au-delà d'un soutien individuel supplémentaire accordé aux élèves les plus faibles. Dans cette relation, ce *mariage* entre enseignants, une évolution entre ces deux pôles est aisément perceptible. Le premier pôle consiste en un *plus* de l'enseignement solitaire. Ainsi, le coenseignement permettrait des interventions plus rapides en réponse aux besoins des élèves, un contrôle accru de la tâche et de la classe, etc. sans que l'on doive fondamentalement changer la situation pédagogique. Les routines sont maximisées, mais sans transformation. Ce *plus* concernera ainsi la gestion du groupe, le dynamisme de l'animation, les transitions plus rapides, un matériel plus adéquat, etc. Dans une classe de secondaire, le coenseignement a amené par exemple, les enseignants à effectuer un suivi beaucoup plus serré des devoirs, des leçons, de la préparation d'examen, des récupérations de la matière, etc. Cette tâche, considérée comme essentielle, exige une quotidienneté, une régularité qui est chronophage. Le coenseignement permet de surmonter cet obstacle. Le *plus* se retrouve ainsi dans l'amélioration des activités déjà données, dans de petites innovations, importantes parfois, mais à la marge. Il en va de même avec des activités d'apprentissage fortement maitrisées par l'un des deux enseignants. L'un des enseignants prendra alors le leadeurship de cette activité tandis que l'autre interviendra de manière plus périphérique à certains moments (réparation du matériel, aide, gestion, etc.) Dans ce dernier cas, on ne transforme pas fondamentalement une activité d'apprentissage déjà considérée comme efficace, mais on tente plutôt d'optimiser cette efficacité. Toutefois, un tel fonctionnement peut conduire à l'utilisation de certaines configurations dont *un enseigne et l'autre aide*. Cela implique aussi moins de coplanification et surtout de coconception des activités pédagogiques. On adapte une activité existante pour la rendre plus efficace, efficiente, etc. Cela peut conduire à réserver certaines tâches à un enseignant et conduire à des relations asymétriques.

Le second pôle est celui du *différent* de l'enseignement solitaire, c'est-à-dire des situations pédagogiques innovantes/différenciées/actives qui engagent les élèves et que le coenseignement permet d'implémenter. Le *différent* implique également le *plus,* c'est-à-dire que l'on tente de maximiser la qualité de ces pratiques par la création de nouvelles routines et cultures coenseignantes. Ce *différent* consiste essentiellement à se donner des capacités non plus d'amélioration, mais plutôt d'innovations pédagogiques, Il s'agit de pratiques nouvelles pour les deux enseignants, car différentes de leurs pratiques habituelles. Il implique une égalité plus grande entre les coenseignants et des rôles négociés pour chacune des activités nouvelles.
D'une part, ces innovations peuvent s'appuyer sur l'expérience des enseignants. Ces innovations sont autogénérées dans le cadre d'une adaptation au contexte de la classe. Souvent au départ d'une activité commune, qui est ensuite évaluée par les deux enseignants, il s'agit de trouver des pistes d'amélioration et de régulation de ces activités. Dans un second temps, des rencontres de coplanification, en utilisant par exemple le remue-méninge (*brainstorming*), visera à donner forme à ces innovations. Cette pratique réflexive et ce travail de coconception constituent la base de ces innovations (ainsi que des moments d'improvisation). On se repose sur les preuves de l'expérience (engagement des élèves, atteintes des objectifs, etc.) Ces innovations peuvent être ensuite formalisées et réutilisées pour entrer dans le répertoire des deux enseignants.
D'autre part, les innovations peuvent provenir de l'extérieur du répertoire des deux enseignants. L'utilisation de pratiques considérées comme probantes par la recherche entre dans cette catégorie. Cette capacité d'innovation pédagogique (ex. tutorat, enseignement réciproque, dispositif pédagogique stratégique) est externe. Toutefois, les enseignants peuvent également s'inspirer de pratiques qui n'ont pas nécessairement de preuves scientifiques de leur efficacité (ex. aménagements flexibles). Ces pratiques, d'abord externes aux coenseignants, doivent être contextualisées et apprivoisées.
Une tension permanente s'opère ainsi entre innovation et institutionnalisation de nouvelles pratiques. Le développement professionnel apparait comme un résultat et un révélateur de cette tension (Tremblay, 2010, 2011). Dans cette tension entre le connu et le nouveau, le *plus* et le *différent*, les coenseignants doivent trouver un équilibre dans l'institutionnalisation de ces nouvelles pratiques et dans l'innovation à partir de pratiques déjà institutionnalisées ; un équilibre entre innovation et répétition. Ainsi, il ne s'agit pas de tout transformer, mais de transformer suffisamment pour que la différence d'avec l'enseignement solitaire soit réelle.

Références

Arguelles, M.E., Hugues, M.T., & Schumm, J.S. (2000). Co-teaching: À different approach to inclusion. *Principal, 79*(4), 48-51.

Austin, V. L. (2001). Teachers' beliefs about co-teaching. *Remedial and Special Education, 22*, 245-255.

Bacharach, N., Heck, T., & Dank, M. (2004, February). Co-teaching in Student Teaching: A case study. *Association of Teacher Educators.* Dallas, Texas.

Bacharach, N. L., Heck, T. W., & Dahlberg, K. R. (2008). What Makes Co-Teaching Work? Identifying the Essential Elements. *College Teaching Methods & Styles Journal*, 4(3), 43-48.

Bauwens, J. Hourcade, J.J., & Friend, M. (1989). Cooperative teaching: A model for general and special education integration. *Remedial and Special Education, 10*(2), 17-22.

Ebersold, S., et Armagnague, M. (2017). Importunité scolaire, orchestration de l'accessibilité et inégalités. *Éducation et sociétés, 39*(1), 137-152.

Friend, M., Cook, L., Hurley-Chamberlain, D.A., & Shamberger, C. (2010). Co-Teaching: An Illustration of the Complexity of Collaboration in Special Education. *Journal of Educational and Psychological Consultation, 20*(1), 9-27.

Friend, M. (2008). *Co-teach! A manual for creating and sustaining classroom partnerships in inclusive schools.* Greensboro, NC: Marilyn Friend, Inc.

Friend, M., & Cook, L. (1992). The New Mainstreaming. How It Really Works. *Instructors, 101*(7), 30-36.

Friend, M., & Cook, L. (2007). *Interactions: Collaboration Skills for Scholl Professionnals.* New York, NY: Pearson Education.

Friend, M., & Cook, L. (2017). *Interactions: collaboration skills for school professionals.* New York, NY: Pearson Education.

Gately, S.E., & Gately, F.J. (2001). Understanding co teaching components. *The Council for Exceptional Children, 33*(4) 40-47.

Hallahan, D. P., Pullen, P. C., & Ward, D. (2013). A brief history of the field of learning disabilities. In H. L. Swanson, K. R. Harris and S. Graham (Eds.), *Handbook of learning disabilities* (pp. 15-32). New York, NY: Guilford Press.

Hang, Q., & Rabren, K. (2009). An examination of co-teaching: Perspectives and efficacy indicators. *Remedial and Special Education, 30*(5), 259-268.

Hartnett, J., Weed, R., McCoy, A., Theiss, D., & Nickens, N. (2013). Co-Teaching: A New Partnership During Student Teaching. *SRATE Journal, 23*(1), 1-12.

Gaudreau, L. (2010). Comment les commissions scolaires québécoises procèdent pour que leurs écoles offrent des services aux élèves handicapés ou en difficulté d'adaptation ou d'apprentissage. In N. S. Trépanier et M. Paré (dir.), *Des modèles de service pour favoriser l'intégration scolaire* (p. 5). Québec : Presses de l'université du Québec.

Miles, M.B., et Huberman, A.M. (2003). *Analyse des données qualitative.* Bruxelles : De Boeck.

Mitchell, D. (2008). *What really Works in Special and Inclusive Education: Using evidence based teaching strategies.* New York: Routledge.

Murawski, W.W. (2010). *Collaborative Teaching in Elementary Schools: Making the Co-teaching Marriage Work!* Thousand Oaks, CA: Corwin.

Murawski, W.W. (2003). School Collaboration Research: Successes and Difficulties. *Academic Exchange Quarterly, 7*(3), 104-108.

Murawski, W.W., & Lochner, W. W. (2011). Observing Co-Teaching: What to Ask for, Look for, and Listen for. *Intervention in School and Clinic, 46*(3), 174-183.

Murawski, W.W., & Dieker, L. (2008). 50 Ways to Keep Your Co-Teacher: Strategies for before, during, and after Co-Teaching. *TEACHING Exceptional Children, 40*(4), 40-48.

Murawski, W.W., & Swanson, H.L. (2001). A Meta-Analysis of Co-Teaching Research: Where Are the data? *Remedial and Special Education, 22*(5), 258-267.

Murawski, W. W., & Hughes, C. E. (2009). Response to intervention, collaboration and co-teaching: a logical combination for successful systemic change. *Preventing School Failure: Alternative Education for Children and Youth, 53*(4), 267-277.

Rea, P., McLaughin, V.L., & Walter-Thomas, C. (2002). Outcomes for students with learning disabilities in inclusive and pullout programs. *Exceptionnal Children, 68*(2), 203-223.

Ploessl, D.M., Rock, M.L., Schoenfeld, N., & Blanks, B. (2010). On the Same Page: Practical Techniques to Enhance Co-Teaching Interactions. *Intervention in School and Clinic, 45*(3), 158-168.

Scruggs, T. E., Mastropieri, M. A., & McDuffie, K. A. (2007). Co- teaching in inclusive classrooms: A metasynthesis of qualitative research. *Exceptional Children, 73*(4), 392-416.

Tobin, K. (2014). Twenty questions about co-teaching. In K. Tobin & A. A. Shady (Eds.), *Transforming urban education* (pp. 190-204). Rotterdam: Sense.10.

Trépanier, N. (2005). *L'intégration scolaire des élèves en difficulté : Une typologie des modèles de service.* Montréal : Éditions Nouvelles.

Tremblay, P. (2010). Co-mentorat entre professionnels de l'enseignement ordinaire et spécialisé dans le cadre de dispositifs de co-intervention/co-enseignement. *Éducation et formation, 294*, 77-83.

Tremblay, P. (2011). Co-formation entre professionnels collaborant dans deux dispositifs d'intervention auprès d'élèves ayant des troubles d'apprentissage. *La nouvelle revue de l'adaptation scolaire, 55*(3), 175-190.

Tremblay, P. (2012). *Inclusion scolaire : Dispositifs et pratiques pédagogiques.* Bruxelles : De Boeck.

Tremblay, P. (2013). Le coenseignement en inclusion scolaire : un mariage naturel. *Revue suisse de pédagogie spécialisée, 2*, 26-33.

Tremblay, P. (2015). Le coenseignement : condition suffisante de différenciation pédagogique ? *Formation et profession, 23*(3), 33-44.

Tremblay, P. (2017). Coenseignement : transformation des dispositifs de scolarisation inclusif. *Diversité, 190*, 69-74.

Tremblay, P. (2020). Le coenseignement : fondements et (re)définitions. *Éducation et francophonie, XLVIII*(2), 14-36.

Tremblay, P., et Toullec, M. (2020). *Le coenseignement : théories, recherches et pratiques.* Suresnes : Éditions de l'INSHEA.

Villa, R., Thousand, J., & Nevin, A. (2004). *A guide to co-teaching: Practical tips for facilitating student learning.* Thousand Oaks, CA: Corwin Press.

Wenzlaff, T., Berak, L., Wieseman, K., Monroe-Baillargeon, A., Bacharach, N., & Bradfield-Kreider, P. (2002). Walking our talk as educators: Teaming as a best practice. In E. Guyton & J. Ranier (Eds), *Research on Meeting and Using Standards in the Preparation of Teachers* (pp.11-24). Dubuque, IA: Kendall-Hunt Publishing.

Wilson, G. L., & Michaels, C. A. (2006). General and special education students' perceptions of co-teaching: Implications for secondary-level literacy instruction. *Reading and Writing Quaterly, 22*, 205-225.

Pratiques d'enseignement faisant obstacle à l'autorégulation d'élèves institutionnellement déclarés à besoins éducatifs particuliers : quelques conditions pour leur permettre d'être autrement capables

Greta PELGRIMS
Coralie DELORME
Michaela CHLOSTOVA MUÑOZ
Université de Genève
Faculté de psychologie et des sciences de l'éducation
Équipe PACES (Pratiques professionnelles et apprentissages en contextes d'enseignement spécialisé et d'intégration scolaire)

Résumé : Les dispositifs d'enseignement spécialisé et de soutien à l'intégration en classe ordinaire d'élèves déclarés à besoins éducatifs particuliers se caractérisent notamment par une fonction essentielle d'aide et des pratiques d'aide dont les élèves semblent dépendre pour s'engager et persévérer dans l'apprentissage. En s'appuyant sur différents résultats de travaux, cet article argumente et illustre comment certaines pratiques nuisent à l'autorégulation socio-affective des élèves confrontés à des obstacles et, partant, à leurs apprentissages. Il propose ensuite certains principes pédagogiques et didactiques guidant, en formation d'enseignants spécialisés, la planification, la mise en place et la régulation de pratiques d'enseignement mieux à même de rendre les élèves autrement capables d'autorégulation et de surmonter des obstacles.

Mots-clés : Autorégulation émotionnelle, motivationnelle, socio-affective - Contraintes et libertés situationnelles - Enseignement spécialisé - Pratiques d'aides - Pratiques d'enseignement - Principes pédagogiques et didactiques - Stratégies de coping.

Teaching Practices Hindering Self-Regulation of Students Institutionally Stated with Special Educational Needs: Some Conditions to Enable them to be Otherwise Capable

Summary: Care and helping are essential functions and practices featuring special education teaching settings and integration support settings. These helping practices appear to condition special education needs students' learning commitment and persistence. Relying on different research results, this article argues and illustrates how certain practices hinder students' emotional and motivational self-regulation when confronted with obstacles, as well as their learning. It then proposes instructional principles to guide, within the context of special education teachers training, planification, implementation and regulation of teaching practices fostering self-regulation and making students otherwise able to overcome obstacles.

Keywords: Coping strategies - Emotional and motivational self-regulation - Helping practices - Instructional principles - Situational frame factors - Special education teaching - Teaching practices.

Un ensemble de tâches actualisées par un enseignant en classe ordinaire participent à l'enseignement de savoirs désignés au préalable. Les élèves, quant à eux, sont sollicités à accomplir de multiples tâches contribuant à l'apprentissage des savoirs enseignés. Et lorsqu'ils peinent devant la tâche, l'enseignant use de différentes stratégies ou « *pratiques d'aides* », dont certaines étayent (Bruner, 1983) ou régulent (Allal, 2007) effectivement l'activité d'apprentissage. Ces pratiques ont pour but de susciter l'élève à s'engager et à s'impliquer dans la maîtrise du savoir qu'il devra mobiliser de façon « *autonome* » ou « *autorégulée* » (Boekaerts, 2005 ; Noël et Cartier, 2016 ; Schunk, 2008) dans d'autres situations. Mobiliser des savoirs de façon « *autonome* » est d'ailleurs une « *disposition* » que les enseignants requièrent de leurs élèves pour faire progresser les objets d'enseignement : ils comptent sur les savoirs acquis et institués dans la mémoire didactique de la classe pour créer de nouvelles tâches orientées vers l'enseignement et l'apprentissage de nouveaux savoirs. Puisque dans l'enseignement régulier, les savoirs sont institutionnellement définis par un plan d'études, l'enseignant est contraint de faire avancer le rythme de progression de l'enseignement, au risque de creuser l'écart avec le temps requis par certains élèves pour apprendre. Ainsi, lorsque les stratégies et pratiques de régulation déployées paraissent régulièrement insuffisantes pour propulser le temps d'apprentissage, intervient le recours à d'autres mesures : dispositifs de soutien pédagogique, soutien d'enseignement spécialisé en classe ordinaire, dans un local séparé, dispositifs dits inclusifs, classes spécialisées ou intégrées…

Les dispositifs d'enseignement spécialisé (inclusifs ou non) sont multiples et se déclinent en appellations variables selon les systèmes scolaires (Paccaud, 2017). Mais ils ont tous en commun d'avoir l'*aide* pour fonction institutionnelle essentielle. L'accès à cette aide est d'ailleurs conditionné par des procédures lors desquelles sont fréquemment convoqués en guise d'arguments « *le manque, voire l'absence d'autonomie des élèves* », « *le besoin d'une aide constante* », « *leur incapacité à entrer dans une tâche sans la présence d'un adulte qui l'aide* » (Pelgrims, 2006 ; Schubauer-Leoni, 2000). En corollaire à l'institutionnalisation de la fonction d'aide, est institutionnalisée la *difficulté de l'élève*. Les intentions et pratiques d'aide, couplées à l'*élève en difficulté* occupent la scène, ce d'autant plus que le dispositif d'enseignement spécialisé est souvent libéré de contraintes de programme, d'évaluation certificative ou de rendement, de délais d'apprentissage, de promotion. Le risque fréquemment associé est de remettre au second plan les conditions et régulations capables de promouvoir pour les élèves désignés à besoins éducatifs particuliers l'apprentissage et la maîtrise des savoirs disciplinaires attendus et, partant, de faire obstacle au savoir travailler de façon autonome ou autorégulée.

Or, les politiques d'école dite inclusive multiplient non seulement les dispositifs d'aide à la scolarisation d'élèves en contexte ordinaire, mais aussi le recours à des professionnels parfois peu qualifiés comme enseignant, augmentant le risque de voir *l'aide de l'adulte* et *la difficulté de l'enfant* liées dans une relation de codépendance. Après quelques éléments de définition de l'autorégulation et apports quant à son rôle dans l'activité d'apprentissage en classe, cet article vise à montrer comment certaines pratiques régulièrement observées dans des dispositifs d'enseignement spécialisé génèrent des conditions pouvant affecter l'autorégulation des élèves lorsqu'ils sont confrontés à un obstacle. Il propose ensuite différentes pistes pour transformer la posture prédominante d'aide en posture d'enseignement, et mettre en place des conditions mieux à même de redonner aux élèves la possibilité d'être autrement impliqués et capables de s'autoréguler dans leur activité d'apprentissage. En ce qui concerne notre démarche, l'autorégulation et son rôle dans l'apprentissage sont tout d'abord traités au regard de la littérature existante. Le repérage des pratiques d'enseignement spécialisé freinant l'autorégulation, ainsi que la proposition de pistes pour agir autrement sont argumentés à l'aide de résultats statistiques et d'illustrations qualitatives émanant de huit études réalisées par les auteures avec des élèves institutionnellement déclarés à besoins éducatifs particuliers, tout en exploitant d'autres travaux menés en contexte scolaire inclusif et d'enseignement spécialisé. Ces études s'inscrivent dans une perspective située de l'activité des élèves et des enseignants, laquelle décline pour les contextes d'enseignement spécialisé (Bettini *et al.*, 2016 ; Pelgrims, 2001, 2019) l'approche située de la motivation à apprendre (Boekaerts, 2005) et du travail des enseignants (Bayer et Ducrey, 2002 ; Durand, 1996). Ces études sont menées dans différents contextes de scolarisation : classe ordinaire avec dispositif de soutien, classe spécialisée intégrée dans des établissements de l'enseignement régulier au niveau primaire et secondaire, école d'enseignement spécialisé. Les données recueillies concernent l'engagement et l'autorégulation des élèves, les appréciations (*appraisals* ou perception et interprétation) qu'ils font des situations didactiques, des pratiques d'enseignement et des disciplines, ainsi que des observations de pratiques. Elles sont recueillies à l'aide de questionnaires et d'entretiens *in situ* ou hors situation didactique mais en lien spécifique avec une discipline et des pratiques en classe (Pelgrims, 2006, 2009, 2011, 2013 ; Pelgrims et Bauquis, 2016 ; Pelgrims, Chlostova et Bauquis, 2017), complétées d'observations vidéo captées au fil de séquences en mathématiques (Chlostova Muñoz, en préparation) ou encore de captations vidéo de stagiaires en formation d'enseignant spécialisé suivis d'entretiens d'autoconfrontation (Delorme, 2020).

AUTORÉGULATION SOCIO-AFFECTIVE : ÉLÉMENTS DE DÉFINITION ET RÔLE DANS L'APPRENTISSAGE

La dépendance à l'enseignant pour s'engager et persévérer dans les situations d'enseignement-apprentissage que manifestent nombre d'élèves déclarés en difficulté d'apprentissage et de comportement (Garner *et al.*, 2013 ; Shores et Wehby, 1999 ; Sutherland *et al.*, 2008) nous a conduit à étudier le rôle des conditions contextuelles et situationnelles dans l'autorégulation en lien avec des disciplines scolaires et au fil de situations didactiques dans différents contextes d'enseignement spécialisé et d'intégration en classe ordinaire. L'autorégulation désigne les processus grâce auxquels les élèves activent et maintiennent des cognitions, affects et comportements systématiquement orientés vers l'atteinte de leurs buts d'apprentissage (Zimmerman et Schunk, 2001). La recherche avec des élèves dits en difficulté et à besoins éducatifs particuliers concerne essentiellement l'autorégulation dite cognitive ou métacognitive qui inclut les processus de planification, anticipation, monitoring, vérification et ajustement des procédures et stratégies cognitives (Büchel et Berger,

2013 ; Cartier *et al.*, 2007 ; Ennis et Jolivette, 2014 ; Montague, 2008 ; Wong *et al.*, 2006). Un autre pan de l'autorégulation porte sur les états émotionnels et motivationnels suscités au fil d'une situation d'enseignement-apprentissage, et contribue à soutenir l'engagement et la persévérance dans l'apprentissage, bien qu'il soit moins étudié. Ainsi, nous avons adapté le concept multidimensionnel d'*autorégulation émotionnelle et motivationnelle* proposé par Kuhl (1994, 2000) à la perspective située de l'activité des élèves, tout en traduisant ses différentes dimensions (désengagement *versus* préoccupation ; initiative *versus* hésitation ; persévérance *versus* versatilité et ressassement) aux situations didactiques en contexte d'enseignement spécialisé, avec un travail de validation factorielle confirmatoire donnant lieu à un seul facteur désigné *autorégulation socio-affective* (Pelgrims, 2006, 2013). L'autorégulation socio-affective regroupe un ensemble de processus permettant à l'élève d'actualiser son intention d'apprendre, de maintenir ses ressources attentionnelles sur son plan d'action et de mettre en œuvre les actions nécessaires à l'accomplissement d'une tâche ou à l'atteinte d'un objectif en principe défini par l'enseignant. L'élève qui autorégule ses affects tels que l'inquiétude, la peur de l'échec, l'ennui, la lassitude, le sentiment de ne pas savoir, de ne pas comprendre, est en mesure de mobiliser par lui-même des ressources lui permettant de résister aux distractions et aux tendances d'action incompatibles avec l'apprentissage (Cosnefroy, 2010 ; Kuhl, 1994), et, partant, de s'engager et persévérer dans l'accomplissement d'une tâche. Selon l'approche située, les états émotionnels et motivationnels sont avant tout suscités chez l'élève par l'appréciation qu'il fait des enjeux d'une situation d'enseignement-apprentissage, des possibilités de gain ou de pertes en compétences et en bien-être, des effets qu'il produit ou encore des obstacles qu'il rencontre au fil de la situation. Au lancement, durant l'accomplissement et au terme d'une tâche ou d'une leçon, l'élève peut être confronté à différents obstacles notamment épistémiques (inhérents aux savoirs en jeu, au contenu de la tâche, à l'activité cognitive), contingents (inhérents aux conditions sociales, matérielles, temporelles de réalisation imposées), interpersonnels (inhérents aux interactions entre élèves, enseignants). Ces confrontations peuvent induire des pensées (« *mais, je n'y comprends plus rien...* »), des états émotionnels (joie intense, peur de l'échec, honte...) et affectifs (lassitude, ennui, sentiment d'incompréhension...) qui chargent l'attention et sont peu compatibles avec le déploiement des actions requises par la tâche. Différents processus, tels que des langages intériorisés ou actions modifiant ce qui fait obstacle à l'élève (Corno, 2001), permettent à l'élève de réguler ses pensées et ses états pour recentrer son attention sur la tâche : il initie des actions, persévère, désactive des pensées intrusives, se désengage de la tâche lorsque la leçon est terminée. Or, bien des élèves déclarés en difficulté d'apprentissage et de comportement, scolarisés en classe ordinaire, en classe spécialisée ou en classe intégrée au niveau primaire et secondaire peinent à autoréguler leur activité socio-affective lorsqu'ils sont confrontés à des obstacles durant des tâches de mathématiques (Chlostova Muñoz, en préparation ; Pelgrims, 2009, 2013 ; Pelgrims *et al.*, 2017), de lecture et écriture (Pelgrims, 2011, 2013 ; Pelgrims et Bauquis, 2016). Ils rapportent être préoccupés à l'idée de ne pas avoir réussi les productions qu'ils viennent de rendre, ne pas se désengager de la dictée précédente alors qu'une autre leçon vient de commencer, hésiter trop longuement à entrer dans la tâche qui paraît comme une énorme montagne, ressasser *le pourquoi du comment* de la tâche dont ils ne perçoivent ni la valeur ni le sens *parce que c'est nul, ça sert à rien*, adopter des états de versatilité et d'évitement étant submergés par des sentiments d'incertitude, d'ennui, de lassitude... Cette activité laisse peu de ressources attentionnelles disponibles à la tâche et à l'actualisation d'un plan d'action qui leur permettrait d'accomplir leurs intentions initiales, celles d'apprendre et de faire au mieux. Le manque d'autorégulation les conduit fréquemment à s'ajuster à la situation par un ensemble de stratégies de *coping* (Butler et Shibaz, 2008 ; Lepola *et al.*, 2004) : demande excessive d'aides, négociation des critères de réussite ou des conditions d'accomplissement, tricherie, évitement de la tâche, engagement dans des activités de substitution pouvant prendre des formes troublantes pour l'enseignant et l'ordre en classe (Moore *et al.*, 2017 ; Sutherland *et al.*, 2008), et peu compatibles avec les voies d'accès aux savoirs attendus (Pelgrims, 2013).

L'autorégulation est une dimension de l'activité des élèves qui joue un rôle important dans les apprentissages scolaires des élèves sans difficultés désignées à l'école primaire (Boekaerts, 2005 ; Corno, 2001 ; Cosnefroy et Florin, 2011) et secondaire (Cosnefroy, 2010). Il en est de même pour les élèves en difficulté d'apprentissage et de comportement scolarisés dans l'enseignement spécialisé. En effet, nos résultats obtenus avec 106 élèves en classes spécialisées, révèlent que, outre leurs connaissances mathématiques préalables, l'autorégulation socio-affective des élèves dans différentes situations de résolution de problèmes et de calculs écrits contribue significativement et nettement plus que d'autres dimensions (sentiment de compétence, sentiment d'impuissance acquise, peur de l'échec, utilité, intérêt pour la modalité sociale et matérielle de la tâche) à rendre compte de leurs résultats aux tâches (Pelgrims, 2006, 2013). Ces mêmes études montrent aussi que l'intérêt que les élèves accordent aux savoirs en jeu dans les différentes situations motive fortement et de façon statistiquement significative l'élève à autoréguler ses pensées, ses affects et émotions. Le rôle de levier que joue l'intérêt pour le savoir à l'autorégulation a été confirmé en lecture et écriture avec 132 élèves en échec au terme de l'école obligatoire et scolarisés dans un dispositif relais (Pelgrims, 2013), avec des élèves intégrés en classe ordinaire durant des situations de français (Pelgrims et Bauquis, 2016) et de mathématiques (Pelgrims *et al.*, 2017). Lorsqu'une séquence peine à susciter l'intérêt pour le savoir, l'élève peine aussi à s'autoréguler et s'exprime en apparence par des stratégies de *coping* tel que l'observe Chlostova Muñoz (en préparation) :

> « *Un élève s'agite fortement en classe durant des séances successives en mathématiques. Il bavarde très fréquemment avec ses camarades, paraît ne pas écouter l'enseignant, dessine sur sa feuille d'exercices. À l'entretien, invité à dire ce qu'il ressentait et à quoi il pensait durant ces situations, il répond* "Si j'aime pas, je ne fais pas ... alors je commence à déranger tout le monde" » (E11).

Il s'agit dès lors de saisir ce qui dans les pratiques d'enseignement et conditions d'apprentissage peut faire obstacle à l'autorégulation socio-affective des élèves, afin notamment de travailler avec les enseignants spécialisés à la mise en place de conditions mieux à même de rendre les élèves autrement capables pour équilibrer leurs états affectifs et émotionnels et centrer leurs ressources attentionnelles sur l'activité d'apprentissage.

PRATIQUES D'ENSEIGNEMENT SPÉCIALISÉ ET CONDITIONS FAISANT OBSTACLE À L'AUTORÉGULATION

L'approche située du travail des enseignants nous conduit à considérer l'activité des enseignants et les pratiques observées avec régularité en contexte d'enseignement spécialisé (incluant le soutien à l'intégration en classe ordinaire) comme des ajustements à des contraintes et libertés, ou contingences situationnelles, avec lesquelles ils composent au mieux leurs tâches professionnelles pour tenter à la fois de faire progresser l'enseignement et d'obtenir la participation de tous les élèves (Delorme, 2020; Pelgrims, 2001, 2006, 2009, 2019). L'hétérogénéité accrue du groupe-classe sous l'angle des parcours et des savoirs disciplinaires acquis, le manque voire l'absence de mémoire didactique et socio-affective commune, l'activité apparente et réactionnelle d'élèves aux situations qu'ils perçoivent contraignantes ou menaçantes, mettent fréquemment les enseignants en situation de dilemme: choisir de faire avancer l'enseignement, option qui risque fortement d'être mis à mal par les stratégies de coping d'élèves, ou de maintenir l'ordre en classe, au risque de ne plus enseigner. Libres de suivre le programme officiel et ses échéances, libres des moyens d'enseignement et de rendement par absence d'évaluation certificative, ils s'ajustent et surmontent le dilemme en optant pour différentes pratiques spécifiques qui, se répétant au fil des situations, deviennent des réponses cristallisées, soit des pratiques fréquemment observées. Mais certaines de ces pratiques génèrent des conditions qui semblent compromettre les capacités d'autorégulation et, partant, l'apprentissage des élèves.

Pourquoi s'autoréguler quand on se sent libre d'apprendre ?

Dans différents contextes d'enseignement spécialisé et dispositifs d'aide à l'inclusion en classe ordinaire, l'absence de contrainte de programme commun, d'échéances d'évaluation intermédiaires confèrent un espace de liberté aux décisions, aux choix, aux ajustements des enseignants spécialisés. Face aux contraintes situationnelles (hétérogénéité des savoirs acquis, stratégies de coping des élèves...) qui mettent à mal leurs intentions d'enseignement collectif, ils s'ajustent souvent en recourant à cette liberté afin de pouvoir mener des activités qui contribuent à créer un groupe-classe mais qui sont peu formatées et exploitées didactiquement (moins d'enseignement du français et des mathématiques, projets collectifs, discussions et lectures informelles, activités sociales...). Les pratiques sont certes variables selon les classes, mais si certains élèves se sentent progresser, d'autres perçoivent cette liberté de programme dont usent leurs enseignants et qui résonne de leur côté en *liberté d'apprendre*:

> « *Là-bas* [École préprofessionnelle, EFP, enseignement spécialisé], *il y a pas de petites pauses comme ici* [Établissement sec. 1], *il y a qu'une grande pause,*

et pis, on fait des trucs plus faciles, il y a pas les branches ... Il y avait juste atelier fer, c'est où on fait des trucs mais c'était ennuyant... l'atelier cuisine ... On faisait beaucoup de sorties, on est allé à la piscine... C'est différent, ici, on fait pas beaucoup de sorties... Là-bas à l'EFP, il y avait pas de notes, pas d'évaluations... alors ouais on disait "bof, je fais pas"*... C'est pas qu'on aime les épreuves mais pour apprendre...* » (E50). « *Ce n'est pas grave si on fait ou qu'on fait pas, l'important est qu'on se tienne tranquille...* » (E51) (Pelgrims, 2011).

Comme l'attestent les résultats corrélationnels de données recueillies à l'aide d'un questionnaire avec 102 élèves âgés entre 10 et 13 ans en classes spécialisées, plus les élèves se sentent libres d'apprendre ou de ne pas apprendre, plus ils pensent ne pas être obligés de faire les tâches demandées par l'enseignant, moins ils déclarent s'autoréguler et plus ils rapportent un sentiment d'impuissance associé à un surplus d'états d'ennui, de ressassement et d'évitement durant les leçons et situations de mathématiques.

En vertu de quoi réguler son activité quand les tâches sont morcelées et leur sens opaque ?

Les observations au fil de séquences d'enseignement, dans de multiples classes spécialisées de l'école primaire (Pelgrims, 2001 ; Vendeira Maréchal, 2011) et secondaire (Chlostova Muñoz, en préparation), font apparaître des répétitions de tâches centrées sur des savoirs spécifiques à accomplir de façon individuelle selon des plans individualisés, ou encore une suite de tâches qui paraissent sans lien ni articulées à un objectif. Quand on interroge les élèves (14 à 16 ans), certains peinent à évoquer les objets mathématiques travaillés au fil d'une séquence :

« *D'abord on mesurait combien ça faisait et après il y avait des fois, des divisions, des choses comme ça* » (E18), « *Heu... le truc qu'il fallait calculer* » (E10), « *On a fait des dessins, il fallait reproduire les dessins ... des trucs de symétrie avec des règles, utiliser des compas ... en fait je me rappelle plus de ces trucs* » (E1) (Chlostova Muñoz, en préparation).

Ce morcellement des tâches, combiné avec l'individualisation empêchant toute construction de sens avec les pairs, rend le sens du travail à faire opaque, et augmente la difficulté pour les élèves de saisir l'intérêt du savoir à apprendre et, partant, des efforts à fournir. Nos résultats montrent en effet des corrélations importantes et significatives entre pratiques perçues comme opaques, désintérêt du savoir à apprendre et manque d'autorégulation : moins les élèves perçoivent le sens des tâches à faire, les liens entre elles et l'objectif à atteindre tout en ayant l'impression que les savoirs requis ne sont pas enseignés, plus ils rapportent ne pas accorder d'intérêt aux compétences de lecture et écriture à apprendre et être en état de ressassement et d'évitement face aux tâches de lecture et écriture contraignantes ; les élèves qui perçoivent par contre que l'objectif est explicité, tout comme les liens entre les tâches antérieures, présentes et à venir, et qui estiment que les savoirs requis sont enseignés et se sentent soutenus par leur enseignant dans leurs efforts, valorisent les savoirs à apprendre et rapportent significativement plus d'autorégulation en lecture et écriture (Pelgrims, 2013). En outre, le morcellement et l'opacité vont à l'encontre des pratiques jugées propices à susciter l'intérêt pour le savoir à apprendre (Krapp, 2002 ; Hidi, 2006 ; Pelgrims et Cèbe, 2015) telles que l'enseignement explicite au sens de Bautier (2006) ou de Rayou (2018).

Contrat social implicite d'assistance et expériences de réussite...

Parmi les contraintes et libertés situationnelles auxquelles les enseignants spécialisés s'ajustent, figure le *contrat social implicite d'assistance* (Pelgrims, 2006, 2009). Ce contrat est introduit par les enseignants ordinaires et autres partenaires afin de justifier auprès de l'élève l'octroi d'une mesure d'aide ou son orientation vers une structure d'enseignement spécialisé (Pelgrims, 2010, 2019). Véhiculant le message selon lequel sans aides les élèves ne savent pas, ces derniers y font appel dès lors qu'ils sont confrontés à une tâche qu'ils perçoivent comme contraignante ou menaçante : les demandes d'aides dans différents contextes d'enseignement spécialisé sont excessives et nettement plus nombreuses qu'en classe ordinaire. Mais cette sollicitation accrue de l'enseignant indique qu'elle est autorisée, peut-être explicitement, en tous les cas implicitement par l'expérience d'obtention d'aide au fil des situations. En effet, les interventions personnalisées sont très fréquentes dans les dispositifs de soutien à l'intégration (Moulin, 2002 ; Tambone, 2014) tout comme en classes spécialisées (Pelgrims, 2001, 2006). Dans cinq classes intégrées au niveau du secondaire, comme dans une classe d'école de formation préprofessionnelle (enseignement spécialisé), les observations au fil de séquences de mathématiques montrent combien l'aide est très présente, les enseignants répondant systématiquement aux appels des élèves, intervenant parfois même avant que l'élève ne manifeste un besoin d'aide (Chlostova Muñoz, en préparation). L'observation d'une séance de français menée par une étudiante-stagiaire en classe spécialisée fait apparaître avec évidence cette propension des enseignants à répondre systématiquement et immédiatement aux demandes d'aides des élèves : 17 interpellations de la part des huit élèves sont dénombrées en l'espace d'une dizaine de minutes. Or, 13 d'entre-elles portent sur l'incompréhension globale d'une consigne et 4 sur un élément particulier de cette même consigne. L'étudiante-stagiaire s'efforce alors de répondre à chacune d'elles, tout en anticipant de surcroît des demandes qui ne sont pas forcément formulées par les élèves (Delorme, 2020).

Enfin, à l'instar des nombreux élèves interrogés dans les études de Vaughn et Klingner (1999) et de Moulin (2002), les élèves nous rapportent souvent combien c'est plus facile en classe spécialisée ou durant le soutien à l'intégration en classe ordinaire, car l'enseignante est là pour les aider :

> « *Ici, je me sens plus libre, comment dire... Avant, on était beaucoup et là ça va, on est peu. La maîtresse est plus gentille ici. Elle nous aide ... quand j'arrive pas à faire un exercice j'appelle la maîtresse* » (E75) (Pelgrims, 2019).

Tout comme en classe intégrée ou école spécialisée au niveau secondaire :

« *En fait, si je suis pas sûr de quelque chose, je demande au prof, même peut-être que c'est juste ou pas juste* » (E1) (Chlostova Muñoz, en préparation).

Ces pratiques d'*aides* consistent souvent à simplifier la tâche ou à prendre en charge une partie de sa résolution : décomposer la démarche de résolution d'un problème, dicter chaque étape que l'élève doit exécuter, fournir une réponse intermédiaire sans inciter l'élève à chercher, ou encore induire la réponse amenant l'élève à « *faire correctement mais pas pour la bonne raison* » (Heward, 2003), effet Topaze fréquent en enseignement spécialisé. Ces interventions apparaissent au fil des situations, sans plus de structuration, au gré des appels d'élèves qui « *râlent lorsque l'enseignante tente de différer son aide* » ou qui déclarent, durant les entretiens, ne rien faire, attendre, quand on ne les aide pas : « *Parfois je bossais, parfois je demandais de l'aide* » (E8), « *Tant que le prof il me dit comment faire, moi je fais* » (E13), « *Soit je demande, soit ça m'énerve de demander et je reste sur la même feuille sans rien faire, ou je fais semblant de travailler* » (E38) (Chlostova Muñoz, en préparation).
Ce contrat implicite d'assistance autorise l'élève à demander l'aide pour surmonter tout obstacle puisqu'il lui a été signifié que sans cette aide il ne sait pas. Il contraint l'enseignant à y répondre, non pas parce que d'autres professionnels ont introduit ce contrat auparavant, mais par ajustement au risque toujours latent de comportements réactionnels cristallisés par certains élèves, donc pour préserver l'ordre en classe. Déployer tant d'interventions lui est possible dès lors qu'il fonctionne avec un effectif d'élèves clairement réduit. Ce contrat d'assistance s'accompagne en outre de tâches centrées sur des savoirs spécifiques en bonne partie déjà maitrisés, ou désarticulées de situations didactiques porteuses de sens, que l'élève accomplit de façon individuelle à l'aide d'interventions et du contrôle directs de l'enseignant (Sutherland *et al.*, 2008). Les aides risquent de remplacer l'autorégulation et même de véritables régulations externes propices à l'apprentissage. La centration sur le faire et sur les *expériences de réussite* remplacent la centration sur l'enseignement et les *expériences d'apprentissages réussis*. En effet, à compétences en mathématiques égales, les élèves qui ont passé une année complète en classe spécialisée et se sont donc habitués aux pratiques et contrat implicite d'assistance, autorégulent significativement moins leurs états affectifs et émotionnels en situation de mathématiques que les pairs de leurs classes qui viennent d'arriver de l'enseignement ordinaire (Pelgrims, 2009).

Pratiques et conditions suscitant la capacité pour l'élève de faire autrement

Les recommandations dans la littérature pour susciter l'autorégulation des états affectifs et émotionnels sont peu nombreuses ou concernent essentiellement des méthodes ou programmes d'intervention directe. Comme montré ci-dessus, le problème réside, selon l'approche située de l'activité qui est la nôtre, dans les pratiques d'enseignement et les conditions d'apprentissage qu'elles génèrent pour les élèves au fil du quotidien ordinaire d'une classe. En corollaire, ce sont certaines pratiques que nous pensons nécessaire de transformer afin de permettre à l'élève de déployer et cristalliser ses capacités d'autorégulation. Mais la voie de cette transformation est complexe dès lors que nous admettons, comme évoqué précédemment, que ces pratiques pouvant faire obstacle ne relèvent pas d'intentions des enseignants, mais d'ajustements à des contraintes et libertés situationnelles dont ils n'ont pas nécessairement conscience et qui sont peu modifiables. En cohérence, nous nous attachons à induire des transformations qui s'inscrivent dans des démarches de formation initiale ou continue des enseignants spécialisés étroitement articulées à l'exercice de la pratique ; elles ont pour finalité de travailler la posture d'enseignant, le sens et la mise en œuvre des tâches didactiques et pédagogiques, de susciter la prise de conscience des paramètres contextuels et contingences situationnelles qui infléchissent, voire empêchent l'actualisation de ces tâches, et accompagner l'analyse et la régulation de l'activité professionnelle déployée de telle sorte qu'elle soit maintenue sur la voie de l'enseignement et libérée de la fonction essentielle d'*aide*. Ces sont les axes d'objectifs généraux de dispositifs de formation en alternance (Pelgrims, Delorme et Emery, 2011 ; Delorme, 2020) qui articule stages, séminaire d'analyse et de régulation de l'activité professionnelle, séminaire de planification et d'analyse didactiques, et apports théoriques prévus au programme d'un master universitaire en enseignement spécialisé (Pelgrims, 2017). Dans le cadre de cette formation, nous insufflons différents principes que les étudiants déclinent concrètement afin d'éviter la cristallisation de pratiques risquant de faire chavirer l'enseignement et, partant, l'apprentissage. Nous proposons ici quelques principes guidant la mise en place de pratiques et conditions propices à l'autorégulation socio-affective.

Réduire la liberté et l'opacité par des pratiques centrées sur l'enseignement et l'apprentissage d'un savoir en perspective

La liberté de programme, d'évaluation certificative et d'échéances relève de directives institutionnelles sur lesquelles l'enseignant, au sein de sa classe et de son établissement, n'a que peu de prise. Afin d'éviter le sentiment d'être libre d'apprendre et de susciter la contrainte et l'intérêt pour apprendre, il peut par contre mettre en œuvre des pratiques donnant un sens aux tâches en vertu d'un savoir à maîtriser dans une période définie entre lui et les élèves. Mettre en place des situations problèmes initiales, désigner explicitement des objectifs à atteindre, des objets de savoir à apprendre en termes de ce que ces nouveaux savoirs vont permettre de faire que l'on ne sait pas encore faire, et planifier un ensemble de situations articulées, relèvent bien de tâches didactiques dont il a la charge. Le principe didactique travaillé en formation consiste à *introduire une perspective de savoir qui oriente sur un axe temporel entre hier, aujourd'hui et demain le sens des situations et tâches successives*. Les étudiants doivent réaliser des entretiens de type explicitation (Vermersch, 1994) avec des élèves au terme d'une séquence didactique qu'ils ont planifiée et mise en œuvre sur quatre semaines ; les analyses partagées leur permettent de constater, souvent avec stupéfaction, combien les élèves décodent peu le début et le terme d'une nouvelle séquence, ni les savoirs en jeu, ni les attentes, ni les liens entre les tâches et situations vécues. Ils saisissent donc mieux l'importance de désigner clairement l'objet de savoir à enseigner (en termes relevant des outils professionnels d'enseignant) et à apprendre (en termes

fonctionnels pour les élèves), partant du postulat que si l'enseignant ne sait pas ce qu'il vise et attend, il y a peu de probabilités que les élèves encore ignorants le saisissent. Les pistes à planifier sont multiples, telles que faire émerger et expliciter l'objectif à partir d'une situation problème (par exemple, « *vous voyez combien ne pas savoir écrire certains mots nous bloque dans un texte; alors je vais vous enseigner et vous allez apprendre des stratégies pour mieux retenir l'orthographe de mots qui seront indispensables au projet de livre de notre classe* ») et l'inscrire sur un axe temporel permettant, au besoin, de marquer la succession et progression des tâches qui se déroulent au fil de la séquence vers cet objectif. Au lancement de chaque nouvelle séance, le rappel de l'objectif et des tâches précédentes est suscité (avec l'aide aussi de traces au mur, dans le cahier de l'élève...), tout comme les liens avec les connaissances, procédures, stratégies mises en œuvre précédemment, leurs effets produits, les difficultés constatées et régulations tentées. Conjuguées aux régulations proactives (cf. plus loin), ces modalités de lancement pourraient contribuer à augmenter le sens de chaque travail, la valeur des tâches et l'intérêt des savoirs en jeu, levier à l'autorégulation socio-affective. À la clôture des tâches, outre les éventuelles mises en commun et réflexion sur l'activité déployée, prévoir une véritable clôture (Pelgrims, 2006, 2013) : moment de synthèse qui marque l'état d'avancement dans la séquence, annonce quand le travail sera poursuivi et autorise socialement le *rangement matériel, cognitif* et *affectif* de la tâche : « *pour moi, vous n'avez plus besoin d'y penser jusqu'à tel jour* », « *je vous autorise à ne plus y penser, maintenant c'est mon travail d'examiner ce que vous avez produit et de trouver des nouvelles tâches pour continuer vers notre objectif* », suivi d'une transition ritualisée (bâton de pluie, respiration profonde, geste signifiant de lâcher ses préoccupations...) qui marque la fin de la tâche et incite l'élève à se désengager de la situation et à se mettre en condition d'ouverture sur une nouvelle situation.
Certes, ce travail requiert d'autres tâches didactiques travaillées en séminaires articulés à chaque stage de formation, en particulier la planification, la connaissance des savoirs acquis et des besoins en termes de conditions d'étayage ou de régulation des élèves, la préparation, l'analyse a priori pour anticiper les éventuels obstacles et régulations, l'analyse a posteriori et les décisions de régulations, ou encore la validation et l'institutionnalisation des savoirs... Il est aussi affiné par la connaissance des ingrédients que les étudiants ont à décliner pour susciter l'intérêt pour le savoir (Krapp, 2002 ; Pelgrims et Cèbe, 2015). L'objectif est de rendre les futurs enseignants autrement capables que de « *partir de l'intérêt des élèves* », stratégie captant l'attention des élèves, mais vaine dès lors que l'obstacle épistémique à surmonter apparaît. Le principe proposé ici devrait contribuer à contraindre et à baliser à la fois l'enseignement et l'apprentissage, contenu dans un certain délai, et réduire la liberté, l'improvisation d'ajustements qui s'écartent des intentions d'enseigner, l'opacité du sens des tâches et le cumul d'expériences épisodiques et morcelées exacerbant le ressassement de questions sur le sens du travail.

Transformer le morcellement et la versatilité en environnement stable

Le morcellement des séquences d'enseignement insuffisamment balisées par des objets de savoirs à enseigner et à apprendre, la versatilité des contenus des tâches

qui se succèdent dans une même leçon ou au fil des séances, les situations d'activité sans liens explicites, donnent des conditions contribuant à exacerber la versatilité d'élèves qui vaguent, chacun à son rythme, d'un bout d'activité à l'autre, d'une partie indéfinie de tâche à une autre. En plus du principe énoncé ci-dessus, celui consistant à *instaurer un environnement stable par la mise en place de rituels* donnerait des points de repère et attentes clairs en vertu desquels les élèves pourraient recentrer leur attention et leurs pensées sur l'action à accomplir, réguler au lieu d'exacerber leurs états affectifs, et, partant, vivre des expériences cognitivement, affectivement et socialement accomplies en tant qu'élève progressant dans la maîtrise de savoirs.
Plusieurs travaux explorent la question des rituels et leurs usages dans l'enseignement. Si la plupart s'intéressent aux rituels dès les premières années du cycle élémentaire de l'enseignement ordinaire (Amiguez et Zerbato-Poudou, 2000 ; Garcion-Vautor, 2003 ; Hatchuel, 2005, 2015 ; Martin, 2013), plus rares sont ceux qui l'abordent pour l'enseignement spécialisé (Emery, 2005 ; Merri et Vannier, 2014). La prescription institutionnelle de la ritualisation de certaines tâches au cycle élémentaire en France (Briquet-Duahzé, 2015) explique sans doute la récurrence de cet usage chez les enseignants. En revanche, aucune prescription ne semble contraindre les enseignants spécialisés à intégrer les rituels dans leurs pratiques. Or, le recours à différentes formes de rituels ou de ritualisation de tâches dans les classes apparaît précisément comme un puissant levier pour favoriser la création d'un environnement d'apprentissage stable, permettant aux élèves déclarés à besoins éducatifs particuliers d'anticiper le déroulement d'une journée, de réduire le sentiment d'incertitude et son lot d'affects, de s'engager dans une tâche, de persévérer avant de s'en désengager au profit d'une autre (Pelgrims, 2006, 2013). Cette fonction d'anticipation et de régulation à laquelle les rituels contribuent, est fréquemment associée à la fonction « *contenante* » et « *rassurante* » du rituel (Hatchuel, 2005 ; Vannier et Merri, 2015 ; Garcion-Vautor, 2003). Elles sont d'ailleurs invoquées par certains enseignants spécialisés chevronnés, lorsqu'ils forment de futurs collègues dans le cadre de stages au sein de leur classe (Delorme, 2020). Ainsi, ceux-ci, en résonance avec les principes travaillés en cours, ne manquent pas d'insister auprès de leur stagiaire sur la nécessité de planifier le déroulement d'une séquence d'enseignement en intégrant à chaque séance des tâches et des temps et espaces ritualisés. Selon leurs expériences, la ritualisation permet aux élèves d'anticiper ce qui va venir, de s'engager plus facilement dans le travail attendu et de progresser plus rapidement dans leurs apprentissages.
Si les tâches, ainsi que les temps et les espaces peuvent faire l'objet de rituels au sein de la classe, nous supposons que certains micro-gestes professionnels (Duvillard, 2017) et certaines postures (Moulin, 2004) sont susceptibles d'être institués et donc ritualisés. Ainsi, selon Duvillard, l'usage de la voix dans ses différents registres (ton, timbre, portée, débit, accentuations, articulation), celui du regard avec ses différents marqueurs ou encore celui du positionnement tactique (placements et déplacements de l'enseignant au sein de l'espace-classe), revêtent une fonction symbolique importante dans les situations d'enseignement et apprentissage. Ils signifient de manière non-verbale aux élèves certaines intentions didactiques et pédagogiques en situation. Kounin en 1970 déjà, développant le concept de *stratégies de gestion de*

la classe à partir d'analyses de leçons d'enseignement filmées, a montré combien le degré d'engagement des élèves déclarés comme présentant des troubles des émotions et du comportement dépendait de la présence ou non de tels micro-gestes. Ces constats au niveau du comportement apparent des élèves nous permettent de penser qu'ils offrent des conditions propices à l'autorégulation. Or, l'adoption par l'enseignant de ces micro-gestes se faisant le plus souvent de manière peu consciente, il pourrait être pertinent de rendre ces micro-gestes davantage explicites pour les élèves qui ne les décodent pas nécessairement, afin qu'ils accèdent à des points de repères stables pour susciter et consolider leur autorégulation.

Transformer le contrat social implicite d'assistance en contrat explicite de régulation des apprentissages

La fonction essentielle d'aide que l'institution confère à l'enseignement spécialisé, ainsi que le *contrat social implicite d'assistance* évoqué lors de l'octroi des mesures forment de véritables conditions de liberté et de surprotection faisant obstacle à l'autorégulation et maintenant l'engagement dépendant des interventions de l'enseignant. Il importe donc de susciter en formation la prise de conscience de l'inefficacité des interventions d'*aides* fournies aléatoirement au gré des sollicitations d'élèves et des risques, voire craintes de désordre perçus par l'enseignant. Le principe proposé et travaillé ensuite consiste à instaurer un *contrat pédagogique explicite de régulation des apprentissages*, en créant et ritualisant des conditions qui structurent la demande et l'octroi d'aides sans compromettre l'activité d'apprentissage (Pelgrims, 2013).

En ce qui concerne l'octroi d'aides, les étudiants sont formés aux modalités d'étayage, de guidage (Bruner, 1983) et aux multiples démarches de régulation *proactive, interactive* et *rétroactive*, ou encore *directe* et *indirecte* (Allal et Mottier Lopez, 2007) qu'ils ont à penser en lien avec les savoirs et objectifs en jeu pour être intégrées dans les séquences d'enseignement. Pour l'enseignement spécialisé, nous insistons plus particulièrement sur les régulations proactives, celles qui consistent à soutenir l'élève à se préparer à l'activité d'apprentissage, soit en amont d'une prochaine leçon, soit au moment du lancement d'une tâche (Pelgrims, 2013). La préparation en amont d'une leçon permet d'enseigner ou de réactiver certains savoirs qui seront requis durant la leçon, de traiter au préalable certaines difficultés inhérentes à la tâche (par exemple, automatiser le décodage d'un texte qui sera exploité) ; elle devrait être particulièrement propice à transformer la posture d'*aide remédiative* en une posture de soutien à l'apprentissage rendue professionnelle grâce à l'analyse a priori qu'elle requiert des éléments d'une tâche ou d'une leçon pouvant faire obstacle à l'activité d'élèves. La préparation de l'activité au moment du lancement consiste à soutenir l'élève à désactiver les pensées intrusives et à réguler ses éventuels affects (grâce notamment à des langages ou des gestes ritualisés), et à former un plan d'actions orientées sur la tâche et son but, en rappelant les éventuels gestes convenus ensemble pour maintenir son attention sur le plan d'actions, ou encore à soutenir l'élève à voir les bénéfices (maîtrise de savoirs, sentiment de compétence, satisfaction, fierté...) que peut lui apporter l'expérience d'accomplir une tâche.

Mais les modalités de régulation n'évitent pas des ajustements spontanés et répétés aux sollicitations des élèves qui glissent vers l'instauration d'un contrat implicite d'assistance. La difficulté à planifier des tâches didactiques collectives en raison de l'hétérogénéité accrue et du manque de mémoire didactique commune, combinée au peu d'élèves présents, incite à l'individualisation du travail des élèves et des interventions d'aides de l'enseignant. Nous proposons donc certaines pistes qui devraient structurer et ritualiser les modalités de demande et d'octroi de l'aide :

- Marquer matériellement (par exemple différents panneaux) ou symboliquement le changement de contrat d'aides au fil des quatre phases de chaque séquence d'enseignement : phase d'introduction d'un nouvel objectif (en principe soutenue par la mise en situation), phase d'enseignement et d'apprentissage (régulations diversifiées et plus nombreuses), phase d'exercice-consolidation (régulations très conditionnées), phase d'évaluation (doit savoir seul).
- Instaurer le sens de différents niveaux d'aides en termes de progression : par exemple, réalise avec l'aide directe de l'enseignant, l'aide différée, l'aide d'un camarade ou l'aide d'un outil, sait seul. Faire verbaliser et mettre en mémoire commune quand l'élève sait et mobilise seul.
- Mettre en mémoire commune les connaissances et compétences de la classe (par exemple Arbre de compétences) qui peuvent être sollicitées comme régulation indirecte.

Au lancement et au cours d'une tâche, différents rituels, à décliner différemment en fonction des types de tâches et de la progression vers l'objet de savoir, peuvent contribuer à instaurer un contrat explicite :

- « *Les 3 ou 5 minutes pour lire la consigne* », « *pour souligner les mots non compris* » « *avant de poser vos questions* ». Au besoin, usage d'un sablier définissant le temps durant lequel l'élève doit tenter de comprendre par lui-même.
- « *Les 5 minutes avant l'ouverture du coin où l'on explique autrement* », le coin étant une table qui remplit la fonction précise de soutenir l'apprentissage. Ce marquage délimite l'espace et le temps de l'aide, tandis que le déplacement requis structure un changement de posture : l'élève doit demander une aide étayée et donc avoir tenté différentes actions, et l'enseignant doit expliquer autrement et donc avoir anticipé les obstacles et possibles régulations au moment de sa planification.
- Faire préciser dans toute demande d'aide, les actions faites, les aspects compris et non compris.
- Dans les tâches d'exercice ou consolidation ou dans la résolution de tâches complexes, usage de jetons de différentes couleurs qui contraignent le nombre et le type d'aide à disposition. En guise d'illustration, une étudiante rapporte avoir intégré cette pratique dans le cadre de séquences de mathématiques, les élèves travaillant en dyades. Les observations fines révèlent de véritables réflexions de la part d'élèves pour décider, à différents stades des problèmes, si une demande d'aide est vraiment nécessaire, quel type (enseignant, camarade ou consultation de productions antérieures) serait la plus pertinente, ou comment poser la question afin d'obtenir en une seule demande d'aide des éléments répondant à deux difficultés : des élèves apparemment autrement impliqués dans l'apprentissage.

CONCLUSION

Nous avons repéré certaines pratiques d'enseignement qui relèvent d'ajustements à des libertés et contraintes spécifiques à différents contextes d'enseignement spécialisé, mais qui mettent à mal le déploiement des capacités d'autorégulation socio-affective des élèves. Ces constats nous conduisent à proposer quelques principes guidant des pratiques mieux à même de susciter l'autorégulation des élèves et leur engagement dans l'apprentissage. Or, ces propositions de transformation ne sont pas des stratégies formalisées qu'il conviendrait d'implanter en classe sans considération des contingences situationnelles qui risquent fortement de compromettre leur survie dès lors la fin de l'intervention et le départ des chercheurs. Elles sont travaillées avec les étudiants dans le cadre de séminaires de formation étroitement articulés à leurs stages et à l'activité d'enseignant qu'ils y déploient afin de les amener à prendre conscience des particularités handicapant leur activité d'enseignant et à construire des compétences et posture professionnelles d'enseignant spécialisé. Nous avons insisté ici sur la problématique de l'aide qui forme un véritable obstacle à l'enseignement et à l'apprentissage. Notre proposition ne consiste pas pour l'enseignant de se soustraire à la relation d'aide, puisque c'est le propre de l'enseignant de savoir ce que l'élève ne sait pas encore mais devra savoir. Le problème à la fois institutionnel et contextuel est le message paradoxal institué par l'organisation de dispositifs d'aide et par les professionnels justifiant leur octroi auprès des élèves concernés : sans demander et obtenir l'aide, l'élève ne sait pas, mais en demandant de l'aide il n'apprend pas à s'autoréguler et demeure dépendant. Ce message est exacerbé par les pratiques paradoxales de l'aide : si l'enseignant n'aide pas, il risque la rupture du contrat implicite d'assistance et ne maintient pas l'ordre en classe ni les conditions pour enseigner et faire apprendre, mais s'il aide de façon non professionnelle, il maintient certes un semblant de participation mais pas l'élève dans une posture d'apprenant. Il s'agit, en revanche, d'amener les futurs enseignants spécialisés à se dégager de la posture d'aide instituée et socialement valorisée, et à se centrer sur l'anticipation, la création et la mise en œuvre, au fil des séquences d'enseignement, de conditions et pratiques laissant l'activité d'apprentissage à la charge des élèves. Ces propositions sont à penser en lien avec le travail didactique et à intégrer dans l'activité ordinaire de la classe. Nous faisons le pari qu'elles donnent lieu à des conditions et pratiques créatives innovantes qui participent, non plus au maintien de l'élève dans une relation de dépendance, mais au déploiement de ses capacités d'implication et d'autorégulation le maintenant sur la voie d'accès aux savoirs, et lui permettant de gagner en autonomie.

Références

Allal, L. (2007). Régulations des apprentissages : orientations conceptuelles pour la recherche et la pratique en éducation. In L. Allal et L. Mottier Lopez (dir.), *Régulation des apprentissages en situation scolaire et en formation* (pp. 7-23). Bruxelles : De Boeck.

Amigues, R., et Zerbatou-Poudou, M.-T. (2000). *Comment l'enfant devient élève ? Les apprentissages à l'école maternelle.* Paris : Retz.

Bautier, E. (dir.). (2006). *Apprendre à l'école, apprendre l'école : des risques de construction d'inégalités dès la maternelle.* Lyon : Chronique sociale.

Bayer, E., et Ducrey, F. (1998). Une éventuelle science de l'enseignement aurait-elle sa place en sciences de l'éducation ? In R. Hofstetter et B. Schneuwly (dir.), *Le pari des sciences de l'éducation* (Raisons éducatives N° 1/2, pp. 243-276). Bruxelles : De Boeck.

Bettini, E., Crockett, J.B., Brownell, M.T., & Merril, K.L. (2016). Relationships Between Working Conditions and Special Educator's Instruction. *The Journal of Special Education, 50*(3), 178-190.

Boekaerts, M. (2001). Context sensitivity: Activated motivational beliefs, current concerns and emotional arousal. In S. Volet & S. Järvelä (Eds.), *Motivation in learning contexts: Theoretical advances and methodological implications* (pp. 17-31). Amsterdam: Elsevier.

Boekaerts, M. (2005). Self-regulation with a focus on the self-regulation of motivation and effort. In I. E. Siegel & K. A. Renninger (Eds.), *Handbook of child psychology* (Vol. 4). New York: Wiley.

Bruner, J. S. (1983). *Le développement de l'enfant : savoir faire, savoir dire.* Paris : PUF.

Büchel, F., et Berger, J.-L. (dir.), *L'autorégulation de l'apprentissage : perspectives théoriques et applications.* Nice : Ovadia.

Butler, R., & Shibaz, L. (2008). Achievement goals for teaching as predictors for students' perceptions of instructional practices and students' help seeking and cheating. *Learning and Instruction, 18*(5), 453-467.

Cartier, S., Butler, D., et Janosz, M. (2007). L'autorégulation de l'apprentissage par la lecture d'adolescents en milieu défavorisé. *Revue des sciences de l'éducation, 33*(3), 601-622.

Chlostova Muñoz, M. (en préparation). *Engagement dans l'apprentissage et autorégulation des élèves en contextes d'enseignement spécialisé : rôle des appréciations que font les élèves des situations, de la discipline et des pratiques d'enseignement en mathématiques.* Projet de thèse de doctorat en sciences de l'éducation approuvé le 2 novembre 2018, Université de Genève.

Corno, L. (2001). Volitional aspects of self-regulated learning. In B. J. Zimmerman & D. H. Schunk (Ed.), *Self-regulated learning and academic achievement: Theoretical perspectives* (pp. 191-225). Mahwah, NJ: Erlbaum.

Cosnefroy, L. (2010). Se mettre au travail et y rester : les tourments de l'autorégulation. *Revue française de la pédagogie, 170*, 5-15.

Cosnefroy, O., et Florin, A. (2011). Âge d'entrée à l'école élémentaire, habiletés d'autorégulation en classe et performances académiques des enfants : le développement du jeune enfant. *Approche neuropsychologique des apprentissages chez l'enfant, 112/113*, 181-187.

Delorme, C. (2020). *Étudiants-stagiaires en contextes d'enseignement spécialisé : Conditions de formation, analyse de l'activité et contingences situationnelles au travail en stage.* Thèse de doctorat en sciences de l'éducation, Université de Genève. <https://archive-ouverte.unige.ch/unige:136730>

Durand, M. (1996). *L'enseignement en milieu scolaire.* Paris : PUF.

Duvillard, J. (2017). *Ces gestes qui parlent, l'analyse de la pratique enseignante.* Toulouse : ESF.

Emery, R. (2005). Enseignement spécialisé en centre de jour : l'importance des ritualisations. *Pédagogie spécialisée,* 3/5, 36-43.

Ennis, R. P., & Jolivette, K. (2014). Existing research and future directions for self-regulated strategy development with students with and at risk for emotional and behavioral disorders. *The Journal of Special Education, 48*(1), 32-45.

Garner, P., Kauffman, J., & Elliot, J. (Ed.). (2013). *The SAGE Handbook of Emotional and Behavioral Difficulties.* New York: Sage.

Garcion-Vautor, L. (2003). L'entrée dans l'étude à l'école maternelle : le rôle des rituels du matin. *Ethnologie française, 37,* 141-148.

Hatchuel, F. (2005). Rituels d'enseignement et d'apprentissage. *Hermès, La Revue, 43,* 93-100.

Hatchuel, F. (2015). Les rituels : des espaces de marge pour construire sa place. *Recherches en éducation, 8,* 90-100.

Heward, W. L. (2003). Ten faulty notions about teaching and learning that hinder the effectiveness of special education. *The Journal of Special Education, 36*(4), 186-205.

Hidi, S. (2006). Interest: A unique motivational variable. *Educational Research Review, 1*(2), 69-82.

Kounin, J. S. (1970). *Discipline and group management in classrooms.* New York: Rinehart and Winston.

Krapp, A. (2002). Structural and dynamic aspects of interest development: Theoretical considerations from an ontogenetic perspective. *Learning and Instruction, 12,* 383-409.

Kuhl, J. (1994). A theory of action and state orientations. In J. Kuhl & J. Beckmann (Ed.), *Volition and personality: Action versus state orientation* (pp. 9-46). Seattle: Hogrefe & Huber.

Kuhl, J. (2000). A functional-design approach to motivation and self-regulation: The dynamics of personality systems interactions. In M. Boekaerts, P. R. Pintrich & M. Zeidner (Ed.), *Handbook of self-regulation* (pp. 111-169). San Diego, CA: Academic Press.

Lepola, J., Salonen, P., Vauras, M., & Poskiparta, E. (2004). Understanding the development of subnormal performance in children from a motivational-interactionist perspective. In H. N. Switzky (Ed.), *Personality and motivational systems in mental retardation* (pp. 148-189). San Diego, CA: Elsevier.

Merri, M., et Vannier, M.-P. (2014). La nature et les usages des rituels pour les professeurs d'enseignement spécialisé. In C. Mary, H., Squalli, L., Theis et L. Deblois (dir.), *Recherches sur les difficultés d'enseignement et d'apprentissage des mathématiques* (pp. 79-92). Presses de l'université du Québec.

Montague, M. (2008). Self-regulation strategies to improve mathematical problem solving for students with learning disabilities. *Learning disabilities quarterly, 31*(1), 37-44.

Moore, TC. Wehby, J. H. Oliver, R. M., Chow, J. C, Gordon, J. R., & Mahany, L. A. (2017). Teachers' reported knowledge and implementation of research-based classroom and behavior management strategies. *Remedial and Special Education, 38*(4), 222-232.

Moulin, J.-F. (2004). Le discours silencieux du corps enseignant : la communication non verbale du maître dans les pratiques de classe. *Carrefours de l'éducation, 1*(17), 142-159.

Moulin, J.-P. (2002). Enrichir les compétences scolaires des enfants en difficultés grâce au soutien pédagogique. In. G. Petitpierre (dir.), *Enrichir les compétences* (pp. 181-188). Lucerne : Édition SZH/SPC.

Noël, B. et Cartier, S. (Ed.). (2016). *De la métacognition à l'apprentissage autorégulé.* Bruxelles : De Boeck.

Paccaud, A. (2017). *Soutiens aux élèves en difficulté scolaire et/ou en situation de handicap dans le cadre de l'école ordinaire* (PhD Thesis). Université de Fribourg. Consulté à l'adresse <http://doc.rero.ch/record/305003/files/PaccaudA.pdf>

Pelgrims, G. (2001). Comparaison des processus d'enseignement et conditions d'apprentissage en classes ordinaire et spécialisée : des prévisions aux contraintes. *Revue française de pédagogie, 134,* 147-165.

Pelgrims, G. (2006). *Intention d'apprendre, peur de l'échec et persévérance des élèves en classes spécialisées : des composantes générales aux dimensions situationnelles de la motivation à apprendre.* Thèse de doctorat en sciences de l'éducation, Université de Genève. <https://archive-ouverte.unige.ch/unige:150132>

Pelgrims, G. (2009). Contraintes et libertés d'action en classe spécialisée : leurs traces dans la motivation des élèves à apprendre des mathématiques. *Formation et pratiques d'enseignement en question, 9,* 135-158.

Pelgrims, G. (2011). *Intégration des élèves en 8e B : comment perçoivent-ils leurs contextes scolaires ? Résultats de la recherche collaborative.* Conférence présentée aux membres de la direction pédagogique de l'OMP et de la direction du Cycle d'orientation, Genève, 24 novembre 2011.

Pelgrims, G. (2013). L'autorégulation émotionnelle et motivationnelle face aux difficultés d'apprentissage en classes spécialisées : des processus nécessaires parfois empêchés. In J.-L. Berger et F. Büchel (dir.), *L'autorégulation de l'apprentissage : perspectives théoriques et applications* (pp. 257-291). Nice : Ovadia.

Pelgrims, G. (2017). *Demande de reconnaissance du diplôme dans le domaine de la pédagogie spécialisée, orientation enseignement spécialisé.* Dossier préparé pour le Département de l'instruction publique du canton de Genève et la Conférence suisse des directeurs cantonaux de l'instruction publique.

Pelgrims, G. (2019). Des *élèves institutionnellement déclarés à besoins éducatifs particuliers* : apports d'une approche centrée sur l'activité à la question des désignations. *La nouvelle revue - Éducation et société inclusives, 86,* 43-63.

Pelgrims, G., et Bauquis, C. (2016). Des « élèves à BEP » à la notion de besoins pédagogiques et didactiques particuliers pour apprendre des savoirs en classe ordinaire. In G. Pelgrims et J.-M. Perez (dir.), *Réinventer l'école ? Politiques, conceptions et pratiques dites inclusives* (pp. 73-96). Suresnes : Éditions de l'INSHEA.

Pelgrims, G., et Cèbe, S. (2015). Aspects motivationnels et cognitifs des difficultés d'apprentissage : rôle des pratiques d'enseignement. In M. Crahay et M. Dutrévis (dir.), *Psychologie des apprentissages scolaires* (pp. 143-167). Bruxelles : De Boeck.

Pelgrims, G., Chlostova, M., et Bauquis, C. (2017). *Repérage de besoins pédagogiques et didactiques pour améliorer des compétences de résolution de problèmes en classes souhaitées inclusives.* Texte présenté au 4e Colloque international de l'inclusion scolaire « Une école inclusive pour une société équitable », HEP-Valais, St-Maurice, 5-6 avril 2017.

Pelgrims, G., Delorme, C., et Emery, R. (2011). *Enseigner en contexte d'appui à l'intégration / de classe spécialisée / d'institution spécialisée : document d'accompagnement.* Brochures de formation comprenant les contrats pédagogiques des stages, le contrat-type, le règlement interne des stages de la MESP. Université de Genève, FPSE et IUFE.

Rayou, P. (2018). Pédagogie explicite. *Recherche et Formation, 87,* 97-107.

Schubauer-Leoni, M.-L. (2000). Les élèves déclarés en difficulté à l'école primaire : une étude auprès d'enseignants titulaires et d'enseignants du soutien pédagogique. In A. Bürli et G. Sturny-Bossart (dir.), *Apprendre les uns des autres* (pp. 37-56). Lucerne : Ed. CSPS.

Schunk, D. H. (2008). Metacognition, self-regulation, and self-regulated learning: Research recommendations. *Educational Psychology Review, 20*(4), 463-467.

Shores, R. E., & Wehby, J. H. (1999). Analyzing the classroom social behavior of students with EBD. *Journal of Emotional and Behavioral Disorders, 7*(4), 194-199.

Sutherland, K. S., Lewis-Palmer, T., Stichter, J., & Morgan, P. L. (2008). Examining the influence of teacher behavior and classroom context on the behavioral and academic outcomes for students with emotional or behavioral disorders. *The Journal of Special Education, 41*(4), 223-233.

Tambone, J. (2014). Enseigner dans un dispositif auxiliaire : le cas du regroupement d'adaptation et de sa relation avec la classe d'origine de l'élève. *Les Sciences de l'éducation - Pour l'Ère nouvelle, 47,* 51-71.

Vannier, M.-P., et Merri, M. (2015). À quoi pensent les enseignants quand on leur parle de rituels ? *Recherches en éducation, 3*(8), 14-26.

Vaughn, S., & Klingner, J. K. (1998). Students' perceptions of inclusion and resource room settings. *The Journal of Special Education, 32,* 79-88.

Vendeira Maréchal, C. (2011). *Pratiques enseignantes dans l'enseignement spécialisé.* Saarbrücken : Éditions universitaires européennes.

Vermersch, P. (1994). *L'entretien d'explicitation.* Paris : ESF.

Wong, B. Y., Harris, K. R., Graham, S., & Butler, D. L. (2006). Cognitive strategies instruction research in learning disabilities. In H. L. Swanson, K. R. Harris, & S. Graham (Eds.), *Handbook of learning disabilities* (pp. 383-402). New York: Guilford.

Zimmerman, B. J., & Schunk, D. H. (Ed.). (2001). *Self-regulated learning and academic achievement: Theoretical perspectives.* Mahwah, NJ: Erlbaum.

Le dernier ouvrage de la collection « Recherches » des éditions de l'INSHEA

La vision des inclus

Ethnographie d'un dispositif pour l'inclusion scolaire (Ulis)

Un ouvrage de Godefroy Lansade

L'intérêt politique pour l'inclusion scolaire a été suivi de près par une multiplication de travaux autour de sa définition et des effets de sa mise en actes à l'aune de ce qu'elle devrait être. Le problème qui est posé ici l'est de manière ouverte, à distance de toutes positions essentialiste et normative. Il s'agit de décrire et d'analyser le plus finement possible la politique publique d'inclusion scolaire en « train de se faire » à travers le point de vue des individus qu'elle prend pour cibles et celles et ceux qui ont la responsabilité de la rendre effective. Cette perspective invite à rester attentif aux effets de l'ambition inclusive et, plus particulièrement, à ceux qui résultent d'une combinaison de conséquences directes (matériels et symboliques), mais aussi aux appropriations multiples (adaptation, usage détourné, etc.) que font les acteurs de manière la plus concrète.

Peu de travaux se sont intéressés aux points de vue de ceux qui vivent l'inclusion à la première personne – les « inclus » – et de surcroît, lorsqu'il s'agit d'adolescents et de jeunes adultes désignés handicapés mentaux.

Godefroy Lansade est anthropologue, maître de conférences au département Sciences de l'Éducation, Université Paul Valéry-Montpellier 3 (laboratoire CRISES, EA 4424).

Cet ouvrage est issu de la thèse de Godefroy Lansade intitulée *La vision des inclus*, qui a reçu le prix de thèse de l'INSHEA en 2019.

Commander en ligne : www.inshea.fr

Bulletin de commande

à retourner à : INSHEA - Service des publications
58/60, avenue des Landes - 92 150 Suresnes - Tél. : 01 41 44 31 29 - vente@inshea.fr

Nom : .... Prénom : ....

Adresse : ....

Tél. : .... Mél : ....

.... exemplaire(s) de l'ouvrage ***La vision des inclus*** au prix de 18 €

Ajouter les frais d'envoi (pour 1 à 2 exemplaires : 6 €, 3 à 4 exemplaires : 13 €. Au-delà et pour les envois dans les DOM-TOM et à l'étranger nous contacter au 01 41 44 31 29).

Total de la commande : .... €.

Chèque bancaire ou postal à l'ordre de l'Agent comptable de l'INSHEA. Paiement possible par virement bancaire.
À chaque envoi de document sera jointe la facture correspondante.

La place des *traducteurs* dans la mise en œuvre d'une Unité localisée pour l'inclusion scolaire (Ulis) accueillant des jeunes sourds au collège

Jeannette TAMBONE
Aix-Marseille Université, ADEF UR 4671

Teresa ASSUDE
Aix-Marseille Université, ADEF UR 4671

Karine MILLON-FAURÉ
Aix-Marseille Université, ADEF UR 4671

Sylviane FEUILLADIEU
Aix-Marseille Université, ADEF UR 4671

Résumé : L'Unité localisée pour l'inclusion scolaire en collège étudiée (Ulis collège), accueillant des jeunes sourds en parcours bilingue Langue des signes française-français écrit, propose un dispositif scolarisant ces jeunes en classe ordinaire avec la présence de *traducteurs* qui traduisent les cours simultanément en LSF. Pour l'institution, la situation est simple et d'ordre linguistique : l'enseignant enseigne, le traducteur traduit. Or dans les faits, il ne s'agit pas seulement de traduire le discours de l'enseignant, mais la situation d'enseignement elle-même dans toute sa complexité ainsi que le savoir enseigné. L'enquête par entretiens montre que la traduction est à la fois d'ordre linguistique, pédagogique et didactique. Les traducteurs créent les conditions d'apprentissage des élèves sourds en prenant une part de responsabilité dans l'acte d'enseigner sans pour autant prendre la place de l'enseignant de la classe. Leurs ajustements font preuve d'une innovation ordinaire en train de se faire, permettant au dispositif de fonctionner.

Mots-clés : Élèves sourds - Enseignants - Innovation - Langue des signes française - Parcours bilingue - Système didactique - Traducteurs - Unité localisée pour l'inclusion scolaire en collège (Ulis collège).

The Place of Translators in Implementation a Localized Unit for School inclusion (ULIS) Welcoming Deaf Young People in a Secondary School

Summary: The Localised Unit for School Inclusion in a secondary school, which schoolling young deaf people on a bilingual written French-French Sign Language course, offers a system by educating these young people in ordinary classes with translators who translate the courses simultaneously into LSF. For the institution, the situation is simple and linguistic: the teacher teaches, the translator translates. In practice, however, it is not just a matter of translating the teacher's discourse, but the teaching situation itself in all its complexity, as well as the knowledge taught. Translation is therefore linguistic, pedagogical and didactic at the same time. Translators create the learning conditions for deaf students by taking some responsibility for the act of teaching without taking the place of the class teacher. Their adjustments show an ordinary innovation being made, allowing the device to work.

Keywords: Bilingual pathway - Deaf pupils - French Sign Language - Innovation - Localized Unit for School Inclusion in secondary schools - Teachers - Teaching system - Translators.

La loi du 11 février 2005 concernant *l'égalité des droits et des chances, la participation et la citoyenneté des personnes handicapées* reconnaît à la Langue des signes française (LSF) un statut de langue à part entière, et garantit aux élèves sourds la possibilité de choisir un enseignement bilingue en LSF et langue française. « *Dans l'éducation et le parcours scolaire des jeunes sourds, l'article L. 112-3 du Code de l'éducation pose le principe de la liberté de choix entre une communication bilingue (langue des signes et langue française) et une communication en langue française* » (MEN, 2017). Des dispositifs ont donc été mis en place pour atteindre cet objectif. À Marseille, des parcours scolaires bilingues LSF-français écrit étaient proposés en école primaire et en lycée professionnel mais pas au collège où les élèves sourds non oralisants étaient accueillis principalement à l'Institut régional des sourds (IRS). C'est dans ce contexte de manque de structure d'accueil en classe ordinaire au niveau du collège, qu'une Ulis TFA (Unité localisée pour l'inclusion scolaire Troubles des fonctions auditives) a été créée dans un collège marseillais en septembre 2016, à la demande de l'Association locale des parents des enfants sourds (Apes). Dans cette Ulis collège les élèves sourds sont scolarisés dans leur classe ordinaire d'affectation pour quasiment toutes les disciplines (tout en ayant des temps de regroupement Ulis et des cours de LSF), grâce à la présence d'intervenants qui assurent la communication entre sourds et entendants. Quatre personnes assurent cette fonction : une Accompagnante des élèves en situation de handicap (AESH), deux enseignants spécialisés de l'IRS et le coordonnateur du dispositif Ulis. Dans notre travail de recherche, nous appelons *traducteurs* cette catégorie d'intervenants qui répond au triple sens de traducteur d'une langue – sens commun – de traducteur d'une situation scolaire – sens sociologique – (Callon, 1986 ; Feuilladieu, 2020), de traducteur d'une situation d'enseignement – sens didactique (Assude, Millon-Fauré et Tambone, 2018). Depuis son ouverture, nous suivons la mise en place de cette Ulis collège parcours bilingue. Cet article met en évidence la part d'ingéniosité de ces *traducteurs* dans le fonctionnement de ce dispositif, à travers la dynamique topogénétique. Après avoir présenté le cadre théorique de cette dynamique, et le cadre méthodologique de ce travail, nous montrerons l'innovation ordinaire (Alter, 2010) à l'œuvre dans l'actualisation des pratiques de traduction lors des enseignements en classe.

CADRE THÉORIQUE ET PROBLÉMATIQUE

Lors de la création de cette Ulis collège parcours bilingue, de nouveaux systèmes didactiques se sont mis en place, afin de tenir compte des contraintes d'enseignement liées à la surdité et des besoins de traduction pour ces élèves lorsqu'ils sont dans la classe avec les élèves entendants. À la suite des travaux de Chevallard (1995, 2010), nous considérons que l'espace de l'étude est organisé en plusieurs systèmes didactiques : un Système didactique principal (SDP) et plusieurs Systèmes didactiques auxiliaires (SDA). Un système didactique est constitué normalement d'un pôle *élève* (E), d'un pôle *professeur* (P) et d'un pôle *savoir* (S) qui est l'enjeu principal de leur relation. Le SDP pilote les systèmes auxiliaires qui, en retour, aident et accompagnent le système didactique principal dans sa mission principale qui est celle d'éduquer et d'instruire les futurs citoyens.

Dans le dispositif que nous observons, au système didactique principal – le cours assuré par le professeur – sont associés deux systèmes didactiques auxiliaires (Figure 1) : ces deux SDA sont composés d'un traducteur, des élèves sourds et du savoir mais l'un est interne à la classe (SDAi) et l'autre est externe (SDAe) (Assude, Millon-Fauré et Tambone, 2018).

Figure 1 : Schéma du dispositif d'aide SDA-SDP en classe et en Ulis (Feuilladieu et Tambone, 2021)

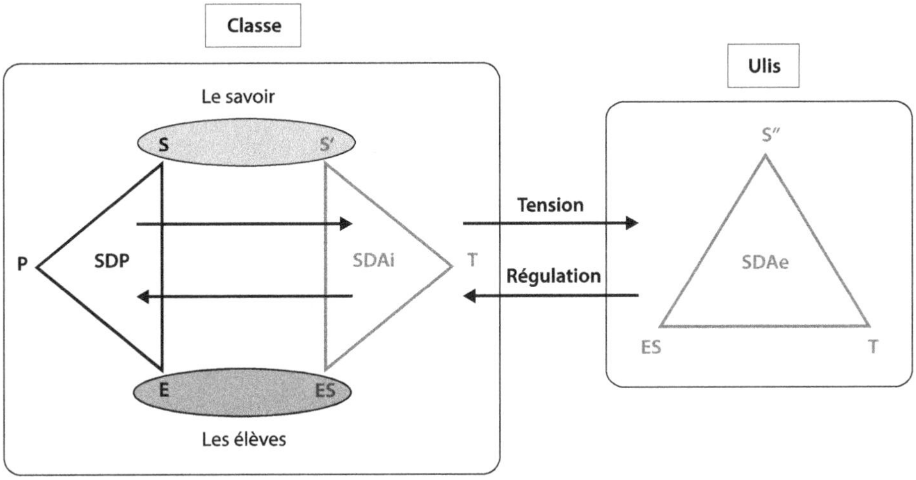

Les SDAi et SDAe agissent comme des régulateurs du SDP (Feuilladieu et Tambone, 2021). En effet, le souci constant des traducteurs, au-delà de la simple traduction linguistique, est de maintenir l'élève dans le cours réalisé par le professeur. Les élèves sourds suivent l'enseignement donné comme les autres élèves de la classe. Si une difficulté surgit, notamment au niveau de la compréhension de ce qui se dit et de ce qui s'enseigne, ils font appel au traducteur. Celui-ci, soit recrée *in situ* une triangulation didactique avec un pôle savoir S', en lien avec le savoir S (SDAi) ; soit propose aux élèves de reprendre en regroupement Ulis (SDAe) et à partir d'un savoir S'' en lien aussi avec le savoir S, ce qui n'a pas été compris dans la classe.
Le pôle *savoir*, qui peut ainsi se décliner en S, S' et S'', permet de poser la dépendance des différents SDA par rapport au SDP. Au sein de la triangulation didactique, les autres pôles (P) et (E) représentent des places que les sujets peuvent venir occuper. Pour décrire ces places, nous distinguons trois notions (Assude *et al.*, 2014 ; Chevallard, 1999) : le topos, la position et le rôle. L'institution prévoit un certain nombre de places au regard du savoir enseigné : professeur, élève (entendant, sourd), traducteur, enseignant spécialisé, coordonnateur de l'Ulis... Le topos désigne l'ensemble des attentes institutionnelles sur ce qui doit être fait dans chacune de ces places. À partir de leur topos, les sujets vont venir prendre position en fonction de ce qu'ils sont, et de la manière dont ils peuvent ou veulent (ou non) prendre cette position. Ils le font en assurant des rôles qui peuvent varier en fonction des situations. L'étude de la dynamique topogénétique permet d'identifier sur une période donnée les rôles

avec lesquels un sujet va prendre position dans l'un des topos, sachant qu'un sujet peut prendre position dans plusieurs topos. Par exemple, le coordonnateur de l'Ulis peut intervenir aussi, de par sa formation (enseignant spécialisé en LSF), en tant que traducteur. Il assume ainsi des rôles différents en fonction des besoins, des conditions et des contraintes du fonctionnement des divers systèmes didactiques. Ce cadre théorique va permettre d'affiner les rôles et les positions tenus par les traducteurs dans le cadre des différents systèmes didactiques (SDP, SDAi, SDAe), afin de mettre en évidence les dynamiques qui viennent soutenir l'accessibilité didactique (Assude, Perez, Suau, Tambone, Vérillon, 2014) pour les élèves sourds, c'est-à-dire créer les conditions d'accès au savoir.
La mise en place de cette Ulis avec de nouveaux SDA pour lesquels les règles de fonctionnement sont à construire, permet de questionner la manière dont les acteurs créent du nouveau à partir des topos proposés par l'institution dans le cadre du dispositif, en référence au concept d'innovation ordinaire (Alter, 2010). Cet auteur précise que « *l'innovation représente alors une création: elle ouvre et enrichit des modes de sociabilité, elle défait des positions acquises pour laisser la place à de nouveaux acteurs, elle donne un autre sens au monde* » (Alter, 2010, p. 1). Effectivement, il ne s'agit pas de voir le fonctionnement de ces systèmes et les interactions entre les acteurs de manière statique, mais de repérer la dynamique innovante et créatrice, comme « *mouvement permanent qui mobilise l'ensemble des acteurs* » (Alter, 2010, p. 1).

DISPOSITIF MÉTHODOLOGIQUE

Pour répondre à cette question de recherche nous avons réalisé une série d'entretiens semi-directifs auprès de trente-trois acteurs de ce collège : onze élèves (trois sourds et huit entendants), six parents (deux d'élèves sourds et quatre d'élèves entendants), sept professeurs (anglais, documentaliste, histoire-géographie, informatique, mathématiques, sciences de la vie et de la terre, technologie), le principal du collège, un assistant d'éducation, un agent polyvalent, l'agent d'accueil, la référente de scolarisation des élèves en situation de handicap du secteur, l'interprète[1] mandatée par le Conseil général qui assiste les parents sourds essentiellement lors des réunions et trois traducteurs (le coordonnateur de l'Ulis, une Accompagnante des élèves en situation de handicap (AESH), une enseignante spécialisée en LSF). L'analyse de contenu des entretiens, combinée à une analyse lexicométrique menée avec le logiciel Iramuteq, a permis de repérer ce que les acteurs disent de la manière dont ils prennent position ou non dans les différents topos qu'ils arrivent ou non à assumer, autour de trois dimensions : le rapport au savoir enseigné, le rapport à la LSF, le rapport à l'enseignement.
Les résultats présentés dans cet article portent plus particulièrement sur la catégorie *traducteurs*, qui représente ici une catégorie d'analyse. Nous l'avons ainsi différenciée des désignations d'interprète, qui se réfère à une profession, de *médiateur linguistique*

1. Interprète membre du CIL (Centre d'interprétation et de liaison).

ou *interface de communication* dont les fonctions restent encore peu définies[2]. Cette catégorie est hétérogène tant par l'origine professionnelle des acteurs que par leur niveau en LSF. Le coordonnateur de l'Ulis pratique la LSF (niveau C1[3]). Il a été formé à la scolarisation des élèves en situation de handicap lié à une déficience auditive et a auparavant enseigné en tant que professeur de mathématiques dans le collège. L'enseignante spécialisée (niveau C2) enseigne à l'Institut régional de sourds, elle est titulaire du Certificat d'aptitude au professorat de l'enseignement des jeunes sourds (Capejs). Elle-même est sourde oralisante et maîtrise la lecture labiale et la LSF. L'AESH a été assistante d'éducation dans un collège et a un niveau B1 en LSF. Cette catégorie est au cœur du dispositif et de l'innovation ordinaire qu'il génère à travers le topos que les traducteurs investissent dans le SDAe et/ou dans le SDAi. La dimension topogénétique a été questionnée à partir de trois types de données. Tout d'abord nous avons repéré les occurrences d'un topos *traducteur* et des rôles associés dans les textes institutionnels. Puis, à partir des entretiens, il s'est agi de mettre en évidence quel(s) rôles et position(s) occupent le coordonnateur de l'Ulis, l'enseignante spécialisée et l'AESH dans le topos de traducteur. Pour cela, d'une part, nous nous sommes appuyées sur l'analyse des contextes des occurrences du lemme *adapt*, en lien avec la manière dont les traducteurs occupent l'espace didactique en classe. D'autre part, sur l'analyse de contenu qui a repris l'intégralité de l'entretien du coordonnateur d'un point de vue topogénétique, la spécificité étant ici qu'il occupe différents topos : traducteur dans les classes et coordonnateur du projet Ulis de l'établissement.

ANALYSES

Le topos des intervenants en LSF pour l'institution

Qu'en est-il du topos de traducteur dans les attentes institutionnelles ? Nous nous référons ici à deux sources, d'une part les textes officiels, d'autre part le projet d'établissement du collège.

Dans les textes officiels

La circulaire du ministère de l'Éducation nationale relative à la mise en œuvre du parcours du jeune sourd mentionne différents intervenants auprès des élèves sourds en fonction du parcours choisi (MEN, 2017). Concernant la scolarisation en classe ordinaire – ce qui, en dehors des temps de regroupements Ulis, correspond à la situation des élèves sourds de ce dispositif – il est mentionné la possibilité d'un recours à une « *aide humaine* » sans que les rôles de cet intervenant ne soient plus explicitement décrits. Cependant, ces intervenants « *ne peuvent avoir pour fonction ni l'interprétariat, ni l'enseignement, ni le codage LPC* » (Langue française parlée complétée). Les traducteurs ne rentrent donc pas dans cette catégorie. Dans ce texte qui décrit le Pôle d'enseignement pour les jeunes sourds, un interprète peut

2. *Scolariser les élèves sourds ou malentendants*, Ministère de l'Éducation nationale, Direction générale de l'Enseignement scolaire, Collection « Repères Handicap », CNDP, 2009, p 61-62.
3. Niveau de classement du Cadre européen de référence pour les langues (CECRL).

parfois intervenir auprès des élèves sourds sans pour autant assurer une « *tâche d'enseignement* ». Cette catégorie d'intervenants requiert une formation et un statut spécifiques (interprète) que ne possèdent pas les traducteurs que nous étudions ici. Cette circulaire décrit deux organisations de classes possibles. D'une part elle réfère à « *une classe d'élèves sourds recevant des enseignements dans toutes les matières en LSF. Cette classe est entièrement intégrée à l'école dont elle fait partie, avec des périodes d'échanges et de travail en commun avec les autres classes. L'enseignant de cette classe a atteint le niveau B2 et vise le niveau C1 du CECRL* ». D'autre part, elle réfère à « *une classe mixte mêlant élèves sourds et entendants, avec un enseignant entendant et un co-enseignant ayant atteint le niveau B2 et visant le niveau C1. Le co-enseignant a la charge de l'enseignement de la LSF ou en LSF, il transmet les contenus et objectifs prévus par l'enseignant* » (MEN, 2017). Si le dispositif observé peut se rattacher à cette deuxième organisation, les traducteurs qui y interviennent pour assurer la communication entre sourds et entendants ne peuvent pas être considérés comme des « *co-enseignants* », dans la mesure où ils ne sont pas tous enseignants et ne disposent pas tous du niveau de LSF requis.
La circulaire du ministère de l'Éducation nationale relative à l'organisation des pôles pour l'accompagnement à la scolarisation des jeunes sourds donne un descriptif des compétences des enseignants de LSF ou en LSF. Outre « *une excellente maîtrise de la langue des signes* », ils doivent « *disposer des connaissances et des compétences générales qui sont celles de tout enseignant* » (MEN, 2008). Cette description concerne l'enseignant de la classe qui accueille l'élève sourd et non la personne chargée d'assurer la communication durant les cours. Les traducteurs possèdent tous des compétences en LSF, deux d'entre eux sont par ailleurs enseignants, cependant ils n'ont pas la responsabilité de l'enseignement dans la classe. Cette charge revient aux professeurs qui assurent les cours.
Cette circulaire définit aussi le topos d'une autre catégorie de personnel intervenant auprès des élèves sourds, le médiateur pédagogique chargé de faciliter la communication entre les élèves sourds et leurs enseignants durant le temps hors classe (voire même de façon plus large, la communication avec les parents et les personnels de l'établissement). Les traducteurs peuvent assurer un rôle de médiation mais ils ne sont pas désignés comme tels par l'institution. Par conséquent, il est difficile de trouver au regard des textes officiels une définition claire qui correspondrait au topos de traducteur dans le dispositif observé.

Dans le projet d'établissement

En s'appuyant sur le projet initial qui a conduit à la mise en place du dispositif dans le collège, le coordonnateur de l'Ulis décrit les attentes de l'établissement concernant les traducteurs : « *Un intervenant LSF (professeur de l'IRS, coordonnateur de l'Ulis ou AVS-AESH) accompagne les élèves à chaque heure de cours. Il traduit, adapte ou réexplique le cours, et aide les élèves dans leurs difficultés.* » Plusieurs attentes sont ici décrites : il ne s'agit pas seulement de traduire le cours, mais également de fournir des explications supplémentaires, d'adapter la leçon en tenant compte des difficultés des élèves, et de pouvoir si besoin proposer « *une activité différenciée au sein de la classe d'inclusion* ». À cela s'ajoute un rôle de répétiteur pour l'appren-

tissage des leçons ou la réalisation des devoirs à la maison dans le cadre d'une « *prise en charge individuelle ou en petit groupe par le coordonnateur de l'Ulis, un AVS-AESH ou un professeur de l'IRS en dehors des temps d'inclusion en classe* ». Les traducteurs doivent donc disposer « *à la fois de compétences pédagogiques dans la matière, et d'une maîtrise de la LSF* ». Ils sont supposés développer un étayage pédagogique, mais aussi chercher à donner aux élèves les moyens de s'en passer : « *objectif principal de l'accompagnement des élèves : développer leur autonomie* ». La description du topos *traducteur* ne s'arrête pas là. Sans avancer le terme de co-enseignement, il est question de concertation avec les enseignants de la classe pour réfléchir à la pertinence des adaptations proposées (supports visuels, sous-titrage de vidéos) et à l'évaluation des élèves sourds.
Cette revue de textes témoigne d'un topos peu défini pour ces intervenants au regard des circulaires ministérielles. Le projet d'établissement, pour sa part, insiste plus particulièrement sur la nécessité pour les traducteurs d'accompagner les élèves dans leurs apprentissages en travaillant au plus près des préoccupations enseignantes. Ainsi, comment le topos évoqué ici de manière relativement large, va-t-il être occupé concrètement par ces acteurs ? L'analyse menée s'est appuyée sur les discours tenus par les trois acteurs de la catégorie *traducteurs* de notre corpus : le coordonnateur, l'enseignante spécialisée, l'AESH.

Prendre une place dans l'espace didactique : le rapport au savoir enseigné et à la LSF

Pour le coordonnateur qui commente un des points développés dans le projet d'établissement, le professeur garde seul la responsabilité de l'enseignement : « *le prof fait son cours et l'interface traduit, adapte un petit peu c'est pas l'interface qui va dire il faut faire ça il faut faire ça* ». Le professeur enseigne et le traducteur est présenté ici comme « *l'interface* », dont le rôle ne se limite pourtant pas à traduire ce que dit le professeur. Il est amené à interagir avec le système didactique principal, notamment dans le rapport qu'il entretient avec le savoir enseigné.

Un rapport différencié au savoir enseigné et à la LSF

Les traducteurs apportent dans leur discours un éclairage qui diffère selon le rapport qu'ils entretiennent avec le savoir enseigné en classe et la LSF. Le discours du coordonnateur insiste sur le travail collaboratif avec les enseignants, un travail centré sur le contenu des cours surtout en histoire et en français car ce sont les deux matières où les élèves sourds rencontrent le plus de difficulté. Il met en avant son rôle de traduction et d'adaptation des supports pédagogiques proposés par les professeurs aux élèves, notamment les vidéos utilisées dans les cours. Concernant les relations professeurs-traducteurs, il précise la nature de leurs échanges au cours desquels les traducteurs pourront être force de propositions sur les adaptations les plus intéressantes pour les élèves sourds :

> « *Y a des discussions qui se forment entre les professeurs des classes et puis les intervenants, les interfaces langue des signes.* [...] *proposer des conseils d'adaptation pour rendre les cours les plus visuels possibles, ce qui*

de toute façon est très porteur pour l'ensemble des élèves et pas que pour les élèves sourds, travailler à partir d'images, à partir de vidéos s'appuyer sur des schémas. »

Par ailleurs, le coordonnateur estime que les adaptations proposées peuvent s'avérer pertinentes non seulement pour les élèves sourds, mais également pour les autres élèves de la classe. Sans avancer le terme de co-enseignement, il se positionne ici en tant qu'intervenant dans l'enseignement réalisé en classe. Il détaille la nature de ces adaptations : il prend par exemple l'initiative de sélectionner dans les enseignements prévus par l'enseignant de la classe, ce qui va effectivement être proposé aux élèves sourds durant le temps de classe et ce qui sera remis au temps de regroupement Ulis. Il choisit le rythme d'exposition des connaissances, influant sur la progression du temps didactique auprès des élèves sourds. Il souligne aussi les limites de ses interventions, limites pouvant être de nature institutionnelle (il lui est impossible de modifier les contenus d'enseignement proposés aux élèves ordinaires, par exemple introduire une heure d'éducation musicale sur des percussions), ou relevant du respect de la liberté pédagogique de l'enseignant de la classe.
En tant que coordonnateur et ancien professeur de mathématiques, il est un élément-pivot de l'articulation entre les différents systèmes didactiques. En ce sens, il s'autorise à dire les difficultés à prendre position dans ce topos de traducteur, notamment celles liées au niveau de maîtrise de la LSF acquis par chaque traducteur, et celles liées aux rapports personnels qu'ils entretiennent avec les savoirs enseignés en classe :

> « *Je suis professeur de mathématiques à la base de la même manière que le professeur qui intervient le mercredi matin est un professeur d'histoire-géo. L'AVS elle, a un parcours littéraire, donc on n'a pas tous les mêmes compétences à la base mais on se retrouve quand même par contrainte d'organisation, encore qu'on s'est répartis selon nos compétences le plus possible. On se retrouve dans des classes qui ne sont pas forcément nos matières de prédilection donc là on peut se retrouver un peu plus en difficulté bien sûr par rapport aux contenus, pour traduire le contenu et ce qu'il y a derrière.* »

Concernant son rapport à la LSF il parle de « *bricolage* » (Lévi-Strauss, 1962) et a souvent recours à l'usage de la périphrase pour faire comprendre certains mots aux élèves sourds auxquels il peut aussi demander comment signer tel mot ou tel mot. Pour lui, ces difficultés n'empêchent pas les élèves sourds d'accéder au savoir, et c'est aussi l'occasion d'inventer des signes :

> « *Ça m'arrive d'avoir inventé des signes, disons que je me retrouve assez régulièrement dans des situations où je n'ai pas le signe pour le mot que je veux dire, parce qu'il existe pas, parce que je le connais pas, c'est pas grave à ce moment-là, le mot, je l'écris et j'explique en langue des signes ce qu'il veut dire voilà. Si l'élève arrive à me trouver un signe qui correspond il me trouve un signe qui correspond, est-ce qu'on peut éventuellement se mettre*

d'accord pour une espèce de geste sans que ce soit un signe officiel, donc une espèce de geste qui pourrait convenir à ce mot-là, ben pourquoi pas ! Mais en général, j'essaie de ne pas inventer grand-chose. Quand je trouve pas le signe j'essaie de le rechercher, après j'essaie de voir auprès de mes collègues partout en France si ils ont déjà fait quelque chose qui peut répondre à cette question-là. »

L'invention évoquée ici par le coordonnateur ne concerne pas seulement son petit groupe d'élèves sourds. Il fait aussi partie d'un réseau national dans lequel il échange avec d'autres collègues, ce qui représente une dimension collective importante. En résumé, les rôles de bricoleur, d'inventeur, d'enquêteur pour essayer de signer tel mot ou telle situation, lui permettent de prendre position dans le topos de traducteur. À plusieurs reprises dans l'entretien, l'enseignante spécialisée revient sur son statut et sur le rôle qu'elle entend tenir : elle est traductrice mais aussi enseignante par ailleurs. Elle se sent considérée et reconnue comme enseignante notamment par la professeure de français, une professeure qui pour elle, semble ne pas se décharger totalement de son enseignement sur la traductrice. Elle dira d'ailleurs que c'est une professeure « *qui va vers les élèves sourds* », qui les interroge, interagit avec eux. Il n'en va pas de même pour l'enseignante d'histoire-géographie avec qui elle dit « *travailler différemment* ». En effet, elle s'attache à prendre en compte les « *méthodes de travail* » de chaque professeur avec qui elle partage l'espace didactique. Elle se place ainsi résolument sur le versant de l'aide à l'enseignement. L'AESH en revanche, situe son travail au plus près des élèves, sur le versant des apprentissages :

« *C'est, de très bons élèves tous, vraiment, ça veut dire que le système fonctionne quoi, après c'est peut-être ce qui est un peu difficile, c'est de les aider de vraiment les aider c'est-à-dire par exemple pendant un contrôle voilà les cours ben en général ils arrivent à peu près à assimiler les cours.* »

Prises de positions différentes selon la manière de restituer le savoir enseigné

Les discours des traducteurs évoquent différentes manières d'envisager la restitution du savoir enseigné : en adaptant les supports d'enseignement, en expliquant ou en résumant le savoir enseigné. Les exemples illustrant ces démarches montrent comment le savoir est ainsi « *redonné* » aux élèves sourds par les traducteurs, ainsi que les difficultés rencontrées.

Adapter le savoir enseigné : utilisation d'outils spécifiques

Le collège accueille depuis plusieurs années une Ulis Troubles spécifiques du langage et des apprentissages. Les enseignants ont intégré dans leurs pratiques l'usage d'outils spécifiques pour répondre aux difficultés que rencontrent ces élèves. Aussi, dans un souci de collaboration, ils sont très sensibles aux propositions des traducteurs pour adapter leurs supports aux élèves sourds. On note par exemple, le coordonnateur qui suggère de privilégier et d'adapter les supports iconographiques, l'enseignante spécialisée et le coordonnateur qui mettent en avant l'utilisation de fiches pour préparer les élèves sourds aux révisions, l'AESH qui utilise l'ardoise en cours d'anglais quand la classe travaille à l'oral, pour proposer un travail écrit. Pendant que le professeur donne son cours, l'AESH réorganise le milieu didactique en introduisant l'ardoise et recrée ainsi un enseignement pour les élèves sourds. L'adaptation de l'enseignement semble ici complètement à la charge de l'AESH, amenée par ailleurs à introduire des activités décrochées du cours :

> « *Par exemple avec les 6e ils travaillent sur le son, la phonétique, y a tout ce moment-là où eux* [les élèves sourds] *ne sont pas absolument concernés donc je m'occupe pendant ces dix minutes ben je m'occupe d'eux je fais autre chose avec eux on fait un petit exercice, un mots croisés en anglais, on fait autre chose très sincèrement je suis assez autonome.* »

S'approprier le savoir enseigné pour pouvoir l'expliquer aux élèves

Le travail que l'enseignante spécialisée effectue dans l'ici et maintenant du cours réalisé par le professeur, nécessite de sa part un travail en amont où elle doit s'approprier le savoir pour non seulement le « *redonner en LSF* », mais aussi « *l'expliquer* ». Elle revient à plusieurs reprises sur ce rôle de « *maître explicateur* » (Rancière, 2004). Dans cette forme d'enseignement le maître explique, l'élève écoute et dans le meilleur des cas, il apprend l'explication du maître. On peut se demander alors si cette attitude ne risque pas de priver l'élève de la possibilité d'exprimer et de développer son propre rapport au savoir. Pour F. Duquesne-Belfais (2007) dans une démarche pédagogique fondée sur l'explication :

> « *La responsabilité de l'élève est peu engagée dans l'apprentissage. Il lui reste la possibilité d'appliquer les caractéristiques du savoir dans diverses situations : il est condamné à écouter et si ce n'est pas réussi, on lui re-explique et il refait* » (p. 114).

Dans le système observé, ce risque se trouve cependant atténué car l'élève n'interagit pas seulement avec la traductrice.
Les difficultés rencontrées par les élèves se situent surtout au niveau notionnel, notamment en histoire-géographie. L'enseignante spécialisée donne un exemple à partir de la notion de sacrifice chez les Grecs dans l'Antiquité, où elle a été obligée d'expliquer le sens de ce mot :

> « *Il faut que je donne un sens à ce mot-là et du coup ça prend du temps et ça crée des décalages par exemple un élève répond et dit :* "éloigner la maladie" *ben les enfants sourds ils comprennent pas, éloigner pour eux c'est une question de distance, ils comprennent pas, donc je suis obligée d'expliquer un sens quelque chose qui se rapproche de ce mot éloigner, qui a un autre sens dans cette situation-là c'est éviter c'est repousser.* »

Face aux difficultés rencontrées par les élèves sourds, elle doit réaménager un milieu didactique (Brousseau 1998) pour enseigner la notion de sacrifice chez les

Grecs. Pour elle, les difficultés ne se situent pas au niveau lexical mais au niveau discursif où le mot est « *relié à la réalité par un tissu sémiologique* » (Flahault, 1978, p. 87). L'enseignante de la classe doit faire face aux variations discursives des mots. Certaines notions déjà rencontrées par les élèves entendants, ne font pas encore partie de la culture des élèves sourds. Un autre exemple est donné par l'enseignante spécialisée, celui de « *la peste* » :

> « *Chez les entendants ils l'ont déjà entendu, ils savent que c'est une maladie grave, pour les jeunes sourds, là, pas du tout, la peste c'est quoi donc il a fallu que je réexplique que c'est une maladie grave pour laquelle on est plein de pustules enfin que c'est dans l'histoire en fait toute cette culture-là elle leur fait défaut.* »

Il semble qu'il y ait un décalage au niveau des connaissances entre les élèves sourds et entendants (Benoit *et al.*, 2003). Ce décalage au niveau notionnel que l'enseignante spécialisée traduit ici par « *niveaux de culture* », est lié à un déficit expérientiel de l'enfant sourd qui n'a pas pu se constituer une base d'expériences suffisante pour pouvoir identifier des processus invariants (Courtin, 2001 ; Duquesne-Belfais et Bertin, 2005). L'enseignante spécialisée indique aussi que le traducteur ne peut pas « *tout traduire* » durant les cours et que certaines choses sont reprises en Ulis. Comme le coordonnateur, il lui faut faire des choix *in situ* pour expliquer ou différer.

Résumer le savoir

L'AESH interroge aussi le contenu des cours, qui ne sont pas toujours adaptés aux élèves sourds. Elle précise en s'appuyant sur une situation de classe :

> « *Hier par exemple on a parlé de combat épique, c'est pas évident d'expliquer ça… c'est vrai déjà que je ne connais absolument pas le mot… alors on parle de légende je pense qu'ils arrivent à assimiler le gros du truc mais après dans la finesse et je pense pas que ce soit très adapté à eux par exemple c'est un exemple.* »

Le problème se situe, là, au niveau notionnel. Ce discours se rapproche en ce sens des propos tenus par l'enseignante spécialisée. Les élèves sourds sont en difficulté mais l'AESH est aussi en difficulté car elle ne maîtrise pas toujours les savoirs en jeu et il faut aussi compter avec les élèves entendants de la classe qui participent à l'enseignement, interviennent, répondent à l'enseignant. Leurs interventions aident le professeur, et peuvent faire progresser son enseignement (Mercier, 1999). Dans son rapport au savoir enseigné, elle est amenée à faire des choix :

> « *C'est pas possible de traduire tout ce que les élèves expliquent ou demandent ou posent comme questions c'est pareil on résume beaucoup enfin moi en tout cas je résume beaucoup peut-être que le coordonnateur Ulis travaille différemment alors moi je vous dis j'ai un niveau qui est correct en langue des signes mais je suis absolument pas interprète.* »

Le dispositif mis en place ouvre le champ de l'aide à l'étude principalement occupé par le professeur à cette autre catégorie d'intervenants que sont les traducteurs. Par les actions qu'ils mènent dans l'espace didactique, ces derniers s'ingénient à maintenir l'élève sourd dans son topos d'élève dans le système didactique principal et d'une certaine manière ils restaurent, confortent et régulent ce topos dans les systèmes didactiques auxiliaires où ils sont amenés à prendre entre autres un rôle d'enseignant. Ils ont à adapter des supports d'enseignement, à traduire un discours singulier, un discours au sujet du savoir tenu par l'enseignant de la classe et à considérer les situations d'enseignement qui s'y réfèrent. Ils permettent au professeur d'assurer son cours auprès de tous les élèves de la classe et se placent ainsi, aussi, sur le versant de l'aide à l'enseignement.

DISCUSSION ET CONCLUSION

Le topos des traducteurs intervenant dans le dispositif étudié n'est pas réellement défini dans les textes officiels, même si on observe des similitudes avec certains topos désignés (interprète, médiateur, interface). Il est par exemple notifié que ces acteurs ne doivent pas prendre la position d'enseignant, sauf si on est enseignant de LSF ou en LSF, ce qui ne correspond pas à la configuration des systèmes didactiques observés ici. L'institution précise peu ce qui est attendu dans une telle place puisque, pour elle, le contrat semble transparent : l'enseignant de la classe enseigne, le traducteur traduit. Le discours enseignant serait traduit aux élèves sourds qui peuvent ainsi suivre l'enseignement et avancer au même rythme. Or, les traducteurs n'ont pas qu'une mission de traduction du discours de l'enseignant et/ou des élèves. Ils prennent parfois la décision de mettre de côté ce que fait le professeur, ce qui complexifie la dynamique topogénétique.

Dans le cas du SDP, les trois acteurs prenant position dans le topos de traducteur parlent de ces difficultés de traduction. Ils ne traduisent pas seulement un discours, même si ce discours concerne le savoir ; ils doivent faire passer d'une langue à l'autre une situation d'enseignement avec toutes les interactions des élèves, de l'enseignant, du savoir. Que reste-t-il lors de cette traversée ? Cette complexité est invisible pour l'institution mais pas pour les acteurs qui en parlent chacun à partir de la position qui est la leur et qu'ils occupent de manière différente.

L'AESH qui n'est pas enseignante, parle de ses difficultés lorsqu'elle ne connaît pas le sens de certains mots comme dans l'exemple du « *combat épique* ». Elle ne dit rien sur la manière dont elle aurait pu anticiper ce type de problème mais se place dans une position d'aide à l'apprentissage en étant proche des élèves, en étant presque un élève qui essaie de comprendre pour expliquer et qui peut même mettre en cause les choix de tel enseignant. En revanche, l'enseignante spécialisée parle des interactions qu'elle a avec l'enseignant pour savoir en avance sur quoi va porter la séance. Elle s'approprie le contenu du cours du professeur, l'adapte et le redonne en LSF. Même si elle suit et respecte le programme du professeur, la situation d'enseignement peut être différente. Elle se place aussi au niveau des élèves parce qu'elle a elle-même vécu ce type de situation en tant qu'élève sourde. Sa position d'aide à l'enseignement lui permet d'adapter mais pas de faire des choix concernant les enseignements proposés, même si elle se permet aussi d'apporter des savoirs qui, pour elle, manquent aux élèves sourds. C'est le cas de l'exemple du « *sacrifice chez les Grecs* » ou de « *la peste* ». Il s'agit pour elle de voir quelle est la manière de signer la plus judicieuse, pour que les élèves sourds comprennent ces concepts. De même, le coordonnateur en tant qu'ancien professeur de mathématiques, s'autorise à faire des adaptations, parfois des changements ou des ajouts (tout particulièrement en mathématiques car il sait où le professeur de la classe veut amener les élèves en termes de savoir).

Dans le discours du coordonnateur, les trois traducteurs se sont partagé les disciplines en fonction de leurs compétences mais il n'est pas toujours possible d'avoir un rapport au savoir disciplinaire idoine pour pouvoir traduire la situation d'enseignement. Les difficultés peuvent venir du fait qu'ils ne connaissent pas le mot ou le concept, mais également du fait qu'ils ne savent pas comment le signer et/ou de la complexité et du rythme de la situation. Comme l'ont montré Feuilladieu et Tambone (2021), le temps didactique peut avancer trop vite, ce qui crée une tension et ce sera hors classe notamment dans le dispositif Ulis, qu'une régulation sera apportée.

C'est parce qu'ils ont affaire ou à faire avec le savoir enseigné et avec le savoir à enseigner, que les traducteurs sont amenés à prendre une part de responsabilité dans l'acte d'enseigner, ainsi qu'un rôle d'enseignant dans le dispositif. Nous parlons ici de rôles et non de topos. En effet, ils prennent un rôle d'enseignant mais ne prennent pas le topos d'enseignant. C'est bien le professeur de la classe qui choisit ce que les élèves doivent apprendre, les situations d'enseignement et c'est lui qui fait avancer le temps didactique. Cependant, cela n'empêche pas les trois traducteurs de participer à certains moments à l'acte d'enseignement et ceci, même pour l'AESH. L'organisation mise en place pour que « *ça marche* » est complexe et met les acteurs face à des situations nouvelles pour eux. Les traducteurs traduisent, certes, mais ils permettent de conduire les élèves sourds au-delà de ce qui est proposé à toute la classe en créant une situation qui, en maintenant l'élève sourd dans le topos de l'élève, conforte le topos du professeur qui peut poursuivre son enseignement auprès de tous les élèves. Ce faisant, ils participent à l'enseignement sans occuper le topos d'enseignant.

Malgré les difficultés qui peuvent se présenter pour traduire une situation d'enseignement, le rapport à la LSF est aussi une source d'innovation pour les acteurs. Le coordonnateur l'évoque très clairement. Dans ce cas, l'ancien professeur de mathématiques de ce même collège vient occuper, non seulement le topos de coordonnateur mais aussi celui de traducteur. Cela lui permet de construire au quotidien, avec les élèves sourds mais aussi avec les autres enseignants et les autres acteurs, des espaces d'étude pour que les élèves sourds puissent avoir accès aux savoirs comme les autres élèves. Cela se fait par la mise en place de plusieurs systèmes didactiques auxiliaires, à l'intérieur et à l'extérieur de la classe avec le même savoir comme référence (celui de la classe). Les traducteurs sont également à l'origine de nouvelles situations et de nouveaux signes en LSF, même si ces signes ne sont pas toujours acceptés par les élèves eux-mêmes, ou dans une sphère plus large que le collectif local. Ici, le coordonnateur prend une position souvent inédite pour un enseignant : il apprend des élèves sourds des signes qu'il ne connaissait pas. De ce fait, nous sommes face à des situations d'innovation ordinaire où chacun, en tant que bricoleur assumé, permet de trouver des solutions didactiques et linguistiques pour faire en sorte que ce dispositif puisse *marcher.*

Références

Alter, N. (2010). *L'innovation ordinaire.* Paris : PUF.

Assude, T., Perez, J.-M., Suau, G., Tambone, J., Vérillon, A. (2014). Accessibilité didactique et dynamique topogénétique : une étude de cas. *Recherches en didactique des mathématiques, 34*(1), 33-57.

Assude, T., Millon-Fauré, K, Tambone, J. (2018). *Problèmes de synchronisation dans l'enseignement des mathématiques auprès d'élèves sourds.* Actes du colloque international « Espace Mathématique Francophone ». Paris-Gennevilliers.

Benoit, H., Bertin, F., Claudel, F., Duquesne, F., Vanbrugghe, A. (2003). Des UPI pour des élèves déficients auditifs : une école d'ouverture. *La nouvelle revue de l'AIS, 21*, 119-133.

Brousseau, G., (1998). *Théorie des situations didactiques.* Grenoble : La Pensée Sauvage.

Chevallard, Y. (1999). L'analyse des pratiques en théories anthropologique du didactique. *Recherches en didactiques des mathématiques, 19(2),* 221-266.

Chevallard, Y (1995). La fonction professorale : esquisse d'un modèle didactique. *Actes de la VIIIe école d'été de didactique des mathématiques* (Éds. Noirfalise et Perrin-Glorian), 83-122. Clermont-Ferrand : IREM.

Chevallard, Y. (2010). *Le sujet apprenant entre espace et dispositif. Commentaires depuis la théorie anthropologique du didactique.* Communication présentée aux journées du Lisec Gérardmer. <http://yves.chevallard.free.fr/spip/spip/IMG/pdf/Commentaires_depuis_la_TAD_YC_.pdf>

Courtin, C. (2001). Le développement de la conceptualisation chez l'enfant sourd. *La nouvelle revue de l'AIS, 17*, 181-195.

Duquesne-Belfais, F. (2007). *Activités et langages dans la conceptualisation mathématique. Des apprentissages des élèves sourds à la formation de leurs enseignants.* Thèse de l'université de Lille 1.

Duquesne-Belfais, F., Bertin, F. (2005). Être et accueillir un adolescent sourd au Collège. *La nouvelle revue de l'AIS, 29*, 99-113.

Feuilladieu, S., Tambone, J. (2021). Scolariser des jeunes sourds, à l'épreuve de la transformation des routines d'enseignement. In G. Pelgrims, T. Assude et J.-M. Perez, *Transitions et transformations sur les chemins de l'éducation inclusive* (pp.43-59). Bern : Édition SZH/CSPS.

Flahault, F. (1978). *La parole intermédiaire.* Paris : Seuil.

Lévi-Strauss, C. (1962). *La pensée sauvage.* Plon.

Ministère de l'Éducation nationale (MEN). (2008). *Enseignement spécialisé. Organisation des pôles pour l'accompagnement à la scolarisation des jeunes sourds.* Circulaire n° 2008-109 du 21 août 2008.

Ministère de l'Éducation nationale (MEN). (2017). *Enseignement spécialisé. Mise en œuvre du parcours de formation du jeune sourd.* Circulaire n° 2017-011 du 3 février 2017.

Mercier, A. (1999). *Sur l'espace-temps didactique. Études du didactique en sciences de l'éducation.* Note de synthèse pour HDR. Marseille : Université de Provence.

Rancière, J. (2004). *Le maître ignorant. Cinq leçons sur l'émancipation intellectuelle.* Paris : Fayard.

Innovations ordinaires de coordonnateurs d'Ulis école au cœur de dispositifs étayant des élèves *autrement capables*

Florence MASSE
Conseillère pédagogique à l'Inspection de l'Éducation nationale
Circonscription Bayonne ASH-Ouest

Résumé : La transformation des Clis (Classe pour l'inclusion scolaire) en dispositifs Ulis (Unité localisée pour l'inclusion scolaire) en France, dans le cadre des derniers textes portant l'école inclusive (2013, 2015, 2017, 2019), amène les coordonnateurs de cette unité à innover dans leurs pratiques professionnelles. Nous avons cherché à comprendre comment cinq coordonnateurs d'Ulis école développent leur activité professionnelle pour rendre effective l'Ulis comme dispositif étayant des élèves *autrement capables*, en dépassant le travail empêché, contrarié ou leurs dilemmes de métier. Nous avons donc fondé notre étude sur l'épistémologie et la méthode de la clinique de l'activité.

Mots-clés : Autrement capable - Collaboration - Coordonnateurs - Dilemmes - École inclusive - Innovation ordinaire - Unité localisée pour l'inclusion scolaire (Ulis) école.

Ordinary Innovations from coordinators in Localized Inclusive Education Unit in Primary School at the Heart of Systems Supporting Otherwise Capable Students

Summary: The transformation of Clis (Inclusive Education Class) into Ulis devices (Localized Inclusive Education Unit) in France, in the framework of the latest texts on inclusive school (2013, 2015, 2017, 2019), leads Ulis coordinators to innovate in their professional practices. We sought to understand how five coordinators of Ulis develop their professional activity to make Ulis effective as a device supporting "*otherwise capable*" students, by going beyond prevented or thwarted work or their professional dilemmas. We therefore based our study on the epistemology and the method of the activity clinic.

Keywords: Collaborative work - Coordinators - Dilemmas - Inclusive school - Localized Unit for Inclusive Education (Ulis) in primary school - Ordinary innovation - Otherwise capable.

La circulaire de 2015 qui modifie les Clis (Classes pour l'inclusion scolaire) en Ulis (Unités localisées pour l'inclusion scolaire) développe la logique de la loi dite de *refondation de l'école* votée en 2013 qui promeut l'École inclusive. Elle enjoint les coordonnateurs d'Ulis à s'engager dans de nouvelles pratiques articulant regroupement spécialisé et classe de référence, devenue la classe d'inscription. Par ailleurs, en 2017, le nouveau référentiel de formation des enseignants spécialisés installe davantage ces coordonnateurs dans leurs missions de personnes ressource.
Les acteurs de l'école partagent le point de vue éthique véhiculé par ces textes (*i.e.* l'école inclusive), cependant les prescrits ne suffisent pas à la mise en œuvre d'une école « *post-normative* » qui suppose de valoriser *l'autrement capable*. Ils placent alors nombre de professionnels en difficulté. C'est ce que me confiaient sur le terrain, en tant que conseillère pédagogique, des collègues coordonnateurs d'Ulis école[1]. Nous nous sommes donc demandé comment ces enseignants spécialisés investissaient leurs nouvelles missions, quelles questions se posaient-ils et quelles difficultés éprouvaient-ils pour mettre en œuvre l'Ulis en dispositif. Nous avons alors approfondi ce sujet à partir d'une recherche de terrain exposée dans un mémoire de master 2[2]. Nous avons identifié comment des Cué développent leur activité professionnelle. Une partie de ce travail a donné lieu à une première publication (Masse et Thomazet, 2019) centrée sur le rôle de personne ressource. L'article actuel propose de rendre compte d'un autre volet, en se focalisant sur les activités professionnelles novatrices que les Cué développent pour rendre effectif l'Ulis comme dispositif étayant des élèves *autrement capables*.
Dans cet écrit, nous préciserons en premier lieu le cadre théorique emprunté (la clinique de l'activité) et les prescrits récents dans lesquels l'activité professionnelle des Cué prend place. Dans un second temps, nous exposerons la méthodologie utilisée pour le recueil de nos données qualitatives. Enfin, nous expliciterons les résultats analysés de notre recherche en pointant les tensions et dilemmes[3] professionnels identifiés que les coordonnateurs d'Ulis école résolvent en développant leurs actions, mobiles et/ou opérations ; signes d'innovation dans leur activité de travail. Concomitamment, nous discuterons nos résultats et proposerons des axes de formation pour les enseignants, ainsi que des éléments réflexifs pour l'institution.

1. Nous proposons, pour simplifier le propos d'utiliser le sigle Cué pour désigner le coordonnateur d'Ulis école ; le mot *enseignant* signifiera le maître de la classe d'inscription (*i.e.* de référence) ; *classe* se référera à cette dernière et RS correspondra au regroupement spécialisé.
2. En sciences de l'éducation parcours formation de formateurs (université Clermont Auvergne), soutenu en 2018. Ce mémoire est consultable sur DUMAS (Dépôt universitaire de mémoires après soutenance) : https://dumas.ccsd.cnrs.fr/dumas-01912241
3. Nous stabiliserons le lexique employé dans notre introduction au cours des paragraphes suivants, abordant la théorie et la méthodologie.

La clinique de l'activité : levier pour mieux comprendre les innovations ordinaires liées à l'évolution du métier de Cué dans l'école inclusive

La clinique de l'activité, courant théorique et méthode qualitative de recherche centrés sur l'activité humaine au travail

Notre objectif était à la fois épistémique et transformatif. Nous avons cherché à comprendre l'activité professionnelle des coordonnateurs d'Ulis école :

> « *ce qui est observable – l'activité réalisée – mais aussi et surtout la dimension cachée et subjective de l'activité – le réel de l'activité – (au sens de Clot et Faïta, 2000). Prendre en compte la subjectivité signifie mettre en exergue le point de vue de l'acteur, ce qu'il n'a pas pu faire, ce qu'il a tenté mais échoué, ce qu'il a fait pour ne pas faire... Ces possibilités écartées, empêchées, contrariées, suspendues ne sont pas moins présentes et pèsent de tout leur poids dans le réel de l'activité du sujet. Elles sont tout aussi réelles – subjectivement – que l'activité réalisée* [et ont tout autant de conséquences sur l'activité future] » (Masse, Thomazet, 2019, p. 227).

Nous nous sommes également attachée à construire un dispositif d'accompagnement de ces enseignants spécialisés dans l'objectif de les aider à développer leur activité professionnelle dans ce contexte d'école inclusive. La méthodologie de la clinique de l'activité le permet. Elle propose des outils de recueil de l'activité en situation de travail qui visent à décrire et analyser celle-ci du point de vue des professionnels. Elle s'appuie sur la mise en place de cadres dialogiques qui répondent à « *la nécessité de mettre en discussion le travail afin de redonner aux salariés du* "pouvoir d'agir" » (Clot, repris par Delmas, 2010, paragr. 1). En outre, Yvon et Clot (2001), Van der Maren et Yvon (2009) ont étudié le phénomène d'écart au cadre prescriptif[4]. Tous concluent que l'activité professionnelle n'est pas assimilable au prescrit (textes officiels, consignes des supérieurs hiérarchiques) car il diffuse de nombreux objectifs à atteindre sans proposer les moyens opérationnels pour les réaliser. De ce fait, les Cué sont amenés à prioriser, voire à modifier une prescription qu'ils estiment peu ou pas applicable.

Notre démarche consistait donc à rendre visible aux Cué cette complexité et les richesses présentes dans leur activité de travail car la connaissance de celles-ci permet de mettre en exergue les nœuds du métier et de trouver des leviers aux difficultés éprouvées. Selon cette approche, le développement de l'activité se réalise par « *un processus de transformation des actions, des mobiles et des opérations*[5] » (Zimmermann, Flavier et Méard, 2012, p. 197).

4. Appelé également processus de renormalisation (Lantheaume et Simonian, 2012 ; Zimmermann *et al.*, 2012).
5. « *Un sujet agit en fonction de buts* ("actions") *et ces actions sont indexées à la fois à des* "mobiles vitaux" *(ce qui pousse l'individu à agir) et à des opérations (ce que le sujet met en œuvre concrètement)* » (Zimmermann *et al.*, 2012, p. 197).

Les Cué, pour résoudre leurs conflits intrapsychiques[6], déplacent donc leurs mobiles ou modifient leurs opérations, et développent ainsi leurs actions. Alors ils font souvent preuve d'« *innovations ordinaires* » (au sens d'Alter, 2010)[7]. Alter (2010) propose une conception prenant « *en compte la dimension quotidienne et banale de l'innovation* » (p. 38), hors cadre de la recherche développement; et avance que cette activité « *peut tout aussi bien être le fait quotidien d'opérateurs quelconques* » (p. 39).
Pour mieux cerner le cadre dans lequel les activités novatrices des Cué se développent, abordons à présent son contexte d'évolution, sur le plan des prescrits primaires et des concepts liés à l'école inclusive.

L'école inclusive nouveau paradigme qui prône l'*autrement capable*[8]

Entre 1975 et 2005 présidait le paradigme de l'intégration au cours duquel était demandé à l'élève handicapé de s'adapter à son environnement sous peine d'en être exclu (Mazereau, 2014). Mais, gérer les élèves différents par la séparation ou l'exclusion, dans des parcours spécialisés, est une démarche qui accentue les écarts au lieu de les réduire (Benoit, 2014).
Alors la loi du 11 février 2005[9] a posé la scolarisation à l'école ordinaire comme un droit. Cependant, il a été constaté un « *maintien global des cadres antérieurs et une avancée de l'accessibilité pédagogique, dans de rares contextes de collaborations réussies* » (Garnier, 2016, p. 112). C'est pourquoi, en 2013 la loi dite « *de refondation*[10] » signifie clairement la nécessité de prendre en compte les besoins éducatifs particuliers de chaque élève.
Pour opérationnaliser cet objectif, la loi de 2019[11] crée un « *grand service public de l'école inclusive* ». La circulaire de rentrée consécutive propose de répondre aux besoins éducatifs particuliers en termes d'« *accessibilité pédagogique*[12] ». En effet, « *l'inclusion impose à l'école de se considérer, non plus exclusivement comme un lieu de transmission des savoirs, mais également comme une microsociété où la diversité devient un élément déterminant de son organisation et de son fonctionnement* » (de Saint Martin, 2015, p. 95). L'école inclusive exhorte alors à « *l'avènement d'une école post-normative* » (Ébersold, 2009, p. 74) dans laquelle « *la prise en compte des handicaps est envisagée dans une dimension capacitaire* » (Clavier, 2019, p. 23), les écarts à la norme des élèves n'y représentant plus « *l'importunité scolaire* » (Ébersold et Dupont, 2019, p. 72).

---

6. « *Ils renvoient à un ensemble d'*"actions concurrentes" *possibles à réaliser (Bertone* et al., *2003). Ces conflits intrapsychiques font envisager d'autres* "préoccupations" *et d'autres* "manières de faire". *Ils alimentent momentanément des hésitations, des doutes, des* "empêchements" *(Clot, 1999, 2008)* » (Zimmermann *et al.*, 2012, p. 198).
7. « *La problématique de l'innovation a en effet remplacé celle de l'organisation : ce qui caractérise l'activité professionnelle est dorénavant bien plus la capacité à trouver des solutions novatrices à une multitude de problèmes qu'à appliquer des règles, textes ou modes opératoires, qui ne traitent pas ces problèmes* » (Alter, 2010, p. IX).
8. Plaisance, 2009, cité dans Clavier, 2019, p. 26.
9. Loi n° 2005-102 pour l'égalité des droits et des chances, la participation et la citoyenneté des personnes handicapées.
10. Loi n° 2013-595 du 8 juillet 2013 d'orientation et de programmation pour la refondation de l'école de la République.
11. Chapitre IV de la loi n° 2019-791 pour une école de la confiance.
12. Circulaire n° 2019-088, chapitre 6.

Il nous semble même que l'école sera pleinement inclusive quand les acteurs concernés ne parleront plus d'inclure les élèves dans les classes ordinaires, mais que ces élèves seront pensés comme « *autrement capables* » (Ébersold et Dupont, 2019, p. 69), *i.e.* pris en compte dans leur singularité au sein de la diversité des élèves de chaque classe. La transformation des Clis en Ulis est édictée dans ce contexte. Nous proposons maintenant d'expliciter cette évolution.

Les nouveaux rôles des coordonnateurs : analyse du prescrit créant les Ulis

Les Ulis sont instituées par la circulaire n° 2015-129 comme dispositif de scolarisation. Ce prescrit fait suite aux constats[13] d'exclusion paradoxale d'une scolarité en classe ordinaire des élèves orientés en Clis alors même que celle-ci porte des objectifs inclusifs :

> « *dans presque toutes les écoles, des décloisonnements ou des* "accueils" *permettent aux élèves de la Clis de partager des temps d'activité (EPS, activités artistiques, sorties, etc.) avec les autres ; en revanche, le troisième temps, l'inclusion progressive dans une classe ordinaire apparaît difficile dans beaucoup de cas. Encore trop souvent, des élèves* "passent au collège" *(Ulis ou Segpa) sans avoir bénéficié de la phase inclusive* » (Caraglio, Delaubier, 2012, p. 26)[13].

La circulaire concernant les Clis n'était pas suffisamment explicite sur la notion d'inclusion (n'employant ce terme que dans son titre), même si elle impliquait l'ensemble des membres de l'équipe pédagogique, et non plus le seul maître de la Clis. Cette absence de précision (« *chacun peut être* », « *qui peuvent varier* »), ouvrant des possibles mais sans impératifs, a ainsi donné lieu à des mises en œuvre trop disparates[13].
De plus, de Saint Martin (2018) souligne dans ses résultats de recherche que :

> « *la multiplication des lieux d'apprentissage imposée aux élèves de Clis 1, les temps partiels de scolarisation constituent autant d'obstacles à leur participation sociale au sein de l'école. Ne fréquentant que partiellement les autres élèves et n'étant identifiés que par leurs difficultés scolaires, leur processus de socialisation reste inabouti* » (p. 55).

Le système scolaire restait ici dans un paradigme intégratif puisque l'élève doit faire ses preuves, être au niveau de la classe ordinaire pour être autorisé à en profiter de manière conséquente (Thomazet, 2008). Les Ulis ont donc succédé aux Clis. Les élèves ont dès lors l'opportunité de « *poursuivre en inclusion des apprentissages adaptés à leurs potentialités et à leurs besoins et* [...] *acquérir des compétences sociales et scolaires, même lorsque leurs acquis sont très réduits* » (circulaire n° 2015-129). La conception sous-jacente consiste à :

> « *penser et à expérimenter l'école inclusive par une approche par les « capabilités » où l'on ne s'intéresse* [...] *pas seulement à ce qu'une personne finit*

---

13. Caraglio et Delaubier, note n° 2012-100 juillet 2012, La mise en œuvre de la loi du 11 février 2005 dans l'Éducation nationale.

par réaliser, mais aussi à ce qu'elle est vraiment en mesure de faire, qu'elle choisisse ou non de le faire » (Sen, 2009, p. 288 ; Clavier, 2019, p. 24).

L'Ulis est un dispositif ouvert, au sens propre du terme, puisque les élèves ne sont plus inscrits dans cette unité mais dans les classes de l'établissement scolaire. Le coordonnateur d'Ulis dispense encore « *des enseignements adaptés dans le cadre de regroupements* », mais un nouvel axe est affirmé : il peut enseigner aux « *élèves de l'Ulis,* [...] *dans la classe de référence* » (circulaire n° 2015-129). En outre, un nouveau rôle du coordonnateur émerge : conseiller la communauté éducative en qualité de personne ressource.

La circulaire n° 2017-026, énonçant la rénovation du diplôme d'enseignant spécialisé[14], apporte des précisions quant à cette nouvelle mission pour l'éducation inclusive. Le Cué contribue à la conception et à la mise en œuvre d'un projet d'établissement inclusif. Dans le cadre de pratiques inclusives, il articule son action pédagogique avec toutes les classes de l'école, et élabore des séquences d'enseignement avec ses collègues pouvant donner lieu à de la co-intervention. Il donne suite également aux demandes de conseils grâce à son expertise « *de l'analyse des élèves à besoins éducatifs particuliers et des réponses à construire* ». Il prodigue aussi des conseils pédagogiques à la demande, et favorise la compréhension de l'accessibilité pédagogique au bénéfice des élèves.

Ce texte « *confirme le changement impulsé depuis 2015 au niveau de l'ensemble des dispositifs, qui réoriente leur action d'une aide aux apprenants à une aide directe ou indirecte aux enseignants et à l'ensemble des acteurs de l'école inclusive* » (Masse et Thomazet, 2019, p. 229).

Dans ce contexte évolutif, le coordonnateur développe son activité professionnelle pour mettre en œuvre l'Ulis en dispositif étayant des élèves *autrement capables.* Nous avons cherché à comprendre comment cela prend forme pour cinq Cué, en identifiant le travail empêché, contrarié ou leurs dilemmes de métier et comment ils les dépassent.

Avant d'exposer nos résultats, indiquons le cadre méthodologique sur lequel notre étude empirique repose.

UNE MÉTHODOLOGIE DE NATURE QUALITATIVE ET INTERPRÉTATIVE

Nous avons choisi d'utiliser la recherche qualitative / interprétative afin de mettre « *l'accent sur la compréhension du sens que les* [Cué] *donnent à leur expérience* [...] *telle qu'ils l'ont vécue* » (Savoie-Zajc, 2004, p. 124). En effet, nous ne cherchons pas à mesurer mais à repérer des dilemmes et tensions, ressentis par cinq Cué au cours de leurs activités professionnelles (réalisées et réelles) et exprimés verbalement lors d'entretiens. Puisque notre analyse cible des données qualitatives, nous avons limité le nombre de sujets.

Notre démarche de « *type procédural* » (Paillé, 1996a, cité dans Savoie-Zajc, 2004) nous a conduit à conserver une problématique et une conception méthodologique

14. Le Certificat d'aptitude professionnelle aux pratiques de l'éducation inclusive (Cappei).

ouvertes, évolutives ; et à implémenter parallèlement les phases de collecte et d'analyse des données.

Utiliser des vidéos et des entretiens pour comprendre l'activité dans toutes ses nuances

Trois phases ont constitué la collecte des données : des entretiens individuels initiaux, des entretiens en Autoconfrontations simples (ACS) et des entretiens en Autoconfrontations croisées (ACC). Ces entretiens filmés ont été menés dans les mêmes dynamique et perspective que celles portées par la clinique de l'activité (Clot et Faïta, 2000).

Le recueil a commencé par des entretiens semi-directifs individuels, pour permettre :

- l'identification d'éléments saillants du métier de Cué,
- la comparaison des réponses entre les sujets.

Nous annonçons donc, en début d'entretien, notre objectif de recherche (comprendre les réussites, identifier les tensions, les dilemmes professionnels) en ciblant l'évolution d'enseignant de Clis à coordonnateur de dispositif Ulis, afin de restreindre le champ des réponses possibles. Les entretiens en ACS qui font suite s'appuient sur des extraits des captations vidéo de ces premiers[15]. Lors de la phase d'ACC, chaque participant a pu s'exprimer sur des analectes des ACS concernant un des autres Cué. « *Le cadre dialogique ainsi élaboré a été propice à une description fine de l'activité de chacun et au développement de controverses professionnelles permettant aux chercheurs d'identifier les difficultés et dilemmes du métier, et par là même, son potentiel d'évolution* » (Masse et Thomazet, 2019, p. 230).

Procédure d'analyse des entretiens en ACC

Au regard de notre cadre théorique, analyser l'activité de travail des Cué suppose que nous prenions en compte simultanément ses trois aspects : actions, mobiles et opérations. L'objectif est de mettre à jour les conflits intrapsychiques (Moussay et Flavier, 2014) et comprendre comment ces coordonnateurs entrent dans un processus de développement de leurs buts, motifs et/ou opérations[16], servant ainsi la transformation de leur activité professionnelle.

Nous avons donc analysé les 9 captations vidéo des deux sessions d'entretien en ACC en nous appuyant sur les travaux de Moussay et Flavier (2014)[17].

15. Les extraits sont sélectionnés pour demander au sujet d'amener des précisions sur le réel de leurs activités. Pour plus de précisions, le lecteur peut se reporter au chapitre 6 du mémoire déposé sur DUMAS : https://dumas.ccsd.cnrs.fr/dumas-01912241

16. En clinique de l'activité, les mobiles sont également nommés *motifs*, les actions *buts – d'actions*.

17. Étape 1 : Le corpus est fractionné en unités d'analyse, « *définies comme la séquence d'interaction incluant l'énoncé d'une action* » (p. 106), d'une tension ou d'un dilemme de métier. Une retranscription verbatim ou un résumé des échanges les plus significatifs est alors réalisée pour comprendre la transformation de l'activité professionnelle de nos 5 participants.
Étape 2 : Un numéro est associé à chaque unité d'analyse. Celles-ci sont ensuite placée dans un tableau et analysées en dissociant « *le but d'action du motif et de l'opération, selon la méthode de codage de Méard, Bertone et Flavier* » (2008, cité dans Moussay et Flavier, 2014, p. 107), puis en identifiant les « *tensions* » (Moussey Flavier, 2014, p. 101), les « *dilemmes* » (Moussey Flavier, 2014, p. 113) de métier générant des « *conflits intrapsychiques* ».

Cette méthodologie nous a aidé à saisir finement l'activité professionnelle des coordonnateurs d'Ulis école, ce que nous abordons maintenant.

RÉSULTATS ANALYSÉS ET DISCUSSION

Notre méthode qualitative nous a permis de comprendre en quoi les Cué innovent dans leurs activités professionnelles pour mettre en œuvre l'Ulis en dispositif. Nous proposons d'exposer ces résultats analysés et de réaliser une mise en perspective en liaison avec la littérature.

Dans un précédent article (Masse et Thomazet, 2019), nous avions présenté une partie des dilemmes de métier qui génèrent des écarts aux prescrits en fonction des contraintes éprouvées par les Cué sollicités. Rappelons ici ceux qui génèrent de l'innovation, avant de décrire d'autres activités novatrices non détaillées dans notre publication antérieure.

Des activités innovantes pour dépasser deux dilemmes de métier et gérer trois tensions professionnelles

Deux dilemmes de métier

L'optimisation entre les temps en classe et ceux en RS[1] est un dilemme fort. En effet, la circulaire Ulis (2015) impose l'inscription des élèves en classe et vise donc à maximiser[18] le temps que ceux-ci y passent. Malgré tout, les intérêts qu'apportent les temps avec l'enseignant spécialisé sont prescrits par ce texte puisque les écoliers « *bénéficient de temps de regroupement autant que de besoin* ». Une alternative à ce dilemme se trouve en partie dans l'activité de co-intervention en classe, peu mise en place, prescrite par la circulaire Cappéi concernant les Ulis[19]. Les Cué souhaitent développer cette nouvelle modalité de travail (ainsi que le co-enseignement[20]) car ils y trouvent un levier fort : « *c'est à ce moment-là que j'ai eu les échanges les plus riches au sujet de la différence entre inclusion et intégration*[21] ».

Un second dilemme s'exprime en ces termes : faut-il « *bousculer* » l'enseignant dans ses pratiques pédagogiques pour œuvrer « *à l'accessibilité des apprentissages* » (circulaire n° 2017-026) ou user de « *négociation* ». Nos résultats montrent que les Cué sortent de ce dilemme par la mise en place d'un accompagnement (action), dans la durée (opération), pour que leurs collègues changent progressivement leur point de vue sur les difficultés des élèves et, consécutivement, leurs pratiques (motif). Ils s'accordent à dire que le levier est de répondre en premier lieu à la demande de leurs collègues : « *ils veulent un truc qui marche, clé en main* ». Dans un second temps, quand « *ils s'emparent des supports adaptés* [...] *on commence à leur dire – peut-être que tu devrais changer ton organisation –*, [...] *on en vient à parler de leur façon de faire, de leur pratique* ». Les coordonnateurs proposent d'opérationnaliser l'accessibilité pédagogique avant de procéder par la compensation

18. Prescrit secondaire reçus par les Cué sujets de notre étude.
19. Circulaire n° 2017-026, Annexe III-3-c, sect. 4.5.
20. Concernant la différence entre co-intervention et co-enseignement, nous nous sommes référés à : <http://cache.media.education.gouv.fr/file/PDM/95/0/Co-enseignement_co-intervention_552950.pdf>
21. Les citations en italique sont les propos des Cué (issus des verbatims des entretiens en ACC).

(individualisation). Créer une culture commune sur ce sujet est indispensable. Les Cué avancent tous l'idée que « *c'est un processus qui est long...* [car] *certains collègues sont en demande pour faire rentrer leurs élèves en difficulté dans leur modèle* ».
Le coordonnateur qui auparavant démarchait ses collègues pour « *vendre* » les inclusions (Mazereau, 2014), innove donc en « *vendant* » les adaptations pédagogiques proposées aux enseignants pour les temps de classe, en amenant « *des preuves* » de leur efficacité, pour « *parvenir à travailler avec deux trois collègues pour que cela fasse boule de neige* ».
Nous pensons que la mise en œuvre des dispositifs Ulis participera à « *l'avènement d'une école post-normative* » (Ébersold, 2009, p. 74).

Apprendre à *faire avec* les spécificités de chacun

Les coordonnateurs interrogés expriment la difficulté et la nécessité de *faire avec* les divers styles (au sens de Clot et Faïta, 2000) professionnels de leurs collègues enseignants, afin de convaincre ces derniers à *faire avec* les compétences et les difficultés variées des élèves.
Les Cué sont amenés, parfois, à apporter leur concours à leurs collègues pour qu'ils réalisent « *des choix didactiques* » pertinents à même de porter « *l'effet capacitant des pratiques* » (Ébersold, 2017, cité dans Clavier, 2019 p. 25). Le vécu de ces enseignants en formation initiale pourrait en être une raison : « *la liberté pédagogique, moi c'est ce qu'on annonçait* [...] ; *en fin de compte, j'ai eu l'impression qu'on avait uniquement critiqué les supports sans donner d'exemples de documents efficients* ». Ce constat, déjà réalisé par Cèbe et Goigoux (2017) a amené ces auteurs, ou encore Renaud (2020), à proposer depuis des outils, acceptables, utiles et utilisables[22], qui explicitent aussi l'accessibilité pédagogique recherchée.
Les Cué, en tant que personne ressource, aident aussi leurs collègues à « *changer de posture* » afin de ne pas « *avoir une lecture fermée des programmes* » et à s'emparer « *des cycles* » : quand un enseignant, à propos d'un élève, leur demande « *comment va-t-on faire, il ne sait pas lire ?* », ils les apaisent par des propos déculpabilisants ou portant des pistes concrètes : « *si tu n'acceptes pas, à un moment donné, de ne pas l'amener au même endroit que les autres, tu ne vas pas y arriver et puis ce n'est pas ce qu'on te demande* » ; « *cet enfant il n'est pas en capacité d'écrire cette année. Je lui apprends à lire par contre. On utilise des lettres magnétiques pour les dictées de syllabes, ou il écrit sur l'ordinateur* ».
En d'autres termes, les Cué mobilisent l'accessibilité pédagogique (action), de manière explicite et par des exemples concrets (opération), pour aider les enseignants à développer des gestes professionnels qui favorisent les apprentissages des élèves au sein même de leur classe (motif). Et si nécessaire, ils leurs proposent de considérer les programmes comme des guides et non des carcans, d'adapter les

22. Ria (2019) s'inspirant de Tricot, A., Plegat-Soutjis, F., Camps, J.-F., Amiel, A., Lutz, G., Morcillo, A. (2003). Utilité, utilisabilité, acceptabilité : interpréter les relations entre trois dimensions de l'évaluation des EIAH. In C. Desmoulins, P. Marquet, D. Bouhineau, *Environnements informatiques pour l'apprentissage humain* (pp. 391-402). Paris : ATIEF/INRP.

objectifs (motif), ou encore rappellent les « *outils officiels comme le PPS, la PAOA, le PPRE*[23] » (action), qui alors prennent plus de sens.
Cette collaboration porte ses fruits. Un coordonnateur affirme avoir « *plein de collègues de l'école qui ont appris à faire avec maintenant* ». Le levier consiste donc à ce que « *cela se dissémine petit à petit* » car « *ça fait partie du poste de coordonnateur, repérer les collègues par qui on va pouvoir faire passer des choses* ».

Recevoir les contenus d'enseignement ou les documents en amont

Nos résultats montrent l'existence d'un autre type d'activité novatrice qui rééquilibre un problème d'anticipation.
Malgré les demandes et les relances, fréquemment, les Cué n'obtiennent pas les documents et/ou contenus d'enseignement en amont des séances d'enseignement en classe (action). Or cela est indispensable pour les adapter avant le cours (motif). Cette activité est fondamentale dans ce nouveau contexte où les élèves sont inscrits dans les classes et ne reviennent dans le dispositif Ulis qu'*a posteriori* – *i.e.* si l'accessibilité ou l'individualisation réalisées en classe ne suffisent pas à générer des apprentissages – (circulaire n° 2015-129).
Certains Cué s'en accommodent car ils entendent la difficulté de leurs collègues à « *préparer leur séance une semaine voire 1 jour à l'avance* » et la contournent en prévoyant l'AESH[24] en classe pour qu'il étaye alors la compréhension des supports in situ. Ce procédé est source de controverse. Un Cué défend l'idée que cela est contreproductif, ce que la littérature confirme (Philip, 2019 ; Espinosa, Dejaiffe et Perez, 2019). Il ajoute que l'anticipation « *des progressions* [fait] *partie du métier d'enseignant* ». Alors un collègue précise : « *Moi franchement quand je vois le temps que je mets à préparer les maths, mon français, ma lecture et le reste* [mobile], *je ne sais pas si je serais en capacité de tout adapter s'ils me donnaient leurs préparations en avance ?* » Un contre-argument est avancé : « *puisque tu saurais que les documents sont préparés en amont pour la classe, tu enverrais plus les élèves* [en classe] *et tu aurais moins à préparer pour le regroupement* ». Cette piste est donc avancée comme action novatrice solvant les activités d'anticipation contrariées.
Une dernière activité empêchée est exprimée par plusieurs Cué en lien avec des pratiques pédagogiques indirectement discriminantes (motif). Pour exemple, demander aux élèves (donc aussi aux non ou faibles lecteurs) de lire un livre à la maison avant de répondre à un questionnaire proposé en classe. Cette démarche étant didactiquement peu pertinente, savoir par avance le contenu de la séance ne permet alors pas de maintenir les élèves en situation d'apprentissage en classe (action). En effet, certaines démarches et outils sont plus efficients que d'autres pour servir l'accessibilité didactique et donc l'école inclusive.
Trois coordonnateurs mettent en avant des démarches partagées avec leurs collègues d'école. Elles sont explicites, avec une approche multisensorielle, visent la construction

23. Nous rappelons que les citations en italique, entre guillemets, sont les propos des Cué issus des verbatims.
PPS : Projet personnalisé de scolarisation (loi du 2005-102 du 11 février 2005).
PAOA : Programmation adaptée des objectifs d'apprentissage (circulaire n° 2016-117 du 8 août 2016).
PPRE : Programme pédagogique de réussite éducative (circulaire de rentrée n° 2015-085 du 3 juin 2015).
24. Accompagnant d'élèves en situation de handicap.

de stratégies cognitives chez les élèves. Ils citent, par exemple, les outils centrés sur la compréhension des textes narratifs : *Narramus* (Cèbe *et al.*, 2017), *Lectorino, lectorinette* (Goigoux et Cèbe, 2013) ... Les Cué insistent alors sur l'importance de la formation initiale et/ou continue. En outre, la littérature confirme que ces formations doivent être centrée sur l'accessibilité pédagogique et didactique (Assude, 2019 ; Philip, 2019) et mettre en avant « *une approche de l'éducation inclusive par les* "capabilités", *une approche efficiente pour développer le potentiel d'élèves hors norme et pour évaluer de manière positive leurs performances* » (Clavier, 2019, p. 29).
D'autres coordonnateurs mettent en avant les enseignements spiralaires mis en œuvre par les équipes de leur école : « *l'argument principal était que je puisse avoir un regard sur ce qui va être étudié au CE1, au CE2 sans que j'aie toujours à demander : vous en êtes où, vous faites quoi ?* » ; « *ainsi je ne multiplie pas les interlocuteurs, c'est toujours la même leçon pour les 3 niveaux avec des exigences différentes* ».
Nos résultats nous amènent à conclure que les activités innovantes des Cué sont fortement tournées vers l'amont, même si persiste l'accompagnement des élèves en aval de la classe lors de retours en RS.

Élaborer les emplois du temps et accompagner leur respect

Les Cué élaborent toujours les emplois du temps individualisés pour chaque élève bénéficiant du dispositif. Mais cette activité se complexifie pour nos Cué en raison de l'augmentation des temps de présence en classe. Alors, « *être rigoureux sur l'emploi du temps est indispensable* » et la collaboration avec les enseignants devient primordiale. Les coordonnateurs déclarent que l'élaboration des emplois du temps des élèves est moins rapide à stabiliser qu'auparavant.
Tous indiquent que majoritairement les enseignants comprennent, après deux années d'existence des Ulis, la nécessité du respect des plannings des élèves. Certains enseignants prennent donc le soin d'informer d'un changement par « *l'envoi d'un sms ... la veille* », bien que d'autres préviennent au tout dernier instant. Certains Cué gèrent alors, avec souplesse, quinze minutes d'avance ou de retard. En effet, certains professeurs, car « *ils ont fini leur séance* » avant l'heure prévue, enjoignent leurs élèves à repartir en RS. Cela est plus ou moins source d'activité contrariée pour le coordonnateur qui vit son cours interrompu. Certains s'en accommodent, mais un des coordinateurs avance que « *les enseignants doivent savoir faire* [*i.e.* tenir les horaires] *d'autant plus qu'ils sont sur une école avec un dispositif*[25] ».
Une interprétation de ces situations est avancée et trouve l'aval de tous les Cué. Les enseignants sont en difficulté pour opérationnaliser le principe de l'école inclusive au rythme des prescrits secondaires donnés aux coordonnateurs : « *je me souviens en 2015, l'IEN-ASH*[26] *avait indiqué : le point de départ c'est 100 % en classe et ensuite l'élève revient en dispositif selon ses besoins* ». En effet, les réunions périodiques de régulation-formation suivies par les Cué leur permettent de cheminer mais ces

25. Il est à noter que les enseignants demandant un poste dans une école contenant un dispositif Ulis sont prévenus de cette particularité – inscrite au projet d'école. Ils sont donc tenus d'engager leurs pratiques professionnelles en ce sens.
26. L'Inspecteur de l'Éducation nationale en charge de l'adaptation scolaire et de la scolarisation des élèves en situation de handicap lors d'une réunion de régulation Ulis.

temps n'étant pas communs avec les enseignants des écoles, le développement de ces professionnels ne suit pas le même rythme et des questions, telle que « *le Géva-Sco* [maintenant] *qui est responsable de sa rédaction, le coordonnateur, l'enseignant, les deux ?* », restent en suspens car nécessitent des réflexions et réponses partagées. Pourtant, la circulaire n° 2015-129 prescrit dans sa partie « *Le coordonnateur de l'Ulis, sa formation* » que « *des actions rassemblant les équipes des établissements où sont implantées des Ulis peuvent également être mises en œuvre pour faciliter l'organisation et le fonctionnement de ces Ulis* ». La nouvelle formation continue en « *constellations*[27] » rassemblant des professeurs « *autour d'enjeux qui leurs sont communs* [...] *avec des temps d'observation en classe et des temps d'échanges entre pairs* » pourra également être un levier (à actionner par les équipes des IEN). En attendant, les coordonnateurs participant à notre recherche adoptent diverses stratégies novatrices pour servir l'évolution vers un dispositif et une école plus inclusifs.

Certains utilisent la « *négociation* », à l'inverse, d'autres usent de fermeté et profitent d'écrire sur un outil officiel, tel que le Document de mise en œuvre du PPS[28], « *comme adaptation et aménagement indispensables : prévenir, éviter les surprises dans l'emploi du temps* ».

Les Cué innovent également en laissant les élèves les deux premiers jours de rentrée à temps plein dans leur classe. Cela revêt le double intérêt de positionner clairement l'élève bénéficiant de l'Ulis comme un élève de la classe, aux yeux des enseignants et de leurs camarades ; et de permettre une observation in situ efficiente pour penser les adaptations et aménagements ultérieurs.

Une autre « *petite initiative* » (Alter, 2010) consiste à s'appuyer sur la présence de stagiaires professeurs des écoles dans l'établissement. Ainsi, ceux qui « *ont vu ce qu'était une matinée sur le dispositif en ont parlé aux autres collègues* ». Du même ordre, un coordonnateur expose une pratique d'échange de service : « *j'allais parler* [en classe] *du dispositif, pendant 1 h 30 et, pendant ce temps, je demandais aux collègues de me prendre* [le RS] ... *C'était très riche et du coup... les collègues ont encore en tête ce qui se passe autour et dans le dispositif* ».

Au vu de ces données, nous comprenons toute l'importance que revêtent les emplois du temps des élèves, la complexité du métier de coordonnateur qui « *fait dans la dentelle* » et les zones de tension pour ces enseignants.

Nous ne pouvons clore cette partie sans noter que, malgré ces innovations, une activité empêchée demeure pour les coordonnateurs : ne pouvoir opérationnaliser l'inclusion de certains élèves (action), même *a minima* pour leur socialisation (opération), au motif que leurs troubles sont trop sévères (« *ils hurlent durant les 3 heures de la matinée* ») ou qu'ils sont « *en attente de place dans des structures spécialisées* ». Cela fait écho aux propos d'Ébersold et Dupont (2019) quant à « *la distance à la norme scolaire* » de certains élèves, ces derniers passant maintenant

27. Guide pour le Plan français – à destination des pilotes et référents en académie – : <https://cache.media.eduscol.education.fr/file/Formation_continue_enseignants/08/3/Guide_plan_francais-2020_1313083.pdf>

28. Ce document, annexe de la circulaire n° 2016-117 (2016), contient des propositions d'adaptations et d'aménagements (entre autres, du temps de l'élève) à mettre en œuvre en fonction des besoins de l'élève.

du champ « *de l'inadaptation à l'importunité scolaire* » (p. 72). Il nous semble que ces élèves seront toujours considérés ainsi tant que les collaborations[29] et les « *formations croisées entre le personnel de l'Éducation nationale et le médico-social, le monde associatif, le personnel des collectivités territoriales*[30] » ne sont pas mises en œuvre, ni introduites par les « *réunions de pré-rentrée* [qui doivent être] *mises à profit par les IEN*[31] *et les chefs d'établissement pour délivrer une information aux équipes éducatives en matière de scolarisation des élèves en situation de handicap* » (circulaire n° 2019-088).

CONCLUSION ET PERSPECTIVES

Nous tenons à préciser que, la méthodologie de recherche qualitative/interprétative n'ayant pas pour but de généraliser un savoir, nous considérons celui exposé dans les précédents paragraphes « *comme dynamique et temporaire, dans la mesure où il continue d'évoluer.* [Il] *est également contextuel, car les milieux de vie des participants colorent, orientent les résultats* » (Savoie-Zajc, 2004, p. 128). D'autre part, bien que nous ayons favorisé, par notre méthodologie, l'existence d'un climat de confiance et l'accès au réel de l'activité des coordonnateurs participants, une limite réside dans la nature même du matériau verbal. Le langage pouvant être un filtre puissant, « *les informations recueillies doivent donc être vues comme une approximation de la perspective que l'interviewé a bien voulu communiquer* » (Savoie-Zajc, 2004, p. 135).

Nous proposions d'exposer les tensions et dilemmes professionnels que cinq Cué dépassent en faisant preuve d'« *innovations ordinaires* » pour développer l'Ulis en dispositif, dans un contexte lié aux nouveaux prescrits concernant l'école inclusive. Depuis 2015, les élèves étant inscrits dans leur classe et non plus dans le regroupement spécialisé, les Cué innovent pour favoriser la collaboration avec les enseignants alors qu'avant primait l'aide aux élèves. Cette évolution s'est trouvée renforcée par le rôle de personne ressource qui est attribué aux enseignants spécialisés en 2017.

Nos présupposés théoriques reposent sur l'épistémologie et la méthode de la clinique de l'activité. Ces dernières nous ont permis d'identifier une part du développement de l'activité des Cué.

Notre analyse a mis au jour 2 dilemmes de métier articulés à des solutions novatrices exprimés par ces professionnels :

- temps en classe *vs* temps en RS / développer les activités de co-intervention,
- forcer le travail collectif *vs* préserver la relation professionnelle avec les enseignants / identifier les enseignants volontaires puis partager l'expérience.

D'autre part, nos résultats laissent apparaître trois tensions. La construction des emplois du temps individuels des élèves (action), en majorant les temps en classe tout en les articulant à ceux en dispositif (opération), et le respect de ces plannings deviennent un nœud de l'activité des Cué. Leur nouveau mobile d'action étant

29. Entre autres, avec les équipes mobiles (créés par la circulaire n° DGCS/SD3B/2019/138 du 14 juin 2019)..
30 Livret de formation à une école inclusive pour l'école de la confiance, 2019, p. 33 : <https://cache.media.eduscol.education.fr/file/Ecole_inclusive/06/7/Livret-formation-ecole-inclusive_1162067.pdf>
31. IEN : Inspecteur de l'Éducation nationale

d'optimiser les apprentissages en classe. Par ailleurs, les Cué ont déclaré une activité novatrice qui met en exergue *l'autrement capable*. Ils apprennent à *faire avec* les divers styles de leurs collègues enseignants, pour aider ces derniers à *faire avec* la diversité des élèves, en prônant d'une part l'effet capacitant de certaines pratiques et, d'autre part, en mobilisant ceux-ci sur l'envoi des contenus d'enseignement ou des documents en amont des cours.

En outre, tous nos Cué pensent que leur rôle ne consiste pas à « *transmettre les textes officiels* », ni « *à obliger à les lire et à réfléchir dessus* », qu'« *il n'y a pas de mauvaise volonté mais* [que] *les enseignants ne peuvent pas se former tout seuls !* » ni uniquement avec leur appui. La participation des coordonnateurs aux formations des enseignants en *constellation* serait une solution. Parallèlement, il nous semble que les collaborations et les formations inter-métiers prescrites en 2019, et dont la littérature (Philip, 2019) a déjà illustré l'efficience, sont aussi des leviers à l'évolution vers une école « *post-normative* » *i.e.* réellement inclusive car la présence de certains élèves est encore vécue comme « *importunante* » quand ils « *reflète*[nt] *une remise en cause de l'ordre scolaire, source d'embarras, voire de malaise, pour les professionnels* » (Ébersold et Dupont, 2019, p. 73).

Références

Alter, N. (2010). *L'innovation ordinaire*. Paris : Presses universitaires de France. https://doi-org.ezproxy.uca.fr/10.3917/puf.alter.2010.01

Assude, T. (2019). Dynamique inclusive, don et reconnaissance. *La nouvelle revue - Éducation et société inclusives, 86*(2), 13-26. https://doi.org/10.3917/nresi.086.0013

Benoit, H. (2014). Les dispositifs inclusifs : freins ou leviers pour l'évolution des pratiques. *La nouvelle revue de l'adaptation et de la scolarisation, 65*(1), 189-204. https://doi.org/10.3917/nras.065.0189

Cèbe, S., et Goigoux, R. (2017). *Narramus : apprendre à comprendre et à raconter. La sieste de Moussa.* Paris : Retz.

Circulaire n° 2015-129 du 21 août 2015. Scolarisation des élèves handicapés. *Bulletin officiel, 31* du 27 juin 2015.

Circulaire n° 2016-117 du 8 août 2016. Parcours de formation des élèves en situation de handicap dans les établissements scolaires. *Bulletin officiel, 30* du 25 août 2016.

Circulaire n° 2017-026 du 14 février 2017. Certificat d'aptitude professionnelle aux pratiques de l'éducation inclusive et formation professionnelle spécialisée. *Bulletin officiel, 7* du 16 février 2017.

Circulaire n° 2019-088 du 5 juin 2019. Circulaire de rentrée 2019 - École inclusive. *Bulletin officiel, 23* du 6 juin 2019.

Circulaire n° DGCS/SD3B/2019/138 du 14 juin 2019. Création d'équipes mobiles d'appui médico-social pour la scolarisation des enfants en situation de handicap. *Circulaires.legifrance.gouv.fr* - 14 juin 2019.

Clavier, É. (2019). Gestes et textes en Ulis « Troubles des fonctions cognitives » : écrire avec May B de Maguy Marin. *Le français aujourd'hui, 205*(2), 23-32.

Clot, Y., et Faïta, D. (2000). Genres et styles en analyse du travail Concepts et méthodes. *Travailler, 4*, 7-42.

Delmas, C. (2010). *Yves Clot, Le travail à cœur. Pour en finir avec les risques psychosociaux.* https://journals.openedition.org/lectures1064

Ébersold, S. (2009). Autour du mot inclusion. *Recherche et formation, 61*, 71-83.

Ébersold, S., et Dupont, H. (2019). Évaluation des besoins, importunité scolaire et réinvention de l'inéducable. *La nouvelle revue - Éducation et société inclusives, 86*(2), 65-78. https://doi-org.ezproxy.uca.fr/10.3917/nresi.086.0065

Espinosa, G., Dejaiffe, B., et Pérez, J. (2019). Intérêt de la transposition d'une méthodologie de recherche par captation vidéo pour étudier le rôle des émotions de l'élève dans le rapport au savoir et l'inclusion. *La nouvelle revue - Éducation et société inclusives, 86*(2), 171-186. <https://doi-org.ezproxy.uca.fr/10.3917/nresi.086.0171>

Garnier, P. (2016). Enseigner à des élèves avec autisme : entre pédagogie spécialisée et visée inclusive. *Carrefours de l'éducation, 42*(2), 105-118. <https://doi.org/10.3917/cdle.042.0105>

Goigoux, R., et Cèbe, S. (2013). *Lectorino et Lectorinette, apprendre à comprendre des textes narratifs : CE1-CE2.* Paris : Retz.

Lantheaume, F., et Simonian, S. (2012). La transformation de la professionnalité des enseignants : quel rôle du prescrit ? *Les Sciences de l'éducation - Pour l'Ère nouvelle, 45*(3), 17-38. https://doi.org/10.3917/lsdle.453.0017

Loi n° 2013-595 du 8 juillet 2013 d'orientation et de programmation pour la refondation de l'école de la République, Pub. L. No. 2013-595, 2013-595 (2013).

Masse, F., et Thomazet, S. (2019). Coordonnateur d'Ulis école : exercer dans l'école inclusive comme personne ressource : Quelles réalités ? Quelle évolution de l'identité professionnelle pour cet enseignant spécialisé ? *La nouvelle revue - Éducation et société inclusives, 86*(2), 225-240. <https://doi-org.ezproxy.uca.fr/10.3917/nresi.086.0225>

Mazereau, P. (2014). Inclusion scolaire et nouvel ordre des savoirs : vers des professionnalités enrichies. *La nouvelle revue de l'adaptation et de la scolarisation, 65*, 21-30. https://doi.org/10.3917/nras.065.0021

Moussay, S., et Flavier, E. (2014). L'entretien d'autoconfrontation : la prise en compte du point de vue de l'élève pour développer l'activité en classe. *Revue canadienne de l'éducation, 37*, 96-119.

Philip, C. (2019). L'autorégulation des élèves : un levier pour construire une école inclusive : L'exemple d'un dispositif d'autorégulation inspiré de l'approche canadienne « ARAMIS ». *La nouvelle revue - Éducation et société inclusives, 86*(2), 207-223. https://doi-org.ezproxy.uca.fr/10.3917/nresi.086.0207

Renaud, J. (2020). Évaluer l'utilisabilité, l'utilité et l'acceptabilité d'un outil didactique au cours du processus de conception continuée dans l'usage : Cas d'un outil pour l'enseignement de la lecture de textes documentaires numériques. *Éducation et didactique, 14*(2), 65-84. https://doi.org/10.4000/educationdidactique.6756

Saint Martin de, C. (2015). Les élèves des classes spécialisées de l'école élémentaire, entre intégration et inclusion. *Recherches et éducations, 14*, 93-105.

Saint Martin de, C. (2018). L'inclusion des élèves en situation de handicap au sein de l'école primaire au prisme de leur participation sociale. *La nouvelle revue - Éducation et société inclusives, 83-84*(3), 45-57. https://doi.org/10.3917/nresi.083.0045

Savoie-Zajc, L. (2004). La recherche qualitative/interprétative en éducation. In L. Savoie-Zajc et T. Karsenti, *La recherche en éducation : étapes et approches* (pp. 122-151). Québec : Sherbrooke.

Thomazet, S. (2008). L'intégration a des limites, pas l'école inclusive ! *Revue des sciences de l'éducation, 34*(1), 123. https://doi.org/10.7202/018993ar

Van der Maren, J.-M., et Yvon, F. (2009). L'analyse du travail, entre parole et action. *Recherches qualitatives.* Hors Série, (7), 42-63.

Yvon, F., et Clot, Y. (2001). Le travail en moins. Une approche psychologique de l'activité. *Cités, 8*, 63-73. https://doi.org/10.3917/cite.008.0063

Zimmermann, P., Flavier, E., et Méard, J. (2012). Quand les enseignants lèvent le doigt : le façonnage de l'identité professionnelle des professeurs des écoles débutants. *Carrefours de l'éducation, 34*(2), 195-210. <https://doi-org.ezproxy.uca.fr/10.3917/cdle.034.0195>

Le travail collectif en situation d'intermétiers

Marco ALLENBACH
Professeur associé à la Haute école pédagogique du canton de Vaud (HEP-VD)
Laboratoire international sur l'inclusion scolaire (LISIS)
Laboratoire sur l'accrochage scolaire et les alliances éducatives (LASALE)

Basma FRANGIEH
Cheffe de projet à l'ONG TIES (Together for Inclusive Educational Systems - Liban)
Chercheure associée au laboratoire ACTé
Université Clermont Auvergne

Corinne MÉRINI
Chercheure associée au laboratoire ACTé
Université Clermont Auvergne

Serge THOMAZET
Chercheur associé au laboratoire ACTé
Université Clermont Auvergne

Résumé : Des questions sociales vives telles que l'inclusion s'accompagnent de recommandations à développer le travail collectif entre acteurs relevant d'univers professionnels différents. Dans ce contexte, le terme d'*intermétiers* est de plus en plus utilisé par les chercheurs pour qualifier une activité se développant à l'intersection de métiers différents, et impliquant une reconfiguration de leurs frontières respectives. Cet article, en s'appuyant sur des résultats de recherches menées en France, en Suisse et au Liban, identifie divers types de dilemmes et tensions propres à l'activité en intermétiers. Les auteurs décrivent la complexité et la spécificité d'un travail de négociation entre acteurs professionnels, permettant des innovations, dans le travail collectif, pour répondre aux défis d'une approche inclusive. D'objet d'étude, l'intermétiers devient ainsi un concept pouvant éclairer les pratiques.

Mots-clés : Approche inclusive - Dilemmes de l'activité - Intermétiers - Négociation - Rôle professionnel - Travail collectif.

Collective working in an interprofessional situation

Summary: Social issues such as inclusion are highlighted with recommendations to develop collective work between actors from different professional backgrounds. In this context, the term *intermétiers* (interprofessional) is more and more used by French speaking researchers to qualify an activity developing at the intersection of different professions and involving a reconfiguration of their respective boundaries. This paper, based on research conducted in France, Switzerland and Lebanon, identifies various types of dilemmas and tensions specific to *intermétiers* activity. Finally, the authors describe the complexity and the specificity of a negotiation work between professional actors, allowing to innovate in the collective work, and thus responding to the challenges of an inclusive approach. *Intermétiers* emerges therefore not only as a research subject, but as a concept helping to understand practices.

Keywords: Activity dilemmas - Collective work - Inclusive approach - Interprofessional - Negotiation - Professional role.

Le travail collectif est recommandé par les grands organismes internationaux (*e.g.* Unesco, 2016), comme une forme d'organisation efficace pour répondre aux questions sociales vives (Demailly, 2008). Cette recommandation est particulièrement présente en contexte scolaire lorsqu'il est nécessaire de répondre à des questions comme la prise en compte des besoins particuliers des élèves ou le décrochage. Une approche par le travail collectif amène à considérer que ces situations scolaires ne relèvent pas du seul métier d'enseignant, mais sont partagées avec les familles, les professionnels de différents champs, médicaux, rééducatifs et de l'intervention éducative et sociale. Dans ce texte, nous nous appuyons sur une analyse seconde de résultats de recherches menées en Suisse, en France et au Liban[1] pour étudier ces situations d'ordre partenarial positionnées à l'intersection de différents métiers. Cette situation particulière, que nous nommons d'intermétiers appelle à une coopération entre acteurs issus de différents univers professionnels. *L'intermétiers*, thème central de cet article, dont le choix orthographique sera développé plus tard, apparaît ainsi comme un espace professionnel spécifique permettant l'émergence d'innovations nécessaires à la mise en place de l'école inclusive. Dans ces situations, les enseignants, et tous les professionnels concernés, vivent des contraintes et des défis majeurs nécessitant de développer, en actes, de nouvelles compétences professionnelles dans et par le travail collectif (Akiki et Frangieh, 2018). Cet état de fait amène à une redéfinition des métiers et de leurs frontières permettant aux professionnels, aux élèves et aux familles, par des pas de côté, le développement d'un « *autrement capable* » – pour reprendre le terme proposé en préface.
Dans un premier temps, à travers une recension d'écrits, nous étudions l'émergence du terme d'intermétiers, et son utilisation dans les écrits scientifiques. Nous tenterons de décrire, dans un second temps, l'activité des professionnels travaillant dans cette configuration particulière, en croisant les apports de nos recherches sur le sujet, ce qui soulèvera la question de la négociation à laquelle conduit le partage, au moins symbolique, de l'espace et de l'objet commun. Nous proposerons enfin, à partir de l'existence des dilemmes propres au travail de négociation dans ces situations d'intermétiers, de considérer que de nouveaux métiers se dessinent au-delà des injonctions à travailler ensemble.

L'INTERMÉTIERS : D'UNE NOTION OPÉRATOIRE À UN CONCEPT

Pour étudier l'émergence de cette notion, nous nous sommes appuyés sur un corpus constitué des articles scientifiques publiés en langue française dans la base de données Cairn. Pour identifier les textes francophones qui contiennent le mot intermétier et/ou inter-métier, aucun filtre n'a été inséré, 23 résultats ont été obtenus pour intermétier (10 revues, 8 ouvrages et 2 Que sais-je ? et 26 pour inter-métier (14 revues et 2 ouvrages). Ces résultats sont répartis sur plusieurs disciplines : économie, gestion, sociologie, mais aussi en sciences de l'éducation et, dans une moindre mesure, en

1. L'analyse seconde nous amène à de nombreux auto-référencements permettant au lecteur d'accéder aux recherches initiales

psychologie, informatique, communication ou philosophie. Au sein de ces recherches, l'emploi du terme d'inter (-) métier(s) (diversement orthographié) n'est pas univoque. Souvent propre à chaque recherche, il prend différents sens par la terminologie qui contextualise son utilisation. Notons, à titre d'exemples, « *liens intermétiers* » (Cheriet, 2010), « *dynamique intermétier* » (Nakhla, 2009), « *communication intermétier* » (Bichon, Merminod et Kamenn, 2010), « *solidarité inter-métiers* » (Zannad, 2009), « *transversalité intermétier* » (Lorino, 2009), « *collectif inter-métier* » (Thébault, 2018), « *dialogue inter-métier* » (Goussard, 2017), « *transversale inter-métier* » (Alleaume, 2007), « *collectif inter-métier(s)* » (lazykoff, 2018) ou encore « *espace d'intermétiers* » (Champagnac et Mérini, 2017 ; Vinck, 2009 ; Mérini et Thomazet, 2014).
Dans la plupart des recherches qui viennent d'être citées, la notion d'intermétiers est utilisée sans être réellement définie, même quand le mot est central dans la problématique de l'article. Ce sont, nous semble-t-il, les caractéristiques d'un concept en émergence, nécessitant cependant d'être circonscrit pour éviter les incompréhensions voire les malentendus. Nous en voulons pour autre preuve son orthographe qui n'est pas unifiée. Nous trouvons, en effet, intermétiers (Nakhla, 2003 ; Perrouault, 2006 ; Vinck, 2009 ; Cheriet, 2010 ; Lizarralde et Pilinière, 2012 ; Champagnac et Mérini, 2017), intermétier (Nakhla, 2003 ; Grosjean et Bonneville, 2007 ; Lorino, 2009 ; Bichon, Merminod et Kamann, 2010 ; Cheriet, 2010), inter-métiers (Thomazet, Mérini et Gaime, 2014 ; Thébault, 2018 ; lazykoff, 2018), inter-métier (Alleaume, 2007 ; Seraidarian, 2008 ; Thomazet et Mérini, 2014 ; Goussard, 2017 ; Thébault, 2018). Parfois dans le même article ce mot est écrit différemment, marquant le fait que le terme est en cours de stabilisation (Cheriet, 2010 ; Mérini et Thomazet, 2014 ; Champagnac et Mérini, 2017 ; Thébault, 2018).
Dans cet article, nous utiliserons le terme *intermétiers*, sans trait d'union, pour marquer l'homogénéité de la situation et avec un « s » pour souligner la pluralité des « *mondes* » (Béguin, 2004) qui se rencontrent (sociaux, symboliques...) Ainsi écrit, l'intermétiers pourrait qualifier, dans un sens très large, les situations qui conduisent des professionnels à prendre en compte un ensemble de conventions socio-culturelles issues d'autres métiers, au profit d'enjeux partagés.
Tout en mobilisant plusieurs disciplines scientifiques allant de la sociologie à l'ergonomie, cette étude, ancrée en sciences de l'éducation, porte sur le champ de l'école en s'intéressant en particulier aux phénomènes liés à la perspective inclusive. Le partenariat, en faisant coopérer tous les acteurs concernés par la scolarisation de l'élève et, en premier lieu, les élèves eux-mêmes et leurs familles, apparaît dans les prescriptions internationales, nationales et locales, comme un élément incontournable, nécessitant de nouvelles professionnalités, (Unesco, 2018 ; décret du 2 avril 2009 pour la France ; MEHE et CRDP, 2017 pour le Liban ; Concept 360°, 2019, pour le canton de Vaud). Ces injonctions interrogent la place et les compétences de chacun et engendrent des négociations multiples. En effet, le travail en intermétiers ne se réduit pas à l'application d'un prêt-à-agir, et donc de bonnes pratiques, mais implique des situations professionnelles paradoxales, des mises en tension, des dilemmes que nous définirons et dont nous donnerons ci-après quelques exemples. L'objectif final de cet article est de proposer un cadre conceptuel visant à mieux comprendre les pratiques réelles développées autour du travail collectif suscité

par les perspectives inclusives, et les nouvelles configurations de travail liées aux situations d'intermétiers. Notre intérêt se porte donc naturellement sur l'implication de collectifs, que nous étudions en incluant les praticiens eux-mêmes dans l'analyse de leur activité. Nous souhaitons ainsi éclairer le travail de négociation induit par ces situations professionnelles, mais encore peu investi par la recherche. On l'observe le plus souvent sous forme de « *gestes* » (Clot, Fernandez et Scheller, 2007) chez certains professionnels, et c'est à l'occasion d'entretiens de recherche que ces pratiques de négociation « *incorporées* » (Giddens, 2005) se dévoilent, s'élaborent et se socialisent (Allenbach, 2016, 2017).

LA SITUATION D'INTERMÉTIERS COMME CHAMP DE DILEMMES ET DE TENSIONS

Dans les situations d'intermétiers, les professionnels sont face à des situations complexes qui, au-delà de simples difficultés ressenties, génèrent d'une part des dilemmes d'activité propres aux métiers d'origine de chaque professionnel et, d'autre part, des tensions intermétiers résultant de la rencontre entre les métiers, et enfin, de ce que nous avons appelé les dilemmes communs liés aux situations d'intermétiers elles-mêmes.

Figure 1 : Dilemmes de métier et tensions intermétiers

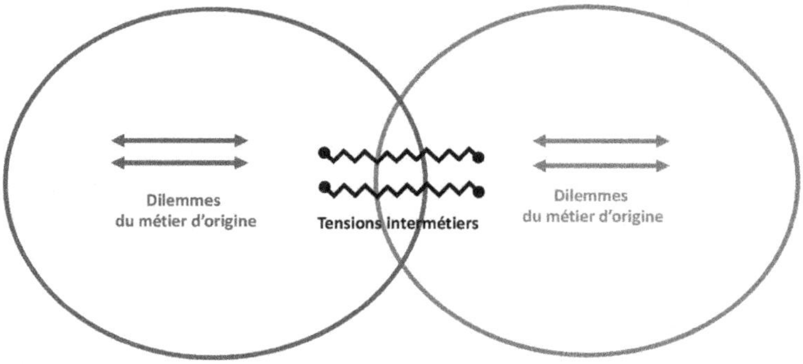

Dilemmes du métier d'origine et tensions intermétiers

Les dilemmes de l'activité au sens de Clot (2006), s'expriment sous la forme de « *choix impossibles* », qui ne relèvent pas simplement de difficultés passagères, de problèmes à résoudre ou de compromis à trouver, mais de conflits de choix inhérents à l'activité elle-même : récurrentes et irréductibles, elles représentent des aspects fondamentaux, et même fondateurs, du métier. Le travail éducatif, par exemple, implique conjointement de *protéger* et *d'émanciper* et se confronte donc intrinsèquement à ce dilemme (Cagnolo, 2009).

Une distinction conceptuelle est nécessaire à instaurer entre d'une part les dilemmes de l'activité, auquel chaque acteur est confronté dans son métier d'origine, et d'autre part les *tensions interprofessionnelles dites aussi tensions intermétiers*, qui résultent de la rencontre entre les valeurs, savoirs et règles propres à chaque profession, comme nous avons pu le montrer par ailleurs (Thomazet et Mérini, 2014). Ainsi, de notre point de vue, « *le travail collectif constitutif d'une école inclusive met en mouvement dilemmes de métier et tensions intermétiers* » (Thomazet et Mérini, 2014, p. 14). La figure 1 situe les dilemmes des métiers d'origine (dans les bulles bleu et rouge) et les tensions intermétiers liées à la rencontre et au partage d'un espace de travail commun.

Dilemmes communs des situations d'intermétiers

La double logique entre d'une part, l'attention à porter au collectif et d'autre part la prise en compte de besoins individuels peut, classiquement, de prime abord, susciter une tension d'intermétiers entre l'enseignant régulier (centré sur le collectif) et l'intervenant spécialisé (centré sur les besoins particuliers). Cependant, lors d'une intervention commune ou d'un accompagnement commun, elle peut aussi être considérée par chaque professionnel comme un dilemme d'activité les concernant tous les deux.

Nous les appellerons alors *dilemmes communs*[2] *d'intermétiers*, pour les distinguer des tensions intermétiers, qui, elles, sont attribuées aux différences entre professions (par exemple de cultures professionnelles). Ces dilemmes communs d'intermétiers viennent s'ajouter aux dilemmes d'activité spécifiques aux métiers d'origine de chaque professionnel concerné. La figure 2 situe ces divers types de dilemmes.

Figure 2 : Dilemmes de métiers et de l'intermétiers

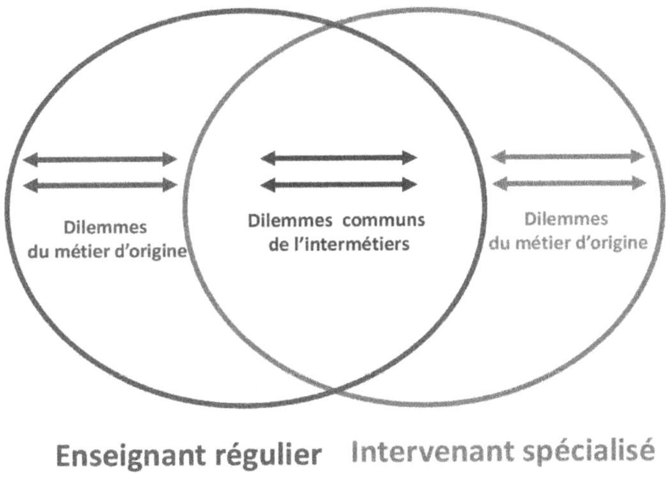

2. Nous pourrions les appeler *dilemmes partagés*, mais la notion de partage est ambiguë : elle peut signifier tout autant le *départage* (partager un héritage entre les héritiers) que la *mise en commun* (partager un repas), telle que nous l'entendons ici.

Des travaux récents portant sur les relations entre enseignant régulier et enseignant spécialisé intervenant (Rothen et Froidevaux, 2018), ou enseignant régulier et accompagnant scolaire (Frangieh et Akiki, 2019) illustrent comment, en situation d'intermétiers à visée inclusive, les dilemmes communs liés à l'accompagnement ou à l'aide à l'élève, semblent se construire dans le partage de l'action commune. Selon nous, le travail de négociation pourrait permettre le passage de tensions intermétiers à des dilemmes communs de la situation d'intermétiers. La figure 3 illustre l'ensemble des dilemmes et des tensions présentes dans une situation d'intermétiers, et la transformation des tensions intermétiers (cf. figure 1) en dilemmes communs quand on passe de la rencontre des métiers à une action réellement partagée.

Figure 3 : Des tensions intermétiers aux dilemmes communs de l'intermétiers

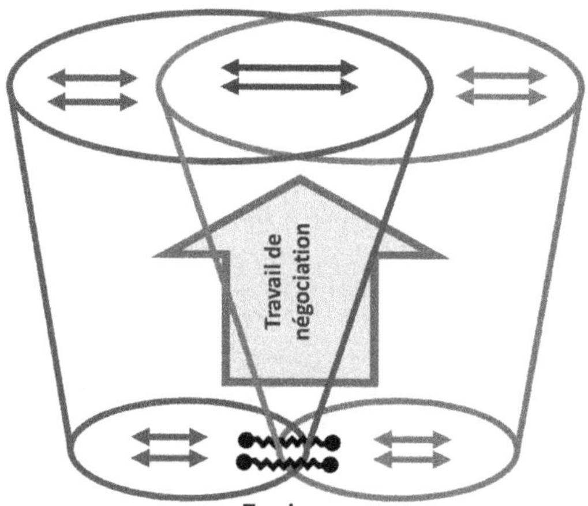

DU PARTENARIAT AUX SITUATIONS D'INTERMÉTIERS, UN TRAVAIL DE NÉGOCIATION

Dès les premiers travaux de recherche (Mérini, 1992), il est apparu que le partenariat avait pour objet l'ouverture de l'école (Zay, 1994 a ; 1994b) à d'autres mondes (Béguin, 2004), et que cela amenait à un nouveau mode d'organisation du travail enseignant. Travailler en partenariat, c'est en effet agir en marge du métier d'enseignement, comme par exemple, dans le travail en réseau, ou le co-enseignement. La négociation (Mérini, 1999, 2015) et les ajustements (Mintzberg, 1982) sont les fondements de cette forme d'organisation du travail en raison même de « *l'agir partagé* » qui est au centre du débat. Ce sont par les porosités inhérentes à l'ouverture entre les « *mondes* » que les responsabilités et les légitimités à agir vont se redéployer. Par exemple, le co-enseignement est apparu comme une modalité d'intervention alternative au soutien individualisé ou autres pratiques consistants à externaliser les réponses à la difficulté ou au handicap. La variété des rôles tenus, et les manières de dépasser les dilemmes rencontrés, complexifient les situations et nécessitent des ajustements permanents intrinsèquement liés à un *travail de négociation* (Mérini et Thomazet, 2019; Allenbach, Duchesnes, Gremion et Leblanc, 2016) à plusieurs titres:

1. D'une part, parce que les professionnels engagés dans ce débat commun œuvrent théoriquement en direction d'une même perspective, autour d'un objet commun. Cependant, cette perspective et cet objet sont eux-mêmes des représentations, des constructions sociales, le fruit de négociations plus ou moins explicites.
2. De plus, dès qu'il y a un chevauchement des champs de pratiques, la question de *qui fait quoi* peut se poser, pour convenir de ce qui va se faire ensemble, ou se répartir entre acteurs concernés. L'évolution des métiers, de « *ce qui se fait* », donc des genres professionnels (au sens de Clot et Faïta, 2000) aboutit à des recouvrements de métiers (Akiki et Frangieh, 2018). Les situations d'intermétiers engendrent donc un travail de négociation.
3. En retour, ces négociations peuvent déboucher sur un accord quant à l'élargissement de la situation d'intermétiers, par la mise en commun d'un nouvel objet ou d'un nouveau périmètre d'activité.

Ce partage de préoccupations mais aussi d'espaces d'intervention met en jeu des *négociations de rôles,* le rôle étant ici compris comme une structure dynamique (Maisonneuve, 1973), qui se construit à partir des attentes réciproques par des ajustements permanents. Et dans le même temps, il met en jeu des *négociations de sens* impactant la signification de l'action commune et la direction que les partenaires vont donner au travail commun. Dans ces moments de négociations circulent des informations, des outils, des savoirs entre les métiers permettant la création d'une culture commune et spécifique à ce groupe d'acteurs.

Ces négociations de rôle et de sens portent donc à la fois sur l'action menée par les professionnels et sur leur identité au travers des rôles investis. Ainsi, le concept de négociation peut être envisagé de manières différentes, mais complémentaires:

La négociation : une interaction où se construisent et se révèlent les rapports de pouvoir

Dans l'interactionnisme symbolique (Strauss, 1992), les négociations de rôles sont étudiées afin de comprendre comment se structurent les rapports de pouvoir. Le chercheur éclaire des jeux interactionnels généralement peu explicites, voire peu avouables, car relevant d'enjeux éloignés du mandat des professionnels concernés, et de la mission déclarée de leurs institutions: les acteurs y jouent leur position, leur reconnaissance, leur statut, ou leur accès aux sources de pouvoir dans l'organisation (Crozier et Friedberg, 1977). La négociation est alors un objet d'étude du chercheur, qui sort ces interactions de l'ombre pour comprendre la façon dont se construisent les relations sociales.

La négociation : une activité, composante du *travail*

En situation d'intermétiers, nous pouvons considérer la négociation comme faisant partie du travail, donc une activité (au sens de Clot, 2001), finalisée et orientée, en l'occurrence vers la construction d'accords. Ces accords peuvent porter sur les finalités poursuivies, sur les projets mis en œuvre, mais aussi, comme nous le disions plus haut, sur les *rôles* de chacun. La négociation, comme travail, consiste alors à identifier les attentes réciproques, et vise à déboucher sur des formes de contractualisations des rôles, tout en sachant que ces accords sont voués à être sans arrêt renégociés au fil du temps. Mais le travail de négociation appelle également à pouvoir se positionner, à oser la confrontation (Allenbach, 2017) et interroge en retour la légitimité de chacun à agir dans l'espace commun (Thomazet, Mérini et Gaime, 2014), comme à prendre en compte dans son métier, une part du métier de l'autre, même s'il est très différent (Schwartz, 2012). Enfin apparaît un travail de construction d'alliances, de relations de confiance, au-delà, ou en-deçà du travail d'explicitation : donner l'occasion aux autres d'éprouver sa constance dans une posture éthique ; mais aussi se donner l'occasion de découvrir les valeurs d'autrui (Allenbach, 2015, 2019).

La négociation : une co-construction de sens

Les travaux que nous avons menés auprès des collectifs (Thomazet et Mérini, 2014) mettent en évidence les négociations portant sur le sens des mots. Par exemple, le sens du mot *expert* a fait l'objet d'intenses débats de métiers entre enseignants spécialisés. Ces débats ont amené les professionnels à mieux positionner leur statut de *spécialiste*, dans le travail en situation d'intermétiers. Nous empruntons à Wenger (1998) et Giddens (2005) la notion de « *négociation de sens* » pour désigner les processus interactifs à travers lesquels se construit, entre professionnels, le sens qu'ils peuvent donner à leur activité. La notion de sens étant ici entendue sous trois acceptions : la signification de leur activité, l'orientation de l'adressage de cette activité, et les perceptions de plaisir ou déplaisir à déployer cette activité. À la co-construction de sens au sein d'un métier, largement étudiée en ergonomie, l'étude du travail en situation d'intermétiers implique d'ajouter les processus de négociations de sens entre les métiers, où se confrontent les regards, les interprétations, les normes de métiers, les définitions diverses, en fonction des savoirs professionnels de référence, des positions de chacun dans une même situation, des mandats respectifs, des appartenances institutionnelles, etc.

Négocier son propre rôle, ou faciliter les négociations

Les diverses composantes du travail de négociation présentées ci-dessus nous semblent importantes pour le pouvoir d'agir des professionnels, et l'efficacité des organisations. Un des défis de cet article est de conserver cette triple focale : étudier les négociations de rôle et de sens comme une activité, composante d'un travail en situation d'intermétiers, sans oublier que ces négociations s'inscrivent dans des rapports de pouvoir et y participent.
Ce travail de négociation interprofessionnelle permet d'instituer de nouveaux repères collectifs, dans l'assouplissement des frontières entre institutions (Dubet, 2002), et de trouver des issues créatives aux tensions rencontrées à leur interface (Engeström et Sannino, 2010). Ce sont à travers ces échanges que peuvent être analysés les dilemmes et les tensions, plutôt que d'être subis par les individus : ainsi, ils peuvent

être identifiés et débattus collectivement plutôt qu'introjectés et vécus comme conflits intrapsychiques ou interpersonnels. Les *négociations de sens* au sein de collectifs de travail semblent nécessaires à ce que le *métier de négociation* reste vivant, créatif, pour faire face aux défis qu'engendre le travail collectif (Cartaut, à paraître ; Allenbach, 2017).

L'activité de négociation peut impliquer deux formes de posture et de participation, en fonction du positionnement des acteurs concernés. D'une part la négociation de son propre rôle, vis-à-vis d'autres professionnels intervenant directement auprès d'un élève ou d'une classe, par exemple entre un enseignant régulier, un enseignant ressource, un accompagnant scolaire et un psychologue scolaire. D'autre part l'organisation, le soutien, la facilitation ou l'encadrement des négociations, par exemple lorsqu'un coordonnateur anime une séance de réseau réunissant les divers professionnels impliqués.

Si cette distinction nous semble essentielle pour comprendre la complexité du travail de négociation, il est très fréquent qu'un acteur soit amené à agir simultanément dans ces deux formes de participation et de posture. Prenons l'exemple d'interactions entre deux professionnels sans la présence d'un tiers facilitateur : la conduite de l'entretien, la facilitation du travail de négociation, le soin mis au processus relationnel en cours, sont pris en charge par l'un des deux acteurs, voire par les deux, tout en étant eux-mêmes parties prenantes, ayant aussi à négocier leur propre rôle dans leur intervention auprès de l'élève ou de la classe qui les concerne. À l'inverse, prenons l'exemple d'une réunion se déroulant en présence d'un coordonnateur (comme dans le cas d'une équipe de suivi de scolarisation, en France) – ou du moins d'un professionnel dont la fonction semble *a priori* celle de tiers facilitateur, dévolue au travail d'organisation, d'encadrement ou/et de soutien aux négociations entre les autres acteurs : cette personne est souvent amenée à négocier ce rôle de facilitation avec ceux qui se sont déjà investis, ou pourraient s'investir, dans un travail de facilitation, de coordination et de mise en sens des projets.

Cette activité de négociation permanente engendre, en tant qu'activité, des dilemmes qui lui sont propres c'est ce que nous éclairons au chapitre suivant.

LES DILEMMES DU TRAVAIL DE NÉGOCIATION

Les dilemmes au sein des métiers d'origine de chaque acteur, les tensions et dilemmes dans les espaces d'intermétiers, sont riches en potentialités, mais éprouvants pour les professionnels. Le travail de négociation de rôle et de sens porte sur ces dilemmes et tensions et nous semble dès lors incontournable, pour qu'elles ne se transforment pas en souffrance individuelle (Allenbach, 2017), en conflits interpersonnels ou en métier empêché (Clot, 2001).

Or, nous l'avons dit, ce travail de négociation représente aussi, en soi, une activité : son analyse en révèle donc les dilemmes propres. Ainsi, aux trois formes de tensions et dilemmes déjà évoquées s'ajoute une quatrième : les dilemmes du travail de négociation. Tout comme les dilemmes communs de l'intermétiers, ils n'appartiennent pas à l'un des métiers d'origine. Mais il ne s'agit pas non plus de tensions intermétiers ou de dilemmes communs de l'intermétiers, qui sont tous deux liés aux différences spécifiques entre les métiers amenés à se rencontrer. La figure 4 met en relief le travail de négociation et ses effets sur la transformation des relations de travail, des tensions intermétiers de départ aux dilemmes communs de la situation d'intermétiers.

Figure 4 : les dilemmes du travail de négociation

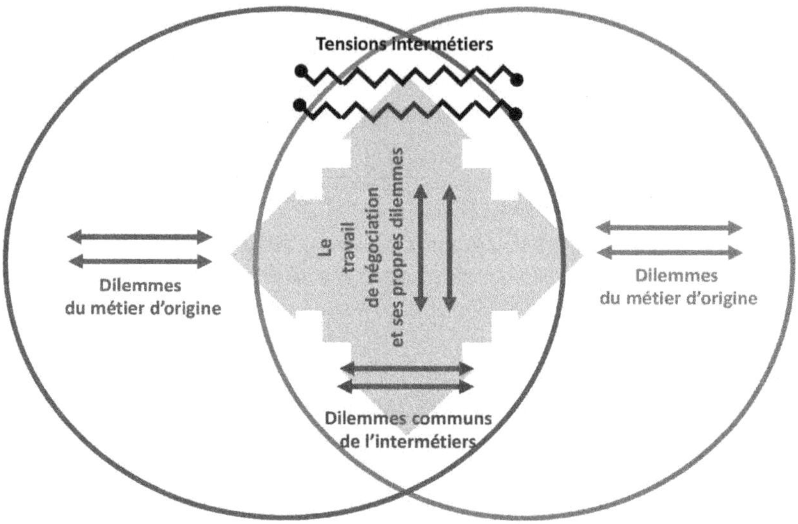

Nous nous intéressons ici au travail de négociation en lui-même. À titre d'exemples, nous présentons trois dilemmes du travail de négociation, tirés de nos recherches, et choisis pour leur récurrence et leur transversalité.

Continuité-discontinuité : la dimension spatio-temporelle de la négociation

La rencontre des métiers crée des conflits de temporalités du fait du rapport que chacun des métiers entretient avec le temps. Ces conflits sont traversés par le temps social qui, en nécessitant la coordination des agendas, fait intervenir l'instant et l'urgence de la décision. Le risque est ici de donner le primat à la coordination d'un temps spatialisé, matérialisé et segmenté (Bergson, 1926), qui est le temps social ou dit objectif, au détriment de la construction d'une histoire commune inscrite dans la durée et permettant l'ajustement des temporalités. Cet ajustement des temporalités se fait par la construction d'une expérience partagée et traversant ces découpages spatio-temporels constituant les frontières de chacun de ces métiers (Allenbach, 2019).

En situation d'intermétiers, la discontinuité du temps spatialisé (celle des agendas, des échéances), marque les transitions et inscrit l'expérience dans la continuité du temps vécu comme le souligne Bergson. Ainsi la continuité est à situer au niveau de l'élève et de sa famille, elle s'inscrit dans leur histoire, leur expérience de l'évolution et ne se résume pas, à une continuité de pratique ou d'approche (Couturier, Larose et Bédard, 2009). Cette réflexion interroge l'utilisation par les professionnels des notions de projets, et, plus récemment, de parcours, qui spatialisent un peu plus cette histoire par son instrumentation. Pourtant, la finalité poursuivie, tout particulièrement concernant la notion de parcours, est de remettre au centre la continuité, c'est-à-dire le *devenir* (Ebersold et Detraux, 2013) des élèves qui donne sens à l'activité des professionnels de l'éducation.

Explicite - implicite et formel - informel

Les dilemmes implicite – explicite et formel – informel qui lui sont associés sont très présents dans le travail de négociation. Les professionnels accompagnant un projet y ont très fréquemment recours afin de préserver les marges de manœuvre nécessaires au collectif (Thomazet et Mérini, 2014). Ce jeu, entre ce qui reste implicite et ce qui est explicité, suppose pour les interlocuteurs des connivences et un partage de codes qui ne sont pas toujours instaurés. En ce sens, la complicité entre certains partenaires (et pas d'autres) peut être préjudiciable et créer des asymétries, mais aussi contrecarrer d'autres formes d'asymétries institutionnellement ou historiquement construites par exemple (Thomazet et Mérini, 2018).

Le dilemme formel-informel concerne les espace-temps de négociation : quand faut-il planifier, voire instituer des entretiens, des réunions de réseaux, où pourraient s'expliciter et se réguler les projets et les rôles de chacun. Par exemple la rencontre d'un professionnel avec une famille peut se faire « *dans l'informel* », sur les pas de portes, au moment de la sortie des classes, au détour d'une activité commune ou d'une réunion avec convocation officielle, tout dépend de l'objectif (Thomazet et Mérini, 2014).

La question du double dilemme formel/informel et explicite/implicite se retrouve également dans ce qui peut, ou non, être dit (Champagnac et Mérini, 2017) au travers de l'utilisation et du statut des formulaires, des procédures et des injonctions. L'évaluation des situations, la définition des projets ou le suivi des parcours, conduisent les professionnels à des choix complexes. Représentent-ils des ressources, des repères, sur lesquels peut s'appuyer le travail de négociation, sans s'y restreindre ? Dans quelles mesures ces prescriptions et ces objets, au contraire, empêchent la négociation de sens, ou s'y substituent ? Quels écarts s'accorde-t-on ? Jusqu'où faut-il expliciter les actions, coconstruire les démarches ? Quand élabore-t-on une stratégie sans nécessairement l'expliciter à autrui ? De façon plus générale, quel doit être le degré de formalisation des accords, des projets, des contrats ? Et enfin, faut-il contractualiser les interventions et jusqu'où, définir les rôles et les projets comme préalables à l'action, tout en sachant que celle-ci, pour rester vivante et efficiente, devra être régulée, modulée, renégociée, *chemin faisant*, en fonction des effets imprévus de l'action, et des évolutions ? Autant de questions qui pointent les situations dilemmiques dans lesquelles se retrouvent les acteurs… et qui suscitent de nouvelles questions de recherche.

Partager : mettre en commun ou séparer

Le travail en situation d'intermétiers tout comme le partenariat est à la fois composé de points communs, à reconnaître ou à co-construire, et de différences, voire de divergences, à reconnaître également, ou à admettre. Au cœur des relations de partenariat ou de coopération, mais aussi au cœur des situations d'intermétiers telles que nous les définissons ici, se pose la question de ce qui sera mis en commun ou réparti entre divers acteurs. Cela implique pour ces derniers la confrontation à de nombreux choix : pourquoi mettre en commun ou au contraire diviser le travail ? Quels buts communs avoir ? quelles réflexions ? quelles actions ? Comme évoqué au point 3, les situations d'intermétiers peuvent être à la fois la cause et la réponse à ces questions, qui représentent autant de thèmes de négociation.

La situation d'intermétiers est avant tout un espace stratégique, où les professionnels sont là pour travailler avec les autres ; mais pour ménager le « *avec* », il faut pouvoir protéger les développements et la durée de l'action commune (Mérini 2006), afin de permettre les ajustements et les évolutions, « *la durée créatrice* » pour Bergson (1941/2009). En même temps, s'ils sont réunis, c'est parce qu'ils sont différents et qu'on espère créer du nouveau à partir de ces différences, ce qui donne place à la dimension « *contre* » de la relation partenariale qui fonde l'intermétiers.

Enfin, il convient de rappeler que l'utilisation même du terme d'intermétiers, (tout comme ceux de plurisciplinarité ou d'interprofessionalité) implique que l'on considère qu'il existe des métiers différents (respectivement des disciplines, professions ou secteurs d'activité). Or ces distinctions sont des constructions sociales qui varient en fonction des acteurs et des contextes, dont voici quelques exemples :

- Quand l'organisation « *tubulaire* » des métiers est particulièrement présente (Frangieh, 2017), dont en particulier, la séparation entre l'enseignement et le soin, chaque professionnel est considéré comme un expert de son monde, au détriment d'un partage des savoirs et des pratiques. Dans cette dynamique, la compétence du monde médical est souvent imposée, ce qui amène parfois l'enseignant à se déresponsabiliser du processus d'aide.
- Le développement de ressources interprofessionnelles dans les écoles soulève d'autres questions : une équipe réunissant par exemple des psychologues, logopédistes et psychomotriciens, peut représenter à leurs yeux un groupe relativement homogène de thérapeutes en milieu scolaire confrontés aux mêmes dilemmes ou, au contraire, un lieu où se confrontent des cultures professionnelles différentes (Allenbach, 2017).
- Enseignants réguliers et enseignants spécialisés vont parfois se définir comme appartenant à des cultures professionnelles très différentes (par exemple lorsque des orthopédagogues s'identifient, ou sont identifiés, principalement comme membres d'une équipe de spécialistes, réunissant également des psychologues et des orthophonistes). Mais ils peuvent aussi, au contraire, se considérer, ou être considérés, comme représentants d'un même corps de métier, celui d'enseignant, face aux thérapeutes ou aux travailleurs sociaux.

Ces découpages et cette vision très contrastée des métiers sont plus ou moins présents en fonction des contextes, et pourraient amener de nouvelles questions de recherche : Quand met-on l'accent sur les différences ? Quand se considère-t-on comme pairs ? Dans quels contextes s'inscrivent ces processus de catégorisation, et à quoi servent-ils ?

DISCUSSION : RECONNAÎTRE LE MÉTIER D'INTERMÉTIERS, UN ENJEU POUR LE DÉVELOPPEMENT D'UNE ÉCOLE INCLUSIVE

Le travail en situation d'intermétiers, un espace professionnel faiblement formalisé, souvent invisible aux yeux mêmes de ses acteurs

Outre les caractéristiques fondatrices du travail d'intermétiers qui viennent d'être présentées, la configuration de l'espace de travail commun elle-même pose une série de problèmes que nous avons décrits aussi à propos du partenariat (Mérini, 1999/2006). L'organisation réticulée du travail est peu matérialisée, avec une forte adaptation aux territoires et aux contextes. Les professionnels ne sont pas repérables à partir d'un lieu spécifique d'exercice, et l'agir commun est parfois éphémère, ou perçu comme extérieur au cœur de métier de chacun des partenaires. Pour toutes ces raisons, le travail en situation d'intermétiers est transparent, parfois aux yeux des professionnels eux-mêmes (Mérini, Thomazet, et Ponté, 2011). Si le travail commun est légitime au regard des prescriptions et des conventions interinstitutionnelles, les professionnels, eux, ne se sentent pas toujours légitimes dans ces interstices qui les éloignent parfois de ce qui leur est plus familier, dans leur métier et ou leur organisation d'origine. Ce sont ces particularités de l'intermétiers, et les déplacements qu'elles imposent, qui génèrent ce sentiment de déprofessionnalisation décrit à propos des enseignants par Wittorski (2016).

Des métiers de l'intermétiers pour travailler en situation d'intermétiers ?

Les éléments avancés plus haut amènent à concevoir le travail en situation d'intermétiers comme une composante essentielle de certains métiers. D'une situation de périphérie, voire d'opposition avec le *cœur de métier*, le travail en situation d'intermétiers pourrait ainsi devenir fondamental, voire fondateur du travail des divers professionnels, qui sont appelés à œuvrer ensemble et à rassembler leurs compétences pour faire face à la diversité (Frangieh, 2017), et dont la fonction porte spécifiquement sur la dimension d'intermétiers. Il s'agira notamment de gérer le dialogue rupture-continuité entre les métiers, mais aussi entre le métier d'origine et la situation d'intermétiers. Il sera aussi nécessaire de gérer les asymétries liées à l'histoire des métiers, aux contextes, et aux expertises de chacun. Des compétences psychosociales seront alors à développer comme l'empathie, l'assertivité, le travail de contractualisation et la prise en compte de la complexité (Allenbach, 2017).

Mais étudier, comprendre et reconnaître ce métier d'intermétiers implique d'étudier d'autres formes de collectifs de travail, regroupant des fonctions et des professions diverses, pour deux raisons. D'une part, le travail en situation d'intermétiers, par définition, brouille les cartes, remet en question les représentations de frontières étanches entre les métiers, et reconnaît la part commune de tâches et de pratiques. Il pose des ambivalences qui permettent aux professionnels de fonctionner, *contre* l'autre, dans la double signification d'une opposition et d'un appui, et *en partage* avec l'autre, traduite entre répartir et faire ensemble. D'autre part des professions très variées sont confrontées aux situations d'intermétiers : le travail, voire le métier, de négociation des situations d'intermétiers apparaît donc comme une évolution actuelle du travail dans nos sociétés.

Former et restructurer l'organisation des métiers

La formation est évidemment fondamentale, mais l'enjeu dépasse la question de la formation au sens classique du terme. Le travail de négociation de rôle et de sens met, en effet, continuellement à l'épreuve les professionnels concernés, tant en termes de construction identitaire, que de confrontation à des dilemmes et tensions nécessitant de pouvoir s'appuyer sur des collectifs et donc des dispositifs de formations tout au long de la vie et en intermétiers. Or ces collectifs ne sont pas de la seule responsabilité des professionnels, contraints par leurs modes organisationnels. En France comme en Suisse, ils dépendent de divers cloisonnements ; le temps de travail des uns n'est pas celui des autres : en formation continue par exemple, les années budgétaires varient. Des cloisonnements administratifs découpent les identités, les champs de responsabilité et d'action des différents professionnels, ou les espaces de travail, (*dans* l'établissement, *sur* un secteur déterminé, etc.)

Vers une pluralité d'angles d'analyse

Dans cet article nous avons insisté sur le fait que la reconnaissance du travail, voire du métier, de négociation dans les espaces intermétiers, impliquait des défis concernant d'une part, les dispositifs de formation initiale et continue, et d'autre part, l'encadrement et le soutien dans les environnements de travail. Par ailleurs, nous avons tenté d'articuler sociologie et analyse de l'activité, en nous référant principalement au courant clinique de l'activité (Clot, 2001, 2006).

Si une perspective systémique sous-tend certaines de nos propositions et de nos analyses, elle pourrait être davantage exploitée, en s'inspirant par exemple de Engeström et Sannino (2010) qui définissent comme *knotworking* des activités à l'interface entre systèmes différents. C'est le cas des situations d'intermétiers liées aux perspectives d'école inclusive, qui mobilisent conjointement des acteurs appartenant à des systèmes sociaux, médicaux et pédagogiques. Cette approche s'avère complémentaire au modèle conceptuel développé par la clinique de l'activité, car elle étudie une forme particulière de dilemmes rencontrés par les acteurs : les paradoxes, liés aux contraintes et injonctions contradictoires, issues de la rencontre entre les systèmes concernés. Il est ainsi possible d'étudier les conditions auxquelles ces paradoxes génèrent des souffrances, ou au contraire représentent des occasions d'apprentissage émergeant (Allenbach, 2017) : lorsque des professionnels, appartenant à des systèmes différents, analysent ensemble ces paradoxes, ils peuvent inventer des pratiques nouvelles nécessaires à leur dépassement.

CONCLUSION

La façon dont les professionnels investissent ou non le travail de négociation de sens et de rôle nous semble représenter un enjeu majeur pour développer une perspective inclusive, car c'est ici que se joue la capacité collective des acteurs scolaires à produire des réponses complexes, à la hauteur des enjeux inclusifs. Ceci implique, au niveau des institutions et des acteurs, la reconnaissance, la compréhension et la valorisation du travail de négociation, ce qui amène à le considérer comme un

pan clairement reconnu des métiers afin de pouvoir traiter, en formation, la diversité des dilemmes rencontrés.
Ainsi, la reconnaissance du travail de négociation dans les espaces intermétiers, voire de métiers de l'intermétiers, implique des défis intéressants concernant les dispositifs de formation, mais aussi pour l'encadrement et le soutien dans les environnements de travail. Cela pourrait passer par une reconnaissance de l'activité de négociation comme un aspect du métier et un enjeu de formation (référentiels de compétences, crédits, unités ou modules consacrés à cette thématique, etc.) Il nous semble nécessaire aussi de soutenir cette activité par des dispositifs de formation continue et d'accompagnement en lien avec la recherche (supervision, recherche collaborative, etc.) et par un accompagnement des cadres et responsables hiérarchiques dans le développement d'environnements capacitants.

Références

Akiki, J., et Frangieh, B. (2018). Confusion entre les rôles d'enseignant et d'accompagnant scolaire face à la montée de l'école inclusive au Liban. In T. Philippot et D. Niclot (dir.), *Assurer la réussite scolaire de tous les élèves :* perspectives internationales (pp. 43-56). France : Presses universitaires de Reims.

Alleaume, S. (2007). La transversalité : hier et aujourd'hui. Orientations et débats pour la formation professionnelle. *Vie sociale, 4*(4), 93-106.

Allenbach, M. (2015). *Faire alliance : un métier ? Défis et paradoxes des intervenants à l'école.* Paper presented at the Actes du 2e colloque du Laboratoire sur l'accrochage scolaire et les alliances éducatives (14-16 mai 2014), Luxembourg.

Allenbach, M. (2016). Comment coconstruire et se surprendre mutuellement entre chercheur et praticiens : questions épistémologiques entre analyse de la pratique et analyse de l'activité. *Le partage des savoirs dans les processus de recherche en éducation, 20,* 77-97. Genève : Raisons éducatives.

Allenbach, M. (2017). Développer des pratiques collaboratives : Entre souffrance et créativité. In L. Gremion, S. Ramel, V. Angelucci et J.-C. Kalubi (dir.), *De l'intégration à l'inclusion scolaire : regards croisés sur les défis actuels de l'école* (pp. 133-145). Ottawa : PUO.

Allenbach, M. (2019). Au cœur de la continuité éducative : le travail dans les espaces inter-métiers. In C. Blaya, C. Tièche-Christinat et V. Angelucci (dir.), *Au cœur des dispositifs d'accrochage scolaire. Continuité et alliances éducatives* (pp. 153-170). Bruxelles : De Boeck.

Allenbach, M., Duchesne, H., Gremion, L., et Leblanc, M. (2016). Le défi de la collaboration entre enseignants et autres intervenants dans l'école inclusive : croisement des regards. *Revue des sciences de l'éducation, 42*(1), 86-121.

Barbier, J.-M. (1996). Tutorat et fonction tutorale : quelques entrées d'analyse. *Recherche et formation, 22,* La fonction tutorale dans les organisations éducatives et les entreprises. 7-19. doi.org/10.3406/refor.1996.1341

Barbier, J.-M. (2013). Un nouvel enjeu pour la recherche en formation : entrer par l'activité. *Savoirs, 3,* 9-22.

Beguin, P. (2004). Mondes, monde commun et versions des mondes. *Bulletin de psychologie, 57*(469), 45-48.

Bélanger, J., Thomazet, S., et Mérini, C. (2013). L'agir ensemble en éducation : état des lieux dans les lois françaises et québécoises. *Éducation et formation*, 39-51.

Bergson, H. (1926). *Durée et simultanéité. À propos de la théorie d'Einstein*. Paris : Félix Alcan.

Bichon, A., Merminod, N., et Kamann, D.-J. (2010). Nouveaux rôles et profils de compétences des acheteurs. *Revue française de gestion, 205*(6), 139-155.

Cagnolo, M.-C. (2009). Le handicap dans la société : problématiques historiques et contemporaines. *Humanisme et entreprise,* (5), 57-71.

Canton de Vaud, DFJC. (2019). *Concept 360°, Concept cantonal de mise en œuvre et de coordination des mesures spécifiques en faveur des élèves des établissements ordinaires de la scolarité obligatoire.*

Champagnac, P., et Mérini, C. (2017). La coopération liée aux situations de handicap. Partenariats et non-dits. *La nouvelle revue de l'adaptation et de la scolarisation, 77*, 153-168.

Champagnol, R. (1986). L'échec scolaire. *Revue française de pédagogie, 77*, 47-56.

Cheriet, F. (2010). Modèle d'Uppsala et implantation des firmes multinationales agroalimentaires. *Revue française de gestion, 201*(2), 45-64.

Clot, Y. (2001). Psychopathologie du travail et clinique de l'activité. *Éducation permanente,* Clinique de l'activité et pouvoir d'agir, *146*, 35-50.

Clot, Y. (2006). *La fonction psychologique du travail.* Paris : PUF.

Clot, Y., et Faïta, D. (2000). Genres et styles en analyse du travail. Concepts et méthodes. *Travailler, 4*, 7-42.

Clot, Y., Fernandez, G., Scheller, L. (2007). Le geste de métier : problèmes de la transmission. *Psychologie de l'interaction, 23/24*, 109-138.

Crozier, M., et Friedberg, E. (1977). *L'acteur et le système : les contraintes de l'action collective.* Paris : Éditions du Seuil.

Couturier, Y., Larose, F., et Bédard, J. (2009). Continuités et discontinuités de l'intervention éducative et de l'intervention socio-éducative en milieu scolaire défavorisé. *Les sciences de l'éducation - Pour l'Ère nouvelle, 42*(4), 59-79.

Darmon, M. (2001). La socialisation, entre famille et école. Observation d'une classe de première année de maternelle. *Sociétés et représentations, 11*(1), 515-538.

Décret n° 2009-378 du 2 avril 2009 relatif à la scolarisation des enfants, des adolescents et des jeunes adultes handicapés et à la coopération entre les établissements mentionnés à l'article L. 351-1 du Code de l'éducation et les établissements et services médico-sociaux mentionnés aux 2° et 3° de l'article L. 312-1 du Code de l'action sociale et des familles, (2009).

Demailly, L. (2008). *Politiques de la relation : approche sociologique des métiers et activités professionnelles relationnelles.* Villeneuve d'Ascq : Presses universitaires du Septentrion.

Dubet, F. (2002). *Le déclin de l'institution.* Paris : Le seuil.

Ebersold, S., et Detraux, J.-J. (2013). Scolarisation et besoin éducatif particulier : enjeux conceptuels et méthodologiques d'une approche polycentrée. *ALTER-European Journal of Disability Research - Revue européenne de recherche sur le handicap, 7*(2), 102-115.

Engeström, Y., & Sannino, A. (2010). Studies of expansive learning: Foundations, findings and future challenges. *Educational research review, 5*(1), 1-24.

Frangieh, B. (2017). Analyse de l'activité des enseignants face à la diversité des élèves dans une école inclusive au Liban. *Éducation comparée, 18,*173-192.

Frangieh, B., et Akiki, J. (2019). Les dilemmes du métier des accompagnants des élèves à besoins éducatifs particuliers dans les écoles inclusives au Liban. *Revue hybride de l'éducation, 3,* 39-55.

Giddens, A., et Audet, M. (2012). *La constitution de la société : éléments de la théorie de la structuration.* Paris : PUF.

Goussard, L. (2017). Mythes et réalités du travail par projet. *Savoir/Agir, 40*(2), 21-27.

Grosjean, S., et Bonneville, L. (2007). Logiques d'implantation des TIC dans le secteur de la santé. *Revue française de gestion*, 145-157.

Iazykoff, V. (2018). Construire la compétence collective par la transmission entre générations : le tutorat, entre tradition et modernité. *Formation emploi, 14*(1), 89-105.

Lamboy, B., Fortin, J., Azorin, J.C., et Nelkaa, M. (2015). *La santé en action : prévention, promotion, éducation.* Saint-Denis : Institut national de prévention et d'éducation pour la santé.

Loreman, T., Forlin, C., Chambers, D., Sharma, U., & Deppeler, J. (2014). Conceptualising and measuring inclusive education. In C. Forlin and T. Loreman (Eds.), *Measuring inclusive education* (pp. 3-17). West Yorkshire: Emerald Group Publishing Limited.

Lorino, P. (2009). Le contrôle de gestion après la crise E. *Revue française de gestion, 193*(3), 29-35.

Maisonneuve, J. (1973). *Introduction à la psychosociologie.* Paris : PUF.

MEHE et CRDP. (2017). *Les cadres référentiels, soutenir un enseignement de qualité au Liban.* Beyrouth : CRDP.

Mérini, C. (1992). *Du partenariat en général dans la formation des élèves-maîtres et des professeurs des écoles en particulier.* DEA, Université de Paris-VIII.

Mérini, C. (2006). *Le partenariat en formation : de la modélisation à une application.* Paris : L'Harmattan.

Mérini, C. (2015). Du négoce à la négociation : terrains d'entente entre recherche et intervention. In J.-F. Marcel (dir.), *La recherche-intervention par les sciences de l'éducation : accompagner le changement* (pp. 181-193). Dijon : Éducagri Éditions.

Merini, C., et Thomazet, S. (2019). Vers une société inclusive : des liens nécessaires entre formation, pratique et recherche. *La nouvelle revue - Éducation et société inclusives, 85,* 9-26.

Mérini, C., Thomazet, S., et Ponté, P. (2011). Le maitre E dans ses rôles de partenaire : Vers une cartographie des pratiques collaboratives. In L. Portelance, C. Borges, J. Pharand (dir.), *La collaboration dans le milieu de l'éducation* (pp. 103-122). Montréal : PUQ.

Mintzberg, H. (1982). *Structure et dynamique des organisations.* Paris : Éditions d'Organisation.

Nakhla, M. (2003). Pilotage économique de projets industriels : organisation de la conception vs contractualisation interne. *Revue française de gestion, 144*(3), 7-21.

Perrouault, D. (2006). Peut-on innover sans évaluer ? *VST - Vie sociale et traitements, 92*(4), 63-70.

Plaisance, É. (2013). De l'accessibilité physique à l'accessibilité pédagogique : vers un renouvellement des problématiques ? *La nouvelle revue de l'adaptation et de la scolarisation, 63*, 219-230.

Rothen-Froidevaux, S. (2018) *Sélectionner et inclure : échanger sur son métier pour dépasser les contradictions*. Mémoire de master en pédagogie spécialisée. Lausanne : Haute école pédagogique.

Seraidarian, F. (2008). Réinventer le management stratégique à partir d'une approche prospective : le cas du Groupe La Poste. *Management avenir, 17*(3), 142-158.

Star, S. L., & Griesemer, J. R. (1989). Institutional ecology, translations' and boundary objects: Amateurs and professionals in Berkeley's Museum of Vertebrate Zoology, 1907-39. *Social studies of science, 19*(3), 387-420.

Strauss, A. (1992). *La trame de la négociation*. Paris : L'Harmattan.

Thébault, J. (2018). La transmission professionnelle en situation de travail : une approche ergonomique. *Formation emploi, 14*(1), 67-87.

Thomazet, S., et Mérini, C. (2014). La dimension collaborative, un espace professionnel du maître E. *Les sciences de l'éducation - Pour l'Ère nouvelle, 47*(2), 31-50.

Thomazet, S., et Mérini, C. (2014). Le travail collectif, outil d'une école inclusive ? *Questions Vives*, (21). doi : 10.4000/questionsvives.1509

Thomazet, S., et Mérini, C. (2018). Analyse des asymétries du travail collectif dans un contexte d'école inclusive. *Revue Transverse*, 23-40.

Thomazet, S., Mérini, C., et Gaime, E. (2014). Travailler ensemble au service de tous les élèves. *La nouvelle revue de l'adaptation et de la scolarisation, 65*, 69-80.

Unesco. (2016). *Éducation 2030 : Déclaration d'Incheon et Cadre d'action pour la mise en œuvre de l'objectif de développement durable*. Paris : Unesco.

Unesco. (2018). *Rapport mondial de suivi sur l'éducation 2020. Inclusion et éducation. Note conceptuelle*. Paris : Unesco. <unesdoc.unesco.org/ark:/48223/pf0000265329_fre>

Vial, M., et Caparros-Mencacci, N. (2007). *L'accompagnement professionnel ? Méthode à l'usage des praticiens exerçant une fonction éducative*. Bruxelles : De Boeck.

Vinck, D. (2009). De l'objet intermédiaire à l'objet-frontière. *Revue d'anthropologie des connaissances, 3*(1), 51-72.

Wenger, E. (1998). *Communities of practice: learning, meaning, and identity*. New York: Cambridge University Press.

Wittorski, R. (2016). L'injonction à l'interdisciplinarité : un symptôme de (dé) professionnalisation. *Forum, 148*, 44-51.

Zannad, H. (2009). L'individu et l'organisation projet. *Revue française de gestion, 196*(6), 49-66.

Zay, D. (1994). *La Formation des enseignants au partenariat : une réponse à la demande sociale ?* Paris : PUF.

Zay, D. (dir.) (1994). *Enseignants et partenaires de l'école, démarches et instruments pour travailler ensemble*. Paris/Bruxelles : INRP/De Boeck.

La collaboration parents-professionnels en contextes scolaires dits inclusifs au prisme des expériences parentales : des difficultés rencontrées aux possibilités d'action

Roland EMERY
Vanessa BACQUELÉ
Greta PELGRIMS
Université de Genève
Faculté de psychologie et des sciences de l'éducation
Équipe PACES (Pratiques professionnelles et apprentissages en contextes d'enseignement spécialisé et d'intégration scolaire)

Résumé : Si la collaboration entre parents et professionnels est considérée comme un principe indispensable à la scolarisation d'élèves institutionnellement déclarés à besoins éducatifs particuliers, la manière dont elle se décline effectivement reste une question vive. Cette contribution rend compte des premiers résultats d'une recherche plus large visant à saisir le point de vue des parents sur la collaboration qu'ils expérimentent avec les différents professionnels impliqués dans le projet de scolarisation en classe ordinaire de leur enfant. Elle rend compte plus spécifiquement d'une étude menée auprès de 10 familles. Les entretiens menés ont permis de dégager leur point de vue sur la diversité des professionnels avec lesquels ils doivent collaborer, sur ce qui fait obstacle à la collaboration, ce qui la facilite, ainsi que les compétences qui émergent de leurs expériences.

Mots-clés : Collaboration parents-professionnels - Intégration scolaire - Obstacles et facilitateurs à la collaboration - Partenariat - Rencontres parents-professionnels.

Parent-Professional Collaboration in a so-called Inclusive School Context through the Prism of Parental Experiences: from the Difficulties encountered to the Possibilities of Action

Summary: Parents-professionals partnership is seen as a core principle for the education of students with special educational needs. But how this partnership is actually experienced by parents remains a salient issue. This contribution reports the first results of a larger research, which aims to understand how parents conceive and experience the collaboration with the various professionals involved in their child's integration in a regular classroom. Results concern data gathered with 10 families, and focus on parent's perceptions related to the professional network they have to collaborate with, obstacles and facilitators to collaboration, as well as parent's skills emerging from their experiences.

Keywords: Inclusive school - Obstacles and facilitators to collaboration - Parent-professional collaboration - Parent-professional meeting - Partnership.

La collaboration entre parents et professionnels est considérée aujourd'hui comme un principe indispensable à toute action de scolarisation des *élèves institutionnellement déclarés à besoins éducatifs particuliers*[1]. Pour ce faire, les politiques scolaires inclusives se sont parées d'un ensemble de recommandations à des bonnes pratiques enjoignant les professionnels à « *communiquer efficacement avec les parents et les membres des familles ayant des bagages culturels, ethniques, linguistiques et sociaux différents* » (Agence européenne pour l'éducation adaptée et inclusive, 2012, p. 17). En France, par exemple, la loi de 2005 prévoit que l'évaluation des compétences, des besoins et des mesures mises en œuvre dans le cadre du parcours de l'élève soit conduite par l'équipe pluridisciplinaire et que « *les parents ou le représentant légal de l'enfant sont obligatoirement invités à s'exprimer à cette occasion* » (Art. L.112-2). Dans le canton de Genève, la loi stipule que « *les parents sont associés à la procédure de décision relative à l'attribution des mesures de pédagogie spécialisée* » (LIP, art.32, §2).
Si les dispositions légales prévoient d'accorder une place importante à la collaboration entre l'institution scolaire et les parents, nous pouvons questionner comment elle se décline effectivement et ce qu'en pensent les parents. Alors que les débats à propos des politiques dites inclusives résonnent intensément et que les études centrées sur les professionnels se multiplient, la voix des parents semble en effet davantage laissée-pour-compte voire réduite à une posture d'assujettissement sinon de *victime*. L'étude rapportée ici, conduite en Suisse et en France, s'inscrit dans une recherche plus large qui aura ultérieurement des visées comparatives. Elle vise particulièrement à comprendre la complexité du réseau de professionnels avec lesquels les parents devraient collaborer et tenter de préserver une posture de partenariat. Elle examine aussi ce qui, selon les parents, fait obstacle à la collaboration, ce qui la facilite, ainsi que les compétences émergeant de leurs expériences. Les résultats sont discutés sous l'angle de conditions et de points d'appui mieux à même de susciter une posture de partenaire, révélant combien ils sont autrement capables.

LA COLLABORATION ENTRE PARENTS ET PROFESSIONNELS : QUELQUES APPORTS

L'importance accordée à une collaboration étroite, d'écoute et de concertation réciproques entre professionnels et parents pour l'éducation des enfants institutionnellement déclarés à besoins particuliers n'est pas l'apanage des politiques inclusives. Les nombreux travaux menés depuis les années 1990 insistent sur cette qualité en se référant au concept de *partenariat* (p. ex. Turnbull et Turnbull, 2014). Ces travaux concernent notamment la mise en évidence de différentes formes d'implication parentale selon « *le degré de relation, d'engagement et de consensus* » (Larivée *et al.*, 2006, p. 529). Il apparaît qu'au-delà des formes de collaboration et quelle que soit

1. Par cette terminologie, nous nous référons à la conception de Pelgrims (2019) qui remet au centre des préoccupations les besoins des élèves pensés comme des conditions pédagogiques et didactiques à mettre en place par les enseignants afin « *d'augmenter l'accessibilité au rôle social d'élève et aux savoirs* », tout en rappelant que la catégorisation dont ces élèves font l'objet relève d'une procédure portée formellement par une institution.

la qualité des échanges d'informations et de discussion, les parents ne participent pas ou peu aux décisions prises (Bélanger et St-Pierre, 2019), alors que les définitions du partenariat entre parents et professionnels continuent, à la suite de Bouchard *et al.* (1998), d'insister sur la reconnaissance réciproque de leurs expertises et ressources et sur la symétrie de leurs rapports et échanges dans les prises de décision.

Le concept même de partenariat révèle l'importance accordée à dépasser le rapport tacite dans lequel les professionnels seraient les seuls détenteurs du savoir et du pouvoir. Mais sa fonction possiblement prescriptive n'est pas sans effets collatéraux. En effet, comme le rappelle Lesain-Delabarre (2012), « *employer le terme partenaire ne suffit pas à transformer radicalement les rapports des parents aux professionnels* [...] *et la vertu incantatoire du mot partenaire n'a guère d'efficace immédiat sur la réalité de ce qu'il désigne* » (p. 87). Les travaux d'obédience sociologique menés dans l'enseignement régulier relèvent déjà le risque, lorsque le partenariat s'érige en norme, de stigmatisation des familles les plus démunies qui n'ont pas nécessairement le bagage culturel pour décoder les leviers permettant d'y participer. Le partenariat pourrait dès lors plutôt « *conduire à associer et valoriser les parents les plus familiers de l'institution scolaire au risque de stigmatiser ceux qui s'en écartent* » (Périer, 2018, p. 27). Cette inégalité potentielle devant l'injonction au partenariat pourrait être exacerbée pour les parents devant collaborer avec les professionnels impliqués dans la scolarisation de leur enfant déclaré à besoins éducatifs particuliers.

Dépassant la littérature tendant à faire du partenariat un modèle prescriptif à suivre, nombre d'auteurs rappellent les difficultés rencontrées par les parents dans leurs rencontres avec les professionnels de l'éducation, de l'enseignement et des milieux thérapeutiques. Comme le souligne Gardou (2005), « *il reste nombreux les parents qui vivent dans un brouillard d'indifférence* [...] *les silences frileux, les regards furtifs, les mimiques de dégoût, les attitudes de supériorité ignorante et les paroles blessantes, comme des meurtres* » (p. 82). Si cet auteur se penche sur la collaboration famille-professionnels dans un contexte plus large d'éducation des enfants à besoins éducatifs particuliers, comment se décline-t-elle dans un contexte qui du moins en apparence se voudrait garant du droit à l'école pour tous, à savoir le contexte de l'école dite inclusive ?

L'enquête de Wagner *et al.* (2012), menée aux États-Unis auprès de parents d'environ 6000 élèves, montre que 90 % des parents déclarent participer à des séances de collaboration avec les professionnels et se montrent satisfaits des formes d'implication qu'ils vivent. Néanmoins, 30 % des parents souhaiteraient être davantage impliqués. En ce qui concerne la prise de parole des parents lors de séances liées à la conception d'un Projet éducatif individualisé (PEI), Martin *et al.* (2006) montrent que les temps de parole sont très différemment partagés sur la totalité de la durée des séances : 15 % sont pris par la parole des parents, 10 % par celle des enseignants réguliers, alors que celle des enseignants spécialisés semble occuper la majeure partie du temps (50 %). En outre, pour beaucoup de parents, se retrouver face à de nombreux professionnels lors des réunions n'est pas aisé, même s'ils en déclarent l'importance et la nécessité (Zeitlin et Curcic, 2014). Ces auteurs indiquent enfin que les parents perçoivent ces rencontres comme fondamentalement dissymétriques, évoquant une charge émotionnelle intense et le sentiment de ne pas être reconnus, d'être incompétents comme parents. Ces différentes études semblent donc bien confirmer que la participation des parents au processus du PEI est bien souvent minimisée, absente ou de l'ordre du simple consentement (Bélanger et St-Pierre, 2019, p. 361). Un ensemble d'éléments susceptibles de faciliter ou d'entraver la collaboration entre les parents et les différents professionnels est mis en évidence dans la littérature (p. ex., Chatenoud *et al.*, 2016) : les attitudes des professionnels, les compétences de communication, la qualité des échanges d'informations, la présence et la qualité de documents de type PEI et le niveau d'implication des parents dans la conception de ces projets. Les parents insistent sur l'importance de la collaboration avec tous les professionnels, en soulignant la nécessité de rencontres régulières. Ils déplorent par ailleurs des collaborations minimales entre les professionnels et un manque de ressources, et disent devoir non seulement se battre afin de les obtenir mais aussi les coordonner (Tétreault *et al.*, 2014).

Si, parfois depuis la naissance de leur enfant, les parents sont confrontés à la nécessité et à la complexité de multiples interactions avec les professionnels, ils doivent à l'entrée dans la scolarité, que celle-ci soit spécialisée ou inclusive, s'ajuster à de nouvelles contraintes. En particulier, l'arrivée de nouveaux acteurs de l'enseignement régulier et spécialisé ajoute et multiplie les relations avec les intervenants déjà présents, complexifiant les relations de collaboration. S'ils entendent participer au projet de scolarisation de leur enfant, ils auraient à augmenter le répertoire de leurs pratiques parentales afin de pouvoir identifier et comprendre le rôle des différents intervenants, participer aux réunions et partager des informations avec ces différents acteurs et enfin contribuer à la conception de projet individualisé (Beauregard, 2011). Outre les connaissances et pratiques habituelles des parents d'enfants sans difficultés de l'enseignement régulier, les parents d'enfants déclarés à besoins éducatifs particuliers pourraient aussi développer des connaissances et compétences spécifiques qu'ils mettront au service de la défense d'une scolarité inclusive pour leur enfant. Dans ce contexte, les parents chercheraient davantage à être formés, plutôt qu'informés, pour mieux soutenir les apprentissages de leur enfant (Larivée *et al.*, 2006). Ainsi, certains parents s'informent, mais de surcroît se forment informellement par leurs expériences, s'inscrivent dans des formations consacrées à la compréhension et à l'intervention auprès d'enfants ayant un diagnostic similaire à celui de leur enfant, voire développent leur pouvoir communicationnel dans des rencontres formalisées avec des collectifs de professionnels (Kalubi et Angrand, 2020). D'autres se mobilisent également au niveau politique et s'engagent dans des activités d'*advocacy*, terme se rapportant à différentes pratiques de défense des droits et intérêts de son enfant afin de pallier certains manques relatifs aux services de soutien formel (Wang *et al.*, 2004).

PROBLÉMATIQUE ET QUESTIONS DE RECHERCHE

Si les textes prescriptifs placent la collaboration entre les professionnels et les parents comme pierre angulaire du parcours scolaire de l'enfant, ils attribuent aussi à chacun d'entre eux la responsabilité de la collaboration. Il y aurait donc une responsabilité individuelle à collaborer, et une collective qui reposerait sur la mise en place formelle et convenue des conditions nécessaires à la pleine expression

des points de vue de chacun. Pour collaborer, les divers acteurs devraient donc se sentir partenaires, sur un même pied d'égalité, avec la possibilité d'être actifs et décisionnaires. Il s'agirait ainsi de ne plus considérer les parents comme des bénéficiaires plus ou moins directs des prestations, mais plutôt comme de légitimes détenteurs de droits et de connaissances.
Toutefois, la littérature consultée indique que les parents disent également mal vivre cette collaboration avec les professionnels (Zeitlin et Curcic, 2014), se sentir exclus et devoir se battre régulièrement pour soutenir le projet inclusif de leur enfant (Tétreault *et al.*, 2014). Alors que certains d'entre eux semblent plutôt se résigner et se soumettre d'une façon passive aux décisions prises, d'autres augmentent leur répertoire de pratiques parentales (Beauregard, 2011), se forment (Larivée *et al.*, 2006) ou développent des pratiques d'*advocacy* (Wang *et al.*, 2004). Certains pourraient ainsi mettre à jour et se saisir de nouvelles capabilités pour faire face à la complexité des multiples collaborations qu'ils ont à vivre et pour garantir le projet scolaire de leur enfant. L'idée même des capabilités, présentée par Sen (2000), repose sur l'opportunité d'offrir aux parents une liberté effective de poser des actes et de faire des choix par la construction d'un environnement octroyant non seulement le droit réglementaire d'agir mais donnant aussi les moyens de le faire. Dans cette perspective, l'analyse des conditions de collaboration pourrait rendre compte des possibilités offertes à l'expression des savoirs développés par des parents au fil des expériences de collaboration, des savoirs qui structureraient leurs pensées et actions sans être socialement convenus ni partagés. Saisir les conditions des situations de collaboration des parents, au fil de la scolarité dite inclusive de leur enfant institutionnellement déclaré à besoins éducatifs particuliers, les ressources qu'ils ont à disposition, ainsi que leurs expériences, dilemmes et ajustements, est l'objectif de la recherche plus large en lien avec d'autres travaux de l'équipe PACES sur les conditions, expériences, dilemmes et ajustements des professionnels (Pelgrims *et al.*, 2017, 2018, en préparation). Cette première étude qui fait l'objet de cet article s'attache ici à saisir le point de vue des parents sur la collaboration qu'ils ont avec les différents professionnels impliqués dans le projet de scolarisation en classe ordinaire de leur enfant. Nous cherchons plus spécifiquement à savoir comment, du point de vue des parents, se composent les réseaux de professionnels autour de l'enfant et sa famille (nombre et type de professionnels), quels sont les obstacles qu'ils rencontrent lors des temps formels de collaboration, et enfin, quels sont les éléments qui facilitent et soutiennent ces temps de collaboration.

MÉTHODOLOGIE

La recherche plus large est prévue avec un échantillon de parents en Suisse Romande et en France voisine couvrant essentiellement la Savoie. Les résultats présentés ici sont obtenus avec un premier échantillon composé de 10 familles recrutées, 6 dans le canton de Genève et 4 de Savoie sur la base des 3 critères suivants. Les parents ont un enfant qui :

- présente un diagnostic de déficience motrice, sensorielle, ou intellectuelle, ou un trouble du spectre de l'autisme,

- bénéficie de mesures de scolarisation en classe ordinaire à temps partiel ou total,
- est scolarisé actuellement au niveau primaire.

Le tableau ci-dessous présente les caractéristiques des projets scolaires concernés.

	Âge de l'enfant	**Diagnostic donné par les parents**	**Scolarisation actuelle**
CH1	9 ans	Trouble du spectre de l'autisme	4P école ordinaire depuis la 1P Soutien par un enseignant spécialisé de l'école
CH2	10 ans	Trouble du spectre de l'autisme	5P école ordinaire depuis la 1P (avec intégration progressive depuis un centre médicopédagogique)
CH3	9 ans	Trouble du spectre de l'autisme Dyspraxie	5P dans une école ordinaire à 100 % Aide à l'intégration (depuis la 1P) et soutien d'enseignant spécialisé (depuis la 3P)
CH4	6 ans	Trouble du spectre de l'autisme Déficit d'attention	3P école ordinaire Enseignant spécialisé (5 à 6 périodes/ semaine)
CH5	12 ans	Trisomie 21	8P école ordinaire (5 demi-journées) et Centre d'appui à l'intégration (4 demi-journées)
CH6	5 ans	Trouble du spectre de l'autisme	1P école ordinaire Accompagnante à 100 % en classe
FR2	10 ans	Dyspraxie Cophose complète oreille gauche Déficit attentionnel	Ulis en école primaire Ulis pour le français et CE2 pour les autres disciplines
FR3	7 ans	Maladie rare : Délétion sur le chromosome 4 (retard de croissance intra-utérin)	Ulis en école ordinaire et intégration en CP durant 3 heures par semaine Soutien AVS collective
FR4	10 ans	Anévrisme à 15 jours Hémiplégie côté gauche	CM1 école ordinaire + coup de pouce épisodique d'une AVS attribuée à un autre enfant de la classe
FR5	Jumeaux 8 ans	Prématurés, IMC Déficience motrice des membres inférieurs + bras gauche pour l'un des deux	CE1 école ordinaire Soutien du Sessad et de 2 AESH

Les projets d'intégration scolaire[2] présentent une forte variabilité en termes de formes, de système scolaire, de diagnostics déclarés et d'âges des élèves (entre 6 et 12 ans).
Les données ont été recueillies par entretiens semi-directifs conduits avec un des deux parents ou les deux réunis et structurés par un canevas d'entretien décliné en différents axes thématiques et dont seuls deux sont retenus ici. Le premier concerne les perceptions que les parents ont du réseau de professionnels impliqués dans la scolarisation actuelle en classe ordinaire de leur enfant; il comprend notamment la composition des réseaux et l'organisation des séances formelles de collaboration. Le deuxième axe concerne les conceptions plus larges des parents de la collaboration avec les différents partenaires, incluant les difficultés et les éléments facilitateurs. Les 10 entretiens, d'une durée de 71 à 122 minutes (m = 97), ont été intégralement retranscrits. Pour cette contribution, le corpus a été soumis à une analyse de contenu (Bardin, 2013) selon les thématiques correspondant aux trois questions guidant cette étude : la diversité des professionnels du projet d'intégration scolaire actuel, les obstacles à la collaboration au niveau organisationnel, procédural et de la teneur des séances, et les facilitateurs à la collaboration. Cette dernière analyse fait aussi émerger certaines connaissances construites par les parents au fil de leurs expériences de collaboration avec les professionnels.

RÉSULTATS

Diversité des professionnels

L'ensemble des parents interrogés relatent une longue expérience de collaboration avec les professionnels, pour une grande partie depuis la naissance de leur enfant. L'entrée dans une scolarité est marquée pour les parents par la transformation des réseaux de prise en charge précoce. L'introduction de nouveaux acteurs des milieux scolaires réguliers et spécialisés constitue pour la plupart des parents questionnés un pallier ou une prise de relais. Alors que certains parents semblaient davantage impliqués voire initiateurs des réseaux, pour d'autres, « *c'est l'école qui s'est approprié le réseau* » (CH5). Les partenaires peuvent alors devenir plus nombreux en fonction des différentes formes de scolarisation et les responsabilités redéfinies entre les différents acteurs.
Les parents déclarent tous une grande diversité de professionnels, des formes d'intégration, et du diagnostic des élèves. Ils désignent entre 4 et 11 intervenants (moyenne = 7) avec lesquels ils devraient collaborer pour le projet scolaire de leur enfant. Le projet à mi-temps en classe régulière et à mi-temps en centre de ressources de type médico-pédagogique est la situation impliquant le plus de professionnels (CH5). En revanche, le projet scolaire à 100 % intégré dans une classe ordinaire (CH2), sans mesure de soutien en classe par une aide à l'intégration[3], est celui dont

2. Sans plus de données sur les conditions effectives de scolarisation mises en place en classe ordinaire pour permettre à l'enfant et à l'adolescent d'intégrer le rôle social d'élève et l'accès aux savoirs, données qu'impliqueraient notre définition de l'inclusion (Pelgrims, 2016), nous adoptons le terme intégration.
3. Nous utilisons comme terme générique *aide à l'intégration* pour désigner les différentes fonctions selon les systèmes scolaires (AIS, AESH, AVS).

les parents désignent le moins de partenaires (4). Parmi les 10 projets concernés par cette contribution, celui de cet élève est d'ailleurs emblématique d'une intégration progressive opérée d'abord depuis une institution spécialisée.

Figure 1 : Diversité des partenaires impliqués dans les réseaux de collaboration associés aux 10 projets de scolarisation en classe ordinaire

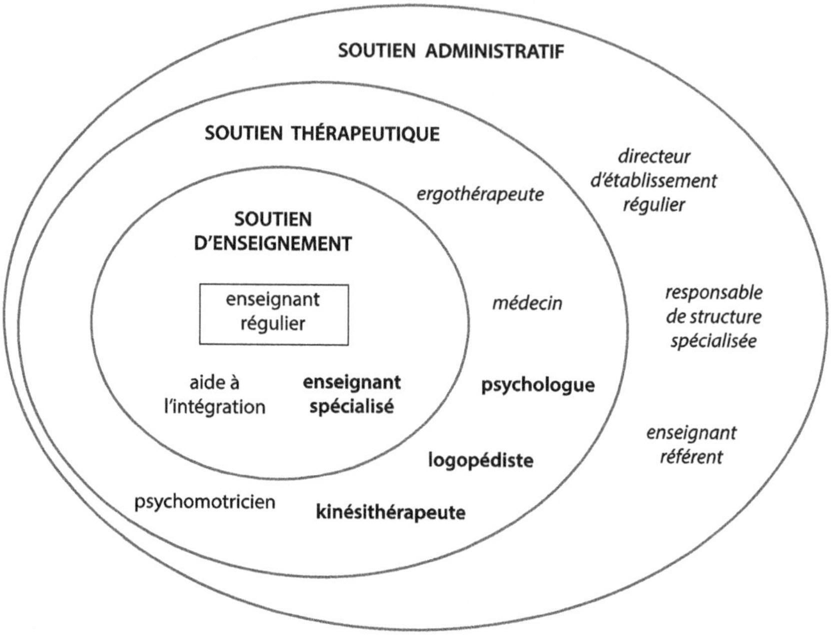

Légende :
Terme écrit en caractère roman : intervient exclusivement en classe.
En *italique* : intervient exclusivement hors classe ou hors école.
En **gras** : intervient en classe ou hors classe selon les projets.

Les parents brossent un panorama des intervenants impliqués que nous pouvons circonscrire en 3 cercles autour de l'enseignant régulier titulaire de la classe ordinaire accueillant l'enfant (figure 1). Ces intervenants opèrent d'une part à trois différents niveaux de soutien plus ou moins proches de la culture scolaire (enseignement, thérapeutique ou administratif) et d'autre part en classe, hors classe ou hors établissement (respectivement indiqué en style normal, italique et gras). Le *premier cercle* comprend les professionnels intervenant directement en classe pour un soutien d'enseignement. Il s'agit des enseignants spécialisés d'Ulis (pour la Savoie) ou des enseignants spécialisés exerçant la fonction de soutien à partir des structures spécialisées (pour Genève) qui sont impliqués dans 6 projets, ainsi que les aides à l'intégration également engagées dans 6 projets. Le *deuxième cercle* inclut des professionnels délivrant des prestations de soutien de rééducation ou thérapeutique, certains intervenant directement dans les classes. Nous pouvons relever ici la singularité du projet FR5 impliquant l'intervention de 4 professionnels d'un Sessad (kinésithérapeute, ergothérapeute, psychomotricienne, psychologue). L'ensemble des projets incluent entre 1 et 4 professionnels intervenant en dehors de l'école. Les parents signifient qu'ils ont une place spécifique et importante dans les réseaux liés à la scolarisation de leur enfant. Nous retrouvons les professions impliquées habituellement dans la prise en charge thérapeutique d'enfants présentant de telles déficiences : ergothérapeutes (7), orthophonistes (6), médecins (6), psychologues (5), kinésithérapeutes (2). Enfin, le *troisième cercle* concerne les professionnels dont les fonctions relèvent du soutien administratif au projet d'intégration en classe ordinaire. Ils sont considérés par les parents comme des acteurs importants dans les orientations de l'enfant et l'organisation des réunions. En Suisse, ce sont les directeurs d'établissement régulier que 5 parents désignent. En France, ce sont les enseignants référents qui, malgré la désignation en vigueur, n'ont pas de fonction d'enseignement.

Ainsi, il apparaît dans cette étude que la collaboration parents-professionnels dans le cadre de la scolarisation de leur enfant est caractérisée par un nombre important de professionnels qui interviennent à différents niveaux de soutien plus ou moins proches de la culture scolaire. En outre, les parents rapportent tous comment les expériences de collaboration démarrent précocement au niveau préscolaire.

Des obstacles liés à l'organisation et au déroulement des séances de réseau

Les obstacles que les parents perçoivent sur le plan des procédures prescrites relatives à la **planification, à l'organisation et au fonctionnement des réunions de réseau** semblent, sous certains aspects, différents en fonction des deux pays/régions (système national pour la France, système variable selon les cantons en Suisse). Un certain nombre de procédures sont réglementées en France : « *L'équipe de suivi de la scolarisation est réunie par l'enseignant référent autant que de besoin mais au moins une fois par an* » (Circulaire du 17 août 2006). Ces aspects ne font pas l'objet d'une règlementation en Suisse selon les propos des parents, lesquels d'ailleurs pointent un certain nombre d'obstacles en lien avec cette absence de disposition règlementaire : « *il manque un process officiel, qui dit ? qui fait quoi ? et qui est basé sur les besoins de S.* » (CH4). Ceci n'est d'ailleurs pas perçu sans conséquences sur les transmissions d'informations entre les différents professionnels : « *on n'a pas l'impression que les dossiers sont transmis d'une enseignante à l'autre* » (CH2).

La prescription fixant au minimum une réunion par année en France est claire pour les parents interrogés, même si certains trouvent que cela n'est pas suffisant : « *c'est rare qu'on se retrouve tous ensemble finalement* » (FR5). Le nombre de séances déclaré par les parents en Suisse est plus important : la majorité rapporte 1 par trimestre scolaire. Certains d'entre eux indiquent d'ailleurs que la modification de cet échéancier est perçue comme un signal d'alarme, tel que signifié par le parent CH3, le seul qui déclare deux séances par année : « *si ça va super mal, il y en a une troisième qui devrait s'ajouter, mais ça n'a jamais été le cas, je touche du bois* ». Toutefois, le fait que ces trois séances soient placées trop tardivement après le début de la rentrée scolaire est relevé par certains parents, qui réclament en outre

qu'elles soient mieux anticipées : « *j'avais demandé un réseau en début d'année, très tôt, parce que souvent ça ne se fait pas toujours en début d'année* » (CH5).
La planification et l'organisation des séances est dévolue à l'enseignant référent au sein du système scolaire français. La majorité des parents suisses rencontrés déclarent quant à eux ne pas être clairs sur qui va convoquer une séance et quand. Ils doivent parfois interpeler les intervenants pour cela : « *c'est vrai que les deux dernières fois c'est moi qui ai relancé* » déclare le parent CH3. Ils doivent parfois prendre l'initiative de solliciter la présence des thérapeutes libéraux, voire convoquer eux-mêmes les séances : « *on parle du projet, on parle d'un réseau qui a une fonction collaborative, là c'est nous qui convoquons* » (CH4). L'animation de celles-ci y est de même peu définie : « *alors une séance, on arrive, on s'assied et personne ne sait qui prend la parole. Après quelques minutes, le directeur réalise peut-être que c'est une bonne idée de parler* » (CH4). Si l'animation est assignée à l'enseignant référent dans le système scolaire français, cela n'empêche pas que les parents peuvent percevoir un manque de pilotage du réseau : « *il y a l'enseignant référent qui va peut-être un peu plus orienter mais y a pas de... chef d'orchestre* » (FR2). Certains parents relèvent qu'il y a trop de participants aux séances, se trouvant parfois face à des professionnels imposés (CH3) ou en présence de professionnels qu'ils ne connaissent pas : « *une intervenante avec qui on n'avait jamais eu de contacts, qui avait toujours été très distante et qui commence à parler de classe Ulis* » (FR2). L'échange s'en trouve alors entravé, le partage d'informations avec des professionnels inconnus étant difficile :

> « *C'est un moment intime, il y a des émotions et moi je suis quelqu'un de très sensible. Je pleure facilement. Donc c'est des situations où j'ai besoin de connaître les gens qui sont présents et pas de voir des têtes pour la première fois* » (CH3).

Au niveau du déroulement, des parents rapportent se voir couper la parole : « *la façon dont elle a mené la réunion, elle nous a un peu coupé la parole. En fait elle ne voulait pas qu'on ait des échanges. Elle nous a vraiment cassés !* » (FR5).
Les parents relèvent ce qui, dans la **teneur des échanges**, contribue à entraver la collaboration. Trois dimensions émergent de leurs propos. Ils rapportent en majorité tout d'abord que la collaboration lors des séances est fortement gênée par le fait que les propos peuvent être principalement centrés sur les difficultés et les troubles de l'enfant : « *c'est assez violent parce qu'on ne parle que de ce qui ne va pas, que des troubles, et du coup, on aurait besoin aussi de parler des ressources* » (FR2). Pour le parent CH3, « *le négatif s'engage très rapidement du moment qu'on dit quelque chose de pas positif sur mon enfant* [...] *qu'on entend des choses difficiles, déjà ça nous met dans un état* ». Les parents relèvent en second lieu que le processus collaboratif lors des séances peut être entravé par toute énonciation de propos qui, d'une façon directe ou indirecte, remettent en question le projet d'intégration en classe ordinaire. Les parents sont ainsi à l'affût des sous-entendus, des évocations de tout recours à des mesures autres que celles déjà engagées. Plusieurs rapportent d'ailleurs avoir l'impression que parfois tout est préparé à l'avance et entendu

entre les professionnels : « *ce qui était intéressant c'est qu'on avait l'impression qu'ils avaient déjà tout décidé avant qu'on arrive dans la séance* » (CH2). Enfin, les parents signalent que la collaboration est fortement entravée lorsqu'ils perçoivent que les propos tenus en séance remettent en question leur rôle parental ou lorsque les informations dont ils disposent ne sont ni entendues ni prises en compte. Les parents FR2 et FR3 considèrent par exemple que leurs ressentis des difficultés de leur quotidien avec leur enfant sont éludées : « *on ne nous a jamais demandé comment était M. à la maison, ça ne rentrait pas en compte ce critère de M. à la maison, c'était vraiment sa scolarité* » (FR3). Évoquant une collaboration négative antérieure le parent CH1 se montre d'ailleurs particulièrement critique sur le manque de considération de certains professionnels envers lui :

> « *C'est déjà la sentence* [...] *on ne vous écoute pas mais eux savent déjà ce qu'ils vont faire* [...] *en fait vous n'avez pas le droit d'intervenir, vous n'avez pas le droit de donner votre avis parce que vous ne savez pas, vous n'êtes pas thérapeute, vous n'êtes pas médecin* » (CH1).

Enfin, la teneur de certaines séances peut paraître complètement opaque pour des parents peu rompus au lexique employé par les professionnels ou ne disposant pas des clés suffisantes pour appréhender les procédures : « *des sigles, les mots, que ce soit médical, que ce soit lié à l'enseignement, c'est très particulier, c'est très codifié aussi, donc c'est très déstabilisant* » (FR2).
En ce qui concerne donc les obstacles à la collaboration, les résultats montrent que les parents en Suisse romande invoquent davantage les modalités d'organisation des réunions formelles alors que leurs pairs du côté de la Savoie invoquent essentiellement la faible fréquence des réunions ; cette différence entre les deux régions tient notamment aux prescriptions institutionnelles et nationales en France. En ce qui concerne les difficultés liées à la teneur des séances, les parents des deux côtés de la frontière déplorent le regard souvent défectologique que les professionnels portent sur leur enfant, toute énonciation qui selon eux pourrait être interprétée comme une menace du projet d'intégration scolaire, l'opacité du lexique, ainsi que la non reconnaissance de leur rôle de parents.

Des conditions facilitatrices et des points d'appui pour les parents

Les parents relèvent un certain nombre d'éléments facilitateurs du travail collaboratif, souvent en écho inversé avec les obstacles qu'ils déclarent. Ils formulent de plus certaines attentes pour optimiser cette collaboration.
La **formalisation de procédures claires et prévisibles** pour le suivi du projet et les réunions avec les professionnels est une condition facilitatrice relevée. C'est davantage les parents interrogés en Suisse qui expriment combien la collaboration est plus aisée lorsqu'ils peuvent identifier qui convoque les séances et qui en assure le compte rendu. Quelques parents relèvent également qu'une **préparation en amont des objectifs des séances**, avec chaque professionnel, est une aide au bon déroulement de celles-ci. Elle est importante car elle leur permet de se prémunir de toute mauvaise surprise :

« *Je pense que clairement que ce qui facilite, c'est qu'il y a eu beaucoup d'échanges en amont, ce qui fait aussi que chacun sait un peu son positionnement. Il y a peut-être moins de mise sur ses gardes et ça nous permet aussi de faire déjà notre chemin avant* » (FR2).

Plusieurs parents rapportent leur satisfaction lorsque **l'animation est clairement prise en charge par un professionnel** attentif, garant du partage équitable de la parole et capable d'utiliser des outils d'animation : « *c'était vraiment constructif, c'était bien repris aussi par l'enseignante référente qui était très attentive à ce que chacun pouvait apporter et à reformuler de façon le plus juste ce qui était apporté par chacun* » (FR2). Enfin, plusieurs parents déclarent qu'une séance où la collaboration s'est bien passée est une séance où **ce qui leur est rapporté de leur enfant est positif avec une mise en avant de ses progrès**. Dans leurs réponses portant sur l'amélioration de la collaboration, ils font aussi quelques propositions en lien avec les procédures. Plusieurs souhaiteraient qu'un professionnel puisse être le garant du projet de scolarité dans la durée (CH4, FR3). Cet intervenant devrait également les soutenir dans les démarches administratives et juridiques : « *quelqu'un qui puisse aussi nous aiguiller en tant que parent, parce que c'est la première fois que je passe par là. Avoir quelqu'un, comme une petite fée* » (CH3).

Guidés par la réussite du projet d'intégration de leur enfant, veillant à son bien-être familial et scolaire, les parents traversent la complexité des collaborations au gré des partenaires qu'ils rencontrent. Ils y acquièrent, par leurs expériences répétées, des connaissances et des compétences leur permettant d'affronter ces séances de réseau et d'y participer au mieux. L'analyse fait émerger des connaissances fines qu'ils ont développées, comme celles portant sur les déficiences de leur enfant et leurs conséquences sur la scolarisation, sur le fonctionnement des systèmes scolaires réguliers et spécialisés, sur les lois et principes régissant l'école inclusive, ou encore sur les différentes interventions thérapeutiques et pédagogiques qui leur paraissent pertinentes.

Nous pointons plus spécifiquement pour cette contribution que la plupart des parents interrogés disposent de connaissances claires sur le réseau professionnel, pourtant relativement complexe comme nous l'avons vu, entourant leur enfant. Ils font preuve d'une **connaissance fine des rôles des différents professionnels** et en quoi chaque partenaire peut s'avérer utile pour le projet de scolarisation de leur enfant. Ils insistent sur le fait, malgré certains mécontentements, que « *chaque professionnel a son rôle* » (CH6), « *chacun a ses compétences et n'essaie pas forcément d'aller sur le domaine de l'autre* » (CH1). D'ailleurs, lorsqu'ils sont interrogés sur cette question, les parents disent ne pas accorder davantage de poids à un professionnel plutôt qu'à un autre. L'analyse des corpus indique également qu'ils identifient parmi ces professionnels celui qui peut être un point d'appui particulier dans le réseau. Plutôt qu'un choix lié à une profession, il semble surtout que les parents soient sensibles à ce que le professionnel assure une continuité dans la prise en charge et le projet scolaire, qu'il se positionne pour défendre l'enfant, qu'il soit prêt à plaider leur cause et se montre disponible pour un partage fréquent d'informations en dehors des séances de réseau. Enfin, plusieurs parents déclarent prendre appui sur ces professionnels,

par exemple pour faire passer des informations qu'ils estiment importantes : « *on a l'impression que tant que ça passe par nous ce n'est pas entendu. Mais quand ça passe par un professionnel, c'est entendu, c'est comme si on avait besoin d'eux pour valider ce qu'on avait à dire* » (CH2).
Ainsi, pour faire face à la complexité de ces collaborations, les parents réclament plus de clarté quant à l'organisation et surtout au fonctionnement des réunions ; selon eux, les retours positifs sur leur enfant améliorent la qualité de la collaboration. Parallèlement, ils semblent développer une analyse perspicace des rôles des divers partenaires leur permettant d'identifier les appuis nécessaires en cas de besoins.

DISCUSSION

Les premiers résultats de cette étude exploratoire mettent tout d'abord en exergue non seulement le nombre important de partenaires mobilisés dans la collaboration parents-professionnels, mais aussi la grande diversité des cultures professionnelles et des lieux d'intervention du réseau. Celle-ci pourrait prendre sa source tant dans un déploiement continu de suivis professionnels sur des temps relativement longs que sur des interventions discontinues de certains d'entre eux. Au sein de ces réseaux, les parents restent minoritaires face à des professionnels représentés bien plus massivement. On notera par ailleurs la faible évocation des enseignants réguliers dans les propos des parents retenus pour les analyses conduites dans cet article. Bien qu'ils soient cités pour d'autres dimensions de la recherche non reprises ici, on peut s'interroger sur la place qu'ils occupent dans des séances multiprofessionnelles selon le taux d'intégration de l'élève. Ce constat pourrait confirmer, sous un autre angle, ce que certains auteurs relèvent dans le peu de participations des enseignants réguliers lors des réunions en lien avec les projets d'intégration (Martin *et al.*, 2006). C'est donc à une multiplicité de combinaisons collaboratives auxquelles les parents sont confrontés et auxquelles ils doivent s'adapter au mieux pour soutenir de manière adéquate le projet d'intégration de leur enfant. Cette confrontation à la complexité ne relève toutefois pas de la seule expérience parentale puisque certains professionnels y sont aussi soumis. En effet, d'autres travaux montrent que celle-ci s'impose aux enseignants spécialisés qui doivent faire face à de multiples partenaires et institutions lorsqu'ils assurent et tentent tant bien que mal de composer la fonction de soutien à l'intégration en classe ordinaire (Pelgrims *et al.*, 2017, en préparation). Il apparaît donc que la collaboration parents-professionnels s'inscrit dans des réseaux complexes et suscite des dynamiques relationnelles dont l'équilibre paraît quelquefois précaire. Or, le développement de multiples dispositifs d'aide sous couvert d'une école plus inclusive risque encore d'augmenter ce phénomène de complexité aux dépens des différents acteurs dont les enseignants, les parents et leurs enfants qui ont à l'éprouver quasiment au quotidien.
Ceci étant et pour y faire face, les parents opèrent des transformations qui, dans le récit de leurs expériences ne vont pas de soi. En effet, l'analyse plus précise des obstacles rapportés aux modalités d'organisation et de fonctionnement des séances révèle, entre autres, que le partage de parole pourrait rester en défaveur des parents et que l'impression demeure que les décisions se prennent a priori entre

professionnels et à l'écart des parents. Cette analyse des obstacles montre que la nécessité de collaborer engage quelquefois des situations paradoxales dont les parents doivent se départir pour poursuivre leur partenariat. En effet, l'engagement, que l'organisation des séances et la demande de mobilisation des professionnels réclame, les place dans un statut d'acteur de la collaboration indispensable et actif. Nombreux sont encore ceux qui doivent veiller à ce que les réunions s'organisent à des échéances fixes et à ce que l'ensemble des professionnels concernés soient convoqués, les plaçant dans un rôle de coordinateur ou de chef d'orchestre qui les oblige « *à organiser leurs rythmes de vie autour des rythmes institutionnels, à faire preuve d'un sens de l'organisation et de la coordination sans lequel l'intervention sociale ne saurait être cohérente* » (Ebersold, 2006, p. 64). Pourtant, ce statut de coordinateur semble pour certains parents s'effacer au cours des séances au profit d'un positionnement plus passif, davantage subi que souhaité, lors duquel ils deviennent « *observateurs* » (FR2) des échanges, abandonnant aux professionnels une partie de leurs possibilités d'action.

Parallèlement, un autre changement de statut peut aussi être soulevé. Si les parents regrettent que leur lot d'expériences avec leur enfant et leurs savoirs qu'ils qualifient pour certains d'intuitifs ne soient pas reconnus, on remarque par ailleurs qu'ils construisent un certain nombre de connaissances précises glanées auprès des professionnels ou dans le champ associatif et tendent dans la mesure de leurs moyens à passer du statut de néophyte à celui d'expert. Nos résultats montrent combien ils ont acquis, entre autres, des connaissances singulières des rôles et des apports des différents professionnels auxquels ils ont à faire dans le projet de scolarisation de leur enfant. De plus, ils identifient parmi ces professionnels quel est celui qui peut leur servir de relais ou de point d'appui, ce qui contribuerait à atténuer les rapports de pouvoir, au risque néanmoins que les autres professionnels s'adressent d'une façon préférentielle à lui (Bacon et Causton-Theoharis, 2013, p. 694). Développant différentes connaissances et compétences, les parents arborent une parole plus experte et épousent une forme de professionnalisme. Cette transformation qui fait de l'acquisition de connaissances une valeur de réassurance, leur permet de gagner une forme de reconnaissance face aux professionnels qui ne sont pas leurs pairs et les rend ainsi *autrement capables*. Néanmoins, nombreux sont ceux qui déclarent souhaiter rester parents avant tout et appellent de leurs vœux l'opportunité de remettre dans les mains des professionnels des rôles et des savoirs dont ils ont dû s'emparer : « *je suis frustrée parce que moi je suis cheffe de projet. Je sais que je pourrais le faire mais ce n'est pas mon rôle. Mon rôle, c'est d'être maman* » (CH4).

CONCLUSION

L'objectif de cette contribution était de donner la parole aux parents d'élèves institutionnellement déclarés à besoins éducatifs particuliers afin de recueillir la perception qu'ils ont de la collaboration avec les professionnels auxquels ils ont à faire dans le cadre de l'intégration de leur enfant en classe ordinaire. La centration sur la complexité des réseaux, sur les obstacles et les facilitateurs sous l'angle de l'organisation, du fonctionnement et de la teneur des séances de réseaux a guidé l'analyse des corpus verbaux recueillis. Les résultats font émerger la complexité des réseaux avec lesquels les parents devraient collaborer. En outre, les obstacles sont multiples et les parents appellent à plus de clarté, de planification des objectifs des séances, de propos centrés sur les progrès scolaires de leur enfant afin de rendre la collaboration plus fructueuse. Certes, il s'agit de premiers résultats qui appellent des confirmations et compléments à partir de la recherche plus large et actuellement en cours dans laquelle ils s'inscrivent. Si les résultats indiquent également que les parents construisent des connaissances expertes sur le réseau, les rôles et apports des différents acteurs, et identifient ceux qui constituent une ressource centrale pour garantir la pérennité du projet d'intégration de leur enfant, les premières analyses pourraient révéler que la question de la connivence culturelle entre les acteurs de l'école et certains parents (Périer, 2018) pourrait se poser avec acuité pour les parents concernés par cette recherche. Par ailleurs, si l'ensemble des parents déclarent la complexité, les difficultés et les obstacles à la collaboration, certains davantage que d'autres tissent d'autres réseaux, se forment, s'engagent en qualité de membres d'associations soutenant le droit de leurs enfants. Ceux-ci sont alors amenés à développer d'autant plus des possibilités d'action leur permettant d'optimiser le projet d'intégration de leur enfant. Mais qu'en sera-t-il des parents de milieux défavorisés et non défendus par des organisations associatives et qui peineraient encore davantage à être partenaires ? Quel sera l'environnement capacitant à promouvoir pour permettre véritablement à chaque parent de se sentir autrement capable ?

Références

Agence européenne pour le développement de l'éducation des personnes ayant des besoins particuliers. (2012). *Formation des enseignants pour l'inclusion. Profil des enseignants inclusifs.* Auteurs.

Bacon, J. K., & Causton-Theoharis, J. (2013). It should be teamwork: a critical investigation of school practices and parent advocacy in special education. *International Journal of Inclusive Education, 17*(7), 682-699. DOI: 10.1080/13603116.2012.708060

Bardin, L. (2013). *L'analyse de contenu.* Presses universitaires de France.

Beauregard, F. (2011). Practices adopted by parents of children with dysphasia in inclusive primary school. *Exceptionality Education International, 21*(3), 15-33. https://ir.lib.uwo.ca/eei/vol21/iss3/3

Bélanger, N., et St-Pierre, J. (2019). Enjeux de collaboration entourant le plan d'enseignement individualisé. Entre processus d'inclusion et d'exclusion. *McGill Journal of Education/ Revue des sciences de l'éducation de McGill, 54*(2), 349-368. https://doi.org/10.7202/1065662ar

Bouchard, J. M., Talbot, L., Pelchat, D., et Boudreault, P. (1998). Partenariat entre les familles et les intervenants : qu'observe-t-on dans la pratique. In A.-M. Fontaine et J.-P. Pourtois (dir.), *Regard sur l'éducation familiale : Représentation-Responsabilité-Intervention* (pp. 189-201). De Boeck.

Chatenoud, C., Beauregard, F., Trépanier, N., et Flanagan, T. (2016). Le point de vue des parents sur l'inclusion et l'intégration scolaires de leur enfant qui présente un trouble du développement. In L. Prud'homme, H. Duschêne, P. Bonvin, et

R. Vienneau (dir.), *L'inclusion scolaire : ses fondements, ses acteurs et ses pratiques* (pp. 87-102). De Boeck.

Ebersold, S. (2006). L'ambition participative ou l'invisibilisation sociale. *La nouvelle revue de l'adaptation et de la scolarisation, 34*(2), 61-70. <https://doi.org/10.3917/nras.034.0061>

Gardou, C (2005). *Fragments sur le handicap et la vulnérabilité*. Érès.

Kalubi, J., et Angrand, R. (2020). Représentations du pouvoir communicationnel des parents : synthèse sur deux décennies d'analyse réflexive en partenariat. *Phronesis, 9*, 11-24. https://www.cairn.info/revue-phronesis-2020-3-page-11.htm

Larivée, S., Kalubi, J., et Terrisse, B. (2006). La collaboration école-famille en contexte d'inclusion : entre obstacles, risques et facteurs de réussite. *Revue des sciences de l'éducation, 32*(3), 525-543. https://doi.org/10.7202/016275ar

Lesain-Delabarre, J. (2012). Penser la coopération entre parents d'enfants handicapés et enseignants : un défi. *La nouvelle revue de l'adaptation et de la scolarisation, 57*(1), 79-92. https://doi.org/10.3917/nras.057.0079

Martin, J. E., Van Dycke, J. L., Greene, B. A., Gardner, E. J., Christensen, R. W., Woods, L. L. & Lovett, D. L. (2006). Direct Observation of Teacher-Directed IEP Meetings: Establishing the Need for Student IEP Meeting Instruction. *Exceptional Children, 72*(2), 187-200. https://doi.org/10.1177/001440290607200204

Pelgrims, G. (2016). De l'intégration scolaire à l'école inclusive : accès aux structures scolaires ou au rôle d'élève et aux savoirs ? *Revue suisse de pédagogie spécialisée*, (3), 20-29.

Pelgrims, G. (2019). Des élèves institutionnellement déclarés à besoins éducatifs particuliers : apports d'une approche centrée sur l'activité à la question des désignations. *La nouvelle revue - Éducation et société inclusives, 86*, 43-63. https://doi.org/10.3917/nresi.086.0043

Pelgrims, G., Emery, R. Haenggeli-Jenni, B., et Danalet, M.-L. (2018). Le soutien à partir d'équipes pluridisciplinaires en établissement scolaire ordinaire : dilemmes d'enseignants spécialisés. *Revue suisse de pédagogie spécialisée, 4*, 26-33.

Pelgrims, G., Delorme, C., Emery, R., et Fera, X. (2017). Soutien à l'intégration d'élèves en classe ordinaire : dilemmes auxquels les enseignants spécialisés sont confrontés dans leur travail. *Revue suisse de pédagogie spécialisée, 2*, 22-29.

Pelgrims, G., Delorme, C., et Emery, R. (en préparation). *Accéder au rôle d'enseignant spécialisé soutenant l'intégration en classe ordinaire d'élèves dits à besoins éducatifs particuliers : apports d'une approche éducationnelle située de l'activité.* Manuscrit en préparation.

Périer, P. (2018). École et précarité familiale : quelles frontières invisibles entre parents et enseignants ? *La revue internationale de l'éducation familiale, 44*, 25-43. https://doi.org/10.3917/rief.044.0025

Sen, A. (2000). *Repenser l'inégalité*. Seuil.

Tétreault, S., Freeman, A., Carrière, M., Beaupré, P., Gascon, H., & Marier Deschênes, P. (2014). Understanding the parents of children with special needs: collaboration between health, social and education networks. *Child: care, health and development, 40*(6), 825-832. https://doi.org/10.1111/cch.12105

Turnbull, R., & Turnbull, A. (2014). Looking Backward and Framing the Future for Parents' Aspirations for Their Children With Disabilities. *Remedial and Special Education, 36*(1), 52-57.

Wagner, M., Newman, L., Cameto, R. Javitz, H., & Valdes, K. (2012). A national picture of parent and youth participation in IEP and transition planning meetings. *Journal of disabilitiy policy studies, XX*(X), 1-16. https://doi.org/10.1177/1044207311425384

Wang, M., Mannan, H., Poston, D., Turnbull, A. P., & Summers, J. A. (2004). Parents' perceptions of advocacy activities and their impact on family quality of life. *Research and Practice for Persons with Severe Disabilities, 29*(2), 144-155. https://doi.org/10.2511/rpsd.29.2.144

Zeitlin, V. M., & Curcic, S. S. (2014). Parental voices on Individualized Education Programs: "Oh, IEP meeting tomorrow? Rum tonight!" *Disability & society, 29*(3), 373-387. https://doi.org/10.1080/09687599.2013.776493

Les espaces formatifs et transformatifs Approche interdisciplinaire

Martial Meziani, Géraldine Canet, Cyrille Bock

Un regard interdisciplinaire sur les espaces dont la finalité est la formation et/ou la transformation des individus.

Cet ouvrage porte un regard interdisciplinaire sur les espaces dont la finalité est la formation et/ou la transformation des individus, au sein de plusieurs champs professionnels et institutions (école, sport, santé, art, travail social et interventions socio-éducatives). À travers une telle approche, il s'agit d'apporter un éclairage renouvelé en partant des missions et des enjeux actuels de ces espaces. Ces nouveaux enjeux produisent de profondes mutations, modifiant le vécu des personnes et des groupes sociaux constituant les espaces étudiés, ainsi que le sens de ce vécu. Croiser les approches disciplinaires a pour objectif de saisir la complexité et la nuance des phénomènes observés relatifs à la formation et à la transformation des individus. En ce sens, les espaces étudiés peuvent se révéler autant des lieux de restrictions que d'émancipation.

Collection « Questions de société »

Champs social Éditions

2021, 248 pages
Version papier : 20 €
EAN : 9791034606726

Renseignement

<http://www.champsocial.com/book-prisons%3Cbr%20/%3Esous%3Cbr%20/book-les_espaces_formatifs_et_transformatifs_approche_interdisciplinaire,1207.html>

Assistant au projet et parcours de vie : une rupture dans les métiers de l'accompagnement ?

Corinne MÉRINI
Laboratoire ACTé
Université Clermont Auvergne

Julie PIRONOM
Laboratoire ACTé
Université Clermont Auvergne

Jean BÉLANGER
Université du Québec à Montréal (UQAM)

Serge THOMAZET
Laboratoire ACTé
Université Clermont Auvergne[1]

Résumé : Les personnes handicapées et leurs familles sont souvent confrontées à de grandes difficultés pour élaborer un projet de vie correspondant à leurs attentes et leurs besoins. Une expérimentation menée entre 2016 et 2018 a permis à une dizaine de professionnels de s'engager dans un nouveau métier, au côté des familles, pour les aider à concevoir et formaliser leurs besoins. Ainsi pensé, l'accompagnement relève de la formation à l'autodétermination (*empowerment*), par une explicitation des codes et des jeux du milieu, et par le soutien apporté au développement des compétences nécessaires à exercer des choix là où les accompagnements traditionnels visent les réponses et les solutions. L'article ci-dessous rend compte d'une recherche qualitative qui a permis de mieux comprendre comment les professionnels s'emparent de ce nouveau métier, les difficultés rencontrées, la façon dont elles ont été résolues. Les résultats confirment l'existence d'un métier dont le positionnement est notablement différent des métiers historiques de l'accompagnement.

Mots-clés : Accompagnement - Familles - Handicap - Nouveau métier - Société inclusive.

Life Project Assistant: a Break in the Support Professions?

Summary: People with disabilities and their families are often faced with great difficulties in developing a life project that corresponds to their expectations and needs. An experiment carried out between 2016 and 2018 enabled a dozen professionals to engage in a new profession, alongside families, to help them design and formalize their needs. In this way, the support provided involves training empowerment, by explaining the codes and rules of the environment, and by supporting the development of the skills needed to make choices where traditional support is aimed at providing answers and solutions. The article below reports on qualitative research that has provided a better understanding of how professionals are taking hold of this new profession, the difficulties encountered, and how they were resolved. The results confirm the existence of a profession, significantly different from the historical support works.

Keywords: Disability - Families - Inclusive society - New profession - Support.

1. Nous remercions Virginie Sivachanemougam et Sylviane Biglione, anciennes étudiantes du master/parcours Scolarisation et besoins éducatifs particuliers (Université Clermont Auvergne), ainsi que les professionnels de Nexem et des sites pilotes pour leur participation à ce travail.

En France comme dans de nombreux pays, pour aider les familles à faire face au handicap, des ressources sont disponibles sous forme d'aide financière, de prestations de soin, de rééducation, d'accompagnement... Ces ressources sont disponibles par l'intermédiaire d'une multitude de services et établissements spécialisés formant un secteur de l'action publique, le secteur médico-social. Pour accéder à ces ressources, les Personnes handicapées (PH) et leurs familles se retrouvent fréquemment en difficulté face à des procédures administratives quelquefois longues et difficiles à comprendre, et surtout face à la possibilité de faire valoir leurs choix et leurs droits dans cet environnement complexe.
Face à ces difficultés, la Fédération nationale des associations gestionnaires au service des personnes handicapées et fragiles (Fegapei) maintenant Nexem en partenariat avec plusieurs associations a voulu faciliter le parcours des familles concernées par le handicap et a mis en place un nouveau métier à titre expérimental d'*Assistant projet de vie* (APV)[1] sur sept sites (Agen, Bergerac, Bordeaux, Charleville-Mézières, Nice, Pau et Toulon). Au sein de cette expérimentation, un travail de recherche a été mis en place dans le but de contribuer à décrire l'activité de ces professionnels, leurs outils et leurs gestes de métiers et d'évaluer l'impact de leur travail. Nous rendons compte, dans cet article, d'une partie de la recherche qui avait pour objectif de décrire le nouveau métier d'assistant au projet de vie, et de le situer au regard des métiers du secteur médico-social. Ainsi, notre équipe de recherche était mobilisée pour mieux connaître ce métier pour permettre à ses concepteurs de le modéliser, de prévoir des formations et de l'installer dans le paysage de l'accompagnement. Du point de vue scientifique, l'observation et l'analyse de ce nouveau métier nous semblent contribuer à mieux comprendre ce à quoi conduit le *changement de paradigme* vers une société inclusive, du point de vue des acteurs qui ont à le mettre en œuvre. Une brève discussion nous permettra de revenir sur le concept d'accompagnement avec le nouveau regard que ce métier permet sur la prise en compte des demandes des familles.

CADRE THÉORIQUE ET CONCEPTUEL

Soutenir sans exclure, le dilemme de la mise en place d'une société inclusive

Associant une nécessité éthique (Ebersold, 2017 ; Gardou, 2012) et une obligation légale (République Française, 2005), la participation des PH à la société, ne pose guère de problème dans ses principes comme en témoignent de nombreuses enquêtes (voir par exemple FGPEP, 2019). La difficulté vient de la mise en œuvre (voir par exemple SNUIPP-FSU (2014) dans le cas de l'école). De grands défis se posent alors, pour les personnes, les familles, les accompagnants, et pour l'ensemble des professionnels, sur la façon dont les personnes peuvent accéder à l'école, au soin, au travail, aux loisirs, etc. en toute autonomie tout en bénéficiant des ressources leur permettant de compenser les limitations, et bien évidemment avec bienveillance.

1. L'assistant au projet de vie peut prendre différents noms en fonction des lieux où il exerce. Dans le présent document, nous conservons la dénomination APV quel que soit le nom d'usage utilisé localement.

Dans ce contexte de promotion d'une société inclusive, les métiers de l'accompagnement se transforment passant d'une logique d'assistance et de *prise en charge* protectrice, à une logique d'autonomie visant à permettre aux personnes de construire et mettre en œuvre leur projet de vie (Chossy, 2010; Stiker, Puig et Huet, 2014). Ces objectifs se traduisent par une transformation des structures de l'accompagnement et du soin en services (CNSA, 2015). Dans cette perspective, les professionnels sont à nouveau invités à renforcer leurs relations avec les parents pour faire en sorte que la construction des projets et du parcours de vie ne résulte pas d'un choix contraint (Guirimand, Thouroude et Leplège, 2018) aligné, par exemple, sur les capacités d'accueil des structures. Cependant, l'action des professionnels reste souvent limitée par les fonctionnements en silos, donc cloisonnés de l'action publique (Lafore, 2009) et par un secteur médico-social habitué à fonctionner de manière indépendante (Chauvière et Plaisance, 2008). En d'autres termes, les projets des personnes et des familles se trouvent fréquemment contraints par les ressources disponibles au sein du secteur médico-social, que ce soit en termes de scolarisation, de logement, de formation professionnelle ou d'emploi.

Face à cette situation, plusieurs solutions ont été envisagées et partiellement mises en œuvre (Campion et Debré, 2012) avec la possibilité d'utiliser, les ressources du secteur médico-social, et celles de *droit commun*, donc du milieu ordinaire (psychologue, orthophoniste, etc.), et ceci à tous les âges de la vie de la personne, que ce soit pour construire un projet scolaire, de loisirs, de travail ou de retraite.

Parallèlement à ce travail d'adaptation de l'offre, porté par les associations gestionnaires et l'action publique (CNSA, 2015), une autre solution est d'apporter aux personnes et à leur famille un accompagnement centré sur le projet. En d'autres termes, il s'agit, en complément des dispositifs existants qui apportent des réponses, de créer un métier d'accompagnant *Assistant au projet de vie* (APV)[2], centré sur le projet, donc sur ce que les personnes et leur famille pourraient souhaiter. Cette approche inverse les logiques, puisque les familles ou les personnes ne sont plus en situation de choisir parmi les solutions déjà existantes, mais de penser un projet et de rechercher ensuite comment le mettre en œuvre, en s'appuyant sur les ressources disponibles, mais aussi sur celles qui pourraient l'être au regard des dispositions juridiques en vigueur. Ainsi, le centre de gravité du travail de l'APV est moins la personne et sa famille ici et maintenant, que leurs projets et le devenir de la personne. Plusieurs associations, fédérations ou structures ont commencé à mener de tels accompagnements des familles, notons par exemple avec des emplois de médiateurs de projets inclusifs, portés par diverses associations dont Trisomie 21 Loire ou encore le projet *Assistant au projet de vie* porté par la fédération d'employeurs Nexem, dans lequel la présente recherche prend place.

Construire et exercer son métier

Exercer son métier, c'est tout d'abord répondre à une prescription, au sens de tout ce qui est défini par une institution et communiqué au professionnel pour concevoir, organiser et réaliser son travail (Rabardel, Carlin, Chesnais et Lang, 1998). Cette

2. Aujourd'hui nommé : Assistant au projet et parcours de vie (APPV).

prescription peut être transmise par une fiche de poste, par la formation, mais aussi par des consignes orales ou des cadrages moins explicites, informels comme les valeurs que vont défendre une association ou le poids des contextes de travail.
Cependant, répondre à la prescription ne suffit pas pour exercer son métier. De nombreuses actions, donc de nombreuses compétences sont nécessaires qui ne sont pas inscrites dans la prescription. Nous utiliserons le terme d'activité, utilisé par l'ergonomie pour désigner ce qui est mis en jeu par le sujet pour exécuter ces prescriptions (Leplat et Hoc, 1983). L'exercice d'un métier est rarement univoque, face à une situation, un professionnel dispose de bien plus qu'une façon de faire (Vygotski, 1934/1985). Ces façons de faire constituent un répertoire d'actions possibles, mais non actualisées, ce qui nous amène à dire que l'activité a une épaisseur. Par exemple, un accompagnant peut choisir de prendre contact avec une personne de manière formelle (prise de rendez-vous à son bureau). Mais en fonction des situations, il aurait pu mobiliser d'autres façons de faire : rencontre informelle, utilisation d'outils d'aide à la communication, etc.
Un métier ne s'exerçant jamais seul, la capacité à travailler en coopération par la mise en place de partenariats d'acteurs (Mérini, 1999) et dans des espaces de travail commun que nous nommons d'intermétiers (Allenbach, Frangieh, Mérini et Thomazet, 2021 ; Leplège, Guirimand et Mazerau, 2018) sont pour nous des dimensions incontournables.
Les façons de faire, individuellement et collectivement, les gestes de métiers, les outils et leurs usages, mais aussi les difficultés et les points de vigilance sont rassemblés dans ce que Clot et Faïta (2000) appellent un genre professionnel, qui regroupe « *ce que les travailleurs d'un milieu donné connaissent et voient, attendent et reconnaissent, apprécient ou redoutent; ce qui leur est commun et qui les réunit sous des conditions réelles de vie* [...] » (Clot et Faïta, 2000, p. 11). Dans le contexte de la présente recherche, où l'observation de l'émergence d'un nouveau métier est centrale, c'est bien la construction des invariants du métier, donc du genre professionnel qui retiendra notre attention pour permettre de le situer dans un panorama plus général.

MÉTHODE

Le recueil de l'activité des APV a été fait par l'intermédiaire d'un collectif de recherche (Caroly et Clot, 2004) que nous avons constitué en rassemblant les APV engagés dans la recherche et les chercheurs. Le groupe s'est réuni quatre fois par année de 2016 à 2018 facilitant ainsi les échanges entre professionnels et la co-construction du métier. Le groupe a permis aux chercheurs de présenter et mettre en débat des éléments de résultats, et donc, d'une part, de valider les résultats et d'autre part de les compléter par les échanges et controverses de métier que l'exposé de ces résultats a généré. Pour favoriser la liberté des échanges et protéger les salariés et, dans le même temps, l'indépendance de la recherche, nous avons dissocié le travail de recherche avec les professionnels, des échanges plus techniques de gouvernance avec les employeurs. Seuls les résultats validés par le collectif de recherche réunissant les salariés et les chercheurs ont été transmis aux employeurs. Ce cadre éthique est aussi pour nous un moyen de validation de nos données et

de notre analyse, car il nous assure de la reconnaissance de nos résultats par les professionnels qui ont servi à les produire.
L'existence d'un collectif de recherche composé de sept APV[3] et de quatre chercheurs a facilité l'accès aux terrains et à des données se voulant authentiques et manifestes. Ce collectif a aussi permis d'instaurer un climat de confiance entre les chercheurs et les salariés dont la parole était respectée et protégée. Les échanges entre professionnels, issus quelquefois de cultures et de références différentes, ont amené à conscientiser et objectiver des savoirs propres au métier d'APV agissant le plus souvent en situation d'intermétiers. Ces savoirs de métiers ont été présentés et mis par la suite en débat avec les employeurs afin d'ajuster le métier à ses missions. Ce sont donc trois univers en interdépendance (la recherche, les salariés et les employeurs), chacun avec leurs intérêts propres qui ont été mobilisés pour produire nos savoirs (Mérini, Thomazet, Bélanger, 2018) selon une approche que nous qualifions de complexe au sens de Morin (1977).
En réponse à cette complexité, nous avons croisé cinq protocoles de récolte de données de manière longitudinale pour cerner l'activité d'accompagnement des professionnels qui est tout à la fois orientée par le projet de la famille et du jeune, mais aussi du milieu, et en comprendre les déterminants.

1. Un recueil des *journaux de bord mensuels* réalisés par les APV pour identifier et quantifier leur activité quotidienne nous a permis de cerner les tâches à l'œuvre dans l'exercice du métier. Ces journaux ont été recueillis sous forme numérique, une analyse quantitative et qualitative a été faite à partir des tendances relevées. Un total de 13 470 heures a été renseigné.
2. Une exploration des *boîtes à outils* des APV pour identifier leur activité et l'organiser selon une catégorisation négociée de leurs outils. Les 261 outils recueillis ont été organisés en classements et comparaisons par le collectif de recherche.
3. L'enregistrement de situations professionnelles (rencontre avec des familles, des personnes handicapées), suivies d'autoconfrontations (Clot, Faïta, Fernandez et Scheller, 2000 ; Flandin, 2017) permettant aux professionnels d'expliciter leur activité, leurs choix, et donc de mieux saisir, au-delà des actions réalisées les autres choix qui auraient pu être possibles. Douze enregistrements d'une durée totale de 10 heures ont permis de saisir une part d'activité sur chacun des sites. Les vidéos ont été retranscrites et les verbatim analysés par une méthode d'analyse de contenu inspiré de Glaser et Strauss (1967/2017).
4. Un repérage écosystémique a permis de situer les partenaires de l'APV dans une logique de proximité/distance et de voir l'évolution des interactions dans le temps. Pour ce faire les APV ont positionné sur un schéma leurs partenaires en fonction de la proximité estimée de leurs relations, de leur orientation (de la famille et/ou l'APV vers le milieu ou inversement) et de l'objet de cette relation (l'habitat, l'insertion professionnelle, le soin...) Trois mesures ont été effectuées en début, milieu et fin de recherche. Comme pour les autres données, les schémas ont fait l'objet d'une analyse collective.

3. Le groupe d'APV s'est étoffé à une dizaine en fin de recherche.

5. Lors des rencontres du collectif de recherche, des autoconfrontations croisées (Clot *et al.*, 2000) et des débats de métiers ont été menés permettant la validation de nos résultats. Vingt-deux séances ont été filmées pour un total de 29 heures d'enregistrement.

RÉSULTATS

Au terme de ce travail, nous constatons que les APV ont pu construire ce que la recherche a révélé être un métier du fait de ses caractéristiques spécifiques telles que des dilemmes de métier, des savoirs, des usages des outils, des gestes de professionnels, ou encore une position au regard des autres métiers (Zarca, 1988). Ce sont ces points que nous allons détailler ci-après.

Appropriation de la prescription : soutenir la famille, est-ce être conseiller, coach... ou ombre de la famille ?

La prescription reçue par les APV très claire, mais aussi très générale, positionne ce dernier à côté des personnes et des familles dans une logique de maîtrise d'ouvrage (Nexem, 2019, p. 1). Lors de la prise de poste, le positionnement en soutien des personnes et familles questionne les APV comme ils nous le rapportent dans les entretiens : « *une question de fond que j'ai. Je m'interroge encore* » (ACI)[4]. Plusieurs dimensions sont questionnées par les APV. Tout d'abord la posture de plaidoyer que pourrait laisser supposer un tel accompagnement « *Il est question d'un APV qui serait l'avocat, entre guillemets, de la famille. Je ne sais pas si moi je me positionnerais comme tel. Je pense qu'il y a une place réellement professionnelle qui peut être au plus près de la famille, et justement dans le fait de pouvoir susciter son pouvoir d'agir et de prendre des décisions* » (ACI). Une autre difficulté consiste à rester dans une posture neutre de soutien alors que « *je pense aussi que les familles peuvent venir nous chercher pour des conseils* » (ACI). La double contrainte d'informer pour permettre aux familles de décider et d'agir sans être influencées, est vécue comme un dilemme généré par une prescription précise, mais dont l'opérationnalisation pose des problèmes liés à la posture d'accompagnement, notamment dans un contexte où les identités professionnelles antérieures des APV (principalement éducateur spécialisé ou assistant social) restent présentes. Les débats de métiers qui ont eu lieu dans les autoconfrontations croisées ont rendu visible ce dilemme en opposant une conception de l'accompagnement en arrière des personnes, dans leur ombre, à une conception de type coaching, ce que peuvent souhaiter les familles. Le dilemme rendu explicite et les débats de métier qu'il a généré ont permis aux APV de se déplacer d'une posture qui consiste à « *aiguiller dans toutes les directions* » (ACI) autrement dit informer sur toutes les solutions possibles puis à « *s'effacer* » (ACC[5]), au nom de la commande de neutralité : « *de laisser la famille maître de ses choix* » (ACI) autant que faire se peut.

---

4. Les citations en italiques sont extraites des verbatim. ACI signifie autoconfrontation individuelle, la personne filmée commente les images de sa vidéo.
5. Autoconfrontation croisée.

Ainsi, l'accompagnement réalisé par les APV relève de la formation à l'autodétermination (ou empowerment au sens de la capacité à décider pour soi-même), par une explicitation des codes et des jeux du milieu, et par le soutien apporté au développement des compétences nécessaires à exercer des choix, là où les accompagnements traditionnels visent les réponses et les solutions.

Au cœur des dilemmes : l'émergence d'un genre professionnel

Le dilemme ci-dessus opposant deux conceptions de l'accompagnement n'est qu'un exemple des dilemmes professionnels qui ont émergé et dont le dépassement a progressivement permis la construction du métier d'APV.
Accompagner la construction et la mise en œuvre des projets de la famille peut aussi amener l'APV à être confronté à « *une tension entre le projet de l'enfant et le projet de la famille* » (ACI). Là encore, cette situation, dans un premier temps dilemmatique pour l'APV, lui permet de prendre conscience de la complexité de son activité professionnelle et de se repositionner dans la mission : il n'est pas présent pour trouver des réponses, c'est le travail des professionnels, du secteur médico-social ou de santé, mais pour aider les familles, les personnes, leurs parents ou encore les fratries à disposer d'une information suffisamment complète et fiable pour faire des choix éclairés.
La compatibilité de l'environnement à répondre aux demandes de la famille est un autre élément du métier générateur de dilemmes. Il se peut, par exemple, que la mobilisation d'une ressource, pour répondre à une demande, soit particulièrement longue, alors que l'APV pourrait lui-même agir pour répondre à la demande. Ainsi, l'écriture d'un courrier à la Maison des personnes handicapées (MDPH) peut prendre quelques minutes à l'APV, alors que l'appui d'une assistante sociale pour écrire le courrier peut nécessiter plusieurs semaines d'attente. L'APV doit-il rester dans son rôle d'accompagnant centré sur la demande ou apporter lui-même la réponse ? Comment rester dans sa mission avec des personnes et des parents qui sont souvent en crise, avec peu de ressources, et en demande de réponse plutôt que d'autodétermination ?
Il se peut qu'en réponse aux projets de la personne et de sa famille, les ressources locales ne soient pas très présentes pour accueillir des personnes, notamment en milieu ordinaire « *mais ça ne fonctionne pas comme ça encore* » (ACC). L'APV peut alors se retrouver dans une situation impossible, entre les choix qu'il a l'injonction de soutenir et ce que peut proposer l'environnement qui ne correspond pas à ces choix. Comment alors soutenir un projet qui, ici et maintenant, aux yeux même de l'APV ne trouve aucun point d'appui chez les professionnels qui auront à le mettre en œuvre, et ne garantit pas la bientraitance attendue pour la personne et sa famille ?
Pour ces deux derniers dilemmes, la solution se trouve dans la transformation de l'environnement, afin de ne pas se contenter de l'existant et de bâtir un contexte plus favorable. Accompagner les personnes et leurs familles, pour un APV, c'est bien plus que de donner une information administrative ou juridique. C'est renseigner la famille sur les ressources locales, les solutions possibles, mais aussi développer des points de vigilance, voir accompagner des recours juridiques. Le développement de l'autodétermination et donc du pouvoir d'agir conduit à rendre visible un *autrement capable* aux yeux des partenaires par une mise à distance et l'appui à l'expression

de la demande. Ainsi peut-on faire l'hypothèse que l'APV a une action sur le milieu, non pas directe, mais médiatisée par l'action des personnes et familles.
Cette triangulation engendre un rapport au temps renouvelé et nécessite parfois en parallèle des solutions transitoires, un travail sur plusieurs niveaux de temporalités en même temps. Un dernier dilemme émerge en lien avec le milieu : faut-il accompagner la conception d'un projet à réaliser dans l'urgence ou permettre une réponse plus adaptée sur le long terme ? Ces deux temporalités engendrent elles-mêmes des conflits entre le temps nécessaire à la famille pour être autonome et construire du pouvoir d'action sur le milieu, et les réponses administratives ou de soin qui, elles, peuvent être décalage avec cette temporalité de la personne et sa famille, ou l'agenda et l'échéancier social qui organise le quotidien. Ce dilemme qui oppose deux temporalités, à court et plus long terme, va trouver une réponse par un travail sur plusieurs niveaux : à court terme pour trouver une réponse rapide, et à plus long terme, pour trouver une réponse plus adaptée. Pour les AVP, le travail sur ce dilemme amorce aussi une réflexion sur l'aspect systémique des réponses à construire : permettre aux personnes et familles de construire des réponses et les mettre en œuvre nécessite d'anticiper les ajustements nécessaires entre tous les acteurs, donc de créer des espaces de négociations et de co-construction. Nous reviendrons sur ce point.

Qu'est-ce qu'accompagner quand on est APV ?

Accompagner, au regard de la prescription faite aux APV, c'est s'adapter aux besoins des personnes et des familles. De fait, dans un contexte d'autodétermination, c'est le ou les projet(s) qu'accompagne l'APV. L'activité telle qu'elle a été mise en œuvre va donc bien au-delà du travail direct d'appui et de suivi en direction des personnes et familles. Les journaux de bord des APV montrent une activité de communication pour informer sur l'existence de ce nouveau métier, échanger avec d'autres professionnels ou au sein des services. De plus, il est rapidement apparu aux APV que toutes les personnes et familles n'ont pas les mêmes besoins. Pour certaines, un contact a été pris, un lien établi, l'APV a terminé son travail et reste donc *en veille*. À l'autre extrême, certaines personnes et familles ont besoin d'une présence active de l'APV pour faire valoir leur droit dans des réunions institutionnelles ou pour d'autres démarches, l'accompagnement est donc en cours et l'APV est très sollicité.
L'accompagnement peut porter sur la construction d'un projet précis : trouver une scolarisation adaptée, une formation professionnelle, accéder aux soins, etc. Dans d'autres situations, le besoin est plus global, il engage la fratrie, les parents et au-delà. Par exemple, l'accompagnement peut avoir comme objectif d'aider une maman à reconstruire un projet professionnel après une longue période sans emploi[6], mais aussi maintenir ou recréer, pour toute la famille, l'accès aux loisirs, à du temps libre, à tout ce qu'une parentalité ordinaire rend possible et que se sont interdits ou n'ont pas pu mettre en place les familles avec un enfant handicapé.
Si donner une information *brute* (comme les documents nécessaires à la MDPH, procédures) peut être suffisant pour certaines familles, pour d'autres, un travail

6. Suite à l'arrivée d'une personne avec handicap, 4 familles sur 5 ont dû faire évoluer leur situation professionnelle, comme le souligne notre enquête quantitative (Tikiri Banda et Pironom, 2019).

d'explication, voire d'adaptation en facile à lire et à comprendre (ce que nous avons constaté dans les outils produits) peut être nécessaire. Certains APV ont aussi été amenés à avoir une présence active au côté des familles pour les aider à faire valoir leurs droits (par exemple dans une Équipe de suivi de scolarisation (ESS). Malgré la volonté d'autodétermination, certains contextes demandent aux APV d'être plus présents sur le terrain, tout en étant vigilant à laisser l'autonomie de décision aux familles.
En conséquence de cette diversité de besoins, les APV développent et tiennent actualisées des connaissances et des compétences dans des domaines multiples, ce que nous ont montré leurs besoins en formation notamment. Ces connaissances sont celles du domaine médico-social bien évidemment qui est connu pour sa complexité tant du point de vue du droit, des procédures, des ressources existantes, mais aussi des ressources possibles (du fait du droit), des relais et contacts. L'APV doit aussi pouvoir informer chacun sur « *les possibles pour les familles et pour les bénéficiaires* » (ACC) dans les dispositifs de droit commun comme l'école, l'emploi ou encore les soins. Il informe par ailleurs sur la façon de monter des réponses complexes, mobilisant à la fois les ressources ordinaires comme l'école, mais aussi des dispositifs médico-sociaux intervenant en appui, soit pour une aide compensatoire auprès des personnes, soit pour un accompagnement du milieu vers sa mise en accessibilité.

Dix gestes de métier permettant de situer le métier d'APV dans le champ du médico-social

Nos données amènent à identifier, chez les APV, des compétences déjà repérées des métiers de l'accompagnement (Paul, 2004), mais qui vont prendre une forme particulière du fait de la position de l'APV qui vient en appui des personnes et familles. Il s'agira, par exemple de « *pouvoir évaluer plus précisément la demande* » (ACC) sans pour autant entrer dans la mise en œuvre des réponses. Dans ce contexte, l'analyse de l'activité (vidéos et entretiens) a permis d'identifier les principaux gestes du métier d'APV. Une dizaine de gestes ont été identifiés (tableau 1) et sont détaillés dans les lignes suivantes.

Tableau 1 : Liste des gestes de métier repérés

A. Travailler dans l'intime des familles et de la personne, comprendre leurs besoins de l'intérieur.
B. Médiatiser, présenter l'information, traduire pour s'adapter à la famille et à la personne.
C. Recueillir l'information.
D. Croiser les regards, croiser l'information.
E. Trianguler (faire appel à un tiers, étudier une situation à deux APV, utiliser un tiers médiateur).
F. Articuler partenariats institutionnels et d'acteurs.
G. Agir dans des dispositifs en évolution.
H. Mobiliser et ajuster ses réponses à partir d'un répertoire professionnel.
I. S'opposer, être *extérieur.*
J. Être professionnel, gérer ses émotions.

Travailler avec les familles et les personnes, les soutenir dans leurs connaissances, démarches et projet nécessite, du point de vue des APV, un geste de métier particulier qui consiste à travailler dans l'intime, de comprendre de l'intérieur. Ce geste est nécessaire pour aider à formaliser un besoin réel en allant au-delà de ce que les familles ou les personnes expriment avant le travail avec l'APV. Par ailleurs, en fonction des familles ou des personnes, il peut être nécessaire de médiatiser les informations, de les présenter différemment, éventuellement de les traduire. Ces gestes conduisent à l'ajustement d'outils, par exemple par une traduction d'un formulaire administratif en langage *facile à lire et à comprendre* (voir la partie *trousse à outils* ci-après). Nous l'avons constaté, recueillir l'information est un geste de métier majeur du travail de l'APV, il s'exerce à la fois en direction des familles ou personnes – comprendre leurs besoins, donner les « *bonnes* » réponses (ACI) – et en direction de l'environnement – connaitre les « *bonnes* » procédures et réponses (ACI), les « *bons* » professionnels (ACI). Les qualificatifs « *bons* » et « *bonnes* », utilisés par les familles notamment sont intéressants, car ils montrent toute la difficulté des APV qui, face à la recherche d'une réponse, ont mission d'informer objectivement sur les possibles et de rendre les personnes et leur famille capables d'agir de manière plus autonome.
L'APV travaille dans un environnement complexe. Apporter une *réponse* ajustée à la demande d'une famille ou d'une personne nécessite le plus souvent de croiser les regards et l'information pour s'assurer de la fiabilité et de la pertinence des informations à communiquer. Cette préoccupation d'apporter des réponses adaptées aux demandes des familles ou de la personne se traduit dans un autre geste de métier mis en avant par les APV qui est de trianguler et de conforter ses positions, en faisant appel à un tiers. Il peut s'agir d'étudier une situation à deux APV, ou encore utiliser un tiers médiateur dans certaines situations de communication pour s'assurer d'une convergence de point de vue. On le voit, les APV conçoivent leur activité comme un travail qui ne peut s'exercer seul. Il amène à des co-constructions avec les familles bien sûr, avec l'environnement, mais aussi avec des pairs et de très nombreuses personnes ressources.
Cette indispensable co-construction est aussi liée à la nécessité d'agir dans des dispositifs en évolution. Dans notre société, les dispositifs, ordinaires ou spécialisés, sont en évolution constante et rapide. Les APV doivent avoir un réseau leur permettant d'actualiser leur connaissance des procédures, dispositifs, personnes ressources et d'une manière générale d'être en phase avec l'environnement. Elle nécessite de la part des APV une actualisation constante de leurs outils, de leur carnet d'adresses et des informations dont elles ont besoin pour soutenir les familles et personnes dans leurs projets. Ce répertoire de ressources permet à l'APV d'apporter des réponses qui ne sont jamais univoques : s'adapter aux familles et personnes, à l'environnement, conduit à un autre geste de métier, mobiliser et ajuster ses réponses à partir d'un répertoire professionnel. Bien évidemment, dans la logique qui est celle des APV, cette *réponse* consiste en inventaires des possibles et non à leur mise en œuvre. Cette capacité à intervenir à partir des informations ajustées aux terrains, dans un contexte d'accompagnement de la demande et d'autodétermination nous amène à positionner l'action de l'APV dans les métiers de conception.

Enfin, le contexte de travail de l'APV l'amène à prendre en compte les situations difficiles dans lesquelles sont bien souvent les familles et les personnes. Ceci amène les APV à être professionnels dans un environnement sensible. Il leur faut donc, selon les moments, savoir s'opposer, rester extérieur, gérer ses émotions (ACC), faire avec les émotions des autres, convaincre. Ces compétences, qui sont celles des métiers de l'accompagnement prennent une dimension particulière avec la grande proximité de l'APV avec les familles et leur position d'appui à la *demande*, d'appui au projet de vie.

Des outils et leurs usages

Parce que le recours aux outils documente la nature de l'activité déployée, un temps important a été accordé à l'identification des outils utilisés par les APV. Un travail d'inventaire a été réalisé au niveau de chaque site puis nous avons invité les APV à procéder collectivement à la construction d'une classification. Ce travail a permis de collecter 213 outils qui à l'aide de trois rencontres et d'un processus de négociation entre APV ont été classés en 7 catégories d'usage : administratifs (rendu d'activité, déplacements…), communication (présentation du dispositif…), d'engagement ou d'entrée des personnes dans le dispositif (contrats, chartes…), accompagnement du projet, liaison (outils de suivi du projet…), autodétermination (outils permettant à la famille ou à la personne d'être autonome sur certaines tâches), évaluation et techniques d'accompagnement (ressources pour traduire en FALC…). Si ces catégories ont reçu l'aval des APV, il apparaît cependant que certains outils peuvent appartenir à plusieurs catégories en fonction de l'usage qui en est fait. Enfin, plusieurs sites nous ont fait remonter des dizaines de versions d'un même outil, chaque version étant une adaptation de l'outil à un usage pour une famille (les adaptations sont indiquées dans les parenthèses du tableau 2 ci-dessous.

Tableau 2 : Récolte des outils - novembre 2017

Outils / Sites	Total
Administratif	14
Communication	24
Engagement	12
Accompagnement du projet, liaison	12
Autodétermination	60 (13 outils, 47 adaptations)
Évaluation	3
Technique d'accompagnement	88 (36 outils, 52 adaptations)
Autre	48
Total	261

Partenaires, collaborations et processus de négociations

Nous l'avons constaté dans la présentation des gestes de métiers, le travail collectif est une nécessité pour les APV. Il s'agit tout d'abord de travailler avec les familles,

mais aussi, comme dit plus haut, de se constituer un répertoire de partenaires. Sollicités sur leurs partenariats, les APV ont pu identifier 117 partenaires au premier temps de recueil (mars 2016), 152 au temps intermédiaire (juin 2016) et 313 à la fin de l'expérimentation (avril 2017, voir exemple de schéma ci-dessous, figure 1), ceci pour les 7 sites. Sans aucun doute, pour se professionnaliser dans le métier, l'APV se doit d'identifier des partenaires potentiels pour pouvoir soutenir les familles dans la réalisation de leur projet « Parce que dans notre fonction [il est nécessaire], *de tisser des coopérations, de tisser des partenariats, de tisser des liens...* » (ACC).
Le repérage de l'activité partenariale traduit une activité des APV fortement ancrée dans les territoires. Deux domaines d'activité semblent dominer cet ancrage, ceux du soin (27 % des occurrences) et de la scolarité (14 %) bien qu'une diversité de domaines d'une autre nature ait pu être repérés aussi. Quel que soit le propos de l'activité partenariale, le droit commun (72 % des partenaires) y tient une place plus importante que le droit spécifique (voir figure 1). Cela nous encourage à penser que le travail partenarial de l'APV peut avoir un effet mobilisateur du milieu en matière d'évolution vers une société inclusive.
La réalisation de cartographies nous a permis de positionner les partenaires en référence à la position centrale de l'APV et des familles. Ainsi, les partenaires ont été positionnés de manière plus ou moins éloignée selon le point de vue des APV avant de tracer l'orientation des interactions des familles vers le milieu ou inversement et réciproquement, ces interactions ont été par ailleurs identifiées selon les domaines d'action comme le soin, la scolarité, les loisirs, etc. L'évolution et les échanges des APV sur ces graphiques ont permis de conscientiser le milieu, et de développer les interactions qui nourrissent le répertoire de professionnels.
Cet outil a permis de noter une évolution en nombre et dans le positionnement des institutions, certaines situées comme des partenaires *périphériques* à la marge dans le macrosystème, apparaissent ensuite plus au centre (microsystème) et en zone médiane (le mésosystème). Ces évolutions certes liées à une amélioration de la formalisation du travail partenarial par les APV sont peut-être liées aussi à la mobilisation du milieu suite aux sollicitations provoquées par l'APV dans l'accompagnement des familles. Le travail de recherche et le repérage en trois temps de l'activité partenariale cartographiée montrent une amélioration notable de la conceptualisation de l'activité partenariale et du développement de compétences dévolues à cette activité, par exemple lors du troisième repérage on peut noter des interactions entre les partenaires hors de l'APV ouvrant de nouvelles pistes inclusives dans le milieu ou configurant de nouvelles réponses à la demande des familles et/ou des personnes.

DISCUSSION

Les compétences identifiées ci-dessus nous amènent à constater des proximités importantes du métier d'APV avec les autres métiers de l'accompagnement et plus généralement du travail social. Ce constat apparent d'une similarité est systématique lorsque nous présentons informellement ce nouveau métier aux professionnels des établissements spécialisés, éducateurs, coordonnateurs ou assistants sociaux qui nous disent « *mais ça, on le fait déjà* ». Cependant cette proximité est trompeuse, car la posture aux côtés des familles et des personnes, visant la construction de la demande relève de l'assistance à maîtrise d'ouvrage (Nexem, 2018, p. 5). Cette posture est bien différente de celle des autres professionnels qui ont à élaborer les réponses, et donc dont le métier relève de la maîtrise d'œuvre (métiers de la coordination) ou de la mise en œuvre (métiers de l'intervention sociale, médico-sociale, soin...). Cette différence est rapidement apparue aux nouveaux APV qui, en accompagnant les familles ont permis l'émergence de projets atypiques « *moi j'ouvre des projets* » (ACI) ce qui n'est pas sans conséquence sur les services médico-sociaux qui ne disposent pas en interne des ressources pour répondre « *et là on bouscule un peu parce qu'on ouvre des portes pour les personnes* » (ACI). Ainsi, pour suivre le projet de vie d'un jeune désireux de devenir « *animateur sono* » a-t-il fallu bousculer le milieu ordinaire qui l'a formé, faire admettre à la famille d'abandonner au moins momentanément sa fonction d'entretien paysager et que chacun puisse faire un pas de côté pour rendre les choses possibles.

Cette compétence des APV, non pas à monter eux-mêmes des projets, mais à accompagner les personnes et les familles dans ce montage nécessite des connaissances et des compétences *au carré*: il faut savoir ce qui est possible et le transmettre aux familles et aux personnes pour renforcer leur autodétermination. Pour cela il est apparu, à travers les demandes de formation, le besoin de disposer d'un cadre éthique et juridique adéquat au regard du droit spécifique et du droit commun, ce qui nécessite une parfaite connaissance des structures existantes, mais aussi des possibles. L'APV doit par exemple pouvoir informer la famille de l'existence d'un dispositif d'accompagnement comme une Ulis[7], même s'il n'en existe pas dans l'école de quartier. Cette capacité à envisager un projet au-delà de l'existant, en identifiant un besoin et en faisant valoir le droit constitue une grande différence avec les métiers historiques du secteur médico-social dans lesquels professionnels et familles sont contraints d'agir dans le seul espace des possibles que permet la structure médico-sociale qui les englobe.

La situation de relative indépendance et d'autonomie de l'APV nécessite une professionnalité solide leur permettant de mener un accompagnement en rupture avec le cadre des institutions et des métiers de l'accompagnement déjà existants. Cette posture fait courir à l'APV le risque de l'isolement et il nous semble qu'il doit pouvoir travailler au sein d'un service. Si l'APV peut apparaître comme autonome ou isolé, notre constat est qu'il est en relation permanente bien sûr avec les familles et les personnes avec handicap, mais aussi les partenaires institutionnels et territoriaux, ou encore avec d'autres APV afin de développer des regards croisés sur les difficultés rencontrées et construire collectivement son métier. Cet état de fait nous fait souligner l'importance du travail collectif et des compétences requises pour l'exercer et possiblement de l'accompagnement critique et réflexif de la recherche sur le métier.

7. Dispositif d'accompagnement des élèves reconnus handicapés. Les Ulis (Unités localisées pour l'inclusion scolaire) peuvent être présentes aussi bien à l'école primaire que dans les établissements secondaires.

En résumé, il apparaît que des professionnels chevronnés du travail social amenés à exercer comme APV ont dû développer une expertise nouvelle sur des bases partagées avec les métiers du champ social, des compétences, un positionnement, des besoins de formation spécifiques. Tous ont construit une nouvelle professionnalité et reçu, à leur demande, une formation complémentaire. Ces éléments nous amènent à conclure que nous sommes bien face à un nouveau métier qui, bien au-delà de l'application de procédure, nécessite de concevoir procédures de travail, de construire son environnement et ses partenariats.

Cette expertise se constate aussi dans l'usage des outils, dont on a pu constater qu'ils ne sont pas spécifiques au métier : ce sont des outils largement utilisés dans le travail social. L'analyse en groupe de travail a amené à conclure que la spécificité du travail de l'APV résidait dans la façon dont les outils étaient utilisés et ajustés. Ce point nécessiterait des investigations complémentaires, par exemple pour décrire les usages différenciés d'un même outil, selon qu'il est utilisé en appui de la demande, ou de la mise en œuvre des réponses. Un autre constat est qu'il existe souvent bien plus d'un outil pour chaque usage et que les APV disposent d'une *palette* de ressources dans laquelle ils puisent en fonction des besoins et caractéristiques des familles. Cette adaptation aux familles et aux personnes est même renforcée au-delà des choix de l'outil par une adaptation des outils eux-mêmes comme nous avons pu le constater ci-dessus.

CONCLUSION

Construire une société inclusive, une société accessible, autrement dit une société qui s'adapte aux besoins des personnes suppose que les personnes fassent valoir leurs demandes et leurs espoirs. Pour cela, l'espace professionnel doit être reconfiguré et rééquilibré pour prendre en compte les besoins et demandes. Besoins et demandes de la personne bien évidemment, mais aussi besoins des accompagnants, notamment familiaux. Rendre visibles les besoins, les formaliser dans des demandes et trouver les moyens de mettre en œuvre des réponses nécessite un accompagnement. À défaut, on le sait, le non-recours au droit est fréquent en France comme ailleurs. Le résultat est que la multiplicité des dispositifs qui se veulent répondre à des besoins prédomine sur l'écoute et l'accompagnement à l'expression de la demande et l'autodétermination des familles et de la personne. L'APV peut aider à une reconfiguration de l'espace professionnel avec la double logique *offre et demande*. Ces deux logiques nécessitent sans doute un même cadre d'action idéologique et juridique pour construire conjointement un dialogue offre/demande qui ne soit pas le propos de concurrences interprofessionnelles, mais l'occasion d'une complémentarité depuis la place et l'orientation de chacun. Ceci suppose aussi des inversions de logiques, une clarification respective des missions (ce que tente ici cet article), mais aussi l'ouverture d'espaces de dialogue entre les métiers, peut-être dans le cadre de formations conjointes.

Références

Allenbach, M., Frangieh, B., Mérini, C., et Thomazet, S. (2021 à paraître). Le travail collectif en situation d'intermétiers. *La nouvelle revue - Éducation et société inclusives.*

Campion, C.-L., et Debré, I. (2012). *Rapport d'information n° 635 (2011-2012), fait au nom de la commission pour le contrôle de l'application des lois, déposé le 4 juillet 2012.* https://www.senat.fr/rap/r11-635/r11-6351.pdf

Caroly, S., et Clot, Y. (2004). Du travail collectif au collectif de travail. Des conditions de développement des stratégies d'expérience. Comparaison de deux bureaux. *Formation et emploi, 88,* 43-55.

Chauviere, M., et Plaisance, É. (2008). Les conditions d'une culture partagée. *Reliance, 27*(1), 31-34. https://doi.org/10.3917/reli.027.0031

Chossy, J.-F. (2010). *Passer de la prise en charge... à la prise en compte.* <https://www.vie-publique.fr/sites/default/files/rapport/pdf/114000695.pdf>

Clot, Y., et Faïta, D. (2000). Genres et styles en analyse du travail. Concepts et méthodes. *Travailler, 4,* 7-42.

Clot, Y., Faïta, D., Fernandez, G., et Scheller, L. (2000). Entretiens en autoconfrontation croisée : une méthode en clinique de l'activité. *Perspectives interdisciplinaires sur le travail et la santé,* (2-1). https://doi.org/10.4000/pistes.3833

CNSA. (2015). *Adaptation de l'offre.* <https://www.cnsa.fr/accompagnement-en-etablissement-et-service/loffre-medico-sociale/adaptation-de-loffre>

Ebersold, S. (2017). *Éducation inclusive, privilège ou droit ?* PUG.

FGPEP. (2019). *Baromètre de la « société inclusive »* - Vague 5. Kantar Public. <http://www.lespep.org/wp-content/uploads/2019/05/70YJ66-Barom%C3%A8tre-de-la-soci%C3%A9t%C3%A9-inclusive-V5-Rapport-de-r%C3%A9sultats.pdf>

Flandin, S. (2017). Vidéo et analyse de l'activité. In J.-M. Barbier et M. Durand (dir.), *Encyclopédie d'analyse des activités* (pp. 193-205). PUF.

Gardou, C. (2012). *La société inclusive, parlons-en ! : il n'y a pas de vie minuscule.* Érès.

Glaser, B. G., et Strauss, A. L. (1967/2017). *Discovery of grounded theory: Strategies for qualitative research.* Routledge.

Guirimand, N., Thouroude, L., et Leplège, A. (2018). La posture de l'entre-deux des professionnels des secteurs médico-social et sanitaire et la coordination des parcours des jeunes en situation de handicap. *Alter, 12*(1), 13-25. <https://doi.org/10.1016/j.alter.2017.07.003>

Lafore, R. (2009). Le travail social à l'épreuve d'un environnement institutionnel en recomposition. *Informations sociales,* (2), 14-22. <https://doi.org/10.3917/inso.152.0014>

Leplat, J., et Hoc, J. M. (1983). Tâche et activité dans l'analyse psychologique des situations. In J. Leplat (dir.), *L'analyse du travail en psychologie ergonomique Tome I* (pp. 47-60). Octarès.

Leplège, A., Guirimand, N., et Mazereau, P. (dir.). (2018). *Les nouveaux enjeux du secteur social et médico social : décloisonner/coordonner les parcours de vie et de soin.* Champ social Éditions.

Mérini, C. (1999). *Le partenariat en formation : de la modélisation à une application.* L'Harmattan.

Mérini, C., Thomazet, S., et Bélanger, J. (2018). Des traductions réciproques entre les activités de recherche, professionnelles et de gouvernance. *Recherches Qualitatives, 37*(2), 105-127. https://doi.org/10.7202/1052110ar>

Nexem. (2019). *Fiche emploi assistant aux projets et parcours de vie -APPV- Nexem - juin 2019.* Nexem. <https://organisation.nexem.fr/assets/fiche-emploi-assistant-aux-projet-et-parcours-de-vie-appv-nexem-juin-2019-pdf-a3ef-32135.html>

Paul, M. (2004). *L'accompagnement : une posture professionnelle spécifique.* L'Harmattan.

Rabardel, P., Carlin, N., Chesnais, M., et Lang, N. (1998). *Ergonomie : concepts et méthodes.* Octarès.

République française. (2005). Loi n° 2005 - 102 du 11 février 2005 pour l'égalité des droits et des chances, la participation et la citoyenneté des personnes handicapées. *Journal officiel* du 12 février 2005, p. 2353.

SNUIPP-FSU. (2014). *Enquête « inclusion scolaire, ce qu'en pensent les enseignants ».* <https://www.snuipp.fr/IMG/pdf/SNUIPP-FSU_ENQUETE_INCLUSION.pdf>

Stiker, H.-J., Puig, J., et Huet, O. (2014). *Handicap et accompagnement.* Dunod.

Tikiri-Banda, D., et Pironom, J. (2019). *Assistant aux projets et parcours de vie : principaux résultats d'une enquête réalisée auprès des familles.* Nexem. <https://organisation.nexem.fr/assets/assistant-aux-projet-et-parcours-de-vie-principaux-resultats-dune-enquete-realisee-aupres-des-familles-b9a9-32135.html>

Vygotski, L. S. (1934/1985). *Pensée et langage.* Éditions sociales. (Ouvrage original publié en 1934).

Zarca, B. (1988). Identité de métier et identité artisanale. *Revue française de sociologie, 29,* 247-273.

Éléments de réflexion sur les interactions suscitées par l'usage d'applications numériques pour les enfants présentant un trouble du spectre de l'autisme

Sarah DINI
Professeure associée dans le champ de la psychopathologie et du handicap
Haute école de travail social de la HES-SO Valais-Wallis

Laura MORENO
Collaboratrice scientifique dans le champ du handicap
Haute école de travail social de la HES-SO Valais-Wallis

Aline VEYRE
Professeure associée dans le champ du handicap
Haute école de travail social et la santé Lausanne (HETSL - HES-SO)

Résumé : Cet article rend compte d'une étude exploratoire menée en Suisse portant sur 18 enfants avec un Trouble du spectre de l'autisme (TSA) de 7 à 15 ans. Ces enfants ont utilisé le prototype d'une application numérique contenant des activités ludiques autour de l'attention conjointe. L'objectif de cette étude est de documenter l'expérience d'aidants proposant l'activité à l'enfant. Des entretiens semi-dirigés ont été menés avec 12 parents et 3 enseignantes spécialisées sur l'usage de l'application et du numérique en général. Les résultats font ressortir la potentielle fonction médiatisante et inclusive de ce genre d'application. Plusieurs précautions doivent toutefois être prises, notamment la formation des aidants à l'usage pédagogique de ces outils, afin d'éviter les effets contre-productifs relevés par certains parents, comme l'utilisation addictive du numérique et le renforcement de l'isolement de l'enfant porteur d'un TSA.

Mots-clés : Aidants - Application numérique - Apprentissage - Attention conjointe - Interaction - Trouble du spectre autistique.

Elements of reflection on the interactions generated by the use of digital applications for children with autism spectrum disorders

Summary: This article presents an exploratory study conducted in Switzerland with 18 children with an Autism Spectrum Disorder (ASD) aged 7 to 15 years. These children used the prototype of a digital application containing playful activities around joint attention. The aim of this study was to document caregivers' experiences who propose this activity to the child. Semi-directed interviews were conducted with 12 parents and 3 special education teachers on the use of the application and digital technology. Results highlight the potential mediating and inclusive function of this kind of application. However, several precautions must be taken, including caregivers' pedagogical training, in order to avoid the counterproductive effects noted by some parents, such as addictive use of digital technology and reinforcement of the isolation of the child with ASD.

Keywords: Autism Spectrum Disorder - Caregivers - Interaction - Joint attention - Learning - Numerical application.

INTRODUCTION

Attention conjointe et TSA

Le Trouble du spectre autistique (TSA) est un trouble neurodéveloppemental touchant près d'1 % de la population. Regroupant une hétérogénéité de profils au degré de sévérité divers dans le DSM-V, ce trouble se caractérise par des difficultés sociales et communicatives, ainsi que par des stéréotypies comportementales et des intérêts restreints (Boyer *et al.*, 2015). La communication et les interactions sont particulièrement affectées. Les difficultés principales des personnes ayant un TSA se situent dans la compréhension et l'expression des émotions, ainsi que dans l'interaction avec autrui. Actuellement, un nombre croissant de professionnels et de parents utilisent des applications numériques pour soutenir et favoriser les apprentissages des enfants présentant un TSA, afin d'encourager l'autonomie de ces derniers ou encore pour communiquer. Le développement de ce type d'outils a, en effet, permis d'ouvrir de nouvelles perspectives pédagogiques. Par ailleurs, de nombreuses études montrent que les programmes proposés sur ordinateur ou sur tablette ont la faveur des enfants avec un TSA (Moore et Calvert, 2000).

Sous l'impulsion d'une enseignante spécialisée en TSA travaillant en Suisse et en collaboration avec elle, une équipe pluridisciplinaire de chercheurs a développé une application numérique ludique permettant de travailler l'attention conjointe des enfants avec un TSA. L'attention conjointe est une composante de l'interaction sociale qui s'acquiert très précocement dans le développement de l'enfant. Elle consiste à partager son attention de manière coordonnée avec autrui sur un événement, un objet ou une personne, dans le but d'avoir une expérience commune (Bruner, 1983). Conceptualisée par la théorie de l'esprit, l'attention conjointe s'observe *via* les capacités de pointage, le suivi du regard ou le balayage du regard entre deux objets ou entre deux personnes, ainsi que l'intentionnalité partagée avec autrui concernant un but (Bourdon *et al.*, 2018). De manière générale, les enfants apprennent rapidement à tenir compte du regard d'autrui pour orienter leur attention et communiquer, alors que pour une majorité d'enfants présentant un TSA, démontrer cette compétence représente une difficulté (Cilia *et al.*, 2018). Actuellement, il existe peu d'applications centrées sur l'apprentissage et l'entraînement de cette compétence en langue française. Pourtant, l'enseignante spécialisée en TSA relève la nécessité d'accompagner ces enfants dans cet apprentissage.

Le présent article débute par une brève introduction dans laquelle l'usage du numérique avec les personnes présentant un TSA est discuté. Puis, le déroulement et les résultats d'une étude exploratoire durant laquelle des parents et des enseignantes spécialisées ont fait utiliser à des enfants avec un TSA l'application développée, seront exposés. L'objectif de cette étude est de décrire l'usage de l'application numérique et de récolter l'expérience des adultes encadrants sur l'usage des technologies en général.

ÉLÉMENTS DU CADRE THÉORIQUE ET CONTEXTUEL

Les technologies numériques, en particulier les applications sur tablettes tactiles, se sont fortement développées depuis une dizaine d'années. Ces dernières se sont diversifiées et sont reconnues comme de bons vecteurs d'apprentissage et de communication sociale pour les personnes avec un TSA (Mercier *et al.*, 2017). À l'heure actuelle, une grande diversité d'outils existe – tablettes tactiles, jeux sérieux, environnements virtuels et augmentés, robots humanoïdes – et ce dans de nombreux domaines – communication, cognition, habiletés sociales, développement affectif – (Pazzagli *et al.*, 2017 ; Vandromme, 2018). Le numérique peut remplir de nombreuses fonctions auprès des personnes avec un TSA, comme l'aide aux apprentissages fondamentaux et à l'autonomie, l'accompagnement à l'inclusion scolaire ou encore le soutien à la communication et aux compétences sociales (Vandromme, 2018). Parmi les applications numériques existantes, bon nombre d'entre elles portent sur l'apprentissage et l'entraînement de la reconnaissance des expressions faciales ou des compétences sociales (Plog *et al.*, 2013), mais peu permettent de travailler spécifiquement l'attention conjointe. Cette compétence peut toutefois être travaillée par exemple dans l'usage collectif de tablettes tactiles, comme l'ont expérimenté Bourdon *et al.* (2018). Ces auteurs ont en effet observé que les processus d'attention conjointe, lors de cet usage collaboratif, sont davantage soutenus par le langage que par le pointage ou le regard.

Les avantages et inconvénients du numérique

Dans leur vie quotidienne, les jeunes enfants sont rapidement confrontés au numérique et interagissent avec des ordinateurs, des téléphones portables, des tablettes ou encore des consoles de jeux vidéo (Rosen et Jaruszewicz, 2009). De nombreuses études mettent en évidence tant les avantages que les inconvénients de cette confrontation. En effet, les écrans et la grande attractivité qu'ils suscitent par des interfaces attrayantes et ludiques, permettent de stimuler la motivation des enfants (Shane et Albert, 2008 ; Wainer et Ingersoll, 2011). L'univers programmé, prévisible et émotionnellement neutre, disponible en tout temps, contrôlable, attractif, simple d'utilisation et offrant des rétroactions immédiates et infinies, sont autant d'éléments particulièrement appréciés et adaptés aux enfants avec un TSA (Fage *et al.*, 2018 ; Garnier, 2017 ; Martin, 2018 ; Ramdoss *et al.*, 2012 ; Shane et Albert, 2008 ; Vandromme, 2018). En comparaison d'activités équivalentes en papier-crayon, le numérique favoriserait davantage l'autonomie et la concentration (Garnier, 2017). Le numérique permet d'avoir une approche systématique de l'apprentissage, ce qui est spécifiquement adapté au profil cognitif des personnes avec un TSA (Cassidy *et al.*, 2016). De plus, il permet de diminuer le stress social et favorise des apprentissages rapides, les espaces virtuels donnant l'occasion d'atténuer les sur-stimulations du monde réel que la personne avec un TSA traite de manière hyperperceptive (Bonnot-Briey, 2018). Concernant plus spécifiquement les applications numériques sur tablettes tactiles, Renaud et Cherruault-Anouge (2018) recensent des bénéfices sur plusieurs plans : 1) la communication, avec une diminution des troubles du comportement et l'augmentation de la motivation et des interactions interindividuelles positives ; 2) la cognition, par le développement et la consolidation d'apprentissages grâce au support attractif et ludique suscitant l'intérêt ; 3) l'autonomie, par la réalisation de tâches, avec une augmentation de la concentration, de la coordination oculo-manuelle et de la compréhension des consignes.

Bourdon *et al.* (2018) considèrent également que l'outil numérique en soi, indépendamment de ses fonctions objectives, devient un instrument psychologique au sens vygotskien, à savoir un outil permettant de penser, communiquer et être avec autrui, à partir du moment où l'outil est appréhendé et utilisé par un sujet. D'après les études recensées par ces auteurs, les technologies entraînent une légère augmentation de l'incitation à communiquer et une augmentation des demandes de contact avec autrui, les comportements d'interaction négative étant moins fréquents lors de jeux numériques que lors de jeux avec des supports réels. En ce sens, le jeu numérique, notamment sur tablette ou ordinateur, serait à considérer comme un instrument favorisant en soi la communication sociale. Ainsi, bien que les applications sur tablettes n'impliquent pas une réelle interaction sociale, en offrant des choix à pointer (Martin, 2018), son utilisation même produit de la communication.

En somme, le développement du numérique offre l'opportunité d'utiliser de nouvelles formes de médiateurs pour développer et favoriser les apprentissages et les interactions entre les enfants avec un TSA et leur entourage, dans les activités de jeux. En d'autres termes, les outils numériques peuvent remplir une fonction de médiatisation en stimulant l'enfant avec un TSA à entrer dans un processus d'apprentissage et de communication, par les nouvelles possibilités éducatives et les activités stimulantes qu'ils proposent (Mercier *et al.*, 2017).

Toutefois, malgré tous ces avantages, le numérique peut être considéré comme une menace pour le développement des enfants (Cordes et Miller, 2000). En effet, les enfants avec un TSA sont particulièrement vulnérables au risque d'utilisation problématique des outils numériques, comme l'utilisation excessive et l'isolation sociale (Martin, 2018). La plupart des jeux virtuels conçus pour les enfants supposent une utilisation individuelle et peuvent ainsi avoir des effets négatifs sur la socialisation de ces enfants.

D'autres désavantages sont également relevés comme des bugs ou encore des défauts possibles de conception (Martin, 2018), une utilisation à contre-emploi (Garnier, 2017, 2018) ou encore une défavorisation du développement des habiletés motrices et sociales (Cordes et Miller, 2000). De plus, les compétences travaillées avec les technologies semblent plus difficiles à généraliser. Par ailleurs, les technologies doivent être suffisamment personnalisables pour répondre au mieux aux besoins et aux sensibilités de chaque personne (Vandromme, 2018). Dans son étude, Garnier (2017) constate par exemple qu'un son peut produire soit davantage de concentration sur la tâche, soit devenir une source de détournement, ce qui soulève l'importance du paramétrage des jeux et de la personnalisation. Enfin, le numérique est encore sujet à controverses, car malgré son potentiel d'apprentissage, l'efficacité de ce dernier n'est pas suffisamment prouvée à ce jour. Fage *et al.* (2018) relèvent que les effets des interventions avec les technologies sont encore peu et mal mesurés, en raison notamment du faible nombre de participants ou encore l'absence de groupe contrôle. Pour les auteurs, des protocoles expérimentaux et des critères d'évaluation doivent être développés. De plus, pour montrer une réelle plus-value du numérique, les études doivent comparer les mêmes compétences avec du matériel informatisé et du matériel traditionnel (Garnier, 2017).

Utilisation et accessibilité du numérique sur le terrain

Pour Renaud et Cherruault-Anouge (2018), les applications numériques sont sous-exploitées : outre le manque d'ergonomie et de robustesse des supports existants (interfaces fragiles, icônes trop petites, navigation complexe, accès non sécurisé à internet et aux paramètres), les auteurs font part d'un manque de guidage dans la recherche et l'usage des applications sur tablettes par les aidants, qu'il s'agisse de professionnels, de parents ou de l'entourage. Car comme l'expliquent Bourdet *et al.* (2018), ces outils ne sont pas naturellement accessibles pour les personnes avec un TSA et pour les personnes les accompagnant, et donner accès à des applications numériques n'implique pas pour autant la résolution des problèmes auxquels elles sont destinées. Pour réfléchir en termes d'accessibilité, les auteurs proposent de considérer non seulement le contexte personnel (degré d'autonomie, difficultés cognitives, niveau d'études, capital culturel et économique), mais aussi le contexte social et environnemental. Il importe donc de réfléchir à la fois à une logique de compensation, centrée sur l'individu et sur l'attribution et l'usage du numérique, et à une logique d'accessibilité, centrée sur le système et le processus d'appropriation pour répondre aux besoins particuliers.

Sur le terrain, les professionnels de l'enseignement peinent à savoir comment intégrer efficacement le numérique dans les classes (Fage *et al.*, 2018 ; Garnier, 2018). Ce dernier est plutôt utilisé individuellement en classe spécialisée (Garnier, 2018). Selon Fage *et al.* (2018), les études actuelles sont insuffisantes pour que les technologies soient utilisées en classe ordinaire, limitant ainsi la participation sociale des enfants porteurs d'un TSA avec leurs pairs neurotypiques. Néanmoins, des outils collaboratifs comme des puzzles ou compositions musicales, qui entraîneraient davantage de comportements pro-sociaux et d'interactions verbales que dans des activités similaires sur papier, commencent à apparaître (Briet *et al.*, 2018 ; Fage *et al.*, 2018).

En somme, les outils numériques comme les tablettes tactiles présentent un potentiel à exploiter pour la prise en charge des personnes avec un TSA et pour favoriser l'inclusion sociale de ces dernières (Renaud et Cherruault-Anouge, 2018). Mais pour ce faire, les aidants ont besoin d'être formés et d'être accompagnés non seulement sur le plan technique comme pour gérer les pannes ou paramétrer les applications (Garnier, 2017), mais aussi aux méthodologies d'utilisation (Avramides *et al.*, 2012 ; Renaud et Cherruault-Anouge, 2018), permettant d'optimiser les apprentissages sociaux et cognitifs des enfants porteurs d'un TSA. Et bien que l'appropriation de ces outils numériques puisse être chronophage (Garnier, 2018), former les aidants apparaît primordial car les effets du numérique sur les personnes avec un TSA sont impactés par les aidants et par leur accompagnement (Garnier, 2017 ; Martin, 2018). De plus, l'efficacité des interventions pédagogiques semblerait largement dépendre de l'utilisation de procédures bien établies et de méthodes didactiques appropriées (Lebrun, 2004).

CADRE MÉTHODOLOGIQUE

Bien que l'entrée du numérique dans les classes provoque des résistances, Bourdon *et al.* (2018) sont d'avis que le numérique peut être utilisé comme « *outil de compensation pour répondre aux "Besoins éducatifs particuliers"* » (p. 149). C'est dans l'optique de répondre aux besoins particuliers des enfants avec un TSA qu'une enseignante spécialisée en TSA a eu l'idée de développer un jeu numérique sur l'attention conjointe dans le cadre d'une *structure TSA*. La *structure TSA* est une mesure proposée spécifiquement par le canton du Valais en Suisse. Elle consiste à regrouper 4 à 5 élèves avec un TSA d'un même degré scolaire sur une demi-journée par semaine pour travailler, avec une enseignante spécialement formée, diverses compétences cognitives et sociales. Cette structure permet de compléter l'accompagnement proposé à ces enfants, comme celui des enseignants spécialisés qui suivent les enfants à besoins éducatifs particuliers à raison de quelques heures par semaines.

Ainsi, cette enseignante spécialisée en TSA travaillant avec différents groupes d'enfants diagnostiqués TSA et ayant participé à un programme européen *Autisme et nouvelles technologies*[1], a constaté un manque d'applications numériques portant sur l'attention conjointe. Identifiant un besoin, cette enseignante a sollicité une équipe pluridisciplinaire de chercheurs à la HES-SO Valais-Wallis pour développer une application numérique dont elle a dessiné les esquisses avec ses élèves en structure TSA. Cette démarche a permis d'initier un processus de co-conception de jeu entre des chercheurs et des bénéficiaires (Renaud et Cherruault-Anouge, 2018).

Co-conception du jeu *Attention conjointe*

Ce processus de co-construction s'inscrit dans une approche participative (Fage *et al.*, 2018), en impliquant dans le développement de cette application numérique ludique des experts en autisme, des enfants avec un TSA et une équipe de recherche composée de chercheurs en travail social, en informatique de gestion et en graphisme. Ces chercheurs ont travaillé avec les méthodes de conception Living Lab (Tijus, 2018), afin que l'application soit personnalisable et adaptée aux besoins de ces enfants (Vandromme, 2018). Dès lors, cette application web, pouvant être utilisée sur ordinateur ou tablette, a été pensée pour et avec les utilisateurs, dans une démarche d'innovation sociale, en adoptant une démarche systémique de conceptualisation, de prototypage, de test et d'amélioration (Renaud et Cherruault-Anouge, 2018). Le travail de co-construction de l'application s'est constitué de deux phases itératives, à savoir :

- Une première phase itérative « *Développement-Tests-Améliorations* » (Renaud et Cherruault-Anouge, 2018) avec 7 familles ayant utilisé avec leur enfant un prototype élaboré par un groupe d'étudiants en informatique de gestion à la HES-SO Valais-Wallis. Ce prototype était composé de 3 niveaux, sans travail graphique et dont les images provenaient de banques de données accessibles gratuitement.
- Une deuxième phase itérative avec 11 enfants ayant utilisé le prototype amélioré sur les plans informatiques et graphiques par une équipe de chercheurs, et où un 4e niveau a été ajouté. Sur ces 11 enfants, 5 ont utilisé le prototype à domicile, 4 en structure TSA et 2 en classe spécialisée.

1. Programme initié par la Fondation internationale de la recherche appliquée sur le handicap (Firah).

Figure 1 : Présentation et description du prototype

Prototype	Description de la tâche
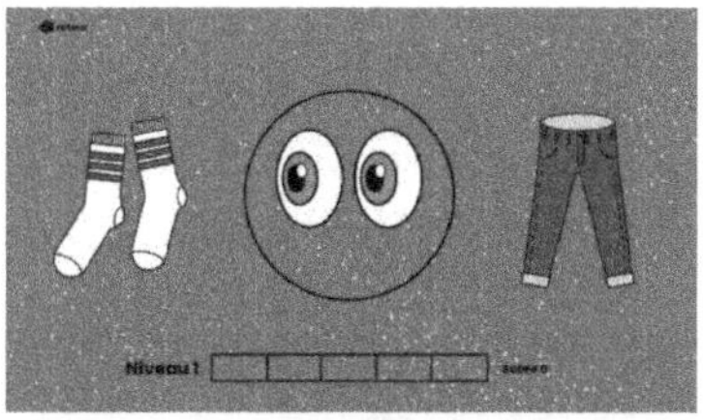	**Niveau 1 :** Appuyer sur l'objet désigné par la direction du regard.
	**Niveau 2 :** Appuyer sur l'objet désigné par la direction du bras.
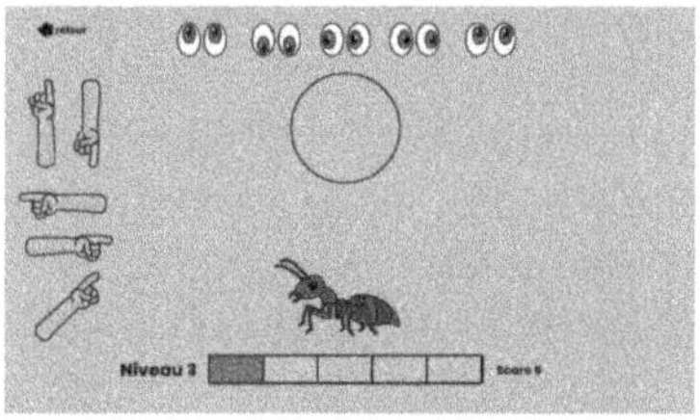	**Niveau 3 :** Sélectionner et faire glisser dans le rond central, le bras et les yeux permettant de désigner l'objet.
	**Niveau 4 :** Faire glisser dans la bulle de pensée l'objet désigné par le bras (sélection dans la colonne de gauche).

L'observation de la manipulation de l'application numérique par les enfants a été effectuée par les adultes encadrants qui ont joué un rôle de relais[2]. Il s'agit donc d'une approche participative « *avec* » les utilisateurs-prescripteurs accompagnant les enfants porteurs d'un TSA, en reconnaissant leur « *compétence d'acteur en contexte* » (Desgagné *et al.*, 2001).

Une interface spécifique pouvant autant optimiser que contaminer les effets d'apprentissage (Fage *et al.*, 2018), un système de récompenses parmi lesquelles les enfants peuvent choisir a été prévu. Ainsi, le jeu *Attention conjointe* propose un choix entre quatre renforçateurs, choix que l'enfant peut changer entre chaque

2. Il est à préciser que l'accès direct au terrain a été fortement réduit par la pandémie du Covid-19.

niveau. Ces renforçateurs se construisent au fil des cinq items contenus dans chaque niveau du jeu et s'animent à la fin de chaque niveau.

Figure 2 : Choix entre les 4 renforçateurs

Enquête qualitative et échantillon

À la suite de ces phases itératives, une enquête qualitative a été effectuée auprès des adultes encadrants au moyen d'entretiens semi-dirigés. L'objectif de cette enquête était non seulement d'étudier l'appropriation de l'application numérique *Attention conjointe* et d'analyser l'usage de ce jeu (Mercier *et al.*, 2018), mais également de cerner les apports et limites de l'usage du numérique en général, en termes d'apprentissage, d'interactions, de liens sociaux et d'inclusion sociale. Ces entretiens ont permis de récolter diverses informations d'une part sur le jeu *Attention conjointe* (utilisation, difficultés, motivation, vécu, interactions durant le jeu, améliorations à proposer) et d'autre part sur le numérique en général (utilisation du numérique, attitude de l'enfant durant l'utilisation, qualité de l'interaction de l'enfant avec son entourage pendant l'utilisation, avantages et inconvénients du numérique, attentes et besoins en termes de numérique, besoin d'accompagnement des aidants). Une analyse thématique a ensuite été effectuée.

L'échantillon interrogé se compose de 12 familles (9 mères et 3 pères) et 3 enseignantes spécialisées pour 18 enfants porteurs d'un TSA et âgés de 7 à 15 ans. Tous les enfants concernés font partie d'une structure TSA. Le jeu *Attention conjointe* a été utilisé majoritairement sur ordinateur, hormis pour une enseignante TSA qui l'a utilisé sur tablette avec la version web. Les enfants dont les parents ont été interrogés, ont utilisé le jeu à domicile, tandis que les enfants dont les enseignantes ont été interrogées, ont utilisé le jeu en classe spécialisée ou en structure TSA. Dans le cadre des essais en classe, il est à noter que les trois enseignantes ont utilisé le jeu avec un ou plusieurs enfants durant la classe, l'enseignante spécialisée ayant effectué une dizaine d'essais avec ses deux élèves, ces derniers ayant demandé chaque jour, pendant plus d'une semaine, de refaire le jeu.

RÉSULTATS

Utilisation de l'application numérique *Attention conjointe*

Si le jeu n'a pas représenté un réel défi cognitif pour certains enfants, la motivation à utiliser une application numérique a engendré globalement du plaisir à faire l'exercice, et ce davantage dans la deuxième version du prototype où le graphisme a été amélioré et où un 4e niveau a été ajouté. Les deux élèves en classe spécialisée ont même instauré ce jeu comme rituel du programme du jour. Les renforçateurs, particulièrement celui du train, ont également joué un rôle de moteur motivationnel, allant jusqu'à détourner l'attention d'un enfant de la tâche à effectuer.

> « *Il choisissait toujours le contrôleur de train, c'était d'avoir le train qui venait à la fin.* [...] *Qu'importe s'il n'y arrivait pas, pourvu qu'il clique ses réponses pis il a son petit wagon qui arrive à la fin* [...]. *J'ai dû beaucoup le coacher pis lui dire "tu attends, on regarde" parce que sinon il manquait un peu d'inhibition, il va vite cliquer pour obtenir son train* » (enseignante spécialisée).

La motivation semble également liée à l'écran qui est intrinsèquement motivant, le support visuel suscitant davantage d'interactions que le matériel traditionnel en version papier.

> « *Si je présente un jeu en carton, un jeu traditionnel, il ne va pas y avoir du tout de motivation. Tandis que si on montre un iPad, il va être tout de suite attiré par les petits bruits, par les images... Donc il rentre beaucoup mieux en interaction. Il y a beaucoup plus de communication avec l'être humain, et avec ses pairs aussi parce qu'il se marre... Ensuite ils se marrent les 3 parce qu'il y a une interaction* » (enseignante TSA 1).
> « *C'était positif, surtout ce qui est positif, c'est qu'on est beaucoup dans leur motivation, et ça crée toujours beaucoup plus d'ouverture de travailler dans leur motivation* [...]. *Globalement, c'est mieux parce que les aspects motivationnels sont vraiment ancrés dans le jeu* » (enseignante TSA 2).

Pour certains parents, la motivation dépend aussi de la sollicitation des sens visuel et auditif. Toutefois, chaque enfant a réagi différemment à ces stimuli, comme au son d'approbation qui a été aimé par certains enfants, mais déprécié par d'autres.

Apprentissages et interactions dans l'usage de l'application *Attention conjointe*

L'utilisation du jeu, même à court terme, a permis de travailler des prérequis de la communication et a favorisé l'interaction, surtout pour la deuxième version du prototype. Il est à noter également que l'enseignante spécialisée, qui a utilisé le jeu quotidiennement, met en avant une acquisition au niveau du langage spontané. Ainsi, concernant l'interaction, certains aidants témoignent du partage et de la communication engendrés par le jeu entre l'enfant et eux.

« *Il était assis sur mes genoux. Du coup j'étais derrière lui et je regardais ce qu'il avait fait. Et lui était tout content : "oh regarde maman, j'ai réussi ! " Il était très motivé et assez excité, mais il a quand même réussi à rester concentré, donc c'était vraiment positif* » (mère 11).
« *Le gros progrès, c'est le partage, c'est le plaisir qu'il a à y aller* [...]. *Alors là, c'était vraiment de l'interaction pure et cette recherche de regard de "je te partage quelque chose". Il était pas dans sa bulle en train de faire, il nous regardait, il éclatait de rire. Pis je me disais "ah ben ouais, pour l'instant il y a peu d'activités où j'ai trouvé ça, qu'il y ait quelque chose qui se passe réellement"* » (enseignante spécialisée).

Dans le cadre des essais en classe, les enseignantes relèvent la favorisation d'interactions entre pairs.

« *Quand il avait fini sa tâche à table, je lui disais qu'il pouvait aller faire du piano ou quelque chose qu'il aime bien, mais non il venait derrière regarder. C'était trop joli parce que finalement ils ne se cherchent pas forcément en termes de contact quand on est dans la classe et puis là ils avaient envie, ils regardaient. Que ce soit l'un et l'autre. Ils venaient derrière pour regarder l'autre jouer* » (enseignante spécialisée).
« *Il ne savait pas quoi faire. C'était les autres qui disaient "touche là-bas"* [...]. *Il a voulu chercher les 2 autres camarades qui étaient là, assis à table* [...]. *Ils sont venus vite voir ce qu'il faisait avec l'iPad, et d'un coup, lui, il attendait, il est entré en interaction avec ses camarades. Donc ça, c'est génial* » (enseignante TSA 1).

Toutefois, la qualité de l'interaction dépend également de la sévérité du trouble, deux enseignantes observant des différences dans la recherche du partage lors de l'utilisation du jeu. L'enseignante spécialisée constate en effet des qualités d'interaction différentes entre ses deux élèves, notant des améliorations pour l'élève le plus en retrait.

« *Le premier élève, je pense qu'il n'a pas besoin en fait, il a aucun intérêt à partager avec nous. Mais par contre, où ça a déclenché quelque chose, c'est qu'après, il voulait faire le jeu. Et là, il est venu nous chercher, et il disait "orateur, orateur" pour ordinateur, et je me disais "Tiens, ça suscite des demandes". Donc, pas au moment du jeu mais ça lui a permis de rentrer en contact avec nous pour faire la demande de l'ordinateur.* [...] *ça vient en différé, au niveau des demandes* » (enseignante spécialisée).

Enfin, la position physique de l'adulte encadrant, qui se situait le plus souvent derrière l'enfant, a été relevée comme un obstacle à l'interaction, une enseignante suggérant de se mettre de côté pour permettre l'échange avec l'enfant.
Quant à l'utilisation de la première version du prototype à domicile, il a peu suscité, selon les parents, d'apprentissage et d'interactions. En effet, les enfants concernés ont effectué la plupart du temps le jeu rapidement et seuls, hormis

pour solliciter des explications ou au contraire pour expliquer le jeu à l'adulte encadrant. Certains parents ont d'ailleurs exprimé leur frustration concernant ce manque d'échanges. D'autres parents ont plutôt considéré le jeu comme quelque chose d'individuel et suggèrent de rendre le jeu plus collaboratif pour favoriser l'interaction.
Les enseignantes mettent en avant l'intérêt d'inclure un tutoriel pour aider les parents à comprendre l'intérêt et l'utilisation du jeu, notamment dans la vie réelle par la suite, et d'expliquer aux parents à quoi sert le jeu au niveau de la communication.

> « *Je pense que clairement, pour un parent qui a quelques informations sur l'attention conjointe, sur la construction de l'attention conjointe, il faudrait presque mettre le manuel avec pour voir comment on peut, quelle utilisation on peut en faire de ce jeu,* [...] *d'avoir une petite explication avant. Un petit guide, même si c'est sommaire mais expliquer à quoi ça sert, au niveau de la communication, ça peut être intéressant* » (enseignante TSA 2).

Apports et limites du numérique dans l'apprentissage et la communication
Une majorité d'adultes encadrants disent ne pas être familiarisés avec le numérique et relèvent que les enfants sont plus à l'aise qu'eux. Malgré cela, ils reconnaissent l'attrait pour les écrans qui procure au numérique un grand potentiel d'apprentissage, en offrant une boîte à outils et une source immense d'informations et de connaissances. Le numérique est décrit comme un déclencheur d'apprentissage, par ses aspects ludiques et visuels qui suscitent plus d'intérêts et de motivation qu'avec un support papier.

> « *On peut faire beaucoup de choses avec les écrans aujourd'hui, si c'est ciblé, et puis des apprentissages* [...]. *Donc j'utilise ce moyen d'écran et de jeu pour l'apprentissage des trucs qui sont impossibles. Autrement je ne sais pas comment j'arriverais à le faire bosser après une journée d'école alors qu'il est déjà tellement tendu* » (mère 2).
> « *Oui, ça c'est un déclencheur.* [...] *ça mène à des choses incroyables comme les enfants qui ne parlent pas qui d'un coup peuvent se dire "ça marche pas, ça vient pas".... Et après, le point positif pour moi, c'est que ce sont des outils extrêmement puissants parce que les enfants TSA pensent qu'avec les images* [...]. *Il y a toujours une motivation. Ils vont vouloir voir, vouloir toucher, ils vont vouloir faire quelque chose, donc pour moi* [...] *c'est un outil extrêmement puissant au niveau pédagogique* » (enseignante TSA 1).
> « *Pour moi, l'avantage, c'est la grande motivation des enfants* [...]. *Et l'avantage, c'est qu'on est quand même dans une structure visuelle. C'est comme le livre... "je pense en image", alors pour ces enfants-là, c'est important. On peut parler tout ce qu'on veut, si on ne peut pas soutenir avec des images, ça devient très difficile. Donc pour eux, ces images-là sont importantes dans l'apprentissage et pis on essaie quand même le plus possible d'accompagner avec des images. C'est important* » (enseignante TSA 2).

Les applications numériques sont ainsi vues comme un vecteur d'apprentissage par le jeu, certains aidants suggérant d'utiliser ces outils pour améliorer le comportement social *via* des scénarii sociaux, outre l'aide à la gestion des émotions et aux tâches quotidiennes. Les aidants relèvent le caractère inépuisable et répétitif de la technologie comme particulièrement adapté à ces enfants, le numérique étant considéré comme une source importante d'informations (notamment scolaires et professionnelles) et comme un support d'apprentissage.

> « *Je crois que pour les enfants comme T., la technologie c'est essentiel.* [...] *Pour T., il y a un énorme fond d'informations que l'être humain normal ne peut pas faire. On ne peut pas être en train de dire la même phrase 500 fois par jour.* [...] *Il voit la couleur rouge et après il dit "rouge".* [...] *Ce sont des enfants qui cherchent toujours plus d'informations. Si quelque chose l'intéresse, il veut toujours plus et plus* » (mère 10).

Toutefois, l'effet canalisant de l'écran présente le danger de couper l'enfant de la communication et de la relation, avec un risque de dépendance et de renforcement de l'isolement social.

> « *L'écran, pour moi c'est une absence de présence en fait* » (mère 2).
> « *Enfin du moment où vous mettez en place une technologie ou quelque chose comme ça, vous isolez.* [...] *J'ai l'impression qu'en faisant ça, on peut chercher plus à enfermer les enfants dans quelque chose que de les en sortir* » (père 3).

Ainsi, il est relevé l'importance d'un accompagnement adéquat par l'adulte encadrant, notamment en termes de limitation du temps d'utilisation, le timer étant une recommandation récurrente des professionnels. Afin d'éviter un effet contre-productif, les enseignantes soulèvent la nécessité d'utiliser la technologie comme un support complémentaire au support traditionnel. Bien encadrée, la technologie prend tout son sens dans une conceptualisation pédagogique globale.

> « *En tout cas moi, ce serait mon souci, pas que ça devienne quelque chose où il faut les écrans. Je n'aimerais pas qu'on tombe dans quelque chose où il faut les écrans. Non les écrans, c'est une activité comme une autre qui amène certainement beaucoup de plaisir mais il n'y a pas que ça* » (enseignante spécialisée).
> « *Non, parce que mes élèves ils utilisent l'iPad 20 minutes à 30 minutes à chaque fois, et pis on est là pour les accompagner, pour dire ce qu'il faut faire. On ne va pas les laisser* [...]. *Tout est accompagné* » (enseignante TSA 2).

Ainsi, le manque de connaissances des adultes encadrants en termes de technologie peut s'avérer un obstacle à l'apprentissage, mais aussi à la relation pendant l'utilisation des outils numériques.

> « *Le côté mauvais, c'est qu'on ne peut pas aller dans la même vitesse qu'eux parce que nous* [...] *on ne connait pas bien les applications ou les jeux qu'ils*

jouent pour être aussi vite qu'eux. Alors ça empêche d'avoir une relation. [...] *Par exemple, comment intégrer ça dans les apprentissages. Il y a des applications qu'on peut utiliser, mais comment faire pour utiliser parce que nous on n'est pas expert et on ne sait pas comment les montrer aux enfants, ou bien comment les intéresser. Parce que j'imagine qu'ils ont des techniques ou le faire un certain temps pour avoir un résultat.* [...] *Des fois on ne sait même pas les choses qui existent.* [...] *On ne sait pas où chercher* » (mère 7).

Dès lors, si certains aidants ont l'habitude de la technologie et souhaitent plutôt des applications *clés en main* à utiliser de manière autonome, d'autres expriment leur besoin d'être accompagnés non seulement sur un plan technique, mais aussi sur un plan pédagogique et social, pour favoriser l'apprentissage et la communication sociale. Les demandes vont dans le sens de mieux comprendre les applications, leur utilisation, la transposition des apprentissages dans le quotidien, mais aussi comment mieux favoriser l'interaction et la collaboration à travers un outil numérique. Car l'usage même de la technologie peut devenir, indépendamment de la thématique de l'application et du sujet d'apprentissage, une occasion d'échanger et de partager. En effet, bien que ces applications puissent être vues comme des supports individuels permettant d'apprendre l'autonomie et la frustration (comme lors de réponses fausses où il faut aller chercher l'information), ces dernières peuvent également devenir non seulement des sujets de discussion, mais également des moments d'interactions et de partages de découvertes, comme cela a été constaté dans l'utilisation du jeu *Attention conjointe*.

Discussion et conclusion

Les applications s'adressant aux enfants avec un TSA sont reconnues par les adultes de notre échantillon comme un puissant vecteur d'apprentissage et source d'informations pour ces enfants, grâce à l'attractivité des écrans et à l'aspect ludique qui favorisent la motivation, ainsi qu'à l'approche visuelle et au caractère répétitif de l'environnement numérique adaptés aux caractéristiques du TSA (Fage *et al.*, 2018 ; Garnier, 2017 ; Martin, 2018 ; Ramdoss *et al.*, 2012 ; Shane et Albert, 2008 ; Vandromme, 2018). Toutefois, l'usage souvent individuel du numérique à domicile représente une réelle inquiétude de la part des aidants interrogés, particulièrement des parents, en termes d'utilisation abusive et d'isolation sociale (Cordes et Miller, 2000 ; Martin, 2018 ; Mazurek et Wenstrup, 2013). Les résultats de notre enquête révèlent également, bien que les avis soient contrastés, un intérêt pour la fonction médiatisante des outils numériques tel que le jeu *Attention conjointe* en termes d'apprentissage et de communication sociale (Bourdon et Lefer, 2017). Il convient donc d'encourager à un usage plus collectif et interactif de l'application, à l'instar des enseignantes spécialisées et de quelques parents.

Ainsi, notre enquête soutient l'importance d'un accompagnement par l'adulte encadrant afin d'éviter un effet contre-productif de l'usage des outils numériques, accompagnement qui ne doit pas se limiter à la sélection de jeux ou au contrôle du temps d'utilisation des écrans par un timer, mais à une présence encadrante et interactive pendant l'utilisation, autrement dit un étayage de l'aidant pour apprendre à l'enfant avec un TSA des comportements autonomes et anticipatoires (Mercier *et al.*, 2018).

Notre étude illustre ainsi ce besoin de former les aidants non seulement aux aspects techniques, mais également aux méthodologies et aux conceptions pédagogiques sous-jacentes à l'usage de l'outil numérique (Avramides *et al.*, 2012 ; Renaud et Cherruault-Anouge, 2018), afin d'optimiser les apprentissages sociaux et cognitifs des enfants avec un TSA. De plus, il convient d'encourager à utiliser les supports numériques comme un tiers dans la dyade enfant-aidant, afin de favoriser les échanges verbaux et non-verbaux (Mercier *et al.*, 2018). L'explication, *via* un guide ou tutoriel, des intérêts, objectifs et concepts pédagogiques d'une application numérique telle que celle utilisée dans cette étude, permettrait d'optimiser l'impact des aidants (Martin, 2018) et d'engager un travail de généralisation des apprentissages des enfants *via* une transposition dans le réel.

Améliorer l'usage de ce genre d'applications par des procédures claires et des méthodes didactiques appropriées (Lebrun, 2004) permettra de mieux évaluer l'efficacité d'une application telle que celle du prototype utilisé, efficacité qui ne pourra être vérifiée que sur une étude à plus long terme et avec un protocole méthodologique bien établi. Car l'utilisation à très court terme du prototype n'a pas permis d'évaluer un réel impact cognitif et social, comme une amélioration de l'attention conjointe, une diminution des troubles du comportement ou encore une augmentation des interactions positives interindividuelles (Renaud et Cherruault-Anouge, 2018). Certains progrès ont toutefois été observés pendant le jeu, comme des améliorations concernant la direction et la captation du regard, le travail sur des prérequis de la communication, une favorisation de l'interaction et du partage, ainsi qu'une augmentation du langage spontané.

Ainsi, malgré le scepticisme de certains aidants concernant la technologie en tant que support à la communication et à l'interaction, l'utilisation du jeu *Attention conjointe* révèle son potentiel en tant que médiateur, par des moments de partage de joies, de réussites, de frustrations, d'explications, de plaisir de la découverte, de sujets de discussion et de communications spontanées. Bien plus, ce genre d'applications peut favoriser l'inclusion sociale (Renaud et Cherruault-Anouge, 2018), comme dans le contexte de la classe spécialisée où l'application a été utilisée de manière interactive avec les pairs et l'enseignante, diminuant ainsi l'isolement des enfants avec un TSA, et en augmentant les comportements pro-sociaux de ces derniers. Un pas supplémentaire serait d'utiliser ce type d'applications numériques de manière collective (Garnier, 2018), comme l'a fait une enseignante TSA, et en rendant le jeu *Attention conjointe* davantage collaboratif, afin de favoriser les comportements pro-sociaux et les interactions verbales (Fage *et al.*, 2018).

Afin de réfléchir à la fois en termes de compensation et en termes d'accessibilité (Bourdet *et al.*, 2018 ; Garnier, 2017 ; Renaud et Cherruault-Anouge, 2018), il apparaît nécessaire non seulement de co-construire avec les aidants et les enfants les applications numériques *via* des méthodologies participatives et collaboratives, mais aussi de les guider et les accompagner dans l'appropriation et l'usage de ces applications. Néanmoins, l'utilisation du jeu *Attention conjointe* soulève des

questionnements quant au degré de personnalisation d'un tel outil, les entretiens montrant les sensibilités différentes des enfants aux stimuli visuels et auditifs, malgré le processus de co-construction. La question des possibilités de personnalisation se pose : doit-elle être rendue possible par le jeu lui-même ou est-elle à chercher davantage dans l'encadrement de l'adulte, dans la prise en charge globale de l'enfant ? Car malgré le plus grand attrait pour le numérique par rapport au support papier, la technologie est à utiliser comme complément et alternative, et non pas comme une substitution, comme a pu le constater également Garnier (2017) dans son étude.
En conclusion, une application numérique telle que celle portant sur l'attention conjointe peut être utilisée comme médiateur pour travailler la communication et les compétences sociales (Mercier *et al.*, 2017). Les résultats de cette étude illustrent comment les applications numériques sur tablette ou ordinateur peuvent favoriser les liens entre les enfants porteurs d'un TSA et leur entourage, à condition de cadrer l'usage du numérique au travers de l'interaction avec les pairs et/ou les adultes encadrants. Le prototype du jeu *Attention conjointe* doit encore être amélioré pour devenir davantage mobile, flexible (Renaud et Cherruault-Anouge, 2018), concret, complexe et collaboratif pour favoriser la communication. Il doit également s'accompagner d'un concept pédagogique pour que les aidants puissent favoriser une généralisation des apprentissages et utiliser ce genre d'outils comme un médiateur de l'interaction. Ce jeu prendra alors tout son sens en tant que médiateur social (Briet *et al.*, 2018) et facteur d'inclusion sociale. En définitive, l'exemple de ce jeu et de son accompagnement met en évidence les éléments nécessaires à travailler pour optimiser l'usage des applications numériques dans une optique d'autonomisation et d'inclusion sociale, et pour devenir un moyen de compenser le manque de lien avec le monde (Renaud et Cherruault-Anouge, 2018).

Références

Avramides, K., Bernardini, S., Foster, M. E., Frauenberger, C., Kossyvaki, L., & Mademtzi, M. (2012). State-of-the-art in TEL to support social communication skill development in children with autism: a multi-disciplinary review. *International Journal of Technology Enhanced Learning, 4*(5-6), 359-372.

Bonnot-Briey, S. (2018). Interactions entre autisme et nouvelles technologies. *Enfance, 1*(1), 169-170. https://doi.org/10.3917/enf2.181.0169

Bourdet, J.-F., Bourdon, P., et Teutsch P. (2018). Quels usages du numérique pour les activités quotidiennes en situation de handicap ou d'autonomie réduite ? *Éducation et formation*, (e-311), 9-14.

Bourdon, P., Lefer-Sauvage, G., Mercier, C., Teutsch, P., et Lopez-Cazaux, S. (2018). Le rôle de l'imitation dans l'appropriation des outils numériques chez les enfants avec autisme : Étude de l'usage des tablettes tactiles en Ulis – école TED et IME. *Enfance, 1*(1), 147-168. https://doi.org/10.3917/enf2.181.0147

Boyer, P., Crocq, M.-A., & American Psychiatric, A. (2015). *DSM-5 ®* (5th ed.). Elsevier Health Sciences France.

Briet, G., Le Sourn-Bissaoui, S., Le Maner-Idrissi, G., Peri, M., Blanco, C., Le Marec, O., et Seveno, T. (2018). La tablette tactile : une interface numérique pour favoriser les interactions sociales à l'école chez deux enfants présentant un trouble du spectre de l'autisme. *Éducation et formation*, (e-311), 15-30.

Bruner, J. (1983). *Le Développement de l'enfant : savoir-faire, savoir dire*. Puf.

Cassidy, S. A., Stenger, B., Van Dongen, L., Yanagisawa, K., Anderson, R., Wan, V., Baron-Cohen, S., & Cipolla, R. (2016). Expressive visual text-to-speech as an assistive technology for individuals with autism spectrum conditions. *Computer Vision and Image Understanding, 148*, 193-200.

Cilia, F., Garry, C., Brisson, J., et Vandromme, L. (2018). Attention conjointe et exploration visuelle des enfants au développement typique et avec TSA : synthèse des études en oculométrie. *Neuropsychiatrie de l'enfance et de l'adolescence, 66*(5), 304-314.

Cordes, C., & Miller, E. (2000). *Fool's gold: A critical look at computers in childhood.* College Park, MD: Alliance for Childhood.

Desgagné, S., Bednarz, N., Lebuis, P., Poirier, L., et Couture, C. (2001). L'approche collaborative de recherche en éducation : un rapport nouveau à établir entre recherche et formation. *Revue des sciences de l'éducation, 27*(1), 33-64. https://doi.org/10.7202/000305ar

Fage, C., Mazon, C., et Sauzéon, H. (2018). Inclusion scolaire des enfants avec TSA et interventions basées sur les nouvelles technologies : une revue de littérature. *Enfance, 1*(1), 103-130. https://doi.org/10.3917/enf2.181.0103

Fage, C., Pommereau, L., Consel, C., Balland, É., & Sauzéon, H. (2016). Tablet-based activity schedule in mainstream environment for children with autism and children with ID. ACM SIGACCESS *Transactions in Accessibility and Computing, 8*(3), 9.

Garnier, P. (2017). Témoignages d'enseignantes concernant les usages pédagogiques de la tablette numérique chez des élèves avec TSA. *La nouvelle revue de l'adaptation et de la scolarisation, 78*, 99-117.

Garnier, P. (2018). Enseigner avec une tablette numérique à des élèves présentant des TSA. *Éducation et formation*, (e-311), 31-42.

Lebrun, M. (2004). La formation des enseignants aux TIC : allier pédagogie et innovation. *Revue internationale des technologies en pédagogie universitaire-International Journal of Technologies in Higher Education, 1*, 11-21.

Martin, J. (2018). Agents virtuels pour l'apprentissage de compétences sociales dans l'autisme : une revue. *Enfance, 1*(1), 13-30. https://doi.org/10.3917/enf2.181.0013

Mercier, C., Bourdon, P., et Lefer, G. (2017). De l'outil à l'instrument : appropriation de l'application numérique çATED. *La nouvelle revue de l'adaptation et de la scolarisation, 78*, 83-98.

Mercier, C., Guffroy, M., Lefer Sauvage, G., et Lopez-Cazaux, S. (2018). Effet d'un agenda numérique sur le développement des compétences socio-cognitives chez des personnes avec autisme. *Éducation et formation*, (e-311), 75-88.

Moore, M., & Calvert, S. (2000). Brief report: vocabulary acquisition for children with autism : teacher or computer instruction. *Journal of Autism and Developmental Disorders, 30*(4), 359-362.

Pazzagli, C., Fatuzzo, G., Donnari, S., Canonico, V., Balboni, G., & Mazzeschi, C. (2017). Assistive Technologies for Children with Autism Spectrum Disorder. In S. Federici and M. J. Scherer (Eds). Assistive Technology Assessment Handbook (pp. 435-455). Londres : CRC Press.

Plog, B. O., Scharf, A., Nelson, D., & Brooks, P. J. (2013). Use of Computer-Assisted Technologies (CAT) to enhance social, communicative, and language development in children with autism spectrum disorders. *Journal of Autism and Developmental Disorders, 43*(2), 301-22. doi:10.1007/s10803-012-1571-3.

Ramdoss, S., Machalicek, W., Rispoli, M., Mulloy, A., Lang, R., & O'Reilly, M. (2012). Computer-based interventions to improve social and emotional skills in individuals with autism spectrum disorders: a systematic review. *Developmental Neurorehabilitation, 15*(2), 119-135.

Renaud, J., & Cherruault-Anouge, S. (2018). Applications numériques pour l'autonomie des personnes avec trouble du spectre de l'autisme : De la nécessité d'un processus d'innovation et d'une utilisation centrée sur la personne et ses aidants. *Enfance, 1*(1), 131-146. https://doi.org/10.3917/enf2.181.0131

Rosen, D., & Jaruszewicz, C. (2009). Developmentally Appropriate Technology Use and Early Childhood Teacher Education. *Journal of Early Childhood Teacher Education, 30*(2), 162-171.

Shane, H. C., & Albert, P. D. (2008). Electronic screen media for persons with autism spectrum disorders: results of a survey. *Journal of autism and developmental disorders, 38*(8), 1499-1508.

Tijus, C. (2018). Après-propos : quoi faire avec le numérique ? *Enfance, 1*(1), 171-175. https://doi.org/10.3917/enf2.181.0171

Vandromme, L. (2018). Introduction : Regards et perspectives sur les nouvelles technologies et l'autisme. *Enfance, 1*(1), 5-12. https://doi.org/10.3917/enf2.181.0005

Wainer, A. L., & Ingersoll, B. R. (2011). The use of innovative computer technology for teaching social communication to individuals with autism spectrum disorders. *Research in Autism Spectrum Disorders, 5*(1),96-107.

Penser autrement le développement

Ce que nous apprennent les enfants et les adolescents à besoins éducatifs spécifiques

Florence LABRELL

Les enfants atypiques ou en situation de handicap ont toujours été au cœur des préoccupations de la psychologie du développement. Pourtant, bien que les besoins éducatifs et psychologiques spécifiques de ces enfants soient reconnus, peu d'outils permettent aux professionnels d'adapter leur accompagnement à chaque situation. Dans Penser autrement le développement, Florence Labrell propose un modèle de développement inédit, qui met en évidence la complexité du développement psychologique humain dans sa vulnérabilité, sa dépendance au contexte et ses capacités d'adaptation. Le temps n'est plus aux approches carentielles qui identifient uniquement les troubles et les situations de handicap en termes de manques, mais à la mise en place d'environnements favorables et innovants.

Des pistes de réflexion essentielles pour les chercheurs et tous ceux qui accompagnent au quotidien des jeunes à besoins éducatifs spécifiques !

Florence Labrell est professeure des universités en psychologie du développement et de l'éducation à l'INSHEA, chercheuse au CESP U1178 INSERM (équipe « Psychiatrie du développement et trajectoires ») et membre associée du Grhapes (EA7287). Elle mène des recherches en psychologie du développement et des apprentissages, en psychologie de l'éducation et en sciences de l'éducation sur des populations typiques et vulnérables. Cet ouvrage fait partie de la collection PSY - Évaluation, mesure, diagnostic dirigée par Jacques Grégoire.

Édition Mardaga

2021 - 176 pages - Version papier : 24,90 €
ISBN : 9782804720049

Renseignement

<https://www.editionsmardaga.com/products/penser-autrement-le-dveloppement>

Étude de la reconnaissance professionnelle des AESH

Mickaël JURY
INSPÉ Clermont Auvergne
Laboratoire ACTé

Julie BERGARA
Académie de Bordeaux, équipe école inclusive DSDEN 64

Grégoire COCHETEL
INSPÉ Clermont Auvergne

Résumé : Les Accompagnantes d'élèves en situation de handicap (AESH) jouent un rôle essentiel au bon fonctionnement de l'école inclusive mais ressentent régulièrement un manque de reconnaissance de la part de l'institution. Cette étude vise à étudier de manière quantitative cette question en s'intéressant notamment aux paramètres pouvant faire varier cette reconnaissance perçue. Réalisée auprès de 2203 AESH, cette recherche a permis de confirmer qu'elles perçoivent moins de reconnaissance de la part de l'institution que de la part du personnel de direction ou des enseignantes et enseignants et que cette reconnaissance est fortement tributaire de l'accueil réalisé dans l'école ou l'établissement ou encore des relations de travail avec l'enseignante et l'enseignant. Ces premières données, non sans limites, ouvrent des perspectives de réflexion afin de permettre à ce personnel de pleinement contribuer au parcours inclusif des élèves.

Mots-clés : Accompagnement - Enquête - Handicap - Reconnaissance professionnelle - Scolarisation inclusive.

Teaching assistants for students with Special Educational Needs: Studying the professional recognition

Summary: Teaching assistants for students with Special Educational Needs (TASEN) are essential to support the inclusive education paradigm. Nonetheless, these professionals suffer from a severe lack of recognition from the school system. This research seeks to precisely study this issue as well as the parameters that could influence their perceived recognition. Data from 2,203 TASEN were collected and results notably reveal that they perceived lower recognition from the general administration (*i.e.* the French Ministry of Education) in comparison with the one received from the school principals or the teachers. In addition, this recognition seems to depend strongly on the quality of their welcome at the beginning of the schoolyear as well as their working relationship with the teachers. These data, not without limits, open perspective in order to help these professionals to fully contribute to the students' inclusive pathways.

Keywords: Disability - Inclusive education - Professional recognition - Survey - Teaching assistant.

Les Accompagnantes[1] d'élèves en situation de handicap (AESH) contribuent à la scolarisation des élèves en situation de handicap. Plus précisément, et pour permettre le développement de l'autonomie, elles ont, d'après la circulaire n° 2017-084 du 3 mai 2017, une mission d'aide auprès de ce public concernant les activités du quotidien (par ex., les actes essentiels de la vie), l'accès aux activités d'apprentissages (par ex., contribuer à l'adaptation de la situation d'apprentissage) ou encore les activités de la vie sociale et relationnelle (par ex., favoriser la communication et les interactions entre l'élève et son environnement). Ces actrices constituent donc un rouage essentiel du parcours de scolarisation inclusif d'élèves en situation de handicap et expriment pourtant régulièrement un manque de reconnaissance de la part de l'institution. Dans le cadre de cette recherche, nous souhaitons étudier plus spécifiquement cette question *via* une étude ayant deux objectifs : la description des conditions de travail des AESH et l'examen des liens entre celles-ci et leur reconnaissance professionnelle perçue. Ainsi, après avoir évoqué le métier d'AESH et la question de la reconnaissance perçue, nous présenterons une étude quantitative exploratoire réalisée auprès d'un nombre conséquent d'AESH.

AESH, UNE PROFESSION SINGULIÈRE DANS L'ÉDUCATION NATIONALE

Cochetel (2019), dans son ouvrage, retrace l'évolution de cette profession au sein de l'Éducation nationale en soulignant la particularité française associée à celle-ci. Ainsi, des AIS (Auxiliaire d'intégration scolaire) aux AESH en passant par les AVS (Auxiliaire de vie scolaire), il indique que la France a depuis une quarantaine d'années voulu soutenir la participation des élèves en situation de handicap en leur permettant d'être accompagnés par du personnel non enseignant dans les classes. Néanmoins, ces dénominations successives traduisent pour l'auteur la difficulté rencontrée par l'autorité compétente pour définir un métier et ses missions de manière claire.

Il faudra notamment attendre le rapport Komitès (2013, voir aussi Philip et Philbert, 2009) sur la professionnalisation des accompagnantes pour la réussite des enfants et adolescents en situation de handicap, pour parvenir, *via* le décret n° 2014-724 du 27 juin 2014, à la création d'un quasi-statut pour ce personnel. Toutefois, bien que les améliorations apportées par celui-ci soient sensibles (par ex., possibilité d'être recrutée en CDI), il semble que « *l'affirmation d'un métier à part entière* [doive] *attendre un peu* » (Cochetel, 2019, p. 16).

En outre, si le cadre de cet emploi semble si difficile à poser, cela s'explique aussi par la pluralité de situations auxquelles ce personnel pouvait faire face. Ainsi, jusqu'aux récentes transformations, il n'était pas rare de trouver pour une même fonction de multiples statuts (par ex., assistantes d'éducation faisant fonction d'AVS, EVS *via* un

1. Il est à noter que pour des questions de lisibilité le féminin sera employé pour désigner les AESH dans cet article. En effet, que ce soit dans les chiffres officiels (voir MEN, 2019) ou dans cette étude (voir partie Méthode), il s'agit d'un personnel largement féminin et il nous semble ainsi important de le reconnaître. Ce choix n'implique pour autant pas que nous pensions que cette profession soit réservée aux femmes ni que les hommes y sont moins légitimes.

contrat aidé, AESH *via* un contrat de droit public) se traduisant par des cadres et des volumes d'emploi, des temps de travail, ou des personnes référentes différentes (par ex., possibilité de tâche administrative pour les EVS, aide individuelle auprès d'un élève et en même temps aide mutualisée auprès de plusieurs).
Si la récente création des pôles inclusifs d'accompagnement localisés *via* la circulaire n° 2019-088 du 5 juin 2019 a notamment eu pour objectif de contribuer à la professionnalisation de la fonction d'AESH et faciliter leur gestion des ressources humaines, il n'en demeure pas moins que les quelques éléments mentionnés ici illustrent les difficultés entourant la définition de cette profession et peuvent ainsi contribuer à expliquer pourquoi certaines AESH perçoivent une faible reconnaissance de leur travail.

RECONNAISSANCE PROFESSIONNELLE PERÇUE

La recherche de reconnaissance au sens large constitue une motivation fondamentale de l'être humain (Anderson *et al.*, 2015). Selon cette équipe de recherche, voir notamment sa compétence reconnue par autrui est associé au bien-être, à l'estime de soi ainsi qu'à une bonne santé physique. Dans le contexte professionnel, Brun et Dugas (2005, p. 85) ont proposé de définir la reconnaissance comme étant un « *jugement posé sur la contribution de la personne, tant en matière de pratique de travail qu'en matière d'investissement personnel et de mobilisation* ». Aussi, Fall (2015) indique-t-il que cette reconnaissance peut être matérielle (par ex., *via* une augmentation de la rémunération) ou immatérielle (par ex., *via* des compliments sur le travail réalisé) et qu'elle vise à encourager l'émergence de certains comportements au travail. Il est à noter que celle-ci peut varier selon les sources. Ainsi, Brun et Dugas (2005) indiquent que la reconnaissance peut notamment se situer au niveau institutionnel (c'est-à-dire dans les moyens et politiques mis en place par l'organisation pour reconnaître le travail d'une cible en particulier), au niveau vertical (c'est-à-dire la reconnaissance immédiate que la supérieure ou le supérieur hiérarchique accorde à la personne employée) ou encore au niveau horizontal (c'est-à-dire la reconnaissance portée par les collègues ou les pairs).
El-Akremi, Sassi et Bouzidi (2009) proposent que ce besoin de reconnaissance, notamment dans le contexte professionnel, trouverait son origine dans l'instabilité des identités professionnelles et conditions de travail des personnes salariées (voir aussi Brillet et Capdevielle, 2017). Ce concept n'est donc pas à négliger puisqu'il apparaît comme étant relativement déterminant dans les situations professionnelles en étant associé à de multiples conséquences comme la motivation intrinsèque à réaliser son travail (c'est-à-dire faire son travail pour la satisfaction qu'il procure, Fall, 2015) ou encore l'évitement du burnout (c'est-à-dire le syndrome d'épuisement professionnel, Renger *et al.*, 2020).
Dans le cas où une forte inconnue autour d'un contexte de travail amènerait les travailleuses et les travailleurs à rechercher davantage de reconnaissance de la part d'autrui, il n'est alors pas surprenant que les AESH puissent être particulièrement sensibles à cette question et exposées à un risque d'épuisement (Maguet et Panissal, 2019).

Reconnaissance professionnelle des AESH

Comme suggéré auparavant, la question de la reconnaissance des AESH est particulièrement vive sur le terrain. À titre d'illustration, citons ce témoignage d'« *une AVS qui aime son travail* » (2017), indiquant qu'elle ne peut pas, avec son emploi, « *se prévaloir d'une reconnaissance sociale, ni d'utilité publique, ni de valeur, ni de compétence* » (p. 62).

Les organisations syndicales ou les collectifs d'AESH sont ainsi extrêmement mobilisés sur cette question. Récemment, une étude réalisée auprès d'AESH par le Syndicat national des lycées et collèges (Snalc) en 2017 concluait qu'un bon nombre de ces salariées expriment « *un manque de considération tant au niveau de la hiérarchie, du chef d'établissement, de l'inspection, des services du rectorat que de certains enseignants* ». Autre exemple plus récent, une déclaration intersyndicale datant de 2019 en réaction à la concertation sur l'école inclusive portée conjointement par le ministère de l'Éducation nationale et le Secrétariat chargé des Personnes Handicapées demandait la reconnaissance professionnelle immédiate des AESH (à travers notamment une revalorisation salariale mais aussi « *la création d'un vrai statut pour les AESH* »). Toutefois, malgré la tension autour de cette question, peu de travaux s'y sont spécifiquement intéressés.

Des publications, parmi lesquelles celle de Maguet et Panissal (2019) illustrent, au moins indirectement, certaines préoccupations éprouvées par les AESH et notamment le manque d'intégration au sein des équipes éducatives. Les autrices citent ainsi les propos de trois AESH qui expriment nettement leur inconfort dans certaines situations de leur quotidien professionnel (par ex., non informées des changements d'emploi du temps, se sentent seules dans la réalisation de leurs activités). Dans le même ordre d'idée, Toullec-Théry (2019) suggère que certaines enseignantes et enseignants, par manque de préparation, peuvent maintenir les AESH à distance et, de fait, créer des situations professionnelles potentiellement difficiles pour ces dernières. Thomazet et Mérini (2015) expliquent que la source de ces difficultés est liée à l'espace de travail commun, trop peu partagé ou co-construit par les différentes professionnelles et professionnels. Enfin, Cluzel et Philbert (2015) dans un article retraçant l'historique de l'aide humaine pour les élèves en situation de handicap, indiquent qu'il y a toujours eu une certaine frilosité quant à la reconnaissance de ces professionnelles, malgré une amélioration palpable ces dernières années (par ex., *via* la création d'une formation).

Objectifs de la recherche et hypothèses

Les différents éléments cités précédemment nous semblent traduire l'importance d'engager des travaux de recherche sur la question de la reconnaissance perçue des AESH. Ainsi, la présente recherche, bien qu'exploratoire par nature, vise à offrir de premiers éléments de compréhension à travers une comparaison de la reconnaissance perçue en fonction de la source (c'est-à-dire l'institution, la hiérarchie ou les collègues enseignantes et enseignants), mais aussi l'étude d'éléments qui, dans le contexte de travail des AESH (par ex., la qualité de l'accueil reçu, la communication avec l'enseignante ou l'enseignant, le sentiment d'efficacité personnelle), pourraient venir influencer cette reconnaissance perçue. Si des hypothèses claires semblent difficiles à poser pour l'ensemble des liens étudiés (d'où le caractère exploratoire de cette étude), il est toutefois minimalement possible, en articulant les éléments donnés dans les parties précédentes, d'assumer que le niveau de reconnaissance perçue par les AESH de la part de l'institution devrait être plus faible que celui perçu comme provenant des directions d'écoles ou d'établissement ou même que celui des enseignantes et enseignants.

Il est à noter que cette étude représente également une occasion de faire un état des lieux des conditions de travail des AESH afin d'identifier de potentiels leviers pour les améliorer. Ainsi, si nous présentons les résultats concernant la reconnaissance perçue des AESH, nous partageons également, en détails, les éléments concernant ces conditions de travail.

MÉTHODE

Participantes

Trois mille trois cent quatre-vingt-quatre accompagnantes d'élève en situation de handicap (AESH) se sont connectées à partir du lien envoyé et ont au moins consulté la première page du questionnaire (c'est-à-dire le formulaire de présentation et de consentement). Sur ce total, 65,10 % ont rempli l'intégralité du questionnaire.

L'échantillon final de l'étude comptait donc 2 203 participants : 2 114 femmes (96 % de l'échantillon) et 85 hommes (3,9 %, 0,1 % de données manquantes) avec un âge moyen de 43,12 ans (*ET* = 14,79). Sur ce total, 13,6 % des participantes avaient moins d'un an d'ancienneté, 49,3 % une ancienneté comprise entre 1 et 5 ans et 37,1 % une ancienneté supérieure à 5 ans. En termes de niveau de diplômes, 1,4 % des participantes n'étaient pas diplômées, 2,4 % avaient au moins le brevet des collèges, 15,7 % avaient au moins un diplôme de niveau IV (BEP/CAP), 40,4 % un baccalauréat, 17,1 % un diplôme de niveau baccalauréat +2 et 23,2 % un diplôme supérieur. Ainsi, 80,7 % des participantes avaient au moins un diplôme de niveau V (baccalauréat).

Enfin, concernant leurs conditions de travail, 60,8 % des participantes exerçaient dans le premier degré, 31,4 % dans le second degré et 7,8 % dans un contexte mixte (premier et second degrés). Une mission d'aide collective auprès des élèves en dispositif Ulis (Unités localisées pour l'inclusion scolaire) était exercée par 14,4 % d'entre elles alors que 85,6 % exerçaient une mission d'aide individuelle et/ou mutualisée. Cet échantillon, en raison de sa taille et son hétérogénéité importante, nous offre une bonne représentativité.

Matériel

Dans le cadre de cette étude, il a été demandé aux participantes de compléter plusieurs mesures visant à qualifier leur expérience professionnelle, à mesurer leur perception de compétences ainsi que leur reconnaissance perçue par les différents acteurs de l'Éducation nationale. Le détail de ces mesures est présenté ci-dessous.

Qualification de l'expérience professionnelle

Nous avons cherché à établir un état des lieux le plus précis possible de la situation professionnelle des AESH à travers divers indicateurs. Notre choix s'est porté principalement sur des éléments relatifs à la mise en poste de l'AESH dans l'école ou l'établissement et à la communication entre l'AESH et le personnel enseignant. En effet, à la lecture du livret d'accueil de l'AESH élaboré par le ministère de l'Éducation nationale et aux indices récoltés sur le terrain, une prise de poste qui permette un accompagnement qualitatif se traduit par l'accueil de l'AESH au sein de l'école ou de l'établissement par la direction et l'enseignante ou l'enseignant, la remise d'outils ou documents de travail nécessaires à la prise de fonction par l'équipe éducative ainsi que la présentation de l'AESH aux parents de l'élève (MENJS, 2020). Nous avons ainsi proposé des questions sur chacun de ces éléments.

Prise de poste de l'AESH

La prise de poste de l'AESH pour un nouvel accompagnement comporte l'accueil et la remise d'outils utiles à la prise de fonction. Cinq questions portaient donc sur l'accueil de l'AESH dans l'école ou l'établissement à travers la présentation des lieux, de l'équipe éducative et de l'enseignante ou l'enseignant de l'élève, des missions, et de l'élève (points d'appui, difficultés, objectifs et priorités concernant sa scolarisation). Par exemple, le premier item du questionnaire se présentait ainsi : « *Avez-vous été accueillie dans l'école, le collège ou le lycée pour que vous soient présentés les différents lieux de vie de l'établissement ?* » En outre, dans le livret d'accueil de l'AESH, le MEN insiste sur l'indispensable entretien de présentation à la famille. Aussi la dernière question portait-elle sur celui-ci, avec la présence de l'enseignante ou de l'enseignant ou non le cas échéant : « *Avez-vous rencontré lors d'un entretien de présentation les parents de l'élève que vous accompagnez? Avec l'enseignante ou l'enseignant ?* »
Les participantes devaient répondre à chacune de ces questions par oui ou par non.
Les questions suivantes interrogeaient la remise d'outils ou documents de travail institutionnels tels que le Projet personnalisé de scolarisation (PPS), le Document de mise en œuvre du PPS (DMOPPS) et le livret d'accueil de l'AESH. Les participantes devaient, comme précédemment, répondre par oui ou par non selon si ces documents leur avaient été fournis ou pas.

Communication avec l'enseignante ou l'enseignant. Nous avons distingué deux types d'échanges entre l'AESH et l'enseignante ou l'enseignant, centrés sur des objets différents : l'un portant sur la tâche que l'AESH a à effectuer dans l'accompagnement de l'élève dans l'accès aux activités d'apprentissage, et l'autre sur le suivi de l'élève.
Les participantes devaient compléter deux énoncés relatifs aux échanges.
Le premier s'intéressait particulièrement aux échanges relatifs à la tâche : « *Pour déterminer la tâche que vous avez à effectuer dans l'accompagnement de(s) l'élève(s) dans l'accès aux activités d'apprentissage, vous échangez avec l'enseignante ou l'enseignant* » et était évalué sur une échelle de 1 à 6 points allant de 1 « *Jamais* » à 6 « *Avant chaque activité d'apprentissage* ».
Le second s'intéressait davantage au suivi de l'élève : « *Pour assurer le suivi de(s) l'élève(s), des temps formalisés de concertation ou d'espaces de dialogue avec*

l'enseignante ou l'enseignant sont-ils prévus ? » et était également évalué sur une échelle en 6 points allant de 1 « *Jamais* » à 6 « *Tous les jours* ».

Participation aux équipes de suivi de scolarisation. À la suite, quatre énoncés portaient sur l'invitation, la participation et la préparation de l'Équipe de suivi de scolarisation (ESS), par exemple : « *Si l'Équipe de suivi de scolarisation (ESS) a eu lieu ou a été programmée, avez-vous été invitée ?* » Les participantes devaient répondre par l'affirmative ou la négative.

Connaissances respectives des missions. Enfin, les participantes ont complété trois énoncés relatifs à la connaissance des missions de l'AESH par l'AESH et l'enseignante ou l'enseignant, et des missions de l'enseignante ou l'enseignant dans la mise en œuvre du PPS par l'AESH. Pour chacun de ces énoncés (par ex., « *Dans quelle mesure estimez-vous que l'enseignante ou l'enseignant connaît vos missions en tant qu'AESH ?* »), les participantes devaient répondre sur une échelle allant de 1 « *Pas du tout* » à 5 « *Très bien* ».

Perception de compétences

Les participantes devaient ensuite compléter 4 énoncés extraits et adaptés de l'Échelle des perceptions de compétence dans les domaines de vie (EPCDV) de Losier, Vallerand et Blais (1993). Cette dernière mesure les perceptions de compétence entretenues par les personnes envers différents contextes de vie : les loisirs, les relations interpersonnelles, les études et envers la vie en général. Elle comprend normalement un total de 16 énoncés, soit 4 pour chacun des domaines de vie. Dans le cadre de notre étude, et pour un souci de longueur du questionnaire, nous avons fait le choix de ne retenir que 4 énoncés. Ces items ont été légèrement modifiés pour qu'ils puissent refléter la perception de compétence professionnelle (par ex., « *En général, j'éprouve des difficultés à bien faire mon travail d'AESH* » ; « *J'ai développé de très bonnes compétences comme AESH* »). La consigne était : « *Indiquez à quel point vous êtes en accord avec chacun des énoncés suivants* ». Les participantes devaient indiquer leur degré d'accord avec chacun des énoncés sur une échelle en 5 points allant de 1 « *Pas du tout d'accord* » à 5 « *Tout à fait d'accord* ». L'analyse de fiabilité, la mesure dans laquelle cette échelle mesurait bien le construit souhaité, était relativement satisfaisante (α = ,67, M = 4,03 ; ET = 0,61).

Reconnaissance au travail

Les participantes ont aussi eu à compléter l'échelle de reconnaissance au travail proposée par Fall (2015). Pour parvenir à une évaluation complète du concept de reconnaissance au travail, cet instrument de mesure prend en considération les trois dimensions de la reconnaissance au travail définies par Brun et Dugas (2005) ; il permet d'évaluer la reconnaissance institutionnelle ou organisationnelle, la reconnaissance verticale et la reconnaissance horizontale et donc, dans le cadre de notre étude, les perceptions que peuvent avoir les AESH de l'institution, de leurs supérieures ou supérieurs hiérarchiques et de leurs collègues enseignantes ou enseignants. En effet, comme évoqué précédemment, le concept de reconnaissance au travail ne se limite pas uniquement à la reconnaissance du travail fournie mais implique aussi que cette reconnaissance soit l'œuvre de personnes bien définies ; dans notre étude il s'agit de l'employeur soit l'institution Éducation nationale, la direction de l'école ou de l'établissement et les enseignantes ou les enseignants. Pour évaluer la sensibilité des participantes aux trois dimensions de la reconnaissance au travail, l'échelle était constituée de 13 items ; les items 1 à 4 étaient relatifs à l'employeur (par ex., *« Mon employeur (l'Éducation nationale) me donne les moyens qu'il faut pour travailler efficacement »),* les items 5 à 8, au directeur ou à la directrice d'école ou la cheffe ou le chef d'établissement (par ex., *« Le(s) directeur(s) d'école ou chef(s) d'établissement dans le(s)quel(s) j'interviens fait (font) preuve de considération à mon égard (salutations, sympathie et attentions agréables). »*), et les items 9 à 13 aux enseignantes et enseignants (par ex., *« L'(les) enseignant(s) avec le(s)quel(s) je travaille me félicite(ent) ou me remercie(ent) pour souligner mon travail »*). Les participantes devaient alors indiquer leur degré d'accord sur une échelle en 5 points allant de 1 « *Pas du tout d'accord* » à 5 « *Tout à fait d'accord* ». Il est à noter que nous avons légèrement adapté certains items et complété l'échelle en ajoutant un item concernant la reconnaissance perçue par les enseignantes et enseignants. Comme pour la perception de compétences, les analyses de fiabilités étaient satisfaisantes pour la reconnaissance perçue associée à l'Éducation nationale (α = ,85, *M* = 2,19 ; *ET* = 0,99), le personnel de direction (α = ,92, *M* = 4,05 ; *ET* = 0,94) et les collègues enseignantes et enseignants (α = ,92, *M* = 4,07 ; *ET* = 0,90).

Caractéristiques démographiques

Enfin, afin de caractériser notre échantillon, les participantes ont été invitées à compléter neuf items relatifs au genre, à l'âge, au niveau académique, au contexte d'exercice (premier degré, second degré ou mixte), au type de mission (aide individuelle et/ou mutualisée, aide collective), à l'ancienneté, à la participation à la formation d'adaptation à l'emploi, au suivi d'une autre formation dans le domaine de l'accompagnement à la personne, ou à la projection à long terme dans le métier d'AESH. Une question ouverte clôturait le questionnaire afin de laisser la possibilité aux participantes de s'exprimer librement ou d'ajouter des précisions relatives à leur métier d'AESH[2].

RÉSULTATS

Description de l'expérience professionnelle des AESH

Prise de poste de l'AESH

L'accueil de l'AESH. Les résultats concernant les quatre premiers indicateurs relatifs à la prise de poste durant l'année scolaire 2019-2020 (c'est-à-dire la présentation des lieux de vie de l'école ou de l'établissement, de l'équipe éducative, des missions

2. Pour des questions de lisibilité, l'intégralité du questionnaire n'est pas présentée ici car toutes les variables n'ont pas fait l'objet d'une analyse. Néanmoins, l'ensemble du matériel et données sont disponibles en suivant le lien suivant : https://osf.io/dgp7n/

au regard de l'élève à accompagner ainsi que les points d'appui et difficultés de l'élève) traduisent un retour positif pour plus de 60 % des AESH. Néanmoins, seules 32,1 % d'entre elles indiquent avoir rencontré les parents de l'élève alors que cela est prescrit (circulaire n° 2019-088 du 5 juin 2019). Le détail des réponses pour chaque indicateur est donné dans le tableau ci-dessous.

Tableau 1 : L'accueil des AESH

Indicateurs d'accueil de l'AESH	Oui	Non
Présentation des lieux de vie	68,50 %	31,50 %
Présentation de l'équipe éducative	65,10 %	34,90 %
Présentation des missions	64,60 %	35,40 %
Présentation de l'élève	61,30 %	38,70 %
Présentation des parents de l'élève	32,10 %	67,90 %

La remise d'outils à l'AESH. Des outils institutionnels tels que le Projet personnalisé de scolarisation (PPS), le Document de mise en œuvre du PPS (DMOPPS), le livret d'accueil de l'AESH ou d'autres documents de travail devraient être remis à l'AESH pour l'aider dans sa prise de fonction. Les résultats font apparaître que, selon les dires des participantes, ces documents ne seraient pas systématiquement distribués (moins de 50 % des AESH déclarent avoir reçu chaque outil). Le détail par outil est présenté dans le tableau ci-dessous.

Tableau 2 : Remise d'outils aux AESH

Outils ou documents de travail	Oui	Non
PPS	46,40 %	53,60 %
DMOPPS	31,90 %	68,10 %
Livret d'accueil de l'AESH	46,30 %	53,70 %
Autre document	21,10 %	78,90 %

En outre, il est à noter que concernant les 21,1 % des participantes qui ont reçu un autre document ou outil de travail, il s'agit essentiellement du Guide d'évaluation des besoins de compensation en matière de scolarisation (Géva-Sco) et/ou du Projet d'accueil individualisé (PAI) pour les élèves avec troubles de la santé.

Communication avec l'enseignante ou l'enseignant

Nous avons distingué deux types d'échanges entre l'AESH et l'enseignante ou l'enseignant : des échanges portant sur la tâche que l'AESH doit effectuer dans l'accompagnement de l'élève dans l'accès aux activités d'apprentissage, et des échanges centrés sur le suivi de l'élève dans sa scolarisation.

Concernant la tâche à effectuer. Les résultats concernant les échanges relatifs à la tâche à effectuer par l'AESH sont détaillés dans le tableau 3.

Tableau 3 : Fréquence relative aux échanges

Fréquence	Pourcentage des participantes
Avant chaque activité d'apprentissage	27,14 %
Au cours de chaque activité d'apprentissage	24,60 %
Deux fois par jour	7,81 %
Une seule fois par jour	13,25 %
Une fois par semaine	15,25 %
Jamais	11,94 %

Ainsi apparaît-il notamment que 11,94 % des participantes déclarent ne jamais échanger avec l'enseignante ou l'enseignant pour déterminer la tâche qu'elles ont à effectuer dans l'accompagnement de l'élève dans l'accès aux activités d'apprentissage. Toutefois, il semble qu'environ la moitié des AESH qui ont participé à l'étude échangent avec l'enseignante ou l'enseignant avant ou pendant l'activité d'apprentissage (51,74 %).

Concernant le suivi des élèves. 39,85 % des AESH ont indiqué n'avoir aucun temps formalisé de concertation ou d'espaces de dialogue avec l'enseignante ou l'enseignant au sujet du suivi de l'élève. Le détail des résultats est présenté dans le tableau ci-dessous.

Tableau 4 : Fréquence relative aux échanges concernant le suivi de l'élève

Fréquence	Pourcentage des participantes
Tous les jours	31,59 %
Une fois par semaine	17,16 %
Une fois par mois	3,50 %
Une fois par trimestre	4,72 %
Une fois par an	3,18 %
Jamais	39,85 %

Équipes de suivi de scolarisation (ESS). Dans le cadre des ESS, 90,2 % des participantes ont répondu avoir été invitées et, lorsque l'ESS a eu lieu, 90,6 % des AESH y ont participé. Parmi celles qui ont participé à l'ESS, 57,4 % l'ont préparée avec l'enseignante ou l'enseignant (42,6 % sans).
Si ces éléments n'ont que vocation à décrire le contexte de travail des AESH, ils seront néanmoins supports dans l'analyse des déterminants de la reconnaissance perçue et seront également évoqués en discussion.

Reconnaissance perçue des AESH

Reconnaissance perçue en fonction de la source

Une première analyse de variance (Anova) à mesures répétées sur la reconnaissance perçue incluant la source comme facteur intra-sujet à trois niveaux a été réalisée (c'est-à-dire soit l'Éducation nationale, la directrice et le directeur d'école ou la cheffe et le chef d'établissement et l'enseignante ou l'enseignant). Celle-ci indique que le niveau de reconnaissance varie significativement selon la source, $F(2,4404) = 4085,35$, $p <,001$, $\eta_p^2 = ,65$. Plus précisément, et comme l'illustre le graphique ci-dessous, les analyses de comparaisons a posteriori avec correction de Bonferonni indiquent que les participantes perçoivent beaucoup moins de reconnaissance de la part de l'Éducation nationale ($M = 2,19$, $ES = ,02$) par comparaison aux directrices ou directeurs et cheffes ou chefs d'établissement ($M = 4,05$, $ES = ,02$, $p < ,001$) et aux enseignantes ou enseignants ($M = 4,07$, $ES = ,02$, $p < ,001$) ; le niveau de reconnaissance perçue ne varie pas entre ces deux dernières sources ($p = 1,00$). Autrement dit, confirmant les impressions récoltées sur le terrain, les AESH interrogées indiquent se sentir beaucoup moins reconnues par l'institution que par les personnes avec lesquelles elles interagissent au quotidien.

Figure 1 : Reconnaissance perçue des AESH selon les différentes sources. Les barres d'erreurs représentent les intervalles de confiance

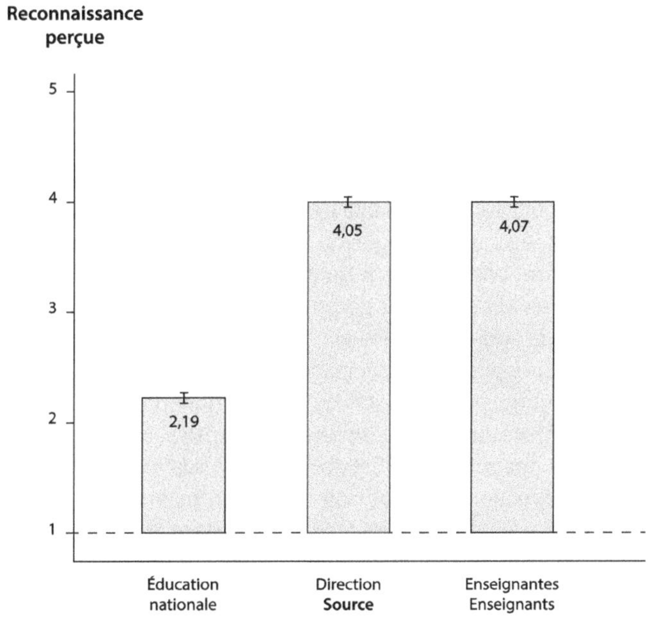

Liens entre contexte professionnel et reconnaissance perçue des AESH

Dans un second temps d'analyse, nous avons examiné les déterminants de cette reconnaissance perçue à l'aide des indicateurs présentés précédemment. Ainsi, les trois scores de reconnaissance perçue ont été régressés sur des modèles incluant plusieurs facteurs que sont : l'accueil (l'ensemble des oui aux questions dédiées était additionné pour former un score compris entre 0 et 5, $M = 2,92$; $ET = 1,59$), la transmission d'outils (l'ensemble des oui aux questions dédiées était additionné pour former un score compris entre 0 et 4, $M = 1,46$; $ET = 1,27$), la communication concernant la tâche à effectuer (*M* = 3,99 ; *ET* = 1,77), le suivi de l'élève (*M* = 3,50 ; *ET* = 2,22), la participation aux ESS (l'ensemble des oui aux questions dédiées était additionné pour former un score compris entre 0 et 4, *M* = 3,06 ; *ET* = 1,18), la connaissance perçue des missions de l'enseignante ou de l'enseignant (*M* = 3,28 ; *ET* = 1,17), la connaissance des missions de l'AESH (*M* = 4,12 ; *ET* = 0,78), la connaissance perçue des missions de l'AESH par l'enseignante ou l'enseignant (*M* = 3,44 ; *ET* = 1,09), le sentiment de compétence, l'expérience professionnelle dans le métier (codée +1 pour une expérience de moins de un an, +2 pour une expérience comprise entre 2 et 5 ans et + 3 pour une expérience supérieure à 5 ans), le contexte de travail (codé +1 pour le premier degré, +2 pour le second degré et + 3 pour un contexte mixte) et des caractéristiques démographiques (c'est-à-dire âge, genre, niveau de diplôme).

Plutôt qu'une présentation très détaillée de l'ensemble des résultats issus de ces trois analyses de régression (pour le détail, voir le tableau 5 ci-dessous), nous proposons de mettre en lumière les points les plus marquants.

Tout d'abord, il existe des convergences entre les trois analyses. Ainsi, il semble que plus les AESH reçoivent un bon accueil, échangent concernant la tâche à effectuer, suivent l'élève avec l'enseignante ou l'enseignant, pensent que celui-ci ou celle-ci connaît leurs missions, et se sentent compétentes dans leur emploi, plus elles indiquent ressentir de la reconnaissance de la part de l'institution, la hiérarchie ou les collègues enseignantes et enseignants. Dit autrement, pour que les AESH se sentent reconnues dans leur travail, quelle que soit la source de cette reconnaissance, il semble indispensable de favoriser l'accueil sur le lieu de travail ou encore les échanges réguliers (à propos de la tâche ou l'élève) avec une enseignante ou un enseignant dont elles pensent qu'il ou elle connaît bien leurs missions. Si les autres paramètres apparaissent comme liés à la reconnaissance perçue, cela semble varier selon la source de celle-ci.

Ainsi, et cela est surprenant, si la participation aux ESS est associée à une meilleure reconnaissance perçue par la direction ou les enseignantes, c'est l'inverse qui se produit pour la reconnaissance institutionnelle, comme si cela représentait un frein. Autre exemple, l'expérience de l'AESH est associée à la reconnaissance perçue de l'institution et de la direction mais pas des enseignantes et enseignants (c'est-à-dire que si les AESH les moins expérimentées se sentent davantage reconnues par l'institution et la direction que leurs collègues plus expérimentées, cette différence n'apparaît plus quand la source est l'enseignante ou l'enseignant). Un résultat similaire concerne le niveau de diplôme, avec les AESH les moins diplômées qui se sentent davantage reconnues par l'institution et la direction que leurs collègues plus diplômées, une différence qui n'apparait pas pour la reconnaissance perçue associée à l'enseignante ou à l'enseignant.

Enfin, certains paramètres semblent avoir une influence très spécifique et ne sont associés qu'à une seule forme de reconnaissance perçue. C'est notamment le cas de l'âge, du genre, du contexte professionnel, de la participation à la formation d'adaptation à l'emploi ou encore de la transmission d'outils qui ne sont associés qu'à la seule reconnaissance perçue de l'institution. Plus précisément, les AESH les plus jeunes, du premier degré, hommes, qui n'ont pas fait la formation d'adaptation

et qui ont le moins reçu d'outils institutionnels sont ceux qui se sentent le moins reconnus par l'institution.
Il est à noter, de manière consistante, que les connaissances que les AESH possèdent à propos de leurs missions ou celles de l'enseignante ou l'enseignant n'influencent pas leur reconnaissance perçue, quelle que soit la source.

Tableau 5 : Synthèse des analyses de régression concernant les déterminants de la reconnaissance perçue des AESH selon la source de celle-ci

Déterminants de reconnaissance	Éducation nationale	Direction	Enseignantes Enseignants
Accueil de l'AESH	***	***	***
Transmission des outils institutionnels	***	ns	ns
Communication à propos de l'activité à faire avec l'élève	***	***	***
Suivi de l'élève	***	***	***
Participation aux ESS	***	***	***
Connaissances des missions de l'enseignante ou l'enseignant	ns	ns	ns
Connaissances des missions de l'AESH	ns	ns	ns
Connaissances des missions de l'AESH par l'enseignante ou l'enseignant	***	***	***
Sentiment de compétence	***	***	***
Âge de l'AESH	**	ns	ns
Niveau de diplôme	***	***	ns
Contexte de travail	***	ns	ns
Expérience professionnelle de l'AESH	***	***	ns
Participation à la formation d'adaptation à l'emploi	**	ns	ns
Genre	*	ns	ns

Note. ns : $p > ,05$; * : $p < ,05$
** : $p < ,01$; *** : $p < ,001$

DISCUSSION

Les AESH ont un rôle particulièrement important dans la mise en place de l'école inclusive, mais souffrent néanmoins d'un manque de reconnaissance (Snalc, 2017). S'inscrivant en partie dans la perspective de travaux menés en sciences de gestion sur cette problématique (Brun et Dugas, 2005 ; Fall, 2015), l'objectif du présent travail était d'étudier la question de cette reconnaissance de manière quantitative afin d'identifier des éléments pouvant l'influencer (par ex., la source, les conditions de travail). Une étude exploratoire auprès d'un large échantillon d'AESH a donc été

menée afin d'apporter des éléments de réponse à cette question mais aussi afin de fournir des éléments descriptifs sur le contexte de travail de ces professionnelles. De manière synthétique, les résultats de l'étude confirment, sans équivoque, que les AESH perçoivent un fort déficit de reconnaissance de la part de l'Éducation nationale (notamment par contraste avec celle perçue comme venant des personnels de direction ou des enseignantes et enseignants) et que celui-ci serait partiellement imputable à leurs conditions de travail. En effet, il apparaît dans les résultats que la réalisation systématique de l'accueil des AESH lors de la prise de poste – encore trop faible, seules 32,1 % rencontrent les parents de l'élève qu'elles accompagnent malgré le caractère prescrit de cette rencontre –, la transmission systématique des outils institutionnels – elle aussi trop faible, seules 46,40 % des AESH auraient reçu le PPS –, ou encore le simple fait d'avoir bénéficié de la formation d'adaptation à l'emploi constitueraient autant de pistes permettant d'améliorer le sentiment de reconnaissance de ces personnels et ainsi leur offrir un cadre probablement plus propice à la mise en œuvre d'un accompagnement plus qualitatif.
De même, il apparaît que les enseignantes et enseignants pourraient contribuer significativement à l'amélioration de la reconnaissance des AESH. Ainsi, en témoignant simplement aux AESH d'une connaissance appropriée de leurs missions et en échangeant régulièrement avec elles sur les activités à mener en classe ou le suivi de l'élève, cela pourrait déjà permettre d'améliorer significativement la reconnaissance qu'elles perçoivent. En effet, le fait qu'environ 26 % des AESH de notre échantillon n'échangent pas au moins une fois par jour sur les activités à mener en classe ou que près de 40 % d'entre elles n'aient jamais de temps de concertation formalisé avec l'enseignante ou l'enseignant sur l'élève traduit, semble-t-il, des dysfonctionnements entrainant probablement des difficultés dans la mise en œuvre de la mission d'accompagnement des élèves en situation de handicap.
Ce dernier point nous semble renforcer significativement l'idée que pour collaborer efficacement, il faut offrir des espaces aux individus pour qu'ils puissent apprendre à travailler ensemble (Tomazet et Mérini, 2014). Ainsi, si cela peut passer par de la formation aux enseignantes et enseignants quant aux missions de l'AESH et son rôle dans la classe *via*, peut-être, des formations croisées AESH-enseignantes et enseignants, cela passe probablement aussi par la mise à disposition d'outils de travail collaboratif. Cochetel (2019) en recense un certain nombre qui pourraient être facilement mis en place. Par exemple, afin d'améliorer le suivi de l'élève, pourrait être proposé de manière systématique un cahier de liaison permettant aux membres du binôme de consigner les éléments jugés utiles à l'évolution du projet de scolarisation de l'élève. Autre exemple, l'utilisation systématique d'une grille d'observation et d'évaluation par l'AESH portant sur l'autonomie de l'élève accompagné dans la vie quotidienne, les apprentissages ou la vie au sein de l'école offrirait à l'AESH un support pour soutenir sa position lors des temps de suivi ou réunions concernant l'élève. Enfin, le livret de parcours inclusif évoqué lors du dernier comité national de suivi de l'école inclusive du 9 novembre 2020 pourrait également constituer à l'avenir un outil de communication et d'échanges facilitant le suivi du parcours de scolarisation de l'élève ainsi que la prise de poste de l'AESH.

Ainsi si ce travail apporte des éléments de réflexion, il n'est toutefois pas sans certaines limites qu'il convient de considérer. Premièrement, les données présentées ici ne sont qu'auto-rapportées. Les biais associés à ce type de données sont connus (par ex., le biais de désirabilité sociale, Paulhus, 1991) et nous incitent donc à la prudence quant aux conclusions à formuler. Un travail complémentaire, impliquant une méthode qualitative, permettrait très probablement d'affiner et d'aller plus loin dans la compréhension de l'origine de ce manque de reconnaissance. Deuxièmement, notre échantillon, bien que large, pourrait ne pas être pour autant très représentatif de l'ensemble des AESH. En effet, si nous avons essayé de diffuser largement le questionnaire, les réseaux l'ayant le plus relayé sont ceux qui sont particulièrement engagés pour l'amélioration des conditions de travail des AESH. Il n'est ainsi pas à exclure un biais de sélection dans notre échantillon avec un taux de réponse particulièrement important parmi les AESH les plus engagées sur cette question-là. Enfin, le caractère exploratoire de l'étude appelle à une nécessaire réplication de ces travaux afin de pouvoir consolider les résultats obtenus ici (Makel et Plucker, 2014). Au-delà de ces limites, et au regard des conséquences que la reconnaissance professionnelle peut avoir sur la motivation ou encore le sentiment de bien-être des personnels (Fall, 2015), il nous semble que les résultats présentés ici ne sont pas neutres et doivent initier une réflexion vive autour des conditions de travail des AESH. Si les annonces de la rentrée 2020 du ministère de l'Éducation nationale (c'est-à-dire, création d'un guide national des AESH, réaffirmation de l'importance des échanges avec la famille, déploiement des PIAL renforcés et création de postes d'AESH référentes) incitent à une forme d'optimisme, beaucoup reste à faire pour permettre à ces personnels d'être pleinement reconnus dans leur travail et ainsi probablement offrir aux élèves en situation de handicap de meilleures conditions pour la poursuite de leur scolarité.

Références

Anderson, C., Hildreth, J. A. D., & Howland, L. (2015). Is the desire for status a fundamental human motive? A review of the empirical literature. *Psychological Bulletin*, *141*(3), 574-601. https://doi.org/10.1037/a0038781

Anonyme. (2017). AVS, un métier à tisser ? AVS c'est un métier ! *Vie sociale et traitements, Revue des CEMEA*, *135*(3), 61-65. https://doi.org/10.3917/vst.135.0061

Brillet, F., et Capdevielle, M. (2017). La fonction publique territoriale face aux attentes de ses agents en matière de reconnaissance. *Recherches en sciences de gestion*, *120*(3), 143-166. https://doi.org/10.3917/resg.120.0143

Brun, J., et Dugas, N. (2005). La reconnaissance au travail : analyse d'un concept riche de sens. *Gestion*, *30*(2), 79-88. https://doi.org/10.3917/riges.302.0079

Cluzel, S., et Philbert, M.-C. (2015). L'accompagnement des jeunes en situation de handicap : l'ambition d'un métier. *Contraste*, *42*(2), 205-222. <https://doi.org/10.3917/cont.042.0205>

Cochetel, G. (2019). *AESH et enseignant, collaborer dans une école inclusive.* Réseau Canopé.

Fall, A. (2015). Reconnaissance au travail : Validation d'une échelle de mesure dans le contexte des entreprises. *European Review of Applied Psychology, 65*(4), 189-203. https://doi.org/10.1016/j.erap.2015.07.001

Komites, P. (2013). Rapport du groupe de travail *Professionnaliser les accompagnants pour la réussite des enfants et adolescents en situation de handicap.* Consulté le 12 août 2020 à l'adresse <https://solidarites-sante.gouv.fr/IMG/pdf/rapport-pkomites-2013.pdf

Losier, G. F., Vallerand, R. J., et Blais, M. R. (1993). Construction et validation de l'Échelle des perceptions de compétence dans les domaines de vie (EPCDV). *Science et comportement, 23*(1), *1-16.*

Maguet, U., et Panissal, N. (2019). AESH au service d'une école inclusive et bienveillante : quelles compétences éthiques ? *Pensée plurielle, 49*(1), 49-59. https://doi.org/10.3917/pp.049.0049

Makel, M. C., & Plucker, J. A. (2014). Facts are more important than novelty: Replication in the education sciences. *Educational Researcher, 43*(6), 304-316. <https://doi.org/10.3102/0013189X14545513>

Paulhus, D. L. (1991). *Measurement and control of response bias.* In J. P. Robinson, P. R. Shaver and L. S. Wrightsman (Eds.), *Measures of social psychological attitudes, Vol. 1. Measures of personality and social psychological attitudes* (pp. 17-59). Academic Press. https://doi.org/10.1016/B978-0-12-590241-0.50006-X

Philip, C., et Philbert, M.-C. (2009). Auxiliaire de vie scolaire, un nouveau métier ? *La nouvelle revue de l'adaptation et de la scolarisation, 45*, 1-238. <https://www.inshea.fr/fr/content/auxiliaire-de-vie-scolaire-un-nouveau-métier>

Renger, D., Miché, M., & Casini, A. (2020). Professional recognition at work: The protective role of esteem, respect, and care for burnout among employees. *Journal of Occupational and Environmental Medicine, 62*(3), 202-209. <https://doi.org/10.1097/JOM.0000000000001782>

Thomazet, S., et Mérini, C. (2014). Le travail collectif, outil d'une école inclusive ? *Questions vives recherches en éducation, 21,* 1-18. <https://doi.org/10.4000/questionsvives.1509>

Thomazet, S., et Mérini, C. (2015). L'école inclusive comme objet frontière. *La nouvelle revue de l'adaptation et de la scolarisation, 70-71*, 137-148. <https://doi.org/10.3917/nras.070.0137>

Toullec-Théry, M. (2019). D'une recherche sur le travail conjoint AESH-enseignants vers la mise en œuvre d'une ingénierie coopérative : un moyen pour renouveler les pratiques ? *La nouvelle revue. Éducation et société inclusives, 85*, 19-36. https://doi.org/10.3917/nresi.085.0019

Du *holding* dans la relation pédagogique

La rêverie d'une coordonnatrice d'Ulis collège dans le cadre d'un entretien clinique de recherche et la construction des formes représentables des mouvements psychiques

Konstantinos MARKAKIS[1]
Maître de conférences
Université Paris Nanterre
Département des sciences de l'éducation
Cref (Centre de recherches en éducation et formation)

Résumé : Dans une approche clinique d'orientation psychanalytique en sciences de l'éducation, je tente de penser l'expérience psychique de la pratique du métier de coordonnateur d'Ulis collège. Ici, la notion du rapport à la pratique professionnelle est mise au travail à partir du dispositif de l'entretien clinique de recherche. En mettant la focale sur l'interaction interviewer-interviewée, je propose certaines hypothèses sur les mécanismes psychiques à l'œuvre chez une coordonnatrice d'Ulis en rapport avec son terrain professionnel et, notamment, sa relation pédagogique avec les élèves. Les hypothèses mettent en lumière une certaine rêverie dans le cadre clinique de l'entretien qui permet à l'enseignante de construire des formes représentables du *holding* dans la relation pédagogique.

Mots-clés : Approche clinique - Coordonnateurs d'Ulis - Entretien clinique de recherche - Expérience psychique professionnelle - *Holding* - Rêverie.

About Holding in the Pedagogical Relationship. The Reverie in the Framework of Clinical Research Interview with a Ulis Coordinator and the Construction of Representable Forms of Emotional Movements

Summary: In a psychoanalytically oriented clinical approach, I tackle the emotional integration of the Ulis coordinators' professional experience. In the sphere of clinical research interview, I am focusing on the interviewer-interviewee interaction and I propose hypotheses on psychic mechanisms which concern the affective experience of the professional field. The theoretical hypothesis highlights a reverie underlying the clinical framework which products representable forms of holding in the situation of pedagogical relationship.

Keywords: Clinical approach - Clinical research interview - Holding - Psychic professional experience - Reverie - Ulis coordinators.

1. k.markakis@parisnanterre.fr / k.h.markakis@gmail.com

Pour ma recherche doctorale (Markakis, 2019), j'ai tenté de penser l'expérience psychique de la pratique du métier des coordonnateurs d'Ulis collège (Unité localisée pour l'inclusion scolaire) en me référant à une approche clinique d'orientation psychanalytique en sciences de l'éducation. Ici, je m'engage dans une réflexion sur les mécanismes psychiques qui sous-tendent le cadre d'un entretien clinique avec une coordonnatrice d'Ulis collège et qui permettent de donner une certaine forme représentable (Markakis, 2021) à l'expérience singulière du sujet professionnel (Blanchard-Laville, 2019), c'est-à-dire la mise en mots et/ou en scène des tensions psychiques du sujet en rapport avec son terrain professionnel.
Pour contextualiser cette recherche, il est à noter qu'elle trouve une de ses racines dans les années entre 2011 et 2015, pendant lesquelles j'occupais un poste d'AVS-co (Auxiliaire de vie scolaire - collectif[1]) au sein d'une Ulis collège, destinée aux élèves atteints de troubles de fonctions cognitives. Ce poste me plaçait à la fois aux côtés des élèves et en collaboration étroite avec l'enseignant, responsable de la coordination du dispositif. De cette position, j'ai été frappé par les tensions émotionnelles et relationnelles à tous les niveaux de cette fonction institutionnelle. En effet, je situerais le métier du coordonnateur d'Ulis collège au carrefour de plusieurs mouvements relationnels émanant de la part des élèves, des enseignants du collège, des parents, des autres professionnels du soin et du socio-éducatif qui accompagnent les jeunes en dehors de l'établissement scolaire.
Dans un premier temps, je propose quelques repères socio-historiques et institutionnels qui décrivent cette complexité. Ensuite, j'expliciterai la méthodologie avec laquelle j'ai tenté de comprendre la manière singulière dont chacun représente son activité professionnelle. Enfin, je proposerai quelques hypothèses cliniques sur la mise en forme représentable de l'expérience psychique, telle qu'on peut la saisir dans le cadre de l'entretien clinique de recherche.

De la complexité du métier de coordonnateur d'Ulis collège

Dès la naissance du collège au niveau du secondaire durant les années soixante, quelques tentatives d'accueil des élèves « *en difficulté* » ont été mis en place dans un esprit « *normatif* », comme le souligne Philippe Mazereau : « *Le collège naissant aménage progressivement des classes destinées aux* retardés *ou* opposants scolaires [Termes utilisés dans la circulaire du 18 septembre 1964] » (2007, p. 38). Selon cet auteur, la première circulaire mentionnant l'intégration individuelle des enfants en situation de handicap a été publiée en 1982, en renforçant l'intérêt pour des approches plus individualisées (Mazereau, 2007, p. 42). En 1995, les Unités pédagogiques d'intégration (UPI) ont été instituées, en donnant la possibilité aux élèves scolarisés en Classe d'intégration scolaire (Clis) de poursuivre leur scolarité au niveau du secondaire. Il est à rappeler que les Clis se sont substituées aux classes de perfectionnement au niveau de l'école élémentaire.

1. Depuis 2017, nous parlons du métier de l'AESH (Accompagnant des élèves en situation de handicap).

Dès lors, P. Mazereau voit une montée en puissance des textes officiels qui favorisent le mouvement d'accueil des élèves considérés handicapés en milieu ordinaire, en proposant l'interprétation suivante : « *Cette succession de textes vient traduire l'engagement des associations et des familles d'enfants handicapés en faveur du droit à la scolarisation pour tous qui s'accompagne de l'abandon de la référence à l'intégration au profit de la scolarisation et de la compensation* » (2007, p. 39). Depuis la loi du 11 février 2005 pour l'égalité des droits et des chances, la participation et la citoyenneté des personnes handicapées, la scolarisation en milieu ordinaire est rendue accessible à tous les élèves reconnus en situation de handicap. Parmi les différentes modalités de scolarisation, l'une permet à l'élève de suivre une partie du programme scolaire correspondant à sa classe d'âge et de bénéficier d'un enseignement, assuré par un enseignant spécialisé au sein d'un dispositif collectif, l'UPI. Avec la circulaire du 18 juin 2010, les UPI sont remplacées par les Ulis dans une perspective inclusive et dans une approche plus territorialisée qui renforce la collaboration des acteurs accompagnant la scolarité des élèves (Midelet, 2019).
Selon la circulaire du 21 août 2015 relative aux dispositifs d'Ulis, le métier du coordonnateur d'Ulis collège est exercé par des enseignants spécialisés et il se situe dans le projet de l'Éducation nationale pour une école inclusive qui accueillera les enfants et les adolescents en situation de handicap. Cette circulaire précise davantage la fonction du dispositif et les missions des coordonnateurs. Ces derniers sont, la plupart du temps, enseignants spécialisés issus du corps du premier ou du second degré. Ils proposent un enseignement adapté, en prenant en compte des besoins éducatifs particuliers de chaque élève. Plus globalement, ils prennent la responsabilité de mettre en œuvre le Projet personnalisé de scolarisation (PPS), ce qui implique la mise en relation avec les enseignants des classes *ordinaires*, avec les professionnels qui accompagnent chaque élève en dehors du cadre scolaire, ainsi qu'avec les parents ou les responsables légaux. La même circulaire attribue aussi au coordonnateur la fonction de personne-ressource auprès de la communauté éducative au sein de laquelle il œuvre. Le coordonnateur acquiert, ainsi, un rôle d'expert dans le champ de l'adaptation des apprentissages[2]. À ce titre, il peut être amené à conseiller et à soutenir les enseignants non spécialisés – prioritairement ceux qui accueillent les élèves d'Ulis – en proposant des aménagements pédagogiques. Les coordonnateurs œuvrent, ainsi, dans un contexte multi-référentiel (Mazereau, 2014 ; Ebersold et Detraux, 2013) qui complexifie davantage la relation pédagogique et l'interaction quotidienne avec les élèves (Barrère, 2006). Au sein du dispositif, l'hétérogénéité des élèves est importante, car, outre le parcours singulier de chaque élève, l'Ulis collège accueille des élèves de la sixième à la troisième. Nous devons ajouter le poids du discours médical qui pèse sur les choix pédagogiques (Kohout-Diaz, 2018) et qui provient des professionnels du soin accompagnant les adolescents en dehors de l'établissement scolaire. D'autant plus qu'au niveau du collège, tous ces enjeux pédagogiques et éducatifs participent à l'accompagnement

2. La mise en place du Cappei (Certificat d'aptitude professionnelle aux pratiques de l'éducation inclusive) est parlante par rapport aux missions actuelles du coordonnateur d'Ulis brièvement citées. Voir le décret n° 2017-169 du 10 février 2017 et la circulaire n° 2017-026 du 14 février 2017.

des élèves vers la construction d'un projet de professionnalisation (Midelet, 2019). Ainsi, un des éléments qui compose la complexité de ce métier consiste en cet écheveau particulier d'enjeux pédagogiques et institutionnels qui influence la relation pédagogique avec les jeunes du dispositif.

En partant de ma propre expérience[3] d'AVS-co et de ma recherche doctorale, j'émets, aujourd'hui, l'hypothèse selon laquelle chaque coordonnateur tisse sa relation pédagogique avec les élèves et incarne ce métier complexe de manière singulière. Mes préoccupations ne **sont** pas de valoriser une façon d'exercer ce métier ou d'évaluer les pratiques mais d'analyser ce qu'il en est de ce métier sur le plan psychique, en m'intéressant à la singularité de chaque professionnel. Dans cette direction, un des principes de l'approche clinique est la mise au jour des tensions psychiques du sujet professionnel, considéré comme « *divisé par son inconscient et, de ce fait, un sujet aux prises avec de fortes turbulences intérieures, en particulier dans des métiers que l'on nomme aujourd'hui* métiers du lien » (Blanchard-Laville, 2019, p. 63). En prenant en compte des enjeux éthiques et épistémologiques de ma démarche, j'ai choisi d'entendre plusieurs coordonnateurs d'Ulis collège dans le cadre du dispositif de l'entretien clinique de recherche en science de l'éducation (Yelnik, 2005) afin de penser sur cette question.

L'ENTRETIEN CLINIQUE DE RECHERCHE, UNE RENCONTRE SINGULIÈRE

L'entretien clinique de recherche auprès d'un professionnel de l'éducation est une rencontre singulière et unique, dans laquelle l'interviewer soutient l'interviewé dans l'élaboration d'une parole sur son rapport à la pratique professionnelle, c'est-à-dire « *ce que les auteurs peuvent en dire, en percevoir, en ressentir* » (Beillerot, 1998, p. 22). À partir d'une seule consigne[4], le chercheur-interviewer soutient un processus psychique proche de ce qui est décrit par Albert Ciccone et Alain Ferrant dans le cadre du dispositif analytique : « *ce que dit et éprouve le patient trouve un écho du côté de l'analyste, et que cet écho opère non seulement* via *les représentations mais essentiellement et fondamentalement à travers les affects, les émotions et les sentiments* » (2006, p. 95). Dans le cadre de l'entretien de recherche, ce que dit et éprouve le professionnel trouve un écho chez le chercheur. En revanche, si l'analyste peut, à certains moments, formuler une interprétation de son écho pour soutenir l'élaboration psychique de l'analysant dans le cadre de la cure, il me semble que la condition d'un entretien unique de recherche ne permet pas ce type d'interaction. L'interviewer accueille le propos et contient l'écho en soi : « *il s'agit avant tout de soutenir le discours, par exemple par des regards ou des signes d'acquiescement et de relancer en reprenant les dernières paroles exprimées, ou en revenant sur un thème abordé précédemment, mais sans pour autant l'infléchir, c'est-à-dire sans introduire ni jugement de valeur, ni thématique nouvelle, ni point de vue personnel* »

3. J'ai eu l'occasion de travailler avec trois personnes différentes qui occupaient le poste de coordonnateur.
4. En l'occurrence, elle a été formulée ainsi : « *Vous êtes coordonnateur d'Ulis, pourriez-vous me parler de votre expérience ?* »

(Hatchuel, 2004, p. 103). Il est, d'ailleurs, à souligner que la « *demande* » (Markakis, 2020 ; Yelnik, 2005) émane ici non pas du côté du professionnel mais de celui du chercheur.
Il est, ainsi, cohérent de penser que l'interprétation des échos du chercheur et, plus spécifiquement, des éléments contre-transférentiels (Chaussecourte, 2017 ; Devereux 1980) de la situation se fera au service de la recherche et de l'éclairage de certains processus. En effet, je souscris à la proposition de Chantal Costantini selon laquelle l'analyse d'un entretien « *ne cherche ni à démontrer ni à apporter une preuve, mais à proposer une interprétation, une clarification sur des fonctionnements à l'œuvre dans une situation vécue, sur un rapport à (à l'école, au savoir, aux croyances, à l'autorité, etc.), sur une représentation de. Il s'agit de s'appuyer sur une singularité pour la repérer comme étant potentiellement agissante dans toute situation proche* » (2019, p. 246). Dans cette perspective, l'expérience psychique de l'entretien se soumet à un travail systématique de « *l'après-coup* », une temporalité psychique où « *des expériences, des impressions, des traces mnésiques sont remaniées ultérieurement en fonction d'expériences nouvelles, de l'accès à un autre degré de développement* » (Laplanche et Pontalis, 1997, p. 33). La construction d'un sens clinique prend, ainsi, forme dans un « *va-et-vient* » : « *entre les références théoriques, la pratique accumulée, l'information recueillie sur les situations concrètes et l'écoute de l'autre en soi* » (Barus-Michel, citée par Blanchard-Laville, Chaussecourte, Hatchuel et Pechberty, 2005, p. 127).
Sur ce point, il me semble nécessaire de décrire comment j'ai mis en place ce travail de l'après-coup dans le cadre de mon travail doctoral. En amont (dès la prise de contact avec la personne) et en aval de chaque entretien, je prenais des notes sur mes impressions à chaud. Pour quatre parmi huit entretiens enregistrés, j'ai suivi un protocole particulier inspiré des processus d'écriture dans le cadre d'ateliers (Bréant, 2014 ; Cifali et André, 2007). Pour chacune de ces rencontres – dont celle que j'exposerai plus bas – je bloquais tous les jours pendant au moins trois semaines un créneau d'une heure minimum pour travailler sur une séquence de cinq minutes d'entretien. Dans une écriture que j'ai qualifié d'intuitive (Markakis, 2020, 2021), je tentais de décrire mes propres mouvements intérieurs en écho avec l'enregistrement du discours. Il pouvait s'agir de l'écriture d'une image qui formalise le ressenti, d'un souvenir en écho avec les dires du sujet, d'un vécu personnel ou professionnel associé à un moment de l'entretien, etc. Ainsi, j'ai circonscrit un espace d'écriture, proche de celui conçu par Françoise Hatchuel, où l'élaboration du rapport à « *l'interlocuteur interne* » permet que les choses s'écrivent « *pour soi avant d'être adressées à autrui* » (2013, p. 64). Pour chaque entretien, un tel travail a été effectué de manière régulière et systématique et il m'a permis de saisir certains de mes mouvements contre-transférentiels. Dans un temps ultérieur, je confrontais ces écrits à la littérature psychanalytique, en structurant une interprétation heuristique susceptible de mettre au jour les mécanismes sous-jacents dans l'entretien en rapport avec la situation professionnelle.
Il est à souligner que les entretiens ont été effectués à un moment donné dans la temporalité de l'interviewer et des sujets interviewés et, de ce fait, l'étude porte sur les mouvements qui animent ce moment partagé. L'intérêt de l'étude de cette

singularité consiste en la formulation d'une hypothèse qui nous permet d'imaginer comment certains mécanismes psychiques peuvent, éventuellement, être réactivés, reproduits et reconfigurés dans la dynamique relationnelle de la situation professionnelle du sujet. L'analyse contre-transférentielle de la rencontre singulière, c'est-à-dire des mouvements psychiques du chercheur dans la dynamique relationnelle, telle qu'elle a été déployée dans le cadre de l'entretien, vise à formaliser la représentation d'une organisation psychique potentiellement à l'œuvre dans le rapport du sujet à sa pratique professionnelle.

L'ENTRETIEN AVEC EUGÉNIE ET LES IMAGES ILLUSTRANT LES TENSIONS DANS LA RELATION PÉDAGOGIQUE

Dans ce cadre, je propose une partie de l'analyse d'un entretien clinique de recherche avec une coordonnatrice, que j'appelle Eugénie pour préserver son anonymat. Il s'agissait d'une jeune femme d'une trentaine d'années responsable d'une Ulis, destinée à des collégiens atteints de troubles psychiques, dans la région parisienne. L'entretien s'est déroulé dans la salle du dispositif après la fin de son service et il a duré environ 54 minutes. Ici, je témoigne de la manière dont j'ai vécu cette rencontre et des notes prises à chaud à la fin de l'entretien. Dans la partie suivante, je reviendrai sur le processus de l'analyse dans l'après-coup et sur les hypothèses cliniques.

En sortant de l'entretien, j'ai écrit mon impression d'avoir assisté à un spectacle. Le discours d'Eugénie alternait des situations pédagogiques très proches de mon expérience du dispositif et des métaphores qu'elle portait corporellement. « *Un corps plus parlant que son discours* », ai-je noté, en sortant de l'entretien et en ayant l'impression d'avoir perdu tout un discours corporel qui accompagnait sa parole. Ainsi, j'ai essayé de décrire ses gestes qui avaient marqué ma mémoire en lien avec les images métaphoriques qui illustraient, à mes yeux, ses mouvements intérieurs auprès de ses élèves. Pour l'économie du texte, je mets, ici, la focale sur ce discours métaphorique qui présente un intérêt particulier sur le plan de la symbolisation de l'expérience psychique.

Eugénie répond à la consigne suivante « *Donc vous êtes coordinatrice d'Ulis / pourriez-vous me parler de votre expérience ?* » Elle évoque le fait qu'elle avait pris ce poste l'année précédente, en même temps qu'elle passait sa formation Capa-SH, option D[5]. Au bout de la première minute, elle énonce : « *on dit pour qu'une Ulis fonctionne il faut attendre 5 ans* [...] *là elle commence à tourner mais bon c'est une expérience de tous les jours en fait et donc* ». Elle arrête ainsi son discours et elle se met en position d'attente. Je réagis corporellement, en l'incitant à continuer son discours. Elle me fait part de son étonnement avec un grand sourire et un regard questionnant : « *encore sur l'expérience* ».

5. L'entretien a été réalisé en 2015 avant la mise en place du Cappéi. Elle se réfère donc à la certification précédente : Certificat d'aptitude professionnelle pour les aides spécialisées, les enseignements adaptés et scolarisation des élèves en situation de handicap (Capa-SH). L'option D correspond aux enseignants chargés de l'aide pédagogique auprès des élèves présentant des troubles des fonctions cognitives. Voir l'arrêté du 5 janvier 2004.

Eugénie reprend son discours sur ce qui lui plaît le plus dans son métier : la pédagogie différenciée, comme elle le dit. Pour elle, 11 élèves signifient « *11 adaptations à faire 11 cours à faire pratiquement et c'est que dans cette hétérogénéité totale de mes élèves il faut que je trouve quelque chose de commun / voilà ce qui me plaît en Ulis* ». Il me semble que ce paradoxe, c'est-à-dire le commun dans l'hétérogénéité et la charge émotionnelle s'expriment dans un couple d'images qui suit cette parole. « *Nous on est là comme une béquille* », Eugénie se replie sur sa chaise et ses grimaces me renvoient à la douleur du poids de l'autre sur elle ; cette image me renvoie à la charge émotionnelle qui peut découler d'un tel accompagnement. Ensuite, elle prend l'exemple du chef d'orchestre en transformant avec des grands gestes la béquille en baguette et la douleur en effort physique pour coordonner : « *je prends souvent l'exemple du chef d'orchestre / ils font des fausses notes heu* [...] *mais on est un chef d'orchestre avec pleins d'instruments qui ne vont pas forcément ensemble* [...] *l'orchestre philarmonique / c'est il y a de tout mais avec tout ça il faut faire une belle une belle mélodie [...] d'autres fois c'est la cacophonie mais c'est ça qui est plaisant dans ce métier / donc aujourd'hui il y avait une certaine mélodie* ». En pensant qu'elle est en poste depuis deux ans, elle considère avoir encore beaucoup à apprendre et elle me demande si j'ai d'autres questions à lui poser.

À cette sollicitation, je reprends une de ses expressions et je lui propose : « *parlez-moi un peu du quotidien en fait* ». Elle me dit que la semaine précédant les vacances, elle a fait trois quarts d'heure de ce qu'elle appelle du « *blabla* » : « *j'ai dit pendant trois quarts d'heure pas de cours je ne suis pas psychologue mais en même temps on va dans le dialogue* [...] *l'objectif c'est la pédagogie heu / nous on l'a répété je ne sais pas combien de fois en formation / pédagogie oui mais avec ces élèves on va faire un peu de psychologie naturelle / moi je ne suis pas psy donc / donc le quotidien c'est ça* ». Selon elle, la journée dépend des élèves qui donnent le rythme en fonction de leurs humeurs ; elle parle des bonnes et des mauvaises surprises dans le quotidien et du doute qui venait constamment questionner sa pratique. La lutte contre le doute donne un autre couple d'image : « *il faut qu'il y ait une bonne carapace parce que / on suit un peu ces fluctuations aussi / c'est-à-dire que je doute je doute avec eux parfois je / tant mieux parce que on se remet en question mais / ça fragilise* » ; quelques secondes plus tard, elle parle en hésitant de la vampirisation : « *je devrais trouver un autre mot mais c'est le mot qu'on utilise souvent en tant qu'enseignant spécialisé / ils sont vampirisant / ils nous prennent beaucoup / il faut se protéger* ».

Eugénie s'arrête de nouveau pour me demander si j'ai d'autres questions. À voix basse, je l'invite à prendre son temps. Eugénie s'autorise un silence de 7 secondes ; elle hésite et, finalement, elle (se) demande : « *je cherche même aujourd'hui des choses qui se sont passées aujourd'hui voir un petit peu si ça fait partie heu /// pas forcément / même si ce n'est pas lié aux inclusions ce n'est pas grave* ». Ainsi, elle reprend son discours sur la protection que les élèves cherchent au sein du dispositif. Elle décrit le dispositif comme une « *bulle protectrice* » où on s'échauffe pour faire de la « *compétition* » en « *classe ordinaire* ». Ainsi, l'Ulis se transforme en un lieu d'échauffement sportif : « *c'est comme un échauffement comme un sportif voilà / on est rassuré on prend son temps pour aller vraiment faire la compétition en classe* » ;

« *oui on les arme un petit plus alors je ne devrais pas dire les armer mais si c'est ça* ». Elle associe son image d'encourager les élèves à l'image d'une pom pom girl : « *ouais on ne fait pas la pom pom girl non plus mais c'est presque ça* ». Cette image la renvoie au regard des élèves sur le dispositif et leur acceptation d'être en Ulis, pour ensuite parler de la construction du projet de chaque élève et de la place du doute dans la définition des objectifs pour chacun et chacune : « *on peut douter on peut se dire //// être mal avec eux / ça dépend aussi de nous / on est humain / il y a des jours où on sera plus forts que d'autres / et s'ils nous prennent à ce moment de faiblesse bah on / on sombre avec eux / voilà* (silence 6 sec.) ».
Ensuite, Eugénie souhaite me faire part du parcours et de l'évolution de chaque élève. Cette fois-ci, elle ne semble pas en mesure de trouver des mots ou des images, elle fait donc des gestes qui décrivent des courbes d'évolution pour chaque élève. Elle me renvoie ainsi une image des courbes qui se croisent, qui s'éloignent et qui la traversent : « *ça serait intéressant de mettre le prénom de chacun de mes élèves et de faire une courbe* ». Eugénie se montre consciente que ses gestes ne s'enregistrent pas ; elle me dit que je devrai m'en souvenir.
Vers la fin de l'entretien, Eugénie me donne l'image suivante, en essayant de résumer sur ce que ce métier représente pour elle : « *ils sont sur le chemin avec leur voiture / tant bien que mal il manque une roue le moteur est un peu cassé* [...] *je ne suis pas un garagiste mais c'est un peu ça / nous sommes / nous apportons / tant mieux que mal / les réparations qui a à faire sur leur voiture personnelle pour qu'elle avance / le mieux possible / vers leur chemin à eux* ». Avec cette image prend fin notre entretien.

LE CADRE DE L'ENTRETIEN ET LA CONSTRUCTION DES FORMES REPRÉSENTABLES DU *HOLDING*

Ici, je mets en discussion trois hypothèses reliées entre elles. D'une part, le cadre de l'entretien clinique induit chez la coordonnatrice un mouvement de mise en forme de son expérience psychique. D'autre part, ce processus est animé par un mouvement, proche de la rêverie, telle que certains travaux psychanalytiques ont pu la conceptualiser. Enfin, j'émets l'hypothèse que les images métaphoriques d'Eugénie formalisent la fonction psychique d'un certain *holding* pour reprendre les termes de Donald-Woods Winnicott.

1. Dans l'après-coup, j'ai été sensible aux hésitations d'Eugénie, quand certaines images qui auraient pu être jugées négatives émergeaient, en lien avec ma posture d'interviewer : « *alors je ne devrais pas dire les armer mais si c'est ça* » ; « *je devrais trouver un autre mot mais c'est le mot qu'on utilise souvent en tant qu'enseignant spécialisé / ils sont vampirisant* ». Ainsi, j'en suis arrivé à me poser la question de l'écho de ces images en moi et de la façon dont je vivais l'accueil de son discours. En effet, je me suis rappelé avoir été comme un spectateur happé par les images métaphoriques d'Eugénie et sa façon de les animer ; elle me faisait vivre la tension vécue dans mon expérience du dispositif Ulis et, notamment, dans la relation d'accompagnement au quotidien. Lors de l'écriture intuitive dans l'après-coup, j'ai

retrouvé l'attractivité de ces images que j'ai associées aux histoires racontées par une figure maternelle de ma première enfance. Ainsi, j'ai identifié un élément contre-transférentiel qui consistait en un état d'émerveillement face à la formalisation des émotions au travers des images racontées. Cet émerveillement a, en l'occurrence, soutenu ma posture d'interviewer. En effet, j'accueillais son discours avec ses silences, ses hésitations et ses images, tout en étant animé par l'écho de son jeu avec la pensée qui transformait l'expérience émotionnelle en métaphores. Dans cette perspective, Didier Houzel soutient le fait que : « *Il nous arrive de nous sentir totalement contenus dans une relation où il n'y a aucun contact physique entre nous et notre interlocuteur. C'est ce qui se passe, par exemple, dans la situation analytique lorsque le processus en jeu aboutit à ces rares moments d'empathie que S. Bolognini (2002) a remarquablement décrits. Ces moments, me semble-t-il, correspondent à des situations où l'un et l'autre partenaire de la communication sont captés dans une même dynamique qu'ils contribuent à façonner pour l'orienter vers des formes stables au sens de ce qu'on appelle la stabilité structurelle* » (Houzel, 2011, p. 151). En effet, j'émets l'hypothèse que, dans le cadre clinique de notre interaction, Eugénie a forgé ces métaphores ou, en tout cas, elle les a communiquées de sorte à ce qu'elles prennent la qualité des formes stabilisant les tensions émotionnelles de son rapport à la pratique professionnelle. Dans ce processus, l'interviewée a, ainsi, construit avec son gestuel et sa parole des formes représentables de l'expérience psychique de son métier (Markakis, 2021).

2. À travers ces formes représentables, j'ai l'impression qu'Eugénie en arrive à penser l'éprouvé physique et le coût psychique que représente le fait de tenir ensemble des situations hétérogènes, tout en étant dans un processus de soutien individuel et collectif. Dans cette perspective, je pense, notamment, aux métaphores de la béquille qui soutient, du chef d'orchestre qui coordonne avec un effort physique important des instruments différents, du sur-effort de la pom pom girl pour encourager une équipe, ainsi que des courbes d'un diagramme qui la traversent. En élaborant sur ces métaphores par l'écriture intuitive dans l'après-coup, je me rappelais la façon dont Eugénie forgeait et incarnait corporellement ces images. Ainsi, j'ai pensé que ces formes représentables de la réalité psychique contiennent une charge émotionnelle qui cherche à s'exprimer. En étudiant le rôle de la métaphore dans l'épistémologie freudienne, Paul-Laurent Assoun considère que la métaphore est « *une sorte de remède intellectuel à l'*Unheimliche *corrélatif de la traque d'altérité. La comparaison permet et accomplit une transposition sur une situation concrète qui facilite la compréhension d'un mécanisme plus abstrait ou complexe* » (2005, p. 23). Alexandre Ployé (2020) montre que la rencontre avec les élèves en situation de handicap peut générer chez l'enseignant le sentiment de l'inquiétant étrangeté (*Unheimliche*), c'est-à-dire l'altérité en soi, le retour violent d'une angoisse primitive, impensable et refoulée. Par ailleurs, Valérie Barry soutient l'hypothèse selon laquelle c'est dans le langage que le sujet est capable « *de transformer la figure d'"*inquiétante étrangeté*" [...] Il s'agit d'élucider ce qui est pensable, ce qui est symbolisable, ce qui est subjectivable et surtout ce qui est partageable* » (2018, p. 20). En souscrivant à ces hypothèses, je pense qu'Eugénie s'approprie de

l'expérience psychique de son terrain professionnel, en la rendant partageable à travers les images métaphoriques et la façon dont elle les anime. De mon point de vue, les métaphores d'Eugénie peuvent avoir certaines qualités de ce que Thomas Ogden appelle « *pensées-du-rêve* », c'est-à-dire des formes qui mettent en lien des sensations et des émotions et qui se prêtent à l'interprétation. Pour cet auteur, « *Si une personne est incapable de transformer des données sensorielles brutes en éléments d'expérience inconscients susceptibles d'être emmagasinés et rendus disponibles pour la liaison, elle est incapable d'activité onirique* (dreaming) *– car rêver revient à faire des liaisons émotionnelles dans la création des pensées-du-rêve* » ([2005] 2012, p. 85). En s'appuyant sur les avancées théoriques de Wilfred Bion, T. Ogden soutient que : « *l'activité onirique sert de barrière vivante semi-perméable qui sépare et met en relation les vies conscientes et inconscientes* » ([2005] 2012, p. 87). Il me semble que les métaphores d'Eugénie sont dotées de ces qualités du rêve, car elles associent des sensations et des éprouvés sensoriels aux émotions, en créant des images qu'on pourrait situer aux limites du conscient et de l'inconscient.

3. Sur le plan émotionnel, je dirais que ces images métaphoriques illustrent une relation de dépendance que la coordonnatrice peut vivre avec ses élèves : une relation « *vampirisante* » pour l'enseignante, comme Eugénie le dit, qui relie de manière forte la vie et la mort ; une relation entre le chef d'orchestre et les musiciens qui peut produire de la cacophonie ou de la mélodie ; une relation entre un mécanicien avec le conducteur d'une voiture qui s'éloignent et se retrouvent régulièrement. Dans cette perspective, je fais le lien entre la relation de dépendance incarnée par les images d'Eugénie et la fonction du *holding* que D.-W. Winnicott conceptualise à propos de la relation mère-nourrisson pendant les premiers mois de la vie. Il la transpose, ensuite, dans le cadre de la relation analytique.
Selon cet auteur, le *holding* « *permet de décrire tout ce qu'une mère fait en prenant soin physiquement de son bébé, y compris même en posant le bébé lorsque le moment est venu pour le bébé de faire l'expérience d'un holding avec des matériaux convenables, autres que des êtres humains* » (Winnicott, [1969] 1989/2000, p. 187). Pour D.-W. Winnicott, cette fonction se vit de la mère ordinaire dans une relation durant laquelle l'identification au nourrisson lui permet de répondre de manière suffisamment bonne à ses besoins. Cette période ne va pas sans un coût psychique important. Le même auteur (Winnicott, [1947] 1983) énumère, ainsi, un certain nombre de raisons pour lesquelles il considère que la mère ressent, aussi, la haine envers son bébé pendant la période de la préoccupation primaire qui se situe quelques mois avant l'accouchement et pendant la période de *holding*. Il se réfère au danger qu'un bébé représente pour une femme tout au long de sa grossesse et au moment de l'accouchement ; il évoque aussi les douleurs dues à l'allaitement et aux manifestions agressives de toute sorte de la part du bébé vis-à-vis de la mère.
Pour lui : « *Ce qu'il y a de plus remarquable chez une mère, c'est qu'elle est capable d'être si maltraitée par son enfant, et de haïr autant sans s'en prendre à l'enfant et d'attendre la récompense qui ne s'offrira pas à une date ultérieure. Peut-être est-elle aidée par certaines des chansons enfantines qu'elle chante, auxquelles l'enfant prend plaisir mais que, heureusement, il ne comprend pas :*

Bateau, batelier, tout en haut de l'arbre,
Quand le vent soufflera, le berceau bercera,
Quand la branche cassera, le berceau tombera.
Et boum ! le bébé ». (Winnicott, [1949] 1983, p. 57)

Cette conceptualisation peut être mise en lien avec la sensibilité dont Eugénie témoigne par rapport aux « *humeurs* » des élèves : « *on suit un peu ces fluctuations aussi* », dit-elle. Comme le dit Tamara Bibby qui montre le lien entre les concepts winnicottiens et les processus d'apprentissages en classe, le *holding* : « *signifie ne pas exagérer la valeur du monde physique visible et facilement contrôlable au détriment de l'expérience affective. C'est ainsi que le souci de D.-W. Winnicott de créer un environnement* "suffisamment bon," *qui répond à la fois aux besoins objectifs (soma / corps / physique) et aux besoins subjectifs de l'individu en développement prend tout son sens* » ([extrait traduit par l'auteur] 2018, p. 23). Dans le cadre de l'enseignement, le *holding* reflète, en effet, une relation pédagogique de dépendance entre les acteurs qui est constamment façonnée dans le quotidien et qui prend des formes différentes en fonction, entre autres, des besoins affectifs des sujets accompagnés. Ainsi, on peut penser que la fonction psychique d'un certain *holding* est véhiculée dans la relation de dépendance telle qu'elle est illustrée dans les métaphores d'Eugénie. De même, comme la chanson enfantine citée par D.-W. Winnicott, les métaphores forgée et animée par Eugénie comportent à la fois des sensations agréables et douloureuses. Ainsi, le plaisir de soutenir autrui donne l'image d'être une béquille, cette image est incarnée par Eugénie avec une grimace témoignant de la douleur de porter autrui ; l'orchestre peut produire aussi bien de la mélodie que de la cacophonie ; les élèves peuvent être « *touchants* » aussi bien que « *vampirisant / ils nous prennent beaucoup / il faut se protéger* ». Dans ces formes représentables de l'expérience psychique de la relation pédagogique, nous pouvons imaginer le poids des mouvements psychiques porté par une coordonnatrice d'Ulis et la douleur que représente le *holding* dans la relation pédagogique. La haine « *ordinaire* » qui peut en découler ne se déclare pas et ne s'exprime pas forcément dans des actes violents, comme le souligne D.-W. Winnicott. En revanche, elle se laisse entendre par cette forme esthétique des images métaphoriques, qui la rendent pensable et partageable.

CONCLUSION

À partir d'un entretien clinique de recherche avec une coordonnatrice d'Ulis collège, j'ai proposé une conceptualisation qui permet de penser le *holding* dans sa relation pédagogique avec les élèves. Si la théorie psychanalytique nous aide à penser autrement l'éducation (Bibby, 2018), il s'agit ici de réfléchir sur une fonction psychique susceptible de rendre pensable la façon différente et singulière dont chaque sujet professionnel, œuvrant en tant que coordonnateur d'Ulis collège, peut potentiellement vivre et porter les tensions sur son terrain professionnel.
D'autre part, j'ai essayé de montrer que, dans le cadre clinique d'interaction entre l'interviewer et l'interviewée, une certaine rêverie autorisée permettait à cette

dernière de créer des formes représentables de ses mouvements psychiques. Pour pousser la réflexion plus loin, il me semble intéressant d'interroger la place et la dynamique de cette rêverie dans les dispositifs cliniques de formation à l'éducation inclusive. Ici, je rejoins les interrogations d'A. Ployé (2020) et de V. Barry (2018) sur la nécessité d'un certain travail de considération et de partage de l'altérité en soi, que l'enseignement dans une perspective inclusive risque de faire émerger. La construction des formes représentables de l'expérience psychique du terrain peut être une conception pour penser le travail avec et sur l'altérité en soi.

Références

Assoun, P.-L. (2005). Métaphore et métapsychologie. La raison métaphorique chez Freud. *Figures de la psychanalyse, 11*, 19-31.

Barrère, A. (2006). Comment les enseignants et les élèves font-ils pour vivre ensemble ? In G. Chapelle et D. Meuret (dir.), *Améliorer l'école* (pp. 165-174). Paris : Presses universitaires de France.

Barry, V. (2018). L'école inclusive au prisme de l'altérité. *La nouvelle revue - Éducation et société inclusives, 82*, 9-25.

Beillerot, J. (1998). L'analyse des pratiques professionnelles : pourquoi cette expression ? In C. Blanchard-Laville et D. Fablet (coord.), *Analyser les pratiques professionnelles* (pp. 19-24). Paris : L'Harmattan.

Bibby, T. (2018). *The Creative Self: Psychoanalysis, Teaching and Learning in the Classroom*. Londre & New York: Routledge.

Blanchard-Laville, C. (2019). Au « vif » du sujet professionnel dans les métiers du lien. Des apports de la clinique d'orientation psychanalytique pour favoriser les processus de symbolisation professionnelle chez des sujets engagés dans des métiers du lien. *Les sciences de l'éducation - Pour l'ère nouvelle, 52*, 61-77.

Blanchard-Laville, C., Chaussecourte, P., Hatchuel, F., et Pechberty, B. (2005). Note de synthèse : Recherches cliniques d'orientation psychanalytique dans le champ de l'éducation et de la formation. *Revue française de pédagogie, 151*, 111-162.

Bréant, F. (2014). *Écrire en atelier. Pour une clinique poétique de la reconnaissance.* Paris : L'Harmattan.

Chaussecourte, P. (2017). Autour de la question du « contre transfert du chercheur » dans les recherches cliniques d'orientation psychanalytique en sciences de l'éducation. *Cliopsy, 17*, 107-127.

Ciccone, A., et Ferrant A. (2006). Les échos du temps : le rythme, le tempo et la mélodie de l'affect. In B. Chouvier et R. Roussillon (dir.), *La temporalité psychique. Psychanalyse, mémoire et pathologies du temps* (pp. 93-109). Paris : Dunod.

Cifali, M., et André, A. (2007). *Écrire l'expérience. Vers la reconnaissance des pratiques professionnelles*. Paris : Presses universitaires de France.

Costantini, C. (2019). Entretien. In A. Vandevelde-Rougale et P. Fugier (dir.), *Dictionnaire de sociologie clinique* (pp. 243-247). Toulouse : Érès.

Devereux, G. (1980). *De l'angoisse à la méthode dans les sciences du comportement.* Paris : Flammarion.

Ebersold, S., et Detraux, J.-J. (2013). Scolarisation et besoin éducatif particulier : enjeux conceptuels et méthodologiques d'une approche polycentrée. *ALTER, 7*, 102-115.

Hatchuel, F. (2013). Modalités d'écriture en situation de formation clinique. Élaborer le rapport à l'« interlocuteur interne ». *Cliopsy, 10*, 53-66.

Hatchuel, F. (2004). Le sujet dans l'approche clinique. In J.-F. Marcel et P. Rayou (dir.), *Recherches contextualisées en éducation* (pp. 101-109). Paris : INRP.

Houzel, D. (2011). Flux sensoriels et flux relationnels chez l'enfant autiste. *Journal de la psychanalyse de l'enfant, 1*(2), 141-155.

Kohout-Diaz, M. (2018). *L'éducation inclusive. Un processus en cours.* Toulouse : Érès.

Laplanche, J., et Pontalis, J.-B. (1997). *Vocabulaire de la psychanalyse.* Paris : Presses universitaires de France.

Markakis, K. (2021). Representable forms of the professional experience in adapted teaching for pupils with mental disabilities in France: A single encounter analysis. *Psychoanalysis, Culture and Society, 26*, 84-98.

Markakis, K. (2020). Faire une demande d'un entretien clinique de recherche à un·e professionnel·le de l'éducation. Analyse de la construction d'un espace psychique. *Cliopsy, 23*, 27-41.

Markakis, K. (2019). *Écrire-rêver l'expérience des coordonnateurs d'Ulis au collège. Monographies de rencontres singulières dans le cadre d'entretiens cliniques de recherche en sciences de l'éducation.* Thèse de doctorat non publiée, Université Paris Nanterre.

Mazereau, P. (2014). Inclusion scolaire et nouvel ordre des savoirs : vers des professionnalités enrichies. *La nouvelle revue de l'adaptation et de la scolarisation, 65*, 21-30.

Mazereau, P. (2007). Évaluer les aptitudes des élèves, définir les handicaps : les différents régimes de l'adaptation scolaire. *La nouvelle revue de l'adaptation et de la scolarisation, 37*, 33-45.

Midelet, J. (2019). Les dispositifs Ulis. Enjeux d'un dispositif de transition. *La nouvelle revue - Éducation et société inclusives, 85*, 71-86.

Ogden, T. (2012). *Cet art qu'est la psychanalyse. Rêver des rêves inrêvés et des cris interrompus...* Paris : Ithaque (Œuvre originale publiée en 2005).

Ployé, A. (2020). De quoi l'inclusion est-elle le nom ? L'imaginaire des enseignants spécialisés en formation. *Psychologie clinique, 50*, 36-48.

Winnicott, D.-W. (1983). La haine dans le contre-transfert. In *De la pédiatrie à la psychanalyse* (pp. 48-58). Paris : Petite bibliothèque Payot (Œuvre originale publiée en 1947).

Winnicott, D.-W. (1989/2000). Entre la mère et l'*infans* : expérience de l'échange. In *La crainte de l'effondrement et autres situations cliniques* (pp. 177-189). Paris : Gallimard (Œuvre originale publiée en 1969).

Yelnik, C. (2005). L'entretien clinique de recherche en sciences de l'éducation. *Recherche et Formation, 50*, 133-146.

Personne ressource pour l'éducation inclusive, situations de travail, positions et postures professionnelles

Laurence LEROYER
Maître de conférences en sciences de l'éducation et de la formation
Normandie Université, Unicaen
CIRNEF (EA 7454)

Julia MIDELET
Docteure en sciences de l'éducation et de la formation
Université de Paris 13 Sorbonne Paris Cité
Experice (EA 3971)
Membre associée au CIRNEF (EA 7454)

Résumé : En France, le référentiel de compétences caractéristiques d'un enseignant spécialisé paru en 2017 fait référence à une nouvelle fonction, celle de personne ressource pour l'éducation inclusive. À partir de l'analyse du contenu du référentiel consacré à cette fonction et de l'analyse du discours des enseignants relatif aux situations professionnelles dans lesquelles ils exercent cette fonction, nous proposons une première caractérisation de ces situations en interrogeant notamment la position et la posture professionnelle de l'enseignant.

Mots-clés : Enseignant spécialisé - Personne ressource - Position - Posture professionnelle - Référentiel - Situation de travail.

Resource person for Inclusive Education, work situations, professional positions and postures

Summary: In France, the skills repository of a specialist teacher published in 2017 refers to a new function: resource person for inclusive education. The analysis of the content of the skills repository devoted to this function and the analysis of teachers' discourse on the professional situations in which they perform this function, allow us to propose an initial characterisation of these situations focusing on the professional position and posture of the teacher.

Keywords: Position - Professional posture - Resource person - Skills repository - Specialised teacher - Work situation.

En France, la formation préparant les enseignants du premier et du second degré au Certificat d'aptitude professionnelle aux pratiques de l'éducation inclusive (Cappéi) comporte plusieurs modules de formation. Un module est commun à l'ensemble des enseignants et deux autres diffèrent selon le choix et le lieu d'exercice de l'enseignant. Un référentiel de formation précise l'ensemble des contenus de la formation organisée en alternance. Dans le module commun, 24 heures de formation sont dédiées à la fonction de personne ressource pour l'éducation inclusive. Lors de la certification, une épreuve spécifique de 30 minutes (épreuve 3) évalue chaque candidat dans l'exercice de cette fonction. Au cours de cette épreuve, le candidat doit présenter une action qu'il a conduite et qui « *témoigne de son rôle de personne ressource en matière d'éducation inclusive et de sa connaissance des modalités de scolarisation des élèves à besoins éducatifs particuliers* », cette présentation est suivie d'un échange avec les membres de jury (circulaire n° 2017-026 du 14 février 2017 ; Arrêté du 10 février 2017 modifié par l'arrêté du 21 décembre 2020).
Dans une logique d'emboîtement et de complémentarité (Cros et Raisky, 2010), un référentiel de compétences précède le référentiel de formation. Le *Référentiel des compétences caractéristiques d'un enseignant spécialisé* mentionne, entre autres, que les enseignants spécialisés sont « *appelés à exercer une fonction de personne ressource pour l'éducation inclusive dans des situations diverses* » (circulaire n° 2017-026 du 14 février 2017).
Les formateurs fondent par conséquent la conception de la formation préparant au Cappéi sur ces référentiels. Leroyer et Midelet (2020), interrogeant la professionnalisation des enseignants spécialisés personne ressource, ont identifié quatre difficultés. L'analyse croisée du discours des formateurs et des supports de présentation de l'épreuve 3 des candidats d'une académie pointent ainsi chez les formateurs un manque de consensus concernant la définition de personne ressource et chez les candidats, une démarche évaluative partielle pour définir et apprécier leur action professionnelle en tant que personne ressource. S'y ajoutent les difficultés des candidats à définir leur périmètre d'action au regard d'autres professionnels ou d'autres fonctions qu'ils assurent et chez les formateurs, des questionnements relatifs aux postures qui apparaissent peu spécifiées.
Identifier les « *situations diverses* » auxquelles renvoie le référentiel de compétences d'un enseignant spécialisé exerçant la fonction de personne ressource et les postures professionnelles à adopter lorsqu'il exerce cette fonction contribuerait à répondre à ces deux dernières difficultés. Prenant appui sur la didactique professionnelle, cette contribution vise à identifier et proposer de premiers éléments de caractérisation des situations de travail, parmi lesquels des postures professionnelles attachées à ces situations, tant dans leur dimension prescrite que vécue.

CADRES THÉORIQUES ET QUESTIONS DE RECHERCHE

La didactique professionnelle « *a pour but d'analyser le travail en vue de la formation des compétences* » (Pastré, 2002, p. 9). L'analyse du travail y est donc essentielle. En effet, si les situations de travail ont une dimension productive, elles ont aussi une dimension constructive dès lors qu'on les analyse (Pastré, 2004). Cette analyse vise

à identifier et caractériser les situations professionnelles appréhendées comme des situations de travail, c'est-à-dire une activité contrainte dans un cadre professionnel, dans lesquelles sont engagés des professionnels. Elle vise également à identifier et caractériser l'activité de ces professionnels agissant avec et sur ces situations afin de repérer des ressources pour l'action. L'analyse du travail permet ainsi de « *construire des contenus de formation correspondant à la situation professionnelle de référence* », mais également d'« *utiliser les situations de travail comme des supports pour la formation des compétences* » (Pastré, 2002, p. 10).
Un professionnel compétent est une « *personne capable de* "maîtriser" *un ensemble de situations professionnelles et par extension de classes de situations, plus ou moins complexes constitutives de son emploi ou métier* » (Mayen, Métral et Tourmen, 2010, p. 33). Les classes de situations renvoient à la généricité des situations. En effet, si les caractéristiques des situations peuvent différer et varier, des points communs peuvent être identifiés entre différentes situations. Ainsi, « *toute situation comporte un certain nombre de traits génériques qui l'assimilent aux autres situations de la même classe* » ce qui permet d'identifier des classes de situation (Mayen *et al.*, 2010, p. 34). En référence à la théorie des schèmes de Vergnaud, distinguer des classes de situations permet ainsi d'orienter et d'organiser l'action dans la situation donnée. Repérer des organisations invariantes de l'activité, des régularités, permet aux professionnels d'agir tout en s'adaptant et en prenant en compte les variations de la situation, les formes d'une classe de situations « *étant toujours identiques mais toujours différentes* » (Mayen, 2004, cité par Mayen *et al.*, 2010, p. 33). Appréhender la dimension générique et située d'une situation permet aux professionnels qui l'intègrent et y participent d'y répondre et d'ajuster leur activité aux « *caractéristiques actives* » de la situation, ce qui manifeste alors de leur compétence. Par conséquent, si être un professionnel compétent consiste à « *maîtriser* » des situations professionnelles ou classes de situations, il convient alors dans une perspective de formation de les identifier et de les caractériser.
Pour Mayen, Métral et Tourmen (2010), des éléments d'identification des situations génériques d'un champ professionnel peuvent être trouvés dans les référentiels métiers qui pour certains ne présentent plus « *des listes de capacités, connaissances, savoir-faire, savoir-être, habiletés, aptitudes, qualité, etc. et compétences, plus ou moins généraux, décontextualisés et non hiérarchisés* » (Mayen *et al.*, 2010, p. 32). Ceci s'observe lorsqu'on confronte le référentiel de compétences des enseignants de 2010 où sont listées 10 compétences déclinées en connaissances, capacités et attitudes, et celui de 2013 où « *les items ne constituent* [...] *pas une somme de prescriptions mais différentes mises en œuvre possibles d'une compétence dans des situations diverses liées à l'exercice des métiers* » (MEN, 2013). Cette référence aux situations se retrouve également dans le référentiel de compétences caractéristiques des enseignants spécialisés.
Aussi, l'étude de ce référentiel de compétences pourrait permettre d'appréhender les différentes situations professionnelles auxquelles l'enseignant spécialisé est confronté lorsqu'il exerce la fonction de personne ressource.
La caractérisation des situations passe par l'identification des composantes. Mayen (2012) identifie plusieurs composantes. Nous retenons que ces situations sont

« *organisées autour de tâches à réaliser* » et « *de buts à atteindre* » qui « *portent sur des objets ou des phénomènes sur lesquels il faut intervenir* ». Les tâches s'effectuent dans des conditions déterminées (conditions matérielles, techniques, organisationnelles, etc.). Les situations sont régies par des règles explicites et implicites. On peut penser ici au genre professionnel (Clot, 1999). Elles « *répondent à des prescriptions plus ou moins définies* » et convoquent de la part de celui qui agit des instruments tels que le langage, les formes de comportements, etc. Enfin, d'autres personnes peuvent être impliquées dans les situations avec des statuts, des positions, des fonctions et des tâches différentes (Mayen, 2012, p. 65).

De fait, exercer la fonction de personne ressource conduit l'enseignant spécialisé à être en relation avec différents interlocuteurs, ce qui interroge ainsi la position mais également la posture de ce dernier en fonction des situations. Ardouin (2020) dans un article consacré aux positions et postures du chercheur en sciences de l'éducation distingue ces deux termes tout en les reliant. La position représente « *l'endroit où se trouve la personne, c'est-à-dire là où elle se place et là où l'organisation la met* » et la posture correspond à « *la façon dont l'individu se tient dans la position repérée, donnée et/ou prise* », elle « *renvoie alors aux attitudes et aux comportements dans le rôle professionnel* ». La position de la personne ressource se rapporte donc au rôle que l'institution lui confère et/ou au rôle qu'elle prend et, la posture réfère aux attitudes et aux comportements adoptés dans l'exercice de ce rôle. Selon les situations, des positions et postures différentes peuvent être envisagées et contribuent à caractériser ces situations.

À partir de ces éléments théoriques, dans une perspective de formation professionnelle, nous formulons une première question de recherche : est-il possible d'identifier et de caractériser des situations génériques à partir du référentiel de compétences des enseignants spécialisés relatif à la fonction de personne ressource et lesquelles ?

Si le référentiel peut contribuer à identifier des situations de travail, Mayen, Métral et Tourmen (2010), interrogent les situations à partir de l'analyse de l'activité des professionnels en situation afin d'élaborer des référentiels de situations. Entre le prescrit et le réel, des éléments se précisent, mais des écarts s'observent également. Ainsi, Mulin (2014) dans son article consacré à la définition du concept de posture professionnelle pointe « *l'écart entre la posture affichée, attendue, référencée, contractuelle et la posture réelle, adoptée et vécue dans la situation* » (Mulin, 2014, p. 214). Si les référentiels contribuent à identifier des situations génériques et peuvent concourir à les caractériser, il convient donc d'interroger les situations au-delà du prescrit à partir de ce qui se fait et/ou de ce que font valoir les professionnels lorsqu'ils sont interrogés sur ce qu'ils font lorsqu'ils exercent leur fonction. Une seconde question de recherche se pose alors : en quoi le discours des enseignants spécialisés sur les situations professionnelles dans lesquelles ils exercent la fonction de personne ressource précise-t-il ou interroge-t-il les situations identifiées et caractérisées à partir du prescrit ?

MÉTHODOLOGIE DE RECHERCHE

Pour répondre à la première question, nous analysons la partie du référentiel de compétences caractéristiques d'un enseignant spécialisé relative à la fonction de

personne ressource (MEN, 2017). L'analyse des propositions contenues dans cet extrait se fait en deux temps. Dans un premier temps, nous cherchons à identifier les tâches à réaliser caractérisant une situation professionnelle possible. Après avoir défini les verbes d'action liés à ces tâches en nous appuyant uniquement sur les définitions du CNRTL, nous tentons de dégager des situations génériques. Dans un second temps, nous poursuivons en ciblant dans ce référentiel les éléments de caractérisation de ces situations. Outre les tâches à réaliser, nous interrogeons donc la ou les personnes impliquée(s) dans ces situations, les objets mis au travail ainsi que les postures et positions attendues de l'enseignant spécialisé personne ressource.
Pour répondre à la deuxième question, nous faisons le choix d'enquêter auprès d'enseignants préparant le Cappéi. Ces enseignants dans une logique certificative, sont dans l'obligation de mettre en place une ou des actions en tant que personne ressource, ce qui n'est pas le cas de la majorité des enseignants spécialisés actuellement en poste qui n'ont pas été formés à cette fonction introduite dans le référentiel de compétences depuis seulement 2017. Nous ciblons les enseignants qui ont suivi la formation préparant au Cappéi session 2020, et auprès desquels nous intervenons en tant que formatrices. La connaissance des contenus de formation, développés et stabilisés par rapport aux années précédentes nous permet de repérer des éléments de discours *influencés* par ceux-ci des éléments de discours personnels. De plus, l'accompagnement tout au long de l'année de formation permet la construction d'une relation de confiance qui permet d'éviter des réponses de façades de la part des 13 enseignants interviewés qui sont informés dès le début de la formation de la recherche engagée et des objectifs de celle-ci, notamment le développement de la formation à la fonction de personne ressource.
Des entretiens directifs (Blanchet et Gotman, 2009) sont menés en fin de formation. Ces entretiens répondent à deux objectifs. L'ensemble des questions posées vise à préparer les enseignants à l'épreuve 3 du Cappéi. Mais, sur les huit questions posées, trois visent également à recueillir des données pour répondre à notre seconde question de recherche. Ces trois questions amènent les enseignants à poursuivre leur réflexion en mobilisant possiblement leur expérience professionnelle pour répondre alors que les autres questions les conduisent uniquement à rappeler des contenus travaillés en formation. Ces trois questions sont les suivantes : quelles situations professionnelles sont envisageables pour une personne ressource pour l'éducation inclusive ? Comment pourrait-on caractériser ces situations professionnelles ? Quelle manière d'agir une personne ressource pour l'éducation inclusive peut-elle mobiliser ?
En fin de formation, nous supposons que les enseignants, pour répondre à la première question, convoqueront le référentiel de compétences étudié en formation et en feront une relecture étayée et enrichie par leur expérience du fait de la formation en alternance. Pour répondre à la deuxième et troisième question, dont les objets ont seulement été évoqués en formation, nous nous attendons à ce que les enseignants prennent également appui sur leur vécu professionnel pour y répondre.
Nous analysons conjointement les réponses des enseignants à ces trois questions en nous intéressant plus particulièrement aux situations professionnelles vécues et à ce qui en est dit. Ainsi, à partir des situations génériques identifiées suite à l'analyse du référentiel, nous nous attachons à repérer dans le discours des enseignants ce

qui se rapporte aux tâches à réaliser, aux personnes impliquées, aux objets mis au travail mais aussi aux postures ou positions. Ceci nous permet de repérer ce qui réfère au référentiel mais aussi ce qui le complète ou l'interroge.

QUATRE SITUATIONS GÉNÉRIQUES IDENTIFIÉES À PARTIR DE L'ANALYSE DU RÉFÉRENTIEL DE COMPÉTENCES

La partie du référentiel consacrée à la fonction de personne ressource se présente sous la forme d'une proposition principale introductive : « *L'enseignant spécialisé exerce une fonction de personne ressource pour l'éducation inclusive dans des situations diverses :* », complétée par huit propositions subordonnées. Chacune de ces propositions débute par la préposition « *en* » suivie d'un gérondif, indiquant ainsi une manière possible d'exercer cette fonction.

À partir de ces propositions, nous dégageons huit tâches à réaliser se rapportant à huit situations de travail possibles. Ces propositions et tâches figurent dans les deux premières colonnes du tableau présenté ci-après. Des éléments de connaissances que la personne ressource doit *s'approprier*, *connaître* et *mobiliser* pour exercer sont également identifiables dans ces propositions. Il s'agit de connaissances relatives aux enjeux éthiques et sociétaux de l'École inclusive, aux cadres législatifs et réglementaires, et à la diversité des partenaires et des acteurs de l'École inclusive. Nous considérons ces connaissances comme des ressources pour réaliser l'ensemble des tâches identifiées précédemment.

La définition des verbes d'action qui introduisent chacun une tâche à réaliser, située dans la troisième colonne du tableau ci-après, nous conduit à distinguer quatre situations génériques, présentées dans la dernière colonne du même tableau : *dire ce qui est attendu* ; *dire comment faire* ; *faire avec* et *faire ensemble.*

La situation générique *dire ce qui est attendu* comporte l'ensemble des situations qui conduisent la personne ressource à communiquer sur ce qu'est l'École inclusive/l'Éducation inclusive et ses enjeux. La situation générique *dire comment faire* renvoie à des situations qui conduisent la personne ressource à formuler des conseils pédagogiques aux professionnels qui le sollicitent sans que les réponses concertées ne conduisent nécessairement la personne ressource à accompagner la mise en œuvre des conseils donnés. Le sollicitant reste responsable de la prise en compte et de la mise en œuvre de ces conseils. À l'inverse, dans les situations génériques *faire avec* et *faire ensemble*, la personne ressource est conduite à agir conjointement avec une autre personne. *Faire avec* se réfère à des situations où les pratiques dites participatives visent à proposer aux personnes de prendre une part aussi active que possible pour réaliser ce qui se fait, ce qui convient, ce qui est prescrit alors que pour *faire ensemble*, les acteurs en présence vont réfléchir et agir de concert sans que les modalités de mise en œuvre ne soient totalement définies en amont par l'un des deux acteurs.

Tableau 1 : Identification des situations génériques liées à la fonction de personne ressource à partir du référentiel des compétences caractéristiques d'un enseignant spécialisé

Propositions énoncées dans le référentiel	**Tâche à réaliser**	**Définition du verbe (CNRTL)**	**Situation générique**
en s'appropriant et en diffusant les enjeux éthiques et sociétaux de l'École inclusive ;	**Diffuser** les enjeux éthiques et sociétaux de l'École inclusive	Propager dans un large public par les moyens d'information	**Dire ce qui est attendu**
en répondant dans le contexte d'exercice aux demandes de conseils concernant l'élaboration de réponses pédagogiques concertées à des besoins éducatifs particuliers ;	**Conseiller** des réponses pédagogiques pour des élèves à besoins éducatifs particuliers	Proposer, suggérer à quelqu'un des règles, des principes, des solutions pour conduire une action	**Dire comment faire**
en mobilisant les éléments des cadres législatif et réglementaire dans la variété de ses missions ;	X	X	**X**
en connaissant et en coopérant avec la diversité des partenaires et des acteurs de l'École inclusive ;	**Coopérer** avec les partenaires et acteurs de l'École inclusive	Agir, travailler conjointement avec quelqu'un en vue de quelque chose, participer, concourir à une œuvre ou à une action commune	**Faire ensemble**
en construisant des relations professionnelles avec les familles en les associant au parcours de formation ;	**Associer** les familles au parcours de formation	Faire participer à	**Faire avec**
en concevant et en mettant en œuvre des modalités de co-intervention ;	**Co-intervenir**	Co-intervenir n'est pas une forme définie par le CNRTL, seul « intervenir » est défini comme suit : prendre part à une action « Co » est un élément signifiant « avec-ensemble » (dictionnaire en ligne *Le Robert*)	**Faire ensemble**
en construisant et en animant des actions de sensibilisation, d'information et en participant à des actions de formation sur le thème de l'éducation inclusive ;	**Sensibiliser** **Informer** sur la thématique de l'éducation inclusive	Rendre attentif à quelque chose (sensibiliser) Porter quelque chose à la connaissance de quelqu'un (informer)	**Dire ce qui est attendu**
en prévenant l'apparition de difficultés chez certains élèves ayant une fragilité particulière.	Prévenir l'apparition de difficultés chez des élèves fragiles	Tenter d'éviter (une chose fâcheuse) en prenant les devants ; faire obstacle à.	**Faire ensemble**

Nous poursuivrons en ciblant dans ce référentiel les éléments de caractérisation de ces situations. Pour chaque tâche à réaliser, nous interrogerons donc la ou les personnes impliquée(s) dans ces situations, les objets mis au travail ainsi que les postures et positions attendues de l'enseignant spécialisé personne ressource qui pourraient être explicitement indiquées.
Pour la situation générique *dire ce qui est attendu*, il n'est pas indiqué auprès de qui les actions de sensibilisation, diffusion et information doivent être menées, ce qui n'est pas le cas des objets mis au travail qui sont précisés : les enjeux éthiques et sociétaux de l'École inclusive et la thématique de l'École inclusive. En ce qui concerne la situation *dire comment faire*, l'objet est indiqué. Il s'agit de réponses pédagogiques. Le qualificatif « *pédagogique* » et la précision que ces conseils sont à apporter dans le cadre de l'exercice pédagogique peut laisser supposer qu'ils s'adressent à des professeur(s) et/ou personnel(s) d'éducation confrontés à un ou des élèves à besoins éducatifs particuliers. Les caractéristiques présentes dans le référentiel relatives à la situation générique *faire avec* indiquent que les personnes impliquées sont les familles et l'objet est mentionné, il s'agit du parcours de formation. Pour la dernière situation générique, certaines caractéristiques ne figurent pas dans le référentiel. Pour la tâche *coopérer*, si les personnes impliquées sont « *les partenaires et les acteurs de l'École inclusive* » rien n'est dit sur les objets qui pourraient être mis au travail. Concernant la tâche *co-intervenir*, ni les personnes impliquées ni les objets ne sont précisés. On peut supposer que cette co-intervention se fait en direction des élèves et, si on se réfère à la signification de la notion de co-intervention, celle-ci peut impliquer aussi bien des professionnels de l'Éducation nationale que des professionnels d'autres secteurs. Enfin pour la tâche *prévenir*, l'objet mis au travail est explicite, il s'agit de la prévention de la difficulté scolaire. Si nous considérons cette tâche relevant de la situation générique *faire ensemble*, les élèves fragiles peuvent être identifiés comme des personnes impliquées dans la situation, mais il n'est pas spécifié avec qui la personne ressource intervient. La diversité de ces situations laisse présager des postures et des positions de l'enseignant personne ressource différentes, toutefois elles n'apparaissent pas explicitement.

L'ANALYSE DES DISCOURS DES ENSEIGNANTS EN FORMATION CAPPÉI

Nous avons donc procédé à l'analyse des discours tels que formulés lors des entretiens réalisés auprès des enseignants, à propos des trois questions précédemment évoquées.

Éléments généraux

Concernant la première question attendant des enseignants qu'ils décrivent quelles seraient les situations professionnelles envisageables pour une personne ressource, nous avons pu repérer que certains prennent exclusivement appui sur le référentiel des compétences caractéristiques de l'enseignant spécialisé. D'autres, sans remettre en question les attendus institutionnels, ancrent, pour tout ou partie, leur description dans des situations vécues. Sans forcément reprendre littéralement les expressions

mobilisées dans le référentiel, les situations évoquées restent identiques à celles du référentiel, même si elles sont précisées.
La deuxième ainsi que la troisième question attendaient de la part des enseignants qu'ils puissent décliner quelles étaient, selon eux, les caractéristiques de ces situations et parallèlement quelles manières d'agir la personne ressource pouvait mobiliser. Cette fois encore, nous avons pu noter que certains discours correspondent *stricto sensu* aux caractéristiques identifiées à partir du référentiel, validant par la même occasion les objets prélevés dans le référentiel ou bien spécifiant certains d'entre eux, et que d'autres objets apparaissaient. Cependant, une nouvelle situation est mise en évidence.
Enfin, certains discours ne s'appuient qu'en partie sur les tâches prescrites offrant ainsi une vision restrictive du champ d'action de la personne ressource. Ces différentes considérations nous ont amenées à produire une schématisation reprenant les éléments issus du référentiel et alimentés par les propos tenus lors des entretiens qui nous ont ainsi permis de préciser les positions ainsi que les postures de l'enseignant spécialisé personne ressource dans les situations génériques identifiées.
Nous allons prendre appui sur chacune des situations génériques pour spécifier les apports des entretiens menés.

Une analyse par situation générique qui conduit à identifier quatre postures et deux positions

Concernant la situation générique *dire ce qui est attendu*, les discours reprennent les tâches à réaliser en lien avec le référentiel et précisent certains objets. Sont évoqués les concepts liés à l'éducation inclusive : « *on pose vraiment les bases de l'inclusion pour tous les élèves* » (S3) ; les apprenants dans leur singularité : « *une réflexion sur ce qu'est l'élève à BEP* » (S5) ; ainsi que la politique d'établissement au regard des enjeux de l'éducation inclusive : « *créer une dynamique inclusive* » dans le cadre du projet d'école (S3). Les objets mis au travail sont généraux et peu contextualisés. La tâche à réaliser ainsi que les objets convoqués conduisent la personne ressource à avoir un rapport distancé avec les autres personnes de la situation : « *après ça reste une information. Charge à chacun de l'appliquer ou d'utiliser ce qui a été proposé. C'est pas, j'insiste là-dessus, c'est pas moi* » (S2). La personne ressource apparaît dans ce type de situation comme **un passeur**, c'est-à-dire une personne qui *transmet* des éléments de connaissances spécifiques qu'elle possède et qui sont désormais attendus par l'institution et la société.
Les propos tenus sur la situation *dire comment faire* relativement à la tâche *conseiller*, sont eux-aussi fondés sur le référentiel. Certains objets directement liés avec une gestion du quotidien sont ajoutés sans pour autant être développés. Par exemple, le guide d'évaluation des besoins de compensation en matière de scolarisation (Géva-Sco)[1] est évoqué : « *la personne ressource, elle, a été formée, elle connaît un peu l'outil. Donc, du coup, elle peut expliquer* » (S2) ; l'entrée pédagogique est clairement énoncée : « *elle peut donner des conseils en matière pédagogique pour répondre aux besoins éducatifs particuliers de certains élèves et pour prévenir des*

1. Arrêté du 6 février 2015, *JO* du 11 février 2015.

difficultés » (S7). Maîtrisant des connaissances en lien avec l'éducation inclusive, la personne ressource peut donc être sollicitée pour conseiller pédagogiquement un professionnel pour un ou « *des élèves à besoins éducatifs particuliers* ». Les objets mis en jeu lors des échanges vont donc être contextualisés et ciblés, la personne ressource apparaît alors comme un **consultant** que l'on peut solliciter pour avoir une réponse à un problème. Toutefois, dans cette situation, la personne ressource n'accompagne pas la mise en œuvre du conseil dont l'application reste au libre choix de la personne qui a demandé un conseil. Même si les objets sont davantage contextualisés, le rapport entre la personne ressource et le conseillé reste distant.
Pour la situation *faire avec*, la tâche *associer* engage spécifiquement la personne ressource auprès des familles. Cependant, seuls quatre enseignants sur 13 y font référence, deux en citant les attendus du référentiel et deux autres en mobilisant leur expérience. Ainsi, il s'agit « *de bien expliquer aux familles* » (S2) ou encore de « *coopérer* [...] *avec les familles dans l'intérêt de l'élève et de ses besoins* » (S7). Nous supposons que cette situation interroge la personne ressource quant à sa légitimité à intervenir auprès de familles qu'elle ne connaît pas particulièrement alors que c'est logiquement le cas pour l'enseignant de la classe. De plus, alors que l'expression *parcours de formation* recouvre une acception plus large que celle du projet scolaire puisque prenant en compte une logique de formation sur une temporalité et une spatialité dépassant le seul cadre de la classe et de l'année scolaire en cours, c'est la référence aux attendus scolaires qui domine. Les interactions autour du projet scolaire semblent prendre le pas sur une réflexion plus large qui porterait sur le parcours de formation comme attendu dans le référentiel : « *plutôt le fait de traduire la norme scolaire* [...] *pour les parents* [...] *c'est l'interaction avec les familles au travers d'une médiation, d'un accompagnement et des différents entretiens* » (S9). Lorsque la personne ressource associe des familles au parcours de formation des élèves, les objets sont contextualisés et le rapport à la ou aux personnes n'est plus distancé puisqu'il s'agit de travailler avec, toutefois, ce rapport reste basé sur une relation contrainte amenant à considérer alors la personne ressource comme **un initiateur**. Néanmoins, il apparaît relativement complexe de définir clairement ce que recouvrent les tâches inhérentes à cette situation.
Du côté du *faire ensemble*, les tâches proposées par le référentiel sont représentées par les verbes coopérer et co-intervenir. Prenant appui sur les propos tenus par les enseignants, nous avons pu repérer trois objets concernant la coopération. En effet, il peut s'agir de participer à l'évaluation de la mise en œuvre de l'Éducation inclusive au sein de l'établissement scolaire (enjeu politique), à la construction d'outils avec des collègues (enjeu pédagogique) mais aussi à la mise en relation pour des phases de bilans avec d'autres partenaires (enjeux relationnels) : « *on pouvait être personne ressource lors de l'élaboration du projet d'établissement* » (S11), « *enclencher une dynamique pour favoriser la mise en œuvre d'actions pédagogiques et différenciées au sein de l'école* [...] *commencer à réfléchir à des outils* [...] *on essaie vraiment de créer un partenariat, des situations de communication avec l'ensemble des acteurs* [...] *tout ce qui est bilan* » (S3). A propos de cette tâche, les enseignants décrivent tous leur intervention pour identifier, analyser des besoins sans qu'ils ne précisent sur quels plans se situe ce travail collaboratif : s'agit-il d'accompagner les professionnels

(dans et hors de l'établissement scolaire) à propos des enjeux scolaires uniquement ou bien s'intéressent-ils aussi aux aspects éducatifs ? Ainsi, les enseignants énoncent ceci : « *j'ai noté qu'il y avait du co-enseignement* » (S4), « *collaborer avec un enseignant* [...] *et concevoir un projet* » (S6) ou encore « *l'accompagnement de certains collègues enseignants, certains collègues autres que les enseignants* » (S8). De plus, certains enseignants, en lien avec l'expression mobilisée dans le cadre du référentiel de formation, mentionnent le terme de co-enseignement pour qualifier leur action auprès de leurs collègues enseignants. Cependant, il nous paraît important de relever que restreindre la co-intervention à la seule action auprès de ses collègues est réducteur puisque d'autres partenaires sont amenés à travailler de concert au sein de la classe ou encore de l'établissement scolaire (éducateur par exemple) comme évoqués précédemment. Dans cette situation de *faire ensemble*, il s'agit de coopérer ou co-intervenir, nous pouvons alors dire que la personne ressource agit comme **un co-équipier**. Elle est conduite à travailler étroitement avec un ou plusieurs professionnels sur des objets contextualisés et précis. Ce travail est par conséquent consenti. Nous pouvons noter par ailleurs que c'est une relation qualifiée de symétrique, la plus horizontale possible (S5, S12, S13) qui est visée par les enseignants qui évoquent particulièrement le fait « *d'engager un travail en équipe* » (S7), le préfixe « *co* » est largement utilisé pour qualifier un engagement réciproque des différents acteurs au travers des différentes situations. Des temps d'échanges sont repérés comme nécessaires pour échanger les points de vue : « *l'enseignant personne ressource, il ne travaille pas tout seul* » (S13), « *je ne pense pas qu'il faille construire des outils et les apporter. Je pense qu'il faut proposer de construire les outils ensemble* » (S8).

Enfin, la tâche *prévenir*, n'est abordée que par un seul enseignant. Il s'agit d'un enseignant exerçant ses missions dans le cadre d'un Rased, il associe l'aspect prévention à la tâche de co-intervention, ce qui semble faire écho à sa pratique professionnelle habituelle sans pouvoir en distinguer des spécificités dans le cadre de sa fonction de personne ressource. Deux autres enseignants y font référence mais il ne s'agit pas d'une tâche mais plutôt d'un objet mis au travail sous forme de conseil (voir propos S7 dans la situation *dire comment faire*).

À partir de cette analyse, nous pouvons donc distinguer deux positions. Dans les situations génériques *dire ce qui est attendu* et *dire comment faire*, la personne ressource est en position de jouer un rôle de **représentant de l'institution** qui énonce ce qu'est l'École inclusive/l'Éducation inclusive et qui donne des pistes, des outils pour la mettre en œuvre. Dans les situations *faire avec* et *faire ensemble*, elle est en position de jouer un rôle de **médiateur entre l'institution et les différents interlocuteurs (professionnels, familles)** permettant d'appréhender en actes, de faire vivre et de concrétiser la conception et la mise en œuvre d'une École/Éducation inclusive.

Deux nouvelles situations repérées

L'analyse des réponses portant sur les manières d'agir met en évidence une situation particulière. En effet, les verbes soutenir et rassurer sont mobilisés par cinq enseignants, ce qui souligne une certaine proximité avec les acteurs dépassant le seul engagement professionnel de la personne ressource auprès de l'acteur qui le sollicite. C'est la question d'une certaine sollicitude, une préoccupation de l'autre en écho aux éthiques du *care* valorisant les interactions sociales, les relations interpersonnelles qui semble ici surgir. La personne ressource est dans ce cadre pensée comme étant attentive à l'autre et, face au besoin de réassurance manifesté par cet autre, va tenter de répondre à son appel (Tronto, 2009, p. 177). S'exprime ici une posture de **soutien**. La personne ressource est alors en position de jouer un nouveau rôle, celui **de médiateur protecteur** entre l'institution et la ou les personnes de la situation.

On relève également l'utilisation du verbe *expliciter*: « *J'ai expliqué que le coordo pouvait expliciter les principes fondamentaux de l'École inclusive* » (S3), « *expliciter la mise en œuvre de l'accessibilité pédagogique pour les élèves* » (S6), « *la personne ressource doit également, lors des actions de sensibilisation, d'information, être très explicite en ce qui concerne le cadre et les obligations et les rôles de chacun en matière de fonctionnement de l'école inclusive* » (S7). S8 mobilise également ce verbe. Ceci renvoie à l'explicitation des enjeux et thématiques de l'éducation inclusive. Lorsqu'il s'agit d'expliciter la personne ressource énonce plus clairement, rend intelligible les contenus auprès d'une personne. En cela elle peut être qualifiée de **traducteur** et se trouve dans une position de **médiateur entre l'institution et les interlocuteurs**.

Nous proposons ci-dessous une synthèse de ces analyses sous forme de schématisation :

Figure 1 : Schématisation des postures et positions de l'enseignant spécialisé personne ressource

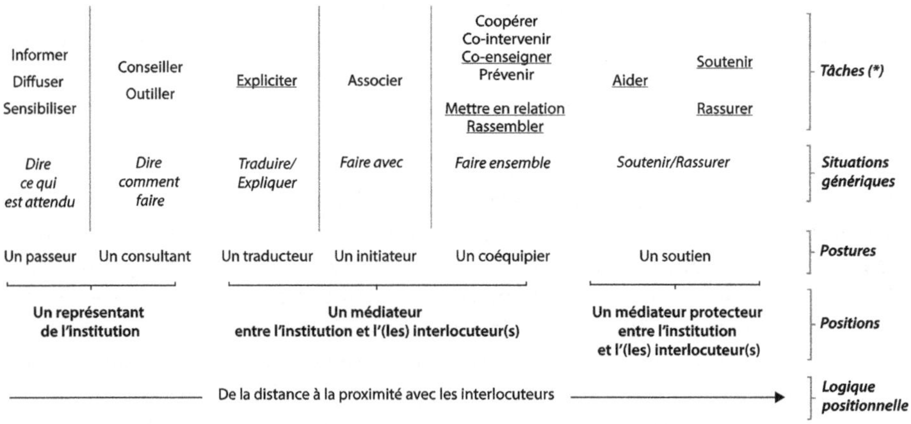

* Dans cette catégorie (tâches), les verbes utilisés renvoient aux tâches énoncées dans le discours des enseignants spécialisés, les verbes qui se rapportent à des tâches autres que celles qui sont prescrites dans le référentiel de compétences sont soulignés.

RÉSULTATS/DISCUSSION

Comme les analyses en témoignent, la seule mobilisation du référentiel de compétences caractéristiques de l'enseignant spécialisé ne peut suffire à caractériser les situations de travail liées à la fonction de personne ressource. C'est à partir du référentiel et de ce que disent faire les enseignants que nous pouvons enrichir la compréhension de la fonction de personne ressource et envisager notamment des postures et positions de la personne ressource selon les situations.

La catégorisation en situations génériques, représentatives des situations professionnelles que l'enseignant personne ressource peut envisager pour répondre à cette fonction, ainsi que la mise en évidence des postures et positions permettent de construire un cadre de pensée. Ce cadre s'inscrirait en toile de fond pour comprendre comment peuvent s'organiser et se mettre en relation les différents interlocuteurs, soit une mise en scène d'un espace partagé qui donne tout son sens à l'environnement dans lequel chacun est amené à évoluer au regard des enjeux de l'éducation inclusive.

Ainsi, dans une logique positionnelle, nous distinguons trois rôles qui permettent aux personnes ressources en poste ou en formation d'appréhender ces enjeux à travers le rapport entretenu avec l'institution et avec les interlocuteurs, rapport établi selon une distance ou une proximité de la personne ressource avec l'institution et les interlocuteurs.

Si le discours des enseignants sur les situations professionnelles dans lesquelles ils exercent la fonction de personne ressource permet de repérer ces trois rôles, il est aussi le révélateur de l'importance de s'appuyer sur des compétences relationnelles et comportementales autrement appelées les « *soft skills* » (Mauleon, Hoarau et Bouret, 2014) ou encore « *compétences psychosociales* » (OMS, 1997, p. 1)[2]. Par exemple, un des enseignants précise : « *la compétence qui me paraît essentielle dans la pratique d'une personne ressource pour l'éducation inclusive est de savoir communiquer, savoir écouter et entendre, savoir répondre dans le respect des connaissances de chacun* » (S1). D'autres insistent sur le fait qu'il s'agit « *de la base* » (S3), de compétences « *préalables* » (S12). Ces compétences de communication, interpersonnelles mais aussi émotionnelles, constituent autant d'éléments de langage tant verbal que corporel qui sont mobilisés par les enseignants pour leur permettre d'interagir de manière pertinente en fonction de leurs interlocuteurs et des postures et positions qu'ils occupent.

Pour conclure, la prise en compte des limites de ce travail nous conduit à envisager un élargissement de notre recherche. Limité aux enseignants d'un centre de formation d'une académie en fin de formation, il conviendrait d'explorer ce que disent d'autres enseignants, voire d'interroger une ou deux années après la formation les enseignants spécialisés détenteurs du Cappéi afin d'interroger les situations professionnelles dans lesquelles cette fonction de personne ressource se concrétise une fois la logique certificative terminée. Porter ce regard sur une plus longue période auprès d'enseignants exerçant dans un même contexte ou des contextes différents pourrait aussi interroger l'existence d'une hiérarchie des situations génériques en lien notamment avec la question de la légitimité que les enseignants énoncent comme

2. Organisation mondiale de la santé (OMS). (1997). *Life skills education in school.* Genève : OMS.

à construire et non à imposer. Enfin, nous avons pu également observer que les enseignants mobilisaient des termes présents dans les référentiels de formation, il serait intéressant d'élargir l'analyse au contenu du référentiel de formation pour voir comment ce dernier peut interpeller les caractéristiques que nous avons mises en évidence.

Références

Ardouin, T. (2020). Position(s) et posture(s) du chercheur en sciences de l'éducation en recherche et formation, quelle place et rôle de l'ingénierie ? *TransFormations- Recherches en éducation et formation des adultes, 20,* 7-19.

Blanchet, A., et Gotman, A. (2009). *L'enquête et ses méthodes, l'entretien.* Paris : Armand Colin.

Cros, F., et Raisky, C. (2010). Référentiel, *Recherche et formation* [En ligne], *64,* consulté le 19 avril 2019. URL : <http://journals.openedition.org/rechercheformation/215> ; DOI : 10.4000/rechercheformation.215

Clot, Y. (1999). *La fonction psychologique du travail.* Paris : PUF.

Leroyer, L., et Midelet, J. (2020). Personne ressource pour l'éducation inclusive : des discours et des actions révélateurs d'enjeux de formation et de recherche. *La nouvelle revue - Éducation et société inclusives, 88,* 241-256.

Mayen, P., Métral, J.-F., et Tourmen, C. (2010). Les situations de travail. *Recherche et formation* [En ligne], *64,* consulté le 30 avril 2019. URL : <http://journals.openedition.org/rechercheformation/191> ; DOI : 10.4000/rechercheformation.191

Mayen, P. (2012). Les situations professionnelles : un point de vue de didactique professionnelle. *Phronesis, 1*(1), 59-67. https://doi.org/10.7202/1006484ar

Mauleon, F., Hoarau, J., Bouret, J. (2014). *Le réflexe Soft Skills : les compétences des leaders de demain.* Dunod : Paris.

Mulin, T. (2014). Posture professionnelle. In A. Jorro (dir.), *Dictionnaire des concepts de la professionnalisation* (pp. 213-216). Louvain-la-Neuve, Belgique : De Boeck Supérieur.

Pastré, P. (2002). L'analyse du travail en didactique professionnelle, *Revue française de pédagogie, 138,* 9-17. doi : <https://doi.org/10.3406/rfp.2002.2859>. <https://www.persee.fr/doc/rfp_0556-7807_2002_num_138_1_2859>

Pastré, P. (2004). Analyse du travail et formation. *Recherches en éducation, 4,* 23-28.

Tronto, (2009). *Un monde vulnérable. Pour une politique du care.* Paris : La Découverte.

Textes institutionnels

France, Ministère de l'Éducation nationale. (2013, 25 juillet). Référentiel des compétences professionnelles des métiers du professorat et de l'éducation. *Bulletin officiel de l'Éducation nationale, 30.*

France. Ministère de l'Éducation nationale, de l'Enseignement supérieur et de la Recherche (2017a). Certification d'aptitude professionnelle aux pratiques de l'éducation inclusive et formation professionnelle spécialisée. Pratiques de l'éducation inclusive et formation professionnelle spécialisée. Décret n° 2017-169 du 10 février 2017, *JO* du 12 février 2017, *BO* n° 7 du 16 février 2017.

France. Ministère de l'Éducation nationale, de l'Enseignement supérieur et de la Recherche. (2017b). Organisation de la formation professionnelle spécialisée et de la préparation au certificat d'aptitude professionnelle aux pratiques de l'éducation inclusive, Organisation de la formation professionnelle spécialisée à l'intention des enseignants chargés de la scolarisation des élèves présentant des besoins éducatifs particuliers liés à une situation de handicap, de grande difficulté scolaire ou à une maladie. Arrêté du 10 février 2017, *JO* du 12 février 2017.

France. Ministère de l'Éducation nationale, de l'Enseignement supérieur et de la Recherche. (2017c). Certificat d'aptitude professionnelle aux pratiques de l'éducation inclusive et formation professionnelle spécialisée. Circulaire relative à la formation professionnelle spécialisée et au certificat d'aptitude professionnelle aux pratiques de l'éducation inclusive, circulaire n° 2017-026 du 14 février 2017.

France. Ministère de l'Éducation nationale, de l'Enseignement supérieur et de la Recherche. (2020). Arrêté du 21 décembre 2020 modifiant l'arrêté du 10 février 2017 relatif à l'organisation de l'examen pour l'obtention du Certificat d'aptitude professionnelle aux pratiques de l'éducation inclusive (Cappéi).

Forum numéro 162
Le développement du pouvoir d'agir dans le champ de l'action sociale

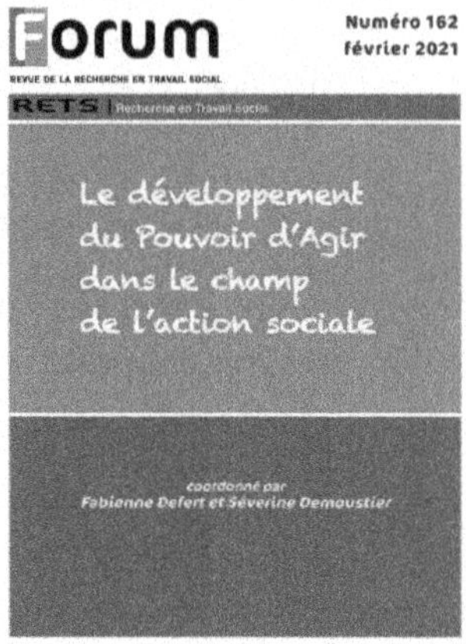

Numéro coordonné par Fabienne Defert et Séverine Demoustier

Le développement du pouvoir d'agir est une question sociale foncièrement politique.

S'il y a une question d'actualité qui traduit parfaitement les paradoxes du travail social (Michel Autès, 2004 – Michel Autès et Stéphane Rullac, 2020), on ne peut trouver mieux que le développement du pouvoir d'agir. Dans son article « Devenir de l'État providence et travail social » (Sous la direction de Jacques Ion, 2005) Robert Castel soulève ce paradoxe au cœur du développement du pouvoir d'agir, sans le nommer ainsi bien évidemment : « traiter l'usager comme une personne est certainement positif, mais à condition de savoir que c'est une personne fragile, vulnérable, souvent en situation de désarroi, et qui donc a besoin de supports externes. » p. 45. Le pouvoir d'agir, traduction du concept américain d'empowerment, irrigue de plus en plus les pratiques des travailleurs et intervenants sociaux, qui, dans le champ de l'action sociale, sont invités à favoriser l'accès aux droits et à la citoyenneté de personnes considérées comme vulnérables, par l'activation de leurs propres ressources, leurs savoirs expérientiels, et en s'appuyant sur leur environnement comme sur le collectif dans des logiques de participation effective.

Numéro 162, février 2021

Champs social Éditions

2021, 100 pages
Version papier : 25 €
EAN : 9791034606870

Renseignement

<http://champsocial.com/book-forum_162_le_developpement_du_pouvoir_d_agir_dans_le_champ_de_l_action_sociale,1213.html#couv>

L'enfant *différent* Processus d'exclusion dans l'organisation scolaire locale

Cécile ROAUX
Docteure en sciences de l'éducation
Laboratoire Cerlis de l'Université de Paris (UMR 8070)

Résumé : À partir d'une étude de cas appuyée sur une enquête ethnographique, cet article montrera comment la simple arrivée d'un enfant *différent*, déclenche des processus d'exclusion successifs dans une école favorisée, tant du côté des autres élèves et de leurs parents que des enseignants. Les processus de stigmatisation génèrent en réaction des comportements jugés violents chez l'enfant et qui procèdent de son autostigmatisation entraînant des jugements de valeur chez les personnels. La non-disponibilité pour les activités scolaires de cet enfant pourtant de bon niveau scolaire, aboutit à des exclusions diverses, visibles dans l'espace-classe et dans les réactions de son enseignant mais aussi à des exclusions vers le bureau de la directrice. Ce processus d'externalisation[1] de la difficulté sur autrui est également à rapporter à l'appel vers une prise en charge par les services sociaux. Par cette étude de cas et *via* l'analyse stratégique des organisations et des systèmes, cet article entend analyser les réalités d'une organisation se disant *inclusive* dans ses textes, mais pas nécessairement dans ses pratiques au quotidien. Les enjeux de la préservation de l'entre soi, à la fois pour les élèves de classe sociale favorisée, leurs parents et leurs enseignants, génèrent des jeux d'acteurs qui interfèrent avec la volonté affichée d'une école pour tous.

Mots-clés : Analyse stratégique - École inclusive - Inégalités scolaires - Mixité sociale - Ségrégation - Sociologie de l'école.

The "*Different*" Child. Exclusion Process in the Local School Organization

Summary: Based on a case study supported by an ethnographic survey, this article will show how the mere arrival of a "*different*" child triggers successive exclusion processes in a favored school, both on the side of other students and of their parents than of teachers. The processes of stigmatization generate in reaction behaviors considered violent in the child and which proceed from his self-stigmatization leading to value judgments among the personnel. The non-availability for school activities of this child, who nevertheless has a good academic level, leads to various exclusions, visible in the classroom space and in the reactions of his teacher, but also to exclusions to the principal's office. This process of outsourcing the difficulty to others is also related to the call for support by social services. Through this case study and through the sociology of organizations and systems, this article intends to analyze the realities of an organization claiming to be "*inclusive*" in its texts, but not necessarily in its daily practices. The challenges of preserving each other, both for students from the advantaged social class, their parents and their teachers, generate actor games that interfere with the stated desire of a school for all.

Keywords: Educational inequalities - Inclusive school - Segregation - Social mix - Sociology of school - Strategic analysis.

1. On appelle externalisation le mécanisme par lequel deux ou plusieurs acteurs parviennent d'autant mieux à trouver un accord qu'ils externalisent le coût sur un tiers.

Depuis la fin des années quatre-vingt, face aux difficultés croissantes de l'école à faire prévaloir « *un programme institutionnel* » (Dubet, 2002), un nouveau paradigme articulé autour de la question locale émerge. Tributaire de changements globaux, l'école doit s'ouvrir sur l'extérieur afin de prendre en compte les « *nouvelles urgences* » sociales (Audigier, 2012), en s'alliant si nécessaire à des opérateurs externes (Bromley, Schofer, et Longhofer, 2018). En interne, et dans une logique de projet, le travail en équipe est fortement préconisé pour atteindre ces objectifs. Un nouveau « *référentiel* » d'action publique (Muller, 2000) se met en place.
C'est dans ce contexte qu'un consensus autour de la légitimité de la diversité en éducation (Prud'homme, Vienneau, Ramel et Rousseau, 2011) se fait jour dans les discours politiques. La déclaration de Salamanque[1] qui fait « *le lien entre les élèves à besoins éducatifs particuliers et l'inclusion scolaire* » (Woolven, 2021) pose ainsi les principes d'inclusion et d'accessibilité comme préalables pour « *une école pour tous* ». L'institutionnalisation du processus se concrétise par une classification des besoins en catégories souvent inspirées des nosographies médicales, malgré une forte résistance en France à des typologies comme celle du DSM (Adam, 2012). Ce classement catégoriel de la diversité, au-delà du risque d'effet pygmalion (Rosenthal, Jacobson, 1992), pose la question organisationnelle de la coopération entre des acteurs pluridisciplinaires et intersectoriels pour la réussite des actions entreprises dans la prise en compte des besoins réels de l'élève. La question se complexifie encore davantage lorsque l'élève se trouve en « *situation d'incasabilité* » pour reprendre le terme de Paul Durning (2008), au sujet des jeunes en difficultés multiples, et dont nous dirions qu'ils n'entrent pas dans la catégorisation nosographique. Si cette expression est davantage utilisée pour décrire la situation dans laquelle peuvent se trouver les adolescents, elle n'en concerne pas moins des enfants parfois très jeunes, à l'école primaire. Nous nous proposons de montrer, à travers cet article, que la construction sociale de l'incasabilité est une fabrication institutionnelle en étape, séquencée de l'éducation nationale, en analysant les processus d'exclusion successifs qui se mettent en place. Cette construction sociale sera rapportée non pas simplement à des choix individuels, qui ne sont cependant pas sans importance, mais surtout à un fonctionnement collectif (les choix d'une équipe). Ces choix sont eux-mêmes mis en relation avec des fonctionnements interinstitutionnels et avec un souci de protection des acteurs – dans leur espace-classe pour les enseignants, dans un milieu social privilégié pour les parents et pour les autres élèves (Oberti, 2007).
Nous partirons pour cela d'une étude de cas : l'arrivée d'un enfant *différent* au sein d'une école au public socialement favorisé. Ce cas est extrait d'une recherche plus vaste sur la coconstruction du pouvoir à l'école primaire (Roaux, 2021) dont le cadre théorique est celui de l'analyse stratégique des organisations (Crozier, 1963). Cette recherche s'appuie sur une triangulation de méthodes : une enquête par questionnaire menée auprès de 5 857 professeurs des écoles dont près de 2 000 directrices et directeurs, des entretiens de recherche auprès de ce même public mais également de la hiérarchie (IEN, IG, IG, recteur, cabinet ministériel) et

1. Déclaration lors de la conférence mondiale sur l'éducation et les besoins éducatifs spéciaux sous l'égide de l'Organisation des Nations unies pour l'éducation, la science et la culture.

une longue observation intégrée à notre propre travail de directrice, observation qui sera la base de cet article. Notre fonction de directrice d'école nous offrait en effet une opportunité de recherche (Becker, 2006) qui nous a permis de recueillir à la fois des données administratives et objectives sur l'anamnèse de ce cas et des observations menées durant une année scolaire. Cependant, toute observation participante est source de tension entre implication et distanciation (Lapassade, 2016), surtout lorsque l'on travaille sur son propre terrain professionnel. Pour résoudre cette tension nous avons fait le choix d'un cadre d'analyse – en l'occurrence celui de la sociologie des organisations – afin d'observer une réelle vigilance épistémologique « *sociologiquement armée* », élaborée à la lumière de la théorie. Suivant en cela Bourdieu (2003), nous préférons alors parler d'objectivation participante, laquelle permet de construire la nécessaire distance à l'objet (Roaux, 2020). C'est bien grâce à ce modèle d'analyse, que nous avons pu progressivement nous transformer en « *chercheur de l'intérieur* ». L'ethnographie nous a permis d'observer en temps réel ce qui constitue l'organisation, c'est-à-dire les interactions entre les différents acteurs et le contexte dans lequel elles se déroulent.

Dans une première partie nous contextualiserons au regard de l'histoire de cet élève que nous appellerons Kevin, la construction de la situation d'incasabilité qui bouscule l'idée d'une école inclusive. Dans une seconde partie, nous étayerons notre analyse de cas en interrogeant parallèlement l'éthos professionnel enseignant et le fonctionnement faiblement intégré de l'organisation scolaire. Enfin, en guise de conclusion, nous tenterons de donner des éléments de réponse aux problématiques soulevées dans cet article.

LA CONSTRUCTION DE LA SITUATION D'INCASABILITÉ

Les débuts d'un *détachement désorganisé*

Kevin est un petit garçon de 9 ans et demi, originaire des territoires d'outre-mer. Son parcours de vie est marqué par de nombreux traumatismes et ruptures comme nous allons le découvrir. Ce parcours débute par le placement en pouponnière deux mois après sa naissance, à la suite de négligences et carences affectives précoces. Son père confiera à la directrice de l'école où nous menons nos observations et en présence de l'enfant, que Kevin était « *un accident* ». Sa « *génitrice* » comme il l'appelle, avec qui il entretenait « *une relation pour l'hygiène* », nous précise-t-il, ne l'a jamais accepté et lui ne pouvait le prendre en charge.

Nous apprendrons par les services sociaux qu'à la fin de la première année de vie de Kevin, ce dernier est confié à sa tante paternelle en région parisienne. À ses quatre ans, le père le récupère et l'emmène avec lui dans l'ouest de la France, où il s'est installé avec sa nouvelle compagne et ses deux enfants nés d'une précédente union. Six années plus tard, toujours selon les services sociaux, les nombreuses addictions du père (alcool, drogue) ont raison du couple et suite à deux signalements successifs pour enfant en danger de la part de l'école, il décide de retourner en région parisienne avec son fils. Sans domicile, ils sont alors hébergés par la tante, la sœur du père, mère de deux enfants qui avait précédemment accueilli Kevin. La vie à cinq n'est pas facile dans le 26 m^2 de cette tante et les tensions sont vives. Un matin l'enfant se présente,

habillé en fille à l'école, « *pour le punir de son insolence, rien de tel que l'humiliation* » nous rapporte son père. Un signalement « *abusif* » selon ce dernier, est alors réalisé par l'école. S'ensuit la déscolarisation brutale de Kevin, puis une errance de plusieurs mois dans la rue du père et de l'enfant, avant d'être relogés par le Samu social dans une chambre d'hôtel, à la condition d'une rescolarisation de l'enfant.
Au-delà des signalements récurrents, les démarches administratives prennent d'autant plus de temps qu'au manque d'intégration des différents services, c'est-à-dire l'absence de relation entre les départements[2], s'ajoute la mobilité géographique du père et de l'enfant. Une situation qui ne permet pas dès lors la constitution d'un dossier qui aurait pu conduire à la mise en sécurité de l'enfant par rapport à son père.

L'élève *mal casé*

Faute de place dans l'école de secteur située en zone d'éducation prioritaire, Kevin est affecté par la mairie dans une école un peu plus éloignée, dans un quartier en voie de gentrification[3]. Ceci se reflète dans la composition du public scolarisé. La présence des nombreux instruments de musique (violon, guitare trompettes...) que les élèves ont l'habitude de laisser à l'entrée de l'école sous la surveillance de la gardienne, témoignent d'une affinité élective avec ces pratiques culturelles. Ceux qui ne jouent pas d'un instrument de musique, prennent des cours de théâtre, de peinture ou d'écriture dans diverses associations ou même au conservatoire. Lorsque l'on interroge les élèves sur leur temps libre, ils détaillent avec un plaisir certain leurs loisirs qui sont diversifiés et importants. Quant à Kevin, et le contraste est saisissant, il nous confiera : « *Moi je reste dans la chambre. Quand je sors c'est pour aller manger à la soupe populaire avec papa ou faire les courses au restaurant du cœur, sinon je reste enfermé.* » De ce fait, aller l'école, représente pour lui une occasion de s'évader de ce quotidien pesant. L'hexis corporelle[4] de ce dernier, est très vite l'objet d'un repérage discriminant, qui aboutit à une stigmatisation « *rejetante* », une opposition entre « *lui* » et « *les autres* ». Les élèves de sa classe disent ouvertement le trouver « *différent* », « *bizarre* », voire pour certains « *pouilleux, collant et puant* » et quand la directrice insiste pour savoir ce qui justifie la mise à l'écart de Kevin, ces derniers soulignent la nécessité « *de garder ses distances pour ne pas être contaminés* ». Des propos relayés par ailleurs par les parents qui interpellent la directrice afin de savoir « *Pourquoi ce gamin qui a visiblement des troubles du comportement, a été affecté ici* » ajoutant « *que ce n'est peut-être pas l'école qu'il lui faut. Il fait peur, il est brutal avec les petits, même si sa taille est celle d'un enfant de CP, il est malgré tout en CM2... Il perturbe par son comportement le bon fonctionnement de la classe et de l'école* ». Kevin n'a pas le raffinement catégoriel des classes favorisées, implicitement attendu dans cette école où il y a peu de mixité sociale.

---

2. On considère qu'un ensemble est intégré lorsque chacun de ses éléments concourt à la réalisation de l'objectif commun.
3. C'est-à-dire un quartier où les classes populaires sont de plus en plus dominées à la fois sur le plan économique, mais aussi sur le plan culturel et politique (Oberti, Préteceille, 2004).
4. « *L'hexis corporelle est la mythologie politique réalisée, incorporée, devenue disposition permanente, manière durable de se tenir, de parler, de marcher, et, par-là, de sentir et de penser.* » Bourdieu (1980). *Le sens pratique.*

En salle des maîtres, les discussions tournent autour de cet élève dont le comportement jugé instable et imprévisible, bouscule l'ordre établi. Élève d'un excellent niveau d'après son enseignant, Kevin ne présente aucun trouble d'apprentissage. Il possède un vocabulaire très riche et sait manier l'humour. Cependant, avide d'accroches affectives, Kevin ne respecte pas les normes d'interaction (Goffman, 1963). Il saute au cou des autres, les prend par le bras... Son enseignant, informé du passif de Kevin ne sait pas quoi faire de lui et s'interroge : « *Étant donné la situation de ce gosse, il aurait dû aller dans un autre arrondissement, une école plus adaptée qui scolarise des mômes comme lui, qu'est-ce que vous voulez que je fasse moi, il refuse de bosser et il emmerde les autres. J'ai pourtant mis sa table contre le mur, dos au groupe pour qu'il arrête de faire des doigts d'honneur et des grimaces aux autres et ben il se retourne et fait des avions avec les feuilles d'exercice. Sa situation n'excuse pas tout et puis ça ne nous concerne pas, les services sociaux doivent s'en occuper, moi je suis là pour enseigner les maths et le français* » puis en s'adressant à la directrice : « *Il faut le faire partir.* » Ses collègues acquiescent et proposent : « *En attendant qu'il parte on a qu'à le faire tourner de classe en classe où le mettre dans ton bureau* (en regardant la directrice) *si nécessaire.* » Tout ce que l'enseignant demande, c'est sinon son exclusion définitive de sa classe, du moins une aide disciplinaire qui le remettrait sur « *le droit chemin* » d'une conformité scolaire (Ben Ayed, 2009). On est davantage dans une logique d'externalisation et de délégation des difficultés[5] qu'une réelle alliance éducative (Barrère, 2013).

Une aide interne à l'école ?

Cependant, en devenant « *la patate chaude* » (Pélissié, 2004) de l'école, c'est-à-dire le problème qu'on se transmet, Kevin perd le cadre spatio-temporel (voir par exemple Sgard, Hoyaux, 2006), sa classe de référence et l'adulte, son enseignant, qui constituaient les seuls éléments de sécurisation dans son parcours chaotique. L'origine de la problématique de Kevin ne relevant pas du champ scolaire selon les enseignants – ce dernier n'ayant aucune difficulté d'apprentissage d'ordre cognitif – celle-ci ne peut être prise en charge par aucun dispositif interne. Comme le souligne à cet égard la psychologue scolaire « *l'institution a donné la priorité aux maternelles et aux CP, lui est en CM2 donc le Rased ne peut pas le prendre en charge* ». Elle ajoute « *Inutile de s'adresser au CMPP* (Centre médico psycho-pédagogique), *la liste d'attente est d'une année et le processus décisionnel ne m'appartient pas... De toutes façons le père n'ira pas et c'est la condition première. Il faut voir avec les services sociaux.* » La fragmentation des domaines cognitif, psychomoteur et affectif dont seuls les deux premiers relèvent du champ scolaire d'une part et la priorité donnée aux premières années de scolarisation de l'enfant par l'institution d'autre part, rend impossible la prise en charge d'élèves au-delà du CP. Le fonctionnement en réseau des Rased qui doivent intervenir sur plusieurs écoles du fait de la diminution des effectifs et la multiplication croissante des demandes d'aide ne leur permettent plus par ailleurs d'assurer un réel suivi d'élève.

5. L'exclusion de classe est une pratique courante dans le 1er degré où l'échelle des punitions est limitée (Debarbieux, 2016).

Ce mode d'organisation aboutit à une externalisation des prises en charge vers des dispositifs extérieurs, dont le partenariat en faveur de la continuité éducative ne va pas toujours de soi. Par ailleurs, la présence obligatoire d'un des deux parents comme condition préalable, écarte de facto Kevin du jeu. Ces conditions permettent dès lors à chacune des parties de négocier sa participation, en mobilisant des répertoires et des registres différents en fonction des situations éducatives – la transmission des savoirs, la réglementation – induisant un phénomène d'incasabilité.
Après avoir été balloté pendant une semaine d'une classe à l'autre, un évènement précipite l'exfiltration de ce *mal casé* vers le bureau de la directrice. Un matin, alors qu'il devait aller dans la classe de CP, Kevin refuse. La directrice est alors appelée pour faire monter l'indiscipliné, prostré dans un coin de la cour. S'agenouillant pour être à sa hauteur, elle lui demande ce qui se passe. Il lève la tête et lui répond : « *Je ne veux pas aller en CP ce n'est pas ma classe, ni mon niveau et puis surtout je ne veux pas enlever mon bonnet... Les autres se sont moqués de moi tout à l'heure quand ils me l'ont retiré... papa m'a rasé le crâne car il a entendu des parents d'élèves à la sortie des classes dire que je donnais des poux avec mes cheveux crépus.* [...] *Je n'arrive pas à travailler, je suis fatigué parce qu'il y a des cafards dans la chambre... et puis je dors avec papa et il prend toute la couette alors j'ai froid et puis j'ai trop faim. ... Je n'ai pas mangé depuis hier midi, on n'a plus rien. Et puis personne me calcule, personne* (en insistant), *je suis tout seul.* » En quelques mots Kevin résume la situation dans il est malgré lui : il se bat tout seul dans un univers où tout lui est hostile. La directrice lui répond qu'elle va l'aider et qu'il viendra dans son bureau quand il le voudra. Ce à quoi il ajoute : « *Trouve-moi une famille.* »
En acceptant de prendre Kevin dans son bureau, la directrice choisit de s'acquitter de ses obligations fonctionnelles (le bon fonctionnement de l'école) au moindre coût. Répondre aux attentes des enseignants lui permet de ne pas rompre la collégialité attendue en impulsant un travail d'équipe autour du climat scolaire, susceptible de déclencher des hostilités difficilement gérables dans sa position. Cependant, en agissant ainsi, elle contribue à alimenter le clivage entre le pédagogique et l'éducatif. Une situation qui n'est pas propre à cette école si l'on en croit le rapport de l'Inspection générale (2013, p. 54), « *Ces situations sont souvent l'objet de conflits internes qui consacrent, dans l'établissement, le clivage entre le pédagogique et l'éducatif et d'une certaine manière installent l'élève dans un double jeu* » entre la classe et le bureau du directeur. Un jeu « *perdant-perdant* », dont personne ne remet pourtant en cause le fonctionnement. Au-delà, cette relégation dans le bureau de la direction qui serait *une case* adaptée pour la déviance, dénote l'absence de collectif de travail sur le climat scolaire. L'exclusion devient un mode de gestion ordinaire de cet enfant : exclusion de la classe, puis des récréations pour ne pas côtoyer les autres. Il n'y a alors aucune chance que Kevin puisse développer un sentiment d'appartenance à l'école et à sa classe, ce qui n'est pas sans incidence sur le comportement de plus en plus ingérable de l'enfant.

Un placement sans lien organisationnel

Après plusieurs signalements pour maltraitance de la part du père, qui révèleront par la suite qu'il était abusé sexuellement par ce dernier, Kevin est finalement placé par l'Aide sociale à l'enfance (ASE) en foyer. Si tout le monde se réjouit de voir l'enfant en sécurité, le choix de le maintenir dans l'école qui n'appartient pas au secteur de son nouveau lieu de résidence est jugé « *incohérent et incompréhensible alors qu'il y a une école juste à côté du foyer qui prend ces élèves* ». La distance est également invoquée pour justifier l'absence de communication entre les animateurs du foyer et l'école : « *Le cahier de liaison n'est jamais signé, les devoirs jamais faits du coup maintenant il peut faire encore plus ce qu'il veut et son comportement est pire qu'avant.* » La situation nécessiterait une interaction entre l'école et le foyer, pour aider à mieux comprendre le comportement de l'enfant ; mais il n'en est rien. En réalité, et comme il le raconte lui-même à la directrice, Kevin ne se sent pas à sa place ni à l'école, ni dans la structure collective du foyer où il est « *avec des grands qui font cinq têtes de plus* » que lui. Il a peur dit-il. Alors à l'école, même s'il joue les caïds auprès des petits, il est l'objet d'un véritable harcèlement scolaire, dont on sait que les conséquences sont parfois dramatiques (Debarbieux, 2016). Quand la directrice de l'école appelle le foyer pour en savoir davantage, l'animateur lui confirme que « *Kevin a du mal à s'adapter, mais il n'est pas le seul, les enfants qui sont là ont tous un lourd passé.* » Pour le suivi scolaire il ajoute : « *Le problème c'est qu'on n'est pas assez nombreux pour regarder le cartable de chaque enfant, on n'est pas assez nombreux et puis ce n'est pas notre rôle. Chacun son boulot, son instit peut peut-être s'adapter.* »

À ce stade, l'enfant en tant que personne prise dans sa globalité, n'existe pas. Chaque acteur impliqué n'accepte (et encore) de gérer qu'une partie de l'enfant qui se retrouve de facto segmenté en autant de spécialités qui le prennent ou devraient le prendre en charge : son instruction *via* l'école, sa protection par le placement en foyer. En revanche l'aspect psychologique est laissé de côté à l'école, mais aussi dans le partenariat possible entre cette école et le foyer d'accueil. Si différentes études scientifiques montrent l'importance du capital culturel et du capital économique des parents (par exemple Lahire, 2019) dans la scolarité de leurs enfants, d'autres éléments, tels que le sentiment de bien-être et le développement des compétences sociales (El Nokali, Bachman, Votruba-Dzral, 2010) sont également à prendre en compte. Cependant, force est de constater que l'importance du capital émotionnel dans la formation des personnes et leur devenir (Gendron, 2008) est souvent négligé dans le champ scolaire. On ne peut pourtant dissocier l'affect du cognitif. Le manque de bienveillance est peut-être une faute *morale*, il est aussi la conséquence de la fragmentation organisationnelle. Au sein de l'école, le débat entre le *savoir* et *l'éducatif* n'est pas un simple clivage idéologique (Payet, 1997) ; il entraîne une répartition des tâches qui est bien une division sociale du travail et renforce les inégalités. À l'enseignant le *travail noble* qui est transmission des savoirs dits fondamentaux, à la direction le *sale boulot*, qui est entre autres la prise en charge de ceux qui ne rentrent pas dans les cases de la forme scolaire. L'usage de l'analyse stratégique des organisations est en ce sens intéressant, car il permet de resituer l'individu dans un système d'« *action concret* » *(Crozier*, Friedberg, 1977). Concernant Kevin, on s'aperçoit que le manque d'intégration ou dit autrement de coordination entre les parties constitutives du système d'action qui l'entoure, ne permet pas une prise en charge globale de ce dernier pour l'aider à se construire.

Au contraire, cela participe à sa déconstruction. Une fragmentation couteuse, dont le fonctionnement segmenté et séquentiel de l'ensemble ne permet pas in fine de résoudre le vrai problème qui est celui de la coopération au bénéfice de l'enfant (Roaux, 2019).
Au bout d'un mois, après des appels récurrents de la directrice et de l'assistante sociale pour un placement éventuel dans « *une vraie famille* » comme le demande Kevin, les services sociaux décideront de l'orienter vers un centre dans le nord de la France, « *un lieu de vie privilégié avec un effectif réduit où les jeunes réapprennent à vivre au contact des animaux* », un moyen d'acquérir les normes de la socialisation « *afin de ne pas faire exploser la famille d'accueil* ». Ce placement pourrait être interprété comme un échec de l'institution scolaire à remplir son rôle intégrateur. Rappelons à cet égard qu'« *Organiser et assurer un mode de fonctionnement du groupe favorisant l'apprentissage et la socialisation des élèves*[6] » est une des compétences inscrite dans le référentiel de compétences des professeurs des écoles.

DES « BARRIÈRES » ORGANISATIONNELLES...

Le cas Kevin peut d'abord être lu de manière presque *classique* au niveau de la construction ou de la reproduction des inégalités à l'école. On y trouve en effet tous les indicateurs décrits depuis longtemps : par exemple la distinction sociale en œuvre à partir des activités musicales des élèves, l'hexis corporelle qui permet de « *situer* » socialement la personne (Lahire, 2019). La naturalisation à l'œuvre dans le discours enseignant, comme dans celui des élèves ou des parents est remarquable, comme si Kevin n'avait pas sa place dans une école *normale*[7] (Goffman, 1975). Le rejet de Kevin témoigne de la manière dont les classes sociales plus favorisées peuvent mettre en place des processus d'exclusion lorsqu'elles se sentent menacées par des élèves *différents*, ce qui est bien sûr une difficulté pour l'école *inclusive*, non pas tant du point de vue du *handicap* physique ou mental, que de la mise en place d'une sorte de croyance en un *handicap social* qui aboutit à un souhait de relégation, voire d'exclusion. Il n'est plus à démontrer que les facteurs de vulnérabilité sont plus souvent extrinsèques qu'intrinsèques.

Un effet de l'organisation scolaire locale

Il convient cependant de lire également cette histoire avec d'autres outils d'analyse et en particulier ceux de l'analyse stratégique des organisations. Ainsi, le lieu classe est particulièrement révélateur de la manière dont, le contexte scolaire lui-même et son organisation, génère ce rejet qui n'est pas à proprement parler lié à un niveau scolaire : Kevin sait parfaitement lire et écrire avec un vocabulaire de qualité comme le soulignent les enseignants qui d'ailleurs s'en étonnent. Mais ce dernier

6. <http://www.education.gouv.fr/cid73215/le-referentiel-de-competences-des-enseignants-au-bo-du-25-juillet-2013.html>
7. « *Un individu qui aurait pu aisément se faire admettre dans le cercle des rapports sociaux ordinaires possède une caractéristique telle qu'elle peut s'imposer à l'attention de ceux d'entre nous qui le rencontrent, et nous détourner de lui, détruisant ainsi les droits qu'il a vis-à-vis de nous du fait de ses autres attributs. Il possède un stigmate, une différente fâcheuse d'avec ce à quoi nous nous attendions* » (Goffman, 1963, p. 15).

n'a pas acquis les codes du *métier d'élève*. Il est dès lors exclu en classe de CP pour réapprendre à devenir élève et dans le même temps « *faire lire les petits pour servir à quelque chose* » comme le soulignera son maître. En réalité, il s'agit bien de s'en débarrasser. C'est la manière dont il *dérange* la classe, dont il perturbe l'ordre scolaire (le rangement scolaire pourrions-nous dire) qui est en jeu. Et cet enjeu est un enjeu d'autonomie, de pouvoir pour l'enseignant. L'exclusion des élèves pour avoir « *la paix* » dans sa classe, fait partie des « *routines défensives* » (Argyris, 1985) pour préserver le sens premier du métier : la transmission des savoirs fondamentaux.

En partageant son impuissance en salle des maîtres, l'enseignant de Kevin attend implicitement un soutien de ses collègues qui puisse le déculpabiliser. Comme le précise Giust-Desprairies (2003, p. 17) « *la nécessité de n'y être pour rien est une conséquence de la logique de la maîtrise, qui exclut une représentation positive de la responsabilité, de l'engagement de soi dans un problème rencontré* ». Ainsi, à défaut de générer « *de nouvelles manières d'enseigner et d'exercer son métier au sein de collectifs de travail aux compétences multiples, entre pédagogie, soin, techniques de rééducation et accompagnement social* » (Bourgoin, 2014), le collectif se structure davantage sur la base « *d'un* clivage entre le "bon" *à l'intérieur du groupe et le* "mauvais" *à l'extérieur, sous la forme de l'étrangeté des enfants* » (Giust-Desprairies, 2003, p. 118). Une manière pour les enseignants d'exploiter « *leur avantage initial qui tient au contrôle dont ils disposent sur la seule source importante d'incertitude* » (Crozier, 1963, p. 191) : leur classe.

La situation de Kevin ne peut que heurter moralement ceux qui en prennent connaissance. Elle peut même, au nom de cette appréhension morale, entrainer la condamnation de tel ou tel acteur. Le problème de l'inclusion scolaire est cependant plus complexe et ne se réduit pas à ce qui se passe dans cette école, dont nous avons vu que la générosité des uns (la directrice en l'occurrence) vient, de fait, renforcer les mécanismes d'exclusion qui sont à l'œuvre. Si l'on décide de s'arrêter à cette seule dimension, à cette *histoire*, alors on réintroduit la classique confusion entre le symptôme et le problème, entre l'anecdote et le fait. D'un point de vue sociologique, on pourrait considérer ce qui arrive à Kevin comme une anecdote, même s'il est difficile de dire cela de la souffrance d'un enfant. Cela devient cependant un fait social (Durkheim, 2013) lorsque d'une part, on peut établir scientifiquement une récurrence significative de ces *histoires* au sein des écoles et d'autre part lorsqu'on est à même d'en détacher l'existence de chacune des écoles dans lesquelles on les observe, pour en établir l'origine dans un système complexe au sein duquel se trouvent ces mêmes écoles.

Au-delà du déclaratif en faveur d'une école inclusive, le processus d'inclusion « *nécessite un engagement commun, une entreprise collective à tous les niveaux de l'institution, dont principalement la classe* » (Tremblay, 2020, p. 7). Cependant, l'organisation n'est pas constituée d'entités parfaitement homogènes et intégrées. Dès lors, l'école qui se structure sur le modèle de *la boite à œufs* (des classes séparées les unes des autres), avec des parties plus ou moins autonomes peu articulées entre elles et soumises à un contrôle hiérarchique éloigné, apparait telle une figure emblématique de ce que Carl Weick (1976) appelle un « *loosely coupled system* ». On observe alors un découplage entre les activités déclarées, discours officiels et pratiques effectives.

Les enseignants bénéficient d'une autonomie certaine dans leur classe qui génère des orientations normatives parfois incohérentes avec le référentiel de référence. Le modèle de la forme scolaire qui repose sur une transmission verticale des savoirs et exige la soumission à des normes (Vincent, 1994) reste prégnant au niveau de la culture professionnelle enseignante. La stratégie des enseignants afin de préserver ce qui constitue leur univers de référence et leur autonomie, c'est-à-dire leur classe, va alors consister à exclure tout élément qui nécessiterait une intervention extérieure au sein de cet univers. On comprend que l'élève *différent* pourrait, par son comportement, gêner la transmission des savoirs pour les autres et générer des difficultés, voire des conflits, qui révèleraient un fonctionnement éventuellement problématique de la classe. Les incidents de quelque nature qu'ils soient, constituent une opportunité pour des éléments extérieurs (comme la direction de l'école, les parents ou l'inspecteur par exemple) de savoir ce qui se passe à l'intérieur de la classe et éventuellement d'y exercer un contrôle, impossible, de fait, en situation normale. Se mettent conséquemment en place des procédures d'accord et des compromis pratiques à « *rationalité limitée* » (Simon, 1955) entre divers principes de légitimité (Boltanski, Thévenot, 1991) – comme la collégialité – au sein des écoles en corrélation avec l'environnement organisationnel, afin de parvenir à une situation satisfaisante pour les acteurs. Dit autrement, les enseignants vont chercher la première solution acceptable dans le contexte dans lequel ils évoluent. Dans un premier temps la mise à l'écart de l'élève au fond de la classe, dans notre cas face contre le mur, ce qui ne fait qu'exacerber en retour un renforcement du comportement déviant de l'élève. Un comportement qui sert alors de justification pour l'exclure dans un deuxième temps de la classe vers le bureau de la directrice, en faisant pression pour que dans un troisième temps, elle-même le sorte de l'école. Un mode de fonctionnement induit par le système lui-même, qui ne permet pas l'instauration de réels liens coopératifs afin de gérer collectivement la *différence*. Dès lors, cette différence ne peut s'exprimer au sein de l'école, en particulier lorsque la prise en charge n'est prévue par aucun système alternatif ou adapté, une case (Durning, Rongé, 2008), qu'à travers le rejet d'un enfant par chacune des parties prenantes jusqu'au niveau de celui ou celle dont une des responsabilités aux yeux des autres, est de prendre en charge « *le sale boulot* » (Hughes, 1962).

Un effet système

Si certains leviers sont connus pour favoriser la mise en œuvre des principes de l'école inclusive (Tremblay, 2020), l'opérationnalisation du processus se heurte en premier à la structure politico-administrative du système qui se régule ou s'autogère sans prendre en compte les besoins réels des organisations. Cet apprentissage organisationnel en simple boucle[8] (Argyris, Schön, 2002) prédomine : il consiste en une adaptation aux évolutions sociétales en externalisant les difficultés sans remettre en cause le référentiel dominant de l'organisation et les paradigmes qui

8. L'apprentissage en simple boucle consiste en un mode d'action réaction. L'apprentissage en double boucle permet de comprendre et d'interpréter les causes réelles du problème. Il se retrouve au cœur d'un nouveau modèle d'organisation : l'organisation apprenante.

sous-tendent les théories d'action. Un apprentissage opérationnel et adaptatif qui se manifeste à tous les niveaux. Au-delà de « *la nécessité d'un professionnalisme collectif* » (Tardif, Lessard, 2004) rappelé à travers les différentes réformes, sa mise en œuvre effective sur le terrain « *suppose une modification des rapports de position car l'enseignant n'est plus seul à décider dans et pour sa classe* » (Mérini, 2007, p. 47). Or la coopération, même si elle peut exister, n'est pas un comportement naturel et spontané du moins dans les situations quotidiennes de travail de l'enseignant, car elle constitue un problème d'interdépendance collective entre des acteurs pouvant présenter une divergence d'intérêts et de valeurs, qui peut être vécu « *comme une perte de pouvoir, pouvoir de décider seul, même si ce n'est jamais reconnu comme tel* » (Mérini, 2007, p. 47). Le développement du partenariat en corrélation avec l'ajout progressif de nouvelles cases (des dispositifs internes et externes), contribue à fabriquer « *du besoin éducatif* » (Ébersold, Armagnague, 2021) sans permettre d'accéder à un nouveau modèle d'organisation. Ainsi, la multiplicité des cases induit des tensions entre les acteurs issus d'organisations aux référentiels dominants différents, sans permettre de réelles coopérations entre tous les acteurs afin de répondre aux besoins particuliers de certains élèves. Or, sans coopération, pas de partage de savoir et pas d'apprentissage collectif et donc pas de modification des représentations d'usage et des stratégies, c'est-à-dire de transformation des cadres normatifs de référence, qui permettrait la mise en œuvre d'une école inclusive.
Il en est de même au niveau du territoire avec la constitution de « *ghettos* » (Maurin, 2004) ghetto d'enfants favorisés dans notre cas, dont on n'a aucun mal à comprendre (à défaut de l'accepter) la stratégie de ses membres : préserver l'homogénéité du ghetto face à tout ce qui peut être considéré comme une *agression* ou une remise en cause des normes sociales autour desquels il est bâti. Se constitue donc une alliance, une sorte de communauté d'intérêts entre les acteurs concernés pour exclure l'élément perturbateur : l'enseignant « *enseigne* » et rejette toute responsabilité éducative, les parents ne sont jamais à court d'arguments pour demander le rejet hors de l'école, « *notre école* » disent-ils et donc pas celle de cet enfant *différent* du fait de sa précarité sociale. L'école dite inclusive, se révèle alors être telle « *une machine à exclure* » pour reprendre François Dubet (2014). Le problème n'est donc pas la *différence*, mais les facteurs d'incasabilité induits par le fonctionnement organisationnel de l'ensemble.
Cette appréhension sociologique, au-delà de ce qu'elle nous apprend sur une école, amène à repenser le débat sur la mixité sociale qui ne peut se construire uniquement en désenclavant par exemple les établissements et écoles des zones sociales défavorisées. Les découpages territoriaux sont eux-mêmes porteurs de normes sociales qui excluent ceux qui ne les connaissent pas ou ne les respectent pas (Oberti, Préteceille, 2004). De ce fait, le cas de Kevin peut apparaitre comme exemplaire de la manière dont les inégalités sociales sont préexistantes à son inscription dans une école particulière, par la composition même du public accueilli. Mais il montre tout autant comment ces inégalités sont co-fabriquées, augmentées même par une suite de petits arrangements locaux et de jeux d'acteurs mais également par les contrôles et systèmes d'indicateurs mis en place qui survalorisent la conformité et la maîtrise des coûts, au détriment de la pertinence. Décréter

la mixité sociale ou l'école inclusive remet nécessairement en cause les zones de confort des uns et des autres, où se produit finalement l'exclusion concrète de la différence. L'organisation est un construit humain. Dès lors, le changement ne peut se faire sans la participation et l'accompagnement de celles et ceux qui seront porteurs de ce changement ni sans prendre en compte le contexte dans lequel elles ou ils évoluent.

CONCLUSION

Cette étude de cas nous montre que c'est la situation d'incasabilité générée par le manque d'intégration[9] des différents services et acteurs qui est le problème. Et pourtant, toutes les solutions institutionnelles proposées par les instances éducatives comme par les instances sociales se focalisent sur cet enfant. Ce *faux bon sens* indique que c'est bien la solution qui amène à la définition du problème[10]. Elle *l'individualise* (c'est l'enfant le problème), faute de pouvoir le traiter collectivement par des mécanismes de coopération toujours souhaités, mais rarement mis en œuvre. Tout au long du parcours de l'enfant se succèdent ainsi les informations préoccupantes, effectués dans des juridictions différentes, qui de ce fait se cumulent en s'additionnant. Aucun des acteurs individuellement impliqués dans cette situation, n'en est heureux, sauf à pratiquer un cynisme que nous n'avons pas rencontré dans l'ensemble de nos études sur le système scolaire.
C'est une constante dans l'analyse des organisations de rencontrer des univers dans lesquels se superposent une incapacité collective à faire ce qui devrait être fait et une insatisfaction individuelle, la plupart du temps non-dite ou traduite en termes de manque de moyens devant cette impuissance. La bonne volonté individuelle ne peut être suffisante pour pallier les insuffisances d'un système qui ne parvient pas à prendre en compte la diversité des élèves. Cela appelle à repenser le fonctionnement organisationnel, non pas d'une école, mais d'un système, dont la fragmentation conduit à des conflits de logiques qui empêchent l'autonomie et la prise d'initiative en faveur d'une réelle coopération. Considérer l'organisation selon une approche « *simplement* » rationnelle (March, Simon, 1958) amène en effet à négliger un aspect important basé sur les interactions humaines et le fonctionnement d'un ensemble social. Au-delà des contraintes imposées, les acteurs sont toujours à même de trouver des solutions – traduites dans leurs comportements – cohérentes avec le contexte dans lequel on les fait évoluer (l'exclusion de l'élève par exemple). L'action par la règle et l'appel à la conviction *décontextualisent* les comportements des acteurs concernés et négligent la dimension *stratégique* de ces comportements. D'une part, les acteurs ont bien plus le sentiment d'être culpabilisés qu'écoutés (au sens de la compréhension de leur contexte) ; d'autre part, la méconnaissance de la situation réelle des acteurs ne permet pas d'identifier les leviers qui permettraient

9. Nous faisons référence ici aux modes fragmentés et séquentiels des organisations ou dit autrement en silos. Chacun travaille dans son service dans l'attente que celui qui le précède a terminé le sien mais personne ne se parle.
10. Pour citer Michel Crozier (1995, p. 84) : « *L'image des solutions dicte trop souvent le choix du problème [...] au risque d'oublier le problème réel.* »

d'enclencher une véritable évolution des comportements. L'investissement dans la connaissance comme préalable à l'action, est plus que jamais une obligation si l'on souhaite une vraie transformation en profondeur, systémique et exigeante. Ainsi, au lieu de se focaliser sur des manières et des façons de faire uniformes et imposées, toujours plus détaillées et réductrices, sans possibilité d'initiative, ne serait-il pas souhaitable de s'orienter vers des processus d'apprentissage organisationnel (Argyris, Schon, 2002) en formation qui rassembleraient l'ensemble des acteurs. Un raisonnement plus concret amènerait à considérer que c'est le contexte des acteurs qu'il faut interroger, celui qui les conduit à cet individualisme pénalisant pour les enfants, *différents* ou pas. Il permet d'éviter de prendre des décisions *à l'aveugle*, sans portée réelle, si ce n'est d'éloigner un peu plus ceux qui décident, de ceux sur lesquels ces décisions s'appliquent. Problématique exigeante certes, mais sur cette voie se situe la possibilité de rendre effective l'existence d'une école inclusive.

Références

Adam, C. (2012). Jalons pour une théorie critique du Manuel diagnostique et statistique des troubles mentaux (DSM). *Déviance et société*, *2*(2), 137-169. <https://doi.org/10.3917/ds.362.0137>

Argyris, C. (1985). *Strategy, Change, and Defensive Routines*. Pitman.

Argyris, C., Schon, D.A. (2002). *Apprentissage organisationnel. Théorie, méthode et pratique*. De Boeck.

Audigier, F. (2012). Les *Éducation à...* et la formation au monde social. *Recherches en didactiques*, *2*(2), 47-63. https://doi.org/10.3917/rdid.014.0047

Barrère, A. (2013). La montée des dispositifs : un nouvel âge de l'organisation scolaire. *Carrefours de l'éducation*, *36*(2), 95. https://doi.org/10.3917/cdle.036.0095

Becker, H. (2006). *Le travail sociologique, Méthode et substance*. Academic Press.

Ben Ayed, C. (2009). *Le nouvel ordre éducatif local : Mixité, disparités, luttes locales*. Presses universitaires de France.

Bourdieu, P. (2003). L'objectivation participante. *Actes de la recherche en sciences sociales*, *150*, 43-58. https://doi.org/10.3917/arss.150.0043

Bourgoin, T. (2014). De « l'inadapté » aux « besoins éducatifs particuliers » : Les visages changeants de l'élève « handicapé » dans l'école de la République (1974-2014). *La nouvelle revue de l'adaptation et de la scolarisation*, *4*(4), 269-286. <https://doi-org.ezproxy.u-paris.fr/10.3917/nras.068.0269>

Boltanski, L., et Thévenot, L. (1991). *De la justification. Les économies de la grandeur*. Gallimard.

Bromley, P., Schofer, E., & Longhofer, W. (2018). Organizing for education: A cross-national, longitudinal study of civil society organizations and education outcomes. *VOLUNTAS: International Journal of Voluntary and Nonprofit Organizations*, *29*(3), 526-540.

Crozier, M. (1963). *Le phénomène bureaucratique*. Le Seuil.

Crozier, M. (1995). *La crise de l'intelligence. Essai sur l'impuissance des élites se réformer*. InterEditions.

Crozier, M., et Friedberg, E. (1977). *L'acteur et le système, les contraintes de l'action collective.* Le Seuil.

Debarbieux, E. (2016). *L'école face à la violence : décrire, expliquer, agir.* Dunod.

Dubet, F. (2002). *Le déclin de l'institution.* Le seuil.

Dubet, F. (2014). Sociologies de l'école. In J. Beillerot, N. Mosconi. *Traité des sciences et des pratiques de l'éducation,* (6), 65-77. Dunod.

Durning, P., Rongé, J.-L. (2008). Les incasables. *Journal du droit des jeunes, 9*(9), 11-19. https://doi-org.ezproxy.u-paris.fr/10.3917/jdj.279.0011

Durkheim, E. (2013). *Les règles de la méthode scientifique.* Presses universitaires de France.

Ébersold, S., et Armagnague, M. (2021). Introduction : De la fabrication du besoin éducatif : enjeux, travail d'institution et référentiels normatifs. *Agora débats/jeunesses, 87*(1), 39-49. https://doi.org/10.3917/agora.087.0039

El Nokali, N. E., Bachman, H. J., & Votruba-Drzal, E. (2010), Parent Involvement and Children's Academic and Social Development in Elementary School. *Child Development, 81*, 988-1005. <http://onlinelibrary.wiley.com/doi/10.1111/j.1467-8624.2010.01447.x/pdf>

Ferrarotti, F., Lazega, E., & Modak, M. (1990). *Histoire et histoires de vie : la méthode biographique dans les sciences sociales.* Méridiens Klincksieck.

Gendron, B. (2008), Capital émotionnel et éducation. Van Zanten (dir.). In *Dictionnaire de l'éducation* (pp. 41-43). Presses universitaires de France.

Giust-Desprairies, F. (2003). *La figure de l'autre dans l'école républicaine.* Presses universitaires de France. https://doi.org/10.3917/puf.gius.2003.01

Goffman E. (1975). *Stigmate, les usages sociaux des handicaps.* Minuit.

Hughes, E. C. (1962). Good People and Dirty Work. *Social Problems, 10*(1), 3-11. https://doi.org/10.2307/799402

IGEN-IGAENR. (2013). *Agir contre le décrochage scolaire : alliance éducative et approche pédagogique repensée* (59). <http://cache.media.education.gouv.fr/file/2013/64/9/2013-059-rapport-Agir-contre-le-decrochage-scolaire_278649.pdf>

Lapassade, G. (2016). Observation participante. In J. Barus-Michel (dir.), *Vocabulaire de psychosociologie : Références et positions* (pp. 392-407). Toulouse : Érès. <https://doi-org.ezproxy.u-paris.fr/10.3917/eres.barus.2016.01.0392>

Lahire, B. (2019). *Enfances de classe.* Le Seuil.

March, J.G., & Simon, H.A. (1958). *Organizations.* Wiley.

Maurin, E. (2004). *Le ghetto français.* Le Seuil.

Merini, C. (2007). Les dynamiques collectives dans le travail enseignant : du mythe à l'analyse d'une réalité. In J.-F. Marcel (dir.), *Coordonner, collaborer, coopérer : De nouvelles pratiques enseignantes* (pp. 35-47). De Boeck Supérieur. <https://doi.org/10.3917/dbu.marce.2007.01.0035>

Muller, P. (2000). L'analyse cognitive des politiques publiques : vers une sociologie politique de l'action publique. *Revue française de science politique*, 189-207.

Oberti, M. (2007). *L'école dans la ville : Ségrégation - mixité - carte scolaire.* Presses de Sciences Po. https://doi-org.ezproxy.u-paris.fr/10.3917/scpo.obert.2007.01

Oberti, M., et Préteceille, E. (2004). Les classes moyennes et la ségrégation urbaine. *Éducation et sociétés, 2*(2), 135-153. https://doi.org/10.3917/es.014.0135

Payet, J.P. (1997). Le « sale boulot » : Division morale du travail dans un collège en banlieue. *Les Annales de la recherche urbaine, 75*, 19-31.

Pélissié, J. (2004). Les ingérables ou la logique de la patate chaude. *Empan, 4*(4), 157-167. https://doi.org/10.3917/empa.056.0157

Prud'homme, L., Vienneau, R., Ramel, S., et Rousseau, N. (2011). La légitimité de la diversité en éducation : réflexion sur l'inclusion. *Éducation et francophonie, 39*(2), 6-22. https://doi.org/10.7202/1007725ar.Roaux, C. (2019). Le travail en équipe en école primaire : une autonomie sous contrainte. *Éducation et socialisation, 54*. https://doi.org/10.4000/edso.8012

Roaux, C. (2020). La triangulation des méthodes comme (auto-)médiation du travail scientifique sur son terrain professionnel. *SociologieS*. <http://journals.openedition.org/sociologies/14771>

Roaux, C. (2021). *La direction d'école à l'heure du management. Une sociologie du pouvoir.* Presses universitaires de France.

Rosenthal, R., et Jacobson, L. (1992). *Pygmalion in the classroom: Teacher expectation and pupils' intellectual development.* Newly expanded.

Sgard, A., et Hoyaux, A. (2006). L'élève et son lycée : De l'espace scolaire aux constructions des territoires lycéens. *L'Information géographique, 70*, 87-108. https://doi.org/10.3917/lig.703.0087

Simon, H.A. (1955). Behavioral Model of Rational Choice. *Quaterly Journal of Economics, 69*, 99-118.

Tardif, M., et Lessard, C. (2004). *La profession d'enseignant aujourd'hui.* De Boeck Supérieur.

Tremblay, P. (2020). *École inclusive. Conditions et applications.* L'Harmattan.

Vincent, G. (dir.). (1994). L'éducation prisonnière de la forme scolaire ? Scolarisation et socialisation. *Les sociétés industrielles.* Presses universitaires de Lyon.

Weber, K. (1971). *Économie et société.* Plon.

Weick, K. (1976). Educational Organizations as Loosely Coupled Systems. *Administrative Science Quarterly, 21*(1), 1-19. doi:10.2307/2391875

Woollven, M. (2021). La genèse de la notion de besoin éducatif particulier : Circulations transnationales et reconfiguration de la norme scolaire. *Agora débats/jeunesses, 1*(1), 51-64. https://doi.org/10.3917/agora.087.0051

Enfance, l’état d’urgence

Nos exigences pour 2022 et après

Collectif CEP-Enfance
(Construire ensemble la politique de l’enfance)

À partir des constats de leurs réalités quotidiennes, les professionnels des secteurs liés à l’enfance alertent sur les politiques actuellement à l’œuvre. Ils se veulent force de proposition pour une réelle politique de l’enfance.

Face à l’absence d’une politique publique globale pour l’enfance et aux effets délétères de nombre de mesures gouvernementales, 61 organisations agissant dans tous les champs de l’enfance unissent leurs voix pour brosser le tableau de la condition des enfants : part croissante d’enfants vivant sous le seuil de pauvreté, nouveau-nés à la rue, enfants et leurs parents sans-papiers expulsés ou en centres de rétention, réforme de la justice des enfants délaissant la primauté de l’éducatif, réforme des modes d’accueil défavorable à l’épanouissement des jeunes enfants...

Leurs analyses alertent sur une enfance en « état d’urgence » et débouchent sur des propositions pour y remédier impérativement ! S’en dégagent nos exigences communes pour la cause des enfants. Il est vital d’en faire un axe prioritaire du débat public pour 2022 et au-delà : création d’un grand ministère chargé d’une politique publique universelle pour l’enfance, institution d’un « Code de l’enfance », plan Marshall pour extirper trois millions d’enfants de la pauvreté, respect intégral des droits des enfants, revitalisation des services publics pour l’enfance dotés de moyens humains et financiers conséquents, soutien au pouvoir d’agir des enfants...

Collection « Questions d’enfances »
Préface de Claire BRISSET

Éditions Érès

2021, 392 pages
Version papier : 19,50 €
EAN : 9782749271422

Renseignement

<https://www.editions-eres.com/ouvrage/4780/enfance-letat-durgence>

L'Orna : une expertise construite à partir de nombreuses collaborations

Deuxième partie

Témoignages recueillis par Marie-Hélène FERRAND
Coordinatrice de l'Orna à l'INSHEA

Résumé : Dans la continuité du précédent, cet article rassemble trois témoignages de professionnels qui ont participé à des actions dans lesquelles l'Observatoire des ressources numériques adaptées (Orna) s'est investi, au service de la scolarisation de tous les élèves.

Mots-clés : Besoins particuliers - Jeu sérieux - Numérique - Réalité virtuelle - Robot humanoïde - Témoignage.

Orna: an expertise building on multiple partnerships and collaborations. Second part

Summary: In keeping with the previous one, this article gathers three testimonies of professionals who took part in actions which the Observatory of Adapted Digital Resources (Orna) has been involved in, benefitting the education of all students.

Keywords: Digital - Humanoid robot - Serious game - Special needs - Testimony - Virtual reality.

L'observatoire des ressources numériques adaptées (Orna) a pour mission de promouvoir les ressources numériques qui répondent aux besoins particuliers d'élèves en situation de handicap tout au long de leur scolarité. Pour ce faire, une équipe de formateurs, d'enseignants chercheurs et d'ingénieurs et personnels techniques de la recherche et de la formation apporte son expérience et ses expertises pour proposer au public des fiches synthétiques disponibles sur le site de l'Orna (INSHEA). Cependant, pour répondre à cette mission, l'Observatoire se tourne également vers des partenaires extérieurs variés qui lui permettent d'élargir et d'affiner les analyses publiées. Ainsi, au travers d'expérimentations de terrain portées par l'Orna ou par ses partenaires et dans le cadre de projets innovants, des collaborations se développent au service d'une école plus inclusive. Nous vous proposons ici trois témoignages qui illustrent l'importance et la richesse de ces collaborations : Délia Garbarini, étudiante en master Technologie et handicap à l'université Paris 8 Vincennes-St Denis partage son expérience en tant que stagiaire de l'Orna pour la mise en accessibilité du jeu sérieux *E-Learning scape Acces* ; Caroline Bouzit, enseignante spécialisée, nous fait part de sa participation au projet REVE dans lequel plusieurs membres de l'Orna étaient investis ; Pierre-Jean Fave, conseiller technique auprès de la rectrice de Dijon nous transmet enfin son témoignage issu de sa collaboration avec l'Orna dans le cadre du projet NaotismIA qu'il a porté et du projet REVE dans lequel son académie était très investie. Par ces témoignages de professionnels investis, passionnés et experts, nous espérons offrir ici une facette moins connue du fonctionnement de l'Orna et les remercier de participer et d'enrichir les actions de l'Observatoire.

TÉMOIGNAGE DE DÉLIA GARBARINI

Délia Garbarini était étudiante à l'université Paris 8 Vincennes-St Denis et a réalisé un stage de fin d'étude dans le cadre de son master Technologie et handicap. Reçue brillamment à son diplôme, elle travaille aujourd'hui chez Informatique CDC groupe Caisse des Dépôts en tant que consultante en accessibilité numérique.

Rendre accessible un jeu sérieux

> « *J'ai participé à une action de l'Orna dans le cadre de mon stage de fin d'année d'étude de master Technologie et handicap, stage encadré par Marie-Hélène Ferrand coordinatrice de l'Orna et Mathieu Muratet, enseignant chercheur de l'INSHEA et du laboratoire LIP6 de Jussieu (laboratoire informatique de Paris VI). Ma mission principale était la mise en accessibilité d'un jeu vidéo de type serious game qui se nomme E-learning scape Acces*[1]*, un jeu à visée pédagogique à destination des enseignants chercheurs, qui avait été développé par le LIP6 et que des membres de l'INSHEA avaient repris pour créer une adaptation des contenus en fonction de leurs besoins. Dans un second temps, j'ai participé à l'élaboration des nouveaux contenus. Mathieu Muratet supervisait la partie informatique de mon travail, en m'aidant à la prise en main du code du jeu et*

1. https://www.inshea.fr/fr/content/serious-games-de-lorna

de l'environnement du développement. En ce qui concernait l'accessibilité numérique des jeux vidéo, nous faisions appel à mon co-encadrant au Cnam Jérôme Dupire – spécialiste de ce domaine – que nous consultions selon nos besoins. Je proposais à Mathieu mes idées qu'il validait, en particulier en fonction de leur faisabilité et il me guidait pour que je puisse les intégrer informatiquement dans le code du jeu, ce que je faisais au laboratoire du LIP6. À l'INSHEA, je retrouvais l'équipe qui travaillait sur le projet et je participais aux réflexions pour l'élaboration des contenus et des adaptations. »

Une hypothèse de recherche innovante

« L'architecture de développement qui a été utilisée pour la conception du jeu était particulière et nouvelle en informatique, et avec Mathieu Muratet, nous avons mis à l'épreuve cette architecture pour voir si elle répondrait à nos besoins. Le sujet de mon stage était d'étudier ce qui allait se passer dans cette phase délicate où l'on décide de retoucher un jeu, notamment parce qu'intégrer de l'accessibilité dans un jeu qui n'a pas été pensé nativement pour cela est beaucoup plus compliqué. Ma question de recherche était donc « Comment cette architecture pouvait nous permettre d'intégrer des éléments d'accessibilité dans le jeu », question qui a été formalisée avec Mathieu et que nous avons présentée dans nos publications. »

Identifier les problèmes pour proposer des éléments d'accessibilité

« J'avais ainsi pour rôle d'adapter le jeu et de proposer des éléments d'accessibilité, puisque nous partions d'un jeu déjà créé. J'ai d'abord dû identifier les problèmes d'accessibilité numérique présents dans le jeu. J'ai aussi réalisé un gros travail de recherche afin de prendre connaissance de l'existant en matière d'accessibilité des jeux vidéo. Puis j'ai proposé des éléments de mise en accessibilité et si cela était intéressant et faisable, je devais les intégrer dans le code informatique, avec l'aide de Mathieu Muratet. »

Des phases de tests productives

« Il y a eu ensuite un travail de test de ces éléments avec les utilisateurs, pour m'assurer de la cohérence de ce que j'avais fait, pour valider les aides proposées et vérifier que les utilisateurs en situation de handicap ou pas pouvaient accéder aux contenus et participer au jeu. Ainsi, au cours des sessions de test, l'équipe travaillait à l'observation du fonctionnement des joueurs et à l'animation de la séance. De mon côté, j'avais regroupé plusieurs aides techniques et outils d'assistance que je faisais tester à des personnes en situation de handicap (avec des troubles moteurs ou visuels). Dans un premier temps, ces personnes testaient avec le clavier ou la souris, ensuite avec leurs propres outils de navigation, et si cela ne suffisait pas, avec les outils que j'avais apportés. L'idée était de repérer ce qui leur permettait de naviguer dans le

jeu, d'accéder à ses contenus et de jouer de façon autonome. Je prenais des notes car de mon côté, je testais également les éléments d'accessibilité du jeu et les interfaces, en m'appuyant sur les critères d'utilisabilité de Bastien et Scapin – qui visent à tester l'accessibilité et les interactions de l'interface en elle-même. Ces tests m'ont permis de valider ce qui avait été mis en place ou de noter les suggestions des utilisateurs lorsque mes propositions ne leur convenaient pas vraiment (pour vérifier ensuite si cela était réalisable). Après les mises à jour, nous avons pu lancer de nouveaux tests avec les mêmes utilisateurs, ce qui nous a permis de valider les améliorations numériques. Ainsi, sur cette question de l'accessibilité des ressources en particulier, tout le monde a construit des connaissances ! »

Un stage d'une grande richesse

« *J'ai beaucoup apprécié dans ce stage l'aspect humain du projet, puisqu'il s'agissait de permettre au plus grand nombre de jouer, et pas uniquement aux personnes en situation de handicap : pour certains améliorer leur confort de jeu, pour d'autres le rendre accessible. Cela m'a permis de voir comment se passait l'apprentissage à travers le jeu. L'aspect technique aussi a été positif puisque pour moi, c'était un nouvel environnement de développement, un nouveau langage informatique aussi. J'ai trouvé intéressant également de travailler à permettre que le jeu soit utilisé par d'autres formateurs, avec comme unique nécessité de modifier les contenus en fonction des besoins, par un changement de contexte comme par exemple pour une sensibilisation au handicap. Cela m'a permis de m'ouvrir sur la recherche car les études sur l'accessibilité des jeux vidéo ne sont pas très nombreuses.* »

Un champ professionnel à développer

« *Cette expérience a eu de nombreuses conséquences pour moi. Le stage m'a donné envie de continuer dans le domaine de l'accessibilité numérique, avec un fort attrait pour l'utilisation des jeux vidéo, et plus précisément des jeux numériques utilisés en rééducation ou réadaptation. Je m'y suis beaucoup intéressée après le stage, mais actuellement en France ce domaine n'est pas suffisamment développé et il n'y a pas beaucoup d'emploi. Cela reste cependant un sujet qui m'intéresse. Aujourd'hui, je travaille dans l'accessibilité numérique de manière plus vaste (sites web, applications web, ressources bureautiques et autres).* »

Un travail plébiscité en soutenance de master

« *J'ai soutenu avec succès mon mémoire de master sur l'accessibilité et les jeux vidéo, en présentant mon travail effectué pendant le stage, mes recherches sur l'accessibilité des jeux vidéo, les tests utilisateurs que j'ai effectués et mes conclusions sur la réalité de l'efficacité de cette architecture pour aider à la mise en accessibilité. Mon travail et ma présentation ont été très appréciés par mes professeurs de Master et les membres de la commission de certification, ce qui m'a poussé à publier avec Mathieu Muratet, dans l'espoir de venir renforcer les recherches actuelles sur l'accessibilité des jeux vidéo.* »

Des publications et des présentations publiques

« *J'ai gardé ainsi un peu de lien avec la recherche, puisqu'avec Mathieu, nous avons publié quelques articles et présenté nos travaux dans la conférence* Handicap 2020 *de l'Institut fédératif de recherche sur les aides techniques pour personnes handicapées (Ifrath). Nous avons aussi soumis notre candidature à une autre conférence –* GALA 2020, The Games and Learning Alliance conference *– plutôt tournée sur les serious games, en y apportant le sujet de l'accessibilité numérique qui n'était pas du tout présent auparavant dans cette conférence. Avec Mathieu et ses collègues, nous avons en particulier publié dans le bulletin de la Société informatique de France sous le titre : "De la réingénierie d'un serious game sur la société inclusive aux recherches en informatique", un article qui nous a permis à la fois de présenter le travail effectué autour de la pédagogie, les ressources mises en œuvre pour* E-learning scape Access *et aussi de présenter le travail d'architecture informatique et les questions soulevées sur l'accessibilité.* »

Un contexte humain chaleureux et facilitateur

« *Je n'ai pas vu réellement de points négatifs, plutôt des difficultés techniques de prise en main car c'était pour moi un nouvel environnement de développement informatique, avec un nouveau langage. Mais cela a été très facilité par Mathieu – particulièrement pédagogue – et ce qu'il avait mis en place dans le code. C'était un challenge très positif ! J'ai par ailleurs beaucoup apprécié l'équipe de formateurs avec laquelle j'ai travaillée, pour tout ce qui concernait la contribution à la formation par le jeu. Cela m'a permis d'avoir une meilleure connaissance de tous les processus engagés au moment d'une collaboration, d'un travail d'équipe et aussi de la nécessité de repenser ce qui existe pour le rendre plus inclusif. J'étais vraiment ravie et très agréablement surprise de voir comment les idées que je proposais étaient accueillies – il y avait une grande ouverture d'esprit et une reconnaissance du travail que je faisais, ce qui n'est pas forcément le cas quand on est stagiaire. J'ai apprécié tout ce travail de réingénierie pour adapter les contenus sur le thème de l'accessibilité et des besoins, qui permettait de soulever de nouvelles questions de recherche en informatique. Même si j'ai trouvé ce stage trop court et que j'aurais aimé poursuivre encore ce travail, j'ai conscience que nous avons été beaucoup plus loin que ce que j'avais imaginé avant de commencer. Très contente d'avoir pu participer à cette action qui était particulièrement enrichissante, j'ai eu le plaisir d'avoir des retours positifs sur la suite des tests après mon départ et j'espère que cela pourra se poursuivre longtemps !* »

Témoignage de Caroline Bouzit

Caroline Bouzit est professeur des écoles spécialisée et enseigne à l'établissement régional d'enseignement adapté (Erea) J. Brel, situé dans l'enceinte de l'hôpital R. Poincarré de Garches. L'Erea accueille les enfants de maternelle et d'élémentaire hospitalisés dans les différents services de l'hôpital, soit pour la journée, soit pour une longue période. Elle a en particulier un rôle de liaison au sein de son établissement scolaire avec le centre de références des troubles du langage et des apprentissages de l'hôpital.

Participer à la phase expérimentale d'une recherche

« *J'ai été contactée par Marie-Hélène Ferrand, coordinatrice de l'Orna pour participer au projet REVE (Réalité virtuelle et empathie)*[2]*. C'était très riche parce cette action s'inscrivait dans un projet de recherche de psychologie cognitive faisant l'objet de la thèse du porteur et chercheur Philippe Bertrand. C'était intéressant de prendre connaissance de certains travaux sur la question de l'empathie et aussi de l'impact que cela pouvait avoir, à la fois sur la pratique et sur la formation des enseignants. Dans un premier temps, Philippe Bertrand m'a interviewée pour disposer de définitions précises des troubles du langage et des apprentissages, puisque le projet REVE était destiné à sensibiliser les enseignants sur ces troubles invisibles. J'ai ensuite participé à l'élaboration de scénarii de deux situations de classe susceptibles d'être filmées – pour les utiliser ensuite dans le projet – l'une au collège au cours d'une séance d'étude de la langue en grammaire, l'autre à l'école élémentaire en écriture et en lecture avec un élève dyslexique. Tout a été très vite lors de la phase précédant les tournages. Peu de temps après mon entretien avec lui, Philippe Bertrand m'a rappellé pour concevoir les scénarii, ce qui n'a pas été évident pour moi car les délais étaient très courts !* »

Construire des situations éclairantes

« *Comme il s'agissait d'imaginer des situations dans lesquelles l'élève dyslexique pouvait être en difficulté, j'ai contacté l'enseignante qui allait nous recevoir dans sa classe et, en fonction des informations qu'elle a pu me donner concernant l'élève et sa pratique de classe, j'ai cherché à anticiper les moments sur lesquels nous pouvions faire un focus, pour montrer les difficultés de l'élève et comment il vivait ces moments-là. Ainsi ces séquences filmées allaient permettre une analyse de la situation mais aussi une compréhension de celle-ci. Il s'agissait de mettre en évidence en quoi les difficultés de l'élève avaient un impact sur son comportement et sur sa vie de classe. Cette empathie que l'enseignant serait amené à ressentir lorsqu'il visionnerait le film en réalité virtuelle, serait à la fois affective et cognitive. En effet, l'idée était de permettre de voir précisément là où la difficulté se trouvait, ce qui bloquait et quelles réactions, astuces ou compensations l'élève tentait de mettre en place – que*

---

2. https://www.education.gouv.fr/projet-reve-realite-virtuelle-et-empathie-11294

ce soit pour détourner la difficulté ou se mettre en retrait. Tous ces éléments étaient vraiment très intéressants à montrer. »

Prendre en compte les contextes des classes

« Lors du tournage réalisé dans l'école primaire Lucie Aubrac de Blanzy – académie de Dijon – dans lequel je suis intervenue, il s'agissait de montrer à la fois des situations où l'élève dyslexique était en difficulté et des situations où il était plus en réussite. Un autre temps m'a permis de présenter à l'élève des outils d'aide pour organiser ses idées et des ressources à l'enseignante de la classe. Celle-ci avait déjà mis en place beaucoup d'adaptations rendant sa pratique pédagogique inclusive, agrémentant de petites astuces très constructives et positives sa pédagogie ; l'élève a bien apprécié mes propositions d'outils et avec l'enseignante, nous avons pu échanger sur les différentes modalités de travail avec des élèves dyslexiques. C'était ainsi une belle rencontre et un partage constructif. La situation filmée au collège mettait plus en évidence une situation de harcèlement, avec les réactions des collégiens, ainsi que la détérioration de la situation – lorsqu'elle n'est pas aménagé – qui génère de la violence vis-à-vis du jeune dyslexique. »

Accompagner les séances d'analyse

« Une fois les films montés, ils ont été présentés à différentes personnes qui les ont commentés et analysés : un groupe d'enseignants, des formateurs de l'INSHEA, une mère d'élève dyslexique. Mon rôle lors de ces séances d'analyse était d'expliquer, de mon point de vue, en quoi cet outil de réalité virtuelle était adapté pour sensibiliser sur la question des troubles invisibles et l'intérêt de leurs retours pour l'avancée du projet. C'était vraiment intéressant pour moi de participer à ce projet, toutes ses phases étaient riches mais j'ai ressenti que les temps d'analyse en groupe étaient des moments clés pour la suite du projet. J'aurais apprécié avoir plus de temps pour échanger et réfléchir aux questions soulevées, aux pistes possibles afin que ce projet soit intégré dans la formation initiale et continue des enseignants, aux améliorations souhaitables et à l'utilisation de la réalité virtuelle dans d'autres contextes. Ce qui est dommage, c'est qu'actuellement, le projet est à l'arrêt, compte tenu en particulier de la crise sanitaire. »

Un enrichissement de chacun

« Ce projet était innovant, enthousiasmant et l'on voyait tout de suite les possibilités que cette technique pouvait apporter pour faire évoluer les regards. C'était vraiment très intéressant et l'occasion de belles rencontres. Tout en étant sur mon poste, j'ai mesuré que je pouvais aussi apporter aux projets de l'Orna mon expertise de terrain. J'ai par ailleurs aussi participé à une expérimentation de stylos scanners (dans le cadre d'un autre projet de l'Orna) qui a

eu des conséquences positives sur les pratiques de certains professionnels de l'Erea et de l'hôpital, s'appropriant ces outils ensuite. Les projets de l'Orna auxquels j'ai participé sont des expériences enrichissantes et il me semble important que l'Observatoire poursuive ce type d'actions innovantes en lien avec la recherche, qui même au stade de l'expérimentation, apportent aux élèves et aux enseignants dans leur quotidien. Ma participation à ces projets a aussi été un levier pour ma propre évolution professionnelle. »

TÉMOIGNAGE DE PIERRE-JEAN FAVE

Pierre-Jean Fave est inspecteur de l'Éducation nationale, conseiller technique auprès de la rectrice de l'académie de Dijon, chargé de l'adaptation scolaire et de la scolarisation des élèves en situation de handicap.

« *J'ai eu l'occasion de participer à différents projets en lien avec l'Orna, qu'il s'agisse du projet NaotismIA ou bien du projet REVE (réalité virtuelle et empathie).* »

Un robot pour des élèves avec des troubles du spectre de l'autisme

« *Le projet NaotismIA*[3] *a été impulsé par la direction académique au numérique éducatif ainsi que par moi-même en tant que conseiller technique de madame la rectrice de l'académie de Dijon pour l'adaptation scolaire et la scolarisation des élèves en situation de handicap. Ce projet visant à mesurer l'impact de la présence d'un robot humanoïde auprès des élèves d'âge maternel avec autisme avait besoin de l'appui de chercheurs à même de prendre en considération les particularités de ce public et d'identifier dans les différentes phases d'apprentissages, si la fréquentation d'un robot de type Nao avait une influence sur les interactions entre pairs (élèves entre eux) ainsi que sur les interactions entre l'élève et les adultes.* »

L'accompagnement scientifique de deux chercheurs

« *Je me suis donc naturellement tourné vers les concepteurs de ce robot pour l'adapter aux particularités du public mais également vers l'Orna afin d'envisager un partenariat entre chercheurs – concepteurs et équipe académique. La coordinatrice de l'Orna a tout de suite répondu favorablement à ma demande et nous avons su que nous saurions compter sur l'investissement de l'Orna. Deux chercheurs ont décidé de suivre les travaux de cette expérimentation. Il est entendu que la crise sanitaire et les conséquences sur le fonctionnement des écoles nous a amené à revoir le protocole. Dès qu'il sera possible de relancer ce projet nous étendrons l'expérimentation sur deux lieux supplémentaires. À l'heure actuelle, les travaux sont terminés dans l'observation des séances de*

3. https://www.inshea.fr/fr/content/robot-au-service-de-la-pedagogie

classe en unité d'enseignement maternel autisme. Reste à organiser par la suite une expérimentation témoin en unité d'enseignement maternel autisme sans robot puis le même travail en école maternelle accueillant des enfants de même âge sans autisme avec robot. À la suite il est prévu que ces travaux soient publiés en partenariat avec l'Orna. »

Analyser la plus-value de dispositifs de réalité virtuelle

« Un second projet a été lancé l'an dernier avec l'appui du laboratoire d'innovation pédagogique 110bis du ministère de l'Éducation nationale, du Centre de recherche interdisciplinaire (CRI), et la direction du numérique éducatif (MENJS), de l'Orna et de l'académie de Dijon. Ce projet nommé REVE (Réalité virtuelle et empathie)[4] *a pour ambition de trouver comment aider les enseignants à mieux comprendre les difficultés des élèves en situation de handicap invisible (troubles spécifiques du langage et des apprentissages notamment), préalable pour que les enseignants prennent mieux en charge ces élèves et que l'égalité des chances soit garantie. Ce projet, actuellement en attente compte tenu de la crise sanitaire, entrera dans une nouvelle phase dès que possible. L'Orna apportera son analyse fine de la plus-value des outils que sont les casques dotés de dispositifs de réalité virtuelle en complémentarité du chercheur identifié pour ce projet par le CRI. »*

Un investissement de qualité

« Que cela soit pour le projet NaotismIA ou le projet REVE, j'ai participé à l'élaboration des projets, veillé à identifier les terrains d'expérimentation en cohérence avec les objectifs visés, et à accompagner les équipes engagées en explicitant la démarche auprès des responsables locaux et en organisant la remontée d'informations vers les équipes de chercheurs. Dans les deux projets précédemment cités, l'Orna a dédié des moyens humains par l'intervention d'enseignants chercheurs prêts à donner de leur temps de manière à affiner le protocole d'expérimentation puis recueillir l'ensemble des données pour analyse. »

Une collaboration très efficace

« Je retire de ses actions un sentiment de collaboration très efficace, d'écoute régulière de manière à affiner les protocoles mis en œuvre. L'action proposée par l'observatoire nous a permis de répondre à chacune des remarques des partenaires, des équipes pédagogiques, au service des besoins identifiés, ceci dans un délai très efficient. Je n'ai pas eu de difficulté et ne relève aucun point négatif à propos de ces actions. La collaboration a toujours été très efficace. La coordinatrice a toujours su manager son équipe de façon à répondre à la

4. https://www.education.gouv.fr/projet-reve-realite-virtuelle-et-empathie-11294

demande de l'ensemble des acteurs. Nous n'avons à aucun moment éprouvé de difficulté dans la collaboration avec l'Orna. »

De futures actions conjointes qui attendent la fin de la crise sanitaire

« Au-delà des projets que nous avons menés ensemble, je dirais que le travail engagé par l'Orna est unanimement plébiscité. Faisant référence du point de vue national tant pour les équipes d'enseignants ordinaires que spécialisés, pour les formateurs que pour les cadres de notre institution, les outils, analyses, apports sont des supports très efficients. Dès que la crise sanitaire s'éloignera, nous envisageons si l'Orna le souhaite, d'intégrer un groupe de réflexion de portée nationale enfin d'expérimenter de nouveaux outils, de donner notre sentiment sur les nouvelles pratiques, ceci en parallèle du travail que nous engageons de notre côté au sein du groupe technique académique École inclusive. »

Parutions récentes
Juillet à octobre 2021

Présentées par Aurélie Gono
Centre de ressources documentaires de l'INSHEA

ACTUALITÉ JURIDIQUE

Octobre 2021

Arrêté du 30 septembre 2021 précisant la liste des données traitées dans le traitement automatisé de données à caractère personnel dénommé « Livret de parcours inclusif » et les accès à ces données. *Journal officiel lois et décrets, 0233*, 6 octobre 2021.
Cet arrêté mentionne les données à caractère personnel relatives aux élèves pouvant être collectées en application du II. de l'article 3 du décret du 29 septembre 2021, de même que les données relatives à l'accompagnement, aux adaptations et aux aménagements mis en œuvre ainsi qu'à leur évaluation.

Septembre 2021

Décret n° 2021-1246 du 29 septembre 2021 relatif au traitement de données à caractère personnel dénommé « Livret de parcours inclusif » (LPI). *Journal officiel lois et décrets, 0228*, 30 septembre 2021.
Ce décret prévoit la création, par le ministère de l'Éducation nationale, de la Jeunesse et des Sports, d'un traitement de données à caractère personnel dénommé « Livret de parcours inclusif ». Il définit les finalités du traitement, les catégories de données à caractère personnel enregistrées dans le traitement, les destinataires de ces données, les droits reconnus aux personnes concernées au titre du règlement 2016/679 du 27 avril 2016 (RGPD), ainsi que leurs modalités d'exercice.

Arrêté du 23 septembre 2021 portant création d'une charte nationale pour l'accueil du jeune enfant. *Journal officiel lois et décrets, 0228*, 30 septembre 2021.
Cet arrêté a pour objet de définir la charte nationale pour l'accueil du jeune enfant, texte de référence pour les établissements d'accueil du jeune enfant dans la conception de leur projet d'établissement et dans leurs pratiques professionnelles quotidiennes.

Instruction interministérielle n° DIA/DGCS/SD3B/DGOS/R4/CNSA/A1-3/2021/134 du 24 juin 2021 relative au déploiement d'unités de vie résidentielles pour adultes autistes en situation très complexe adossées à des établissements médico-sociaux dans le cadre de la stratégie nationale autisme au sein des troubles du neuro-développement 2018-2022. *Bulletin officiel Santé-Protection sociale-Solidarité, 2021/16*, 15 septembre 2021.
Cette instruction s'inscrit dans le cadre de la mise en œuvre de la stratégie nationale pour l'autisme au sein des troubles du neurodéveloppement 2018-2022. Elle présente un cahier des charges pour le développement d'unités résidentielles permettant d'héberger et d'accompagner avec une qualité de très haut niveau des adultes à partir de 16 ans, présentant des

troubles du spectre de l'autisme associés à des comorbidités relevant d'autres troubles du neurodéveloppement. L'objectif est, d'ici 2023, de créer 40 unités de six places au maximum, adossées à des établissements médico-sociaux existants.

Août 2021

Décret n° 2021-1133 du 30 août 2021 relatif au diplôme d'État d'accompagnant éducatif et social. *Journal officiel lois et décrets, 0202*, 31 août 2021.
Ce décret modifie les modalités relatives au diplôme d'État d'accompagnant éducatif et social. Il précise les nouvelles modalités d'organisation de la formation et de délivrance du diplôme. Il prévoit les modalités transitoires pour les personnes engagées dans un cycle de formation ou de validation des acquis de l'expérience relevant des modalités jusqu'alors applicables pour l'obtention d'un diplôme d'État d'accompagnant éducatif et social, d'un diplôme d'État d'auxiliaire de vie sociale ou d'aide médico-psychologique peuvent poursuivre leur formation.

Arrêté du 30 août 2021 relatif au diplôme d'État d'accompagnant éducatif et social. *Journal officiel lois et décrets, 0202*, 31 août 2021.
Le diplôme d'État d'accompagnant éducatif et social atteste des compétences professionnelles pour exercer les fonctions et les activités telles que définies à l'annexe I « référentiel professionnel » du présent arrêté.

Élèves à besoins éducatifs particuliers scolarisés dans un établissement d'enseignement français à l'étranger. *Bulletin officiel de l'Éducation nationale, 31*, 26 août 2021.
Cette circulaire a pour objet de préciser les modalités de prise en compte des élèves à besoins éducatifs particuliers scolarisés dans un établissement de l'enseignement français à l'étranger. Elle abroge et remplace la circulaire n° 2017-137 du 4 août 2017 relative aux élèves en situation de handicap scolarisés dans un établissement d'enseignement français à l'étranger.

Arrêté du 23 août 2021 relatif à l'échelonnement indiciaire des accompagnants des élèves en situation de handicap. *Journal officiel lois et décrets, 0196*, 24 août 2021.
Cet arrêté abroge l'arrêté du 27 juin 2014 relatif à la rémunération des AESH et modifiant l'arrêté du 6 juin 2003 fixant le montant de la rémunération des assistants d'éducation.

Décret n° 2021-1106 du 23 août 2021 modifiant le décret n° 2014-724 du 27 juin 2014 relatif aux conditions de recrutement et d'emploi des accompagnants des élèves en situation de handicap. *Journal officiel lois et décrets, 0196*, 24 août 2021.
Ce décret instaure au bénéfice des AESH de nouvelles modalités de rémunération en référence à une grille indiciaire fixée par l'arrêté du 23 août 2021.

Juillet 2021

Circulaire n° DGCS/SD3B/2021/147 du 5 juillet 2021 relative au respect de l'intimité, des droits sexuels et reproductifs des personnes accompagnées dans les établissements et services médico sociaux relevant du champ du handicap et de la lutte contre les violences. *Circulaires.legifrance.gouv.fr*, 5 juillet 2021.
Cette circulaire rappelle le droit à la vie affective, intime et sexuelle des personnes en situation de handicap accompagnées par des ESSMS. Elle vise également à lutter contre les violences physiques, psychologiques et sexuelles, dont les personnes en situation de handicap peuvent faire l'objet.

Arrêté du 16 avril 2021 relatif au schéma national d'organisation sociale et médico-sociale pour les handicaps rares. *Bulletin officiel Santé-Protection sociale-Solidarité, 2021/11*, 30 juin 2021.
Le troisième schéma national d'organisation sociale et médico-sociale pour les handicaps rares est annexé au présent arrêté (pages 5 à 95).

NOUS AVONS REÇU

Ben Ayed, C. (2021). *Grande pauvreté, inégalités sociales et école : sortir de la fatalité.* Berger-Levrault.
Les conditions d'enseignement au moment du confinement ont mis en lumière les écarts sociaux face aux apprentissages et au suivi de scolarité. Les inégalités sociales ont massivement fait leur retour dans l'analyse de la « continuité pédagogique ». Or, l'école, supposée proposer des correctifs, creuse les inégalités et ne parvient pas à lutter contre les déterminismes. Cet ouvrage original réunit des contributeurs d'horizons variés. S'il se veut réaliste dans ses constats parfois sombres, il vise à montrer ce que font positivement les acteurs éducatifs. Il veut amener le lecteur vers la possibilité d'une école plus humaniste et plus égalitaire.

Chamak, B. (2021). *Controverses sur l'autisme : décrypter pour dépasser les antagonismes.* Érès.
L'auteure analyse les controverses et polémiques autour de l'autisme, entre les revendications des mouvements associatifs les plus médiatisés et les besoins des familles de milieux plus modestes. Elle se base notamment sur l'exemple de la pratique du packing pour montrer le décalage entre les connaissances scientifiques stabilisées et les informations tronquées relevant du marketing ou d'intérêts particuliers. Elle signale des orientations sociétales et politiques plus générales, comme l'envahissement des secteurs de la santé et du médico-social par les outils du management qui prônent une standardisation des pratiques, des méthodes et des recherches.

Chastel, F. (2021). *Une sourde française au Gallaudet College. 40 ans après.* Monica Companys.
Ce livre retrace les prémices du Réveil Sourd. En 1978, un groupe a participé à un stage à Gallaudet College de Washington : une poignée de participants français de toutes professions, Sourds et Entendants. De retour en France, encore sous le choc, ils se font les messagers de cette aventure qui leur a fait découvrir un trésor caché en eux : l'identité Sourde... Des générations sont passées, ce voyage au Gallaudet College devient un parcours d'histoire : le Réveil Sourd que l'on pourrait qualifier de Renaissance Sourde. Il témoigne de tous les progrès entrepris depuis. Nous sommes en 2021, quarante ans après, les protagonistes exposent dans ce livre la situation actuelle, un bilan : qu'en est-il de la Culture Sourde, de l'éducation aux Sourds, de l'identité Sourde...

Commend, S. (2021). *Vulnérables, tolérés, exclus : histoire des enfants handicapés au Québec, 1920-1990.* Presses de l'université de Montréal.
En se penchant sur l'histoire des enfants handicapés physiques du Québec, ce livre éclaire un passé méconnu et rend compte des représentations sociales de ces enfants et de l'évolution des divers services qu'on leur a offerts pendant près d'un siècle, entre 1920 et 1990. L'autrice aborde les thèmes de l'assistance, de l'éducation et de la santé en s'appuyant sur un vaste corpus d'archives qui met au jour l'histoire de certaines associations philanthropiques jusqu'ici demeurées dans l'ombre. Des entrevues enrichissent la narration et brossent un portrait inédit de ces enfants dont le statut a été déterminé par une double tension : entre exclusion et intégration, d'une part, et entre médecine et éducation sociale, d'autre part.

Dautigny, S., Mahier, J.-P., et Stella, S. (2021). *Les enjeux de l'inclusion en protection de l'enfance.* Érès.
Le concept d'inclusion vient questionner les pratiques professionnelles en protection de l'enfance mises en œuvre dans les territoires. Il s'agit de réfléchir sur les freins à lever et les leviers à actionner pour construire collectivement des accompagnements inclusifs et donc une société plus inclusive.

Delcourt, T. (2021). *La fabrique des enfants anormaux.* Max Milo.
Dans cet ouvrage l'auteur, pédopsychiatre, donne des conseils aux parents pour faire face à la tendance croissante de l'Éducation nationale à catégoriser comme porteur d'un trouble neurodéveloppemental les enfants anxieux, insécurisés ou en difficulté psychique (augmentation de 300 % en 15 ans). Il s'adresse aussi aux enseignants afin de les aider à trouver des solutions pour que l'enfant fasse de sa différence une force.

Deprez, M. (2020). *L'enfant avec autisme et l'école : comment utiliser le programme TEACCH ?* De Boeck.
Cet ouvrage vise à faire mieux comprendre les stratégies proposées par le programme « Traitement et éducation des enfants autistes ou souffrant de handicaps de communication apparentés » (TEACCH) et détaille les outils méthodologiques permettant de l'utiliser en classe. Il est illustré de photos et d'exemples de situations concrètes.

Guihard-Lepetit, S. (2021). *Déficience intellectuelle et apprentissage de la lecture.* L'Harmattan.
Cet ouvrage est issu d'un travail de recherche mené pour une thèse soutenue en 2018. Il s'agissait d'étudier si les enfants présentant une Déficience intellectuelle (DI) et scolarisés en Unités localisées pour l'inclusion scolaire (Ulis) peuvent apprendre à lire. Après un bref historique de la DI et une description des principales théories du fonctionnement cognitif dans la DI, il fait un état des connaissances actuelles sur la lecture dans la DI afin de montrer le potentiel d'apprentissage de la lecture dans cette population, en se basant sur une étude longitudinale menée pendant trois ans sur 20 élèves en Ulis et 30 élèves en grande section de maternelle.

Mazeau, M., Pouhet, A., et Ploix Maes, E. (2021). *Neuropsychologie et troubles des apprentissages chez l'enfant : Les Dys- au sein des troubles du développement.* Elsevier Masson.
Cet ouvrage rassemble l'ensemble de la symptomatologie des troubles spécifiques au sein des troubles du neurodéveloppement chez l'enfant. Un premier chapitre précise la terminologie de ces troubles, définit ce que sont et ne sont pas les situations de Dys-, décrit la démarche générale conduisant à leur diagnostic et rappelle les spécificités du bilan neuropsychologique. Puis les différents troubles sont successivement développés et illustrés selon qu'ils affectent le langage oral, le geste, la mémoire, l'attention et les fonctions exécutives, le langage écrit ou le nombre et le calcul. À partir de la description des notions développementales et du fonctionnement typique du domaine considéré sont abordés les mécanismes pathologiques sous-jacents aux symptômes.

Moret, A., et Mazeau, M. (2021). *Le médecin, l'enseignant et les dys : pour une convergence des approches.* Tom Pousse.
Pour les troubles dys, les apports issus de secteurs différents, qu'il est habituel d'opposer, peuvent converger. En faisant converser une spécialiste de la neuropsychologie et un enseignant, ce livre pose la question de l'inclusion de ces jeunes dans toutes ses dimensions.

Promonet, A., et Niclot, D. (2021). *Agir pour les réussites scolaires : approches internationales de l'inclusion.* Champ social.
Cet ouvrage collectif comporte dix chapitres rédigés en espagnol ou en français par des chercheurs en éducation appartenant à des universités argentines, colombiennes, françaises et turques. Les auteurs participent à un réseau international de recherche qui travaille depuis plus de dix années sur la question de l'inclusion scolaire dans ses différentes dimensions. Cet ouvrage interroge les cadres épistémologiques pour penser l'inclusion et les politiques qui organisent l'action. Il propose des analyses critiques contextualisées de pratiques inclusives expérimentales menées dans l'enseignement primaire, secondaire et supérieur. Au-delà de la diversité des exemples, l'ambition de cet ouvrage est de mettre en évidence les conditions nécessaires pour promouvoir une éducation inclusive orientée vers les besoins des élèves et lutter contre l'échec scolaire et universitaire.

Samier, R., et Jacques, S. (2021). *Le développement cognitif par le jeu.* Tom Pousse.
Cet ouvrage propose des grilles d'analyse des fonctions cognitives et exécutives sollicitées par le jeu et un éventail d'activités pour une mise en application rapide. Les stratégies présentées offrent des pistes d'utilisation du jeu pour le développement de tous les enfants qu'ils aient un trouble ou non.

Scibilia, M. (2020). *Sortir de l'ombre : les frères et sœurs d'enfants gravement malades.* Slatkine.
Quand une maladie grave ou un handicap frappe un enfant ou un adolescent, la famille se retrouve en plein séisme. Les frères et les sœurs, même s'ils semblent aller bien, sont pris dans la tourmente et sont relégués au second plan. Ils sont traversés par des émotions et des sentiments complexes et ambivalents, et en proie à des souffrances d'autant plus profondes qu'elles ne peuvent être clairement exprimées et sont souvent inaudibles. Des frères et des sœurs racontent pour la première fois comment ils ont traversé cette épreuve qui les a profondément transformés. Un exercice difficile, courageux mais salutaire dont ils espèrent qu'il permettra à d'autres de mieux se faire entendre. En complément, des spécialistes proposent des pistes de réflexion et divers outils à la disposition des familles, de l'entourage et des soignants, de sorte à éviter aux fratries nombre d'écueils et mieux faire front.

Viltard, T. (2021). *Le Sessad. Un service d'éducation et de soins tourné vers l'avenir.* Érès.
Encore largement méconnu, le Sessad (Service d'éducation spécialisée et de soins à domicile) est une structure de soins au plus près des besoins de l'enfant handicapé et de sa famille (domicile, école, lieux sportifs et culturels...). Ce livre aborde les perspectives et l'évolution des Sessad.

Weber, J.-M., et Voynova, R. (2021). *Le décrochage scolaire : un processus de constructions et de déconstructions.* Champ social.
Les causes du décrochage scolaire sont multiples et ont été analysées par différentes disciplines comme la sociologie, la psychologie sociale, les sciences cognitives ou la pédagogie spéciale. Le projet de recherche présenté dans cet ouvrage est de type psychanalytique. Il vise à approcher le décrochage comme un symptôme, donc comme un compromis entre conscience et inconscience, aliénation et séparation, désir d'apprendre et craintes ou inhibitions. Il s'agit de montrer que ce symptôme est finalement la résultante d'un rapport subjectif au savoir(s), à la vérité singulière, lié à la problématique de la transmission de l'ordre symbolique. Différents concepts : rapport au savoir, répétition du ratage, pulsion de mort, jouissance et acting out ont constitué des outils pour analyser à travers des récits de vie épisodiques de jeunes décrocheurs et d'enseignants, le symptôme du décrochage ainsi que les transformations qui s'installent ou non auprès de ces jeunes sujets en difficultés.

EN SAVOIR PLUS : WWW.INSHEA.FR

Vous pouvez consulter la base de données documentaires de l'INSHEA sur *www.inshea.fr* et également les bulletins de veille thématiques : « Autisme, troubles des fonctions cognitives, troubles du comportement, TDAH », « Sourds/Malentendants », « Déficience visuelle » et « Troubles spécifiques du langage et des apprentissages (dyslexie, dysphasie, dyspraxie, dyscalculie) ».

Revue ANAE n° 173

A·N·A·E
APPROCHE NEUROPSYCHOLOGIQUE
DES APPRENTISSAGES CHEZ L'ENFANT
www.anae-revue.com

L'Efficacité en orthophonie

De la théorie à l'épreuve du terrain, pour une pratique nuancée, créative et efficace

Dossier coordonné par Hélène Delage,
Laboratoire de psycholinguistique-logopédie - Université de Genève

- Quels sont les ingrédients actifs des thérapies efficaces en orthophonie ?
- Quelles sont aujourd'hui les interventions explicites et structurées qui fonctionnent en langage écrit ?
- Quel est le dosage optimal des interventions ?
- Comment optimiser son expertise clinique pour augmenter son efficacité ?

Ce numéro apportera des réponses à ces questions et à bien d'autres et outillera efficacement les praticiennes et praticiens... Bonne lecture !

Promouvoir les liens entre les progrès de la recherche et leurs applications tangibles

Dans la perspective théorico-pratique de la ligne éditoriale d'ANAE, chaque numéro tente, non pas de rendre univoques les connaissances issues de la recherche, mais de favoriser le dialogue entre praticiens et chercheurs, mobilisés autour de la question des apprentissages de l'enfant.

Ce numéro sur l'efficacité orthophonique s'ancre dans cette volonté de promouvoir les liens entre les progrès de la recherche et leurs applications tangibles dans les pratiques orthophoniques.

Bien au-delà d'opposer la créativité à la rigueur ou la méthodologie scientifique au sens clinique, les articles présentés ici permettront aux professionnels de développer leur éthique professionnelle qui sert de base à la décision clinique (Chabon, Morris et Lemoncello, 2011).

Ainsi, les différents auteurs ayant contribué à ce numéro, tour à tour, chercheur, orthophoniste/logopédiste ou les deux à la fois, proposent ici une argumentation explicite de la théorie à l'épreuve du terrain, qui promet une pratique nuancée, créative et efficace pour redonner toute son expertise au praticien clinique.

Le n° 173 fait partie de l'abonnement 2021, volume 33.
Prix au numéro : 39 euros.

ANAE - Approche neuropsychologique des apprentissages chez l'enfant

3, rue du colonel Moll 75017 Paris anae@wanadoo.fr

<https://www.anae-revue.com/la-documentation-scientifique-tous-les-n-disponibles/>

Comptes rendus de lecture

L'inclusion

Coordonné par Amael André et Nicolas Margas

Éditions EP&S, 2021
125 pages, 15 euros

L'inclusion est un défi majeur de notre époque et l'ouvrage coordonné par Amael André et Nicolas Margas est un véritable plaidoyer en ce sens. Mais les auteurs ne se contentent pas d'en faire l'éloge. « *Dépasser les lieux communs sur le sujet pour envisager les freins et les leviers* » (p. 7), tel est l'objectif qu'ils se sont donnés en s'appuyant sur le cas spécifique de l'EPS pour mieux illustrer la faisabilité de l'inclusivité à l'échelle d'une structure scolaire, voire de la société dans son ensemble. Le choix délibéré d'une démarche didactique tout le long de l'ouvrage lui donne alors l'allure d'un bon manuel de poche utile aussi bien aux enseignants qu'aux chefs d'établissement, aux travailleurs sociaux et aux décideurs politiques.
Se gardant de s'ériger en distributeur de bons ou de mauvais points, le livre investit le grand écart entre les principes démocratiques et humanistes qui sont aux fondements de l'école inclusive : « *tous les élèves* [sans distinction] *partagent la capacité d'apprendre et de progresser* » (p. 8), et le retard pris dans certains pays et notamment la France dans l'application stricte de ces principes. La mise en œuvre d'une inclusion effective bouscule, en effet, l'organisation scolaire traditionnelle car elle implique de prendre en compte tous les élèves, quels qu'ils soient. Et c'est là tout l'enjeu du livre et de son projet de se saisir des spécificités de l'EPS : « *mise en jeu du corps, vécu d'émotions intenses... enseignants rompus à la gestion de la diversité et à la réflexion entre contenus disciplinaires et visées éducatives* » (p. 9-10), pour montrer combien cette discipline est en mesure de s'approprier et de mettre en œuvre les évolutions susceptibles de promouvoir une école véritablement inclusive.
Ce schème d'analyse est mis en œuvre dès le chapitre 1 où, dans une approche historique, est expliquée la sociogenèse de l'inclusion scolaire avec le passage de l'institutionnalisation de l'éducation spécialisée et de l'enseignement adapté à la reconnaissance de l'école inclusive. Cette évolution ne se fait pas sans difficultés. Des freins et des obstacles divers se dressent sur le chemin mais, forte de sa capacité d'expérimentation et d'innovation, l'EPS participe à la mise en œuvre du processus inclusif au sein de la structure scolaire. Et dans les années 2000, avec

l'adoption progressive de la notion de Besoins éducatifs particuliers (BEP), en lieu et place des notions de handicap et de situation de handicap, même si en France l'EPS montre quelques réticences, à en croire le rapport de l'Inspection générale sur l'EPS et le sport scolaire de 2014, le bilan est loin d'être morose. « *À la rentrée 2019, plus de 43 0000 élèves en situation de handicap sont scolarisés dans les écoles et établissements publics et privés relevant du ministère de l'Éducation nationale* » (p. 27).
Mais bien que 84 % d'entre eux soient scolarisés dans le milieu ordinaire, le livre indique qu'il reste néanmoins 16 % d'élèves à BEP qui sont pris en charge dans des établissements hospitaliers ou médicosociaux. La nécessité de prendre en compte un nombre encore conséquent de ces élèves est un fait, une situation d'insatisfaction qui oblige à poursuivre les efforts entrepris, mais aussi à lever les obstacles qui empêchent de faire de l'école et de la société de manière générale, des lieux répondant aux besoins de tous et de chacun. Un effort qui nécessite une transformation profonde de l'établissement scolaire et la conception d'une EPS prête à s'envisager comme « *une discipline scolaire* [susceptible de permettre] *d'expérimenter et de mettre en œuvre les décisions nationales et les aspirations internationales en matière d'inclusion* » (p. 27). C'est donc à l'élaboration des conditions d'une EPS, et par extension d'une structure scolaire, et d'une société inclusive que les chapitres suivants sont consacrés.
Le livre s'intéresse d'abord aux enseignants, garants de l'accessibilité aux contenus d'enseignement. Devant procéder à la différenciation de ces contenus d'enseignement, afin de les adapter aux différents cas, cette entreprise peut devenir complexe et représenter une charge lourde de travail pour eux. Ainsi, face aux pratiques usuelles de l'adaptation et/ou de l'individualisation, les auteurs remarquent que les enseignants se répartissent entre exclusifs, intégratifs et inclusifs. Pour accompagner les enseignants dans cette évolution, des stratégies inclusives recommandent de faire appel à la souplesse et la flexibilité, des caractéristiques essentielles à la conception des contenus d'enseignement. Elles permettraient, en effet, de procéder à des modifications des situations d'apprentissage mais aussi à des remplacements d'activités. Et pour que de telles pratiques soient reprises à l'échelle de plusieurs enseignants, le livre recommande que soient mises en œuvre des collaborations interprofessionnelles voire du co-enseignement afin de créer de la solidarité et de l'entraide parmi les enseignants.
Si l'inclusion scolaire se veut avant tout la prise en compte par les enseignants et, à travers les contenus d'enseignement, de la diversité de chaque classe de manière à répondre à la fois aux besoins de tous et de chacun des élèves, elle doit aussi être attentive à la dynamique individuelle et sociale qui structure les relations au sein d'une classe, entre des élèves à BEP d'une part, et entre ces élèves et les autres élèves de la classe d'autre part. Il s'avère donc nécessaire de donner à connaître ces processus, les principaux en tout cas. Le livre traite donc ensuite des processus psychosociaux impliqués dans les deux variables clés de l'inclusion repérées par les auteurs : « *l'adaptation des modalités d'enseignement à la diversité de la classe et la construction d'attitudes soutenant des relations pro-sociales* » (p. 49). Sont abordées ici la question de l'estime de soi et de l'acceptation sociale, en interrogeant

l'intégration effective de l'élève à BEP au sein de sa classe, mais aussi, la question des attitudes intergroupes qui somme de privilégier la connaissance de l'autre et la mise en place d'un apprentissage coopératif.

Le ciblage de ces processus, parmi tant d'autres, et leur utilisation est beaucoup trop aléatoire, ce qui nécessite parfois de faire preuve de prudence dans leur convocation et c'est cette prudence qui anime les auteurs dans la suite de ce travail où est posée notamment la question des limites à l'individualisation. Face au dilemme qui consiste à trouver les bonnes pratiques entre répondre aux besoins spécifiques tout en faisant progresser l'ensemble des élèves, les auteurs ont la modestie de ne pas proposer des recettes clés en main mais reposent la définition d'une EPS inclusive sur la capacité des enseignants à mettre en œuvre des procédés recherchant la réussite du plus grand nombre en se questionnant en permanence : comment « *analyser les besoins des élèves?... anticiper les obstacles à la réussite?... adapter l'environnement pédagogique?...* » (p. 68). Le tout étant que ces procédés se déroulent dans le respect d'une pédagogie d'accessibilité universelle.

Conformément à cette pédagogie universelle, les auteurs proposent de partir des indicateurs de qualité de l'inclusion qui permettent d'apprécier à court terme l'implication de tous les élèves dans les situations d'apprentissage en fonction du temps effectif de pratique et qui, selon les auteurs, à 60 %, constitue un niveau satisfaisant. À moyen terme, il s'agit de juger les apprentissages réalisés par les élèves à BEP d'une part et l'ensemble des élèves d'autre part. À long terme, les indicateurs de l'inclusion mesurent le degré d'autonomie atteint et la nature des interactions dans la classe en insistant bien sur le degré d'autonomie de tous les élèves de la classe vis-à-vis de l'enseignant, mais aussi vis-à-vis les uns des autres. Toujours dans le cadre de la pédagogie d'accessibilité universelle, les auteurs dressent une typologie de stratégies pédagogiques inclusives : adaptation spécialisée, adaptation ciblée dépendante, adaptation ciblée autonome et inclusion pour tous qui permettent ainsi d'aller vers une forme d'adaptation qui ne se fasse pas que pour les élèves à BEP, mais vers une adaptation pour tous reposant sur « *l'anticipation des obstacles aux apprentissages de tous les élèves afin de planifier les conditions de la réussite du collectif classe* » (p. 77).

Ainsi, le soutien à l'autonomie en leur proposant des choix et en favorisant une auto-évaluation, la coopération en réfléchissant et en faisant en sorte que chaque élève devienne une source pour le groupe, et la constitution de groupes laissée à l'initiative des élèves, sont autant de procédés visant à donner à l'adaptation pour tous une existence véritable et un réel impact bénéfique au plus grand-nombre voire à tous les élèves afin de planifier leur réussite. Toutes ces réalisations montrent « *qu'il n'existe pas de formes d'adaptations efficaces a priori mais que celles-ci dépendent intimement du contexte dans lequel elles émergent* » (p. 79). Elles montrent également qu'elles peuvent être combinées et varier en fonction du moment de la séance, de la séquence et de l'année. Ces constats permettent alors aux auteurs de plaider « *pour une démarche inclusive qui consiste à partir des adaptations collectives (concernant toute la classe) pour les individualiser progressivement selon les besoins rencontrés* » (p. 80), une démarche illustrée par une figure que les auteurs ont nommé la pyramide inclusive.

Vient ensuite le chapitre 5 qui se veut une mise en œuvre de tout ce qui a été précédemment dit en l'appliquant au cas spécifique de l'autisme. Les auteurs commencent ainsi par faire le point sur la situation de l'autisme en France. Du fait des obstacles que des élèves avec un TSA (trouble du spectre autistique) peuvent rencontrer et de la réticence de certains chefs d'établissements, et on pourrait aussi rajouter la méconnaissance par certains enseignants des gestes professionnels à adopter, la scolarisation en milieu ordinaire des élèves avec un TSA est rendue assez difficile. Et c'est là où, grâce au potentiel de prise en charge dont elle fait montre, l'EPS est en mesure de donner à comprendre les obstacles des élèves avec un TSA et leurs besoins. Face aux difficultés de communication, d'interaction sociale de coordination motrice, de proprioception et d'imitation, caractéristiques d'un TSA, les auteurs énoncent que c'est en observant un élève lors des séances d'EPS que l'on pourra envisager des adaptations nécessaires à sa réussite, adaptations qui demanderont « *de simplifier les tâches... de donner du temps et des repères... de structurer l'espace... d'accompagner la communication et de favoriser la coopération* » (p. 95-99).
Parce que le but de l'ouvrage n'est pas de traiter du cas spécifique de l'EPS, il se termine par un chapitre qui traite de la place de l'EPS au sein d'un établissement à visée éducative. Un chapitre qui vient à point nommé répondre à une inquiétude qui habite le lecteur tout au long des paragraphes précédents : l'incapacité d'une discipline seule, l'EPS, de porter le flambeau de l'inclusivité au sein d'un établissement scolaire. Cette inquiétude est levée dans le texte lorsque les auteurs reconnaissent que « *la visée inclusive ne peut fonctionner qu'à l'échelle d'un établissement scolaire* » (p. 105) en concevant ce dernier comme une communauté inclusive (concernant les personnels comme les élèves). Une fois ce semblant de consensus établi, l'on peut s'accorder avec les auteurs sur le fait que des outils opérationnels tels l'interdisciplinarité et le tutorat donnent du sens à la communauté d'apprenants en décloisonnant les dispositifs, créant une interdépendance entre élèves, forgeant une culture de classe et d'établissement coopérative et inclusive.
À travers cet ouvrage, l'EPS se veut donc une discipline scolaire motrice dans la construction d'un système scolaire inclusif. Le but de ce travail était d'en donner la preuve en exposant les procédés mobilisables à tous les niveaux de la prise en charge. Plus qu'un plaidoyer, c'est un carnet de route qui laisse la liberté au lecteur d'éprouver les procédés avancés et de réécrire sa propre démarche.

Jean Sanzane
Docteur en sociologie
Enseignant à l'INSHEA
Membre associé du Grhapes

Un ouvrage paru dans la collection « Pratiques »
des éditions de l'INSHEA en co-édition avec Champ social

Enseigner le vivant à l'école (cycles 1, 2 et 3)

Élèves malades et/ou en situation de handicap

Un ouvrage pratique de Marie-Anne Sandrin-Bui

Comment enseigner le vivant dans le cadre de l'école inclusive ?
Cet ouvrage s'adresse aux enseignants de maternelle ou d'élémentaire, aux étudiants préparant un master Métiers de l'enseignement, de l'éducation et de la formation et aux formateurs d'enseignants. La première partie du livre aborde des questions générales : réflexion pédagogique et didactique autour du vivant, accompagnement des élèves malades et/ou en situation de handicap. La seconde présente des activités scientifiques concrètes pour favoriser la démarche d'investigation et faciliter la différenciation pédagogique et l'adaptation des situations d'apprentissage.

Comment accompagner tous les élèves pour qu'ils puissent manipuler, observer, lire et écrire des textes documentaires, sortir sur le terrain ou au musée, exposer, débattre, mémoriser, raisonner, être évalués équitablement, quels que soient leurs besoins éducatifs particuliers ? Comment préparer des séquences adaptées ? À quelles ressources numériques se référer ? Comment valoriser les différences et les ressources de chacun ? Comment faire découvrir la diversité du vivant et développer l'esprit critique de tous pour leur permettre de réagir en citoyens éclairés face aux défis du XXIe siècle ?

Marie-Anne Sandrin-Bui, médecin, professeur des écoles, forme à l'accompagnement des élèves à besoins éducatifs particuliers à l'INSHEA depuis 2004. Elle participe au projet HandiSciences (partenariat La Main à la pâte) et coordonne le volet pédagogique du site Tous à l'école consacré aux élèves malades.

420 pages - 22 euros - ISBN : 978-2-36616-080-2

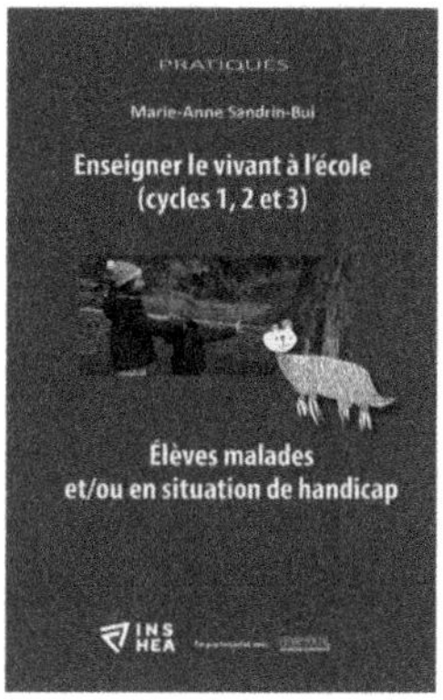

INS HEA

En partenariat avec Champ social — CHAMP SOCIAL ÉDITIONS

COMMANDER EN LIGNE : https://www.inshea.fr

Bulletin de commande
à retourner à : INSHEA - Service des publications
58/60, avenue des Landes - 92 150 Suresnes - Tél. : 01 41 44 31 29 - vente@inshea.fr

Nom : .... Prénom : ....

Adresse : ....

Tél. : .... Mél : ....

Je commande ..... exemplaire(s) de l'ouvrage ***Enseigner le vivant à l'école*** au prix de 22 €

Ajouter les frais d'envoi (pour 1 à 2 exemplaires : 6 €, 3 à 4 exemplaires : 13 €. Au-delà et pour les envois dans les DOM-TOM et à l'étranger nous contacter au 01 41 44 31 29).

Total de la commande : ....€.

Chèque bancaire ou postal à l'ordre de l'Agent comptable de l'INSHEA.
À chaque envoi de document sera jointe la facture correspondante.

La nouvelle revue - Éducation et société inclusives

Bulletin de commande ou d'abonnement

à renvoyer à l'INSHEA Service Publications – 58-60, avenue des Landes
92 150 Suresnes – Tél. : 01 41 44 31 29 – www.inshea.fr

Rédacteur en chef : Hervé Benoit — Directeur de la publication : Jacques Mikulovic

Abonnement 2021 (du n°91 au n°93) : 65 €
Abonnement 2020 (du n°88 au n°90) : 65 €

Prix unitaire: du n° 1 au n° 24: 13 € – Du n° 25 au n° 55: 15 € - À partir du n° 56 : 18 €
Numéro hors-série: 10 € (abonné) ou 15 € (non abonné)

Organisme: ....

N° abonné:......................

Adresse de livraison

M. ou Mme ....

Et/ou établissement: ....

Adresse: ....

Code postal: .... Ville:..

Pays: .... Téléphone: ....

Mél: ....

Adresse de facturation si différente de la précédente

M. ou Mme..

Et/ou établissement: ....

Adresse: ....

Code Postal: .... Ville: ....

Pays: ....

Date: .... Signature

Je joins à ma commande un chèque bancaire ou postal, d'un montant de .... €
en règlement de:

...... exemplaire(s) de la revue n° ....*

...... abonnement(s) 2021 (3 numéros: 91, 92, 93) *(frais d'envoi inclus)*

...... abonnement(s) 2020 (3 numéros: 88, 89-90 vol.1, 89-90 vol.2) *(frais d'envoi inclus)*

❑ renouvellement de mon abonnement n° ....

...... exemplaire(s) du hors-série n° 6 « L'éducation des jeunes polyhandicapés »*

* Frais d'envoi :
- pour la France : 1 à 2 : ex. **6 €** – 3 à 4 ex : **13 €** – plus de 5 ex. : 17 €
- pour les Dom-Tom et l'étranger : 1 à 2 : ex. **13 €**– 3 à 4 ex : **20 €** – plus de 5 ex. : **30 €**

Modalités de règlement

Règlement à la commande par mandat administratif, chèque bancaire ou postal à l'ordre de l'agent comptable de l'INSHEA.
Règlement de l'étranger par mandat international uniquement à l'ordre de l'agent comptable de l'INSHEA.
Payments must be in the form of an International Money Order to the « agent comptable de l'INSHEA ».

Boutique en ligne : http://www.inshea.fr/fr/ressource/liste-des-produits-boutique-simple